Stephen Greenblatt
DIE WENDE

Stephen Greenblatt

DIE WENDE

WIE DIE RENAISSANCE BEGANN

Aus dem Englischen
von Klaus Binder

Büchergilde Gutenberg

Die amerikanische Originalausgabe erschien 2011
unter dem Titel »The Swerve. How the World Became Modern«
bei W. W. Norton & Company, New York.

Lizenzausgabe für die Büchergilde Gutenberg,
Frankfurt am Main, Zürich, Wien,
www.buechergilde.de
Mit feundlicher Genehmigung
des Siedler Verlags, München

Lektorat: Andreas Wirthensohn, München
Satz: Ditta Ahmadi, Berlin
Druck und Bindung: GGP Media, Pößneck
Printed in Germany 2012
ISBN 978-3-7632-6566-4

Für Abigail und Alexa

INHALT

VORWORT

Als ich noch Student war, besuchte ich gegen Ende des Semesters regelmäßig den Yale-Laden und schaute, was ich für den Sommer zu lesen fand. Mein Taschengeld war knapp, doch die Buchhandlung schlug alljährlich ihre Ladenhüter los, zu lächerlich kleinen Preisen. Die Bücher wurden in Wühlkästen gestopft, und ohne feste Absichten machte ich mich darüber her, wartete einfach ab, was mir ins Auge fiel. Auf einem dieser Beutezüge stieß ich auf ein Taschenbuch mit einem äußerst seltsamen Cover, aufmerken ließ mich ein Ausschnitt aus einer Zeichnung des Surrealisten Max Ernst. Unter einer Mondsichel hoch über der Erde waren zwei Beinpaare – die Körper fehlten – mit etwas beschäftigt, das wohl ein himmlischer Beischlaf sein sollte. Das Buch – eine Prosaübersetzung von Lukrez' zweitausend Jahre altem Gedicht *De rerum natura (Von der Natur)* – war herabgesetzt auf zehn Cent, und wie ich gestehen muss, hatte ich es eher auf den Umschlag abgesehen als auf die klassische Darstellung des Kosmos und seiner Ausstattung.

Antike Physik ist nicht ganz das, was man sich unter Ferienlektüre vorstellt, doch irgendwann in diesem Sommer, in einer müßigen Stunde, nahm ich das Buch in die Hand und begann zu lesen. Und stieß schon in den ersten Versen auf eine mehr als hinreichende Rechtfertigung für die erotische Umschlagillustration. Lukrez setzt ein mit einem glühenden Hymnus an Venus, die Göttin der Liebe, deren Erscheinung im Frühling das Gewölk vertreibt, den Himmel mit Licht füllt und die ganze Welt mit rasendem sexuellem Begehren:

> Kaum nämlich ist die Pforte des Frühlings aufgesprungen und es wirkt, plötzlich befreit, die Brise des Zephyr, da, Göttin, künden die Vögel dich an, ins Herz getroffen von deinen mächtigen Pfeilen. Dann

> toben das Wild und das Vieh über üppige Weiden, schwimmen durch wilde Ströme: Von deinem Zauber gefangen, begierig folgen sie alle dir, willig, wohin du sie führst. Dann senkst du verführerische Liebe ins Herz aller Kreaturen, die leben in den Meeren und Bergen und fließenden Strömen und in der Vögel belebtem Dickicht, auf grünenden Fluren; den leidenschaftlichen Trieb senkst du in sie, ihre Art zu vermehren.[1]

Fasziniert von der Intensität dieses Auftakts las ich weiter, kam zur Vision des in Venus' Schoß ruhenden Kriegsgottes Mars – »bezwungen von der nie heilenden Wunde der Liebe, den Nacken zurückgeworfen, schaut er in Liebe begierig dich an« –; von dort zu einer Bitte um Frieden, zum Lobpreis auf die Weisheit des Philosophen Epikur und zur resoluten Abwehr abergläubischer Furcht. Als ich dann bei einer längeren Darstellung erster Prinzipien der Philosophie landete, zweifelte ich, ob mein Interesse noch lange anhalten würde: Niemand hatte mir das Buch empfohlen, ich suchte allein Vergnügen und Leselust, hatte allerdings jetzt schon den Eindruck, mehr als den Wert meiner zehn Cent zurückerhalten zu haben. Und zu meiner großen Überraschung ließ mich das Buch nicht mehr los.

Es war nicht die herrliche Sprache Lukrez', die mich fesselte. Später erst arbeitete ich *De rerum natura* in seinen lateinischen Hexametern durch und begann etwas zu ahnen von der reichen Textur dieser Sprache, den feinen Rhythmen, von Raffinesse, Präzision und Prägnanz der Lukrez'schen Bilderwelt. Bei meiner ersten Begegnung half mir Martin Ferguson Smiths gediegene englische Prosa – klar und schnörkellos, aber kaum bemerkenswert. Nein, etwas anderes hatte mich berührt, etwas, das über die zweihundert eng bedruckten Seiten hinweg in allen Sätzen lebte und webte. Mein Beruf bringt mich dazu, Menschen anzuhalten, bei ihrer Lektüre genau auf die sprachliche Oberfläche dessen zu achten, was sie lesen. An dieser Aufmerksamkeit hängt zum Gutteil das Vergnügen, auch das Interesse an Dichtung. Und selbst aus einer bescheidenen Übersetzung lässt sich ein nachhaltiger Eindruck von einem Kunstwerk gewinnen, von einer brillanten Übertragung ganz zu schweigen. Schließlich entdecken wir den größten Teil der literarischen Welt auf diese Weise, lernen so die Genesis kennen und ebenso die *Ilias* oder *Hamlet,* und selbst wenn es gewiss das

Beste wäre, solche Werke in ihrer Originalsprache lesen zu können, wäre die Behauptung irreführend, dass es keinen anderen, nur diesen Zugang zu ihnen gibt.

Ich jedenfalls kann bezeugen, dass *On the Nature of Things* selbst als Prosaübersetzung eine tiefe Saite in mir zum Klingen brachte. Das hatte auch etwas mit besonderen persönlichen Umständen zu tun – Kunst dringt stets durch bestimmte Risse im Seelenleben eines Menschen in diesen ein. Im Kern ist Lukrez' Lehrgedicht eine tiefe, therapeutische Meditation über die Todesfurcht, und diese Furcht hat meine ganze Kindheit bestimmt. Nicht die Angst vor meinem eigenen Tod bedrängte mich derart; mich selbst hielt ich auf die übliche, kindlich gesunde Art für unsterblich. Die Angst entsprang der absoluten Gewissheit meiner Mutter, dass ihr ein früher Tod bestimmt sei.

Sie fürchtete sich nicht vor dem Jenseits. Wie die meisten Juden hatte sie nur eine vage, schemenhafte Vorstellung dessen, was jenseits des Grabes liegen mochte, und sie machte sich darüber auch nur wenige Gedanken. Der Tod selbst – also schlicht die Tatsache, dass sie nicht mehr sein würde – erfüllte sie mit Angst und Schrecken. So weit ich zurückdenken kann, grübelte sie über ihr unmittelbar bevorstehendes Ende, beschwor es wieder und wieder, insbesondere in Momenten des Abschieds. Mein Leben war voll ausgedehnter, opernhafter Abschiedsszenen. Ob sie mit meinem Vater übers Wochenende von Boston nach New York fuhr, ob ich aufbrach ins Sommerlager, sogar – wenn ihr selbst das Leben besonders schwer erschien – wenn ich mich einfach nur auf den Weg in die Schule machte, jedesmal klammerte sie sich fest an mich, sprach von ihrer Hinfälligkeit und davon, dass es keineswegs ausgeschlossen sei, dass ich sie nie wiedersehen würde. Gingen wir irgendwo spazieren, hielt sie häufig an, so, als würde sie gleich zusammensinken. Manchmal zeigte sie dann auf eine an ihrem Hals pulsierende Vene, nahm meinen Finger und ließ sie mich fühlen, diese Signale ihres bedenklich rasenden Herzens.

Sie muss damals, zu der Zeit, da meine Erinnerungen an ihre Ängste einsetzen, Ende dreißig gewesen sein, aber ihre Ängste reichten ganz eindeutig weiter zurück, offenbar bis in das Jahrzehnt vor meiner Geburt. Damals war ihre jüngere Schwester, gerade sechzehn Jahre alt, an einer Halsentzündung gestorben. Dieses Ereignis – nicht wirklich selten in der

Zeit vor Einführung des Penizillin – war für meine Mutter eine noch immer offene Wunde: Permanent sprach sie davon, weinte still, ließ mich wieder und wieder die ergreifenden Briefe lesen, die dieses junge Mädchen während seiner tödlichen Krankheit geschrieben hat.

Ich habe schon früh verstanden, dass das »Herz« meiner Mutter – das Herzrasen, das sie und alle um sie herum immer wieder zum Innehalten brachte – eine Überlebensstrategie war, ein Symbol, das Mittel, sich mit ihrer toten Schwester zu identifizieren und um sie zu trauern. Es war auch ein Weg, sowohl Ärger – »Da siehst du, wie du mich wieder aufregst!« – als auch Liebe zu zeigen – »Sieh doch, ich tue alles für dich, selbst wenn mir das Herz dabei bricht.« Es war ein Ausagieren, Probe und Vorwegnahme der Auslöschung, die sie fürchtete. Und vor allem erzwang sie so Aufmerksamkeit, forderte Liebe. Doch selbst wenn mir das klar war, minderte das die Wirkung dieses Verhaltens auf meine Kindheit nicht: Ich liebte meine Mutter und fürchtete, sie zu verlieren. Mir fehlten die Voraussetzungen, zwischen psychologischer Strategie und gefährlichem Symptom zu unterscheiden. (Ich kann mir nicht vorstellen, dass sie selbst dazu in der Lage war.) Und als Kind konnte ich auch nicht richtig einschätzen, wie verquer dieses permanente Lamento vom drohenden Tod war, dieses Aufladen jedes Abschieds mit Endgültigkeit. Erst jetzt, nachdem ich selbst eine Familie gegründet habe, ahne ich, wie dunkel die Zwänge gewesen sein müssen, die eine liebende Mutter – und meine Mutter liebte tatsächlich – dazu brachten, ihren Kindern diese emotionale Bürde aufzuladen. Jeder Tag brachte ihr aufs Neue die trübe Gewissheit, dass ihr Ende nahe sei.

Wie sich herausstellte, lebte meine Mutter lange und hat ihren neunzigsten Geburtstag nur um einen Monat verpasst. Sie war, als ich *On the Nature of Things* zum ersten Mal in der Hand hatte, um die fünfzig. Damals war meine Furcht, sie könne sterben, schon verwoben mit der schmerzlichen Wahrnehmung, wie viel von ihrem Leben sie sich, so sehr in Anspruch genommen von ihren obsessiven Ängsten, verdorben hatte und wie sehr dies zudem einen Schatten auf meines geworfen hatte. Lukrez' Worte erklangen darum in fürchterlicher Klarheit: »Der Tod berührt uns nicht.« Es sei, schreibt Lukrez, schierer Unfug, das Leben im Griff der Todesangst zu verbringen. Es sei ein sicherer Weg, Lebenszeit unerfüllt und freudlos verrinnen zu lassen. So artikulierte er einen Gedanken, den zu fassen, und sei's nur innerlich, ich mir damals noch nicht erlaubt hatte: dass es nämlich manipulativ und grausam ist, anderen diese Angst einzuflößen.

Das also war, in meinem Fall, das ganz persönliche Einfallstor für das Gedicht, die eigentliche Quelle der Macht, die es über mich gewann. Doch war das nicht ausschließlich Folge meiner eigentümlichen Lebensgeschichte. *On the Nature of Things* berührte mich als erstaunlich überzeugende Darstellung dessen, wie die Dinge wirklich sind. Erstaunlich deswegen, weil natürlich auch mir klar war, dass viele Einzelheiten dieses antiken Berichts heute absurd erscheinen. Wie hätte das anders sein können? Was werden Menschen in zweitausend Jahren von unserer Darstellung des Universums halten? Lukrez glaubte, dass sich die Sonne um die Erde drehe, behauptete, sie könne nicht viel heißer, nicht viel größer sein, als unsere Sinne sie wahrnähmen. Würmer hielt er für spontane Hervorbringungen feuchter Erde, erklärte den Blitz als Saat des Zorns, aus hohlen Wolken geschleudert, malte die Erde als Mutter im Klimakterium, erschöpft von so viel Vermehrung. Den Kern des Gedichts jedoch bilden Leitsätze und Prinzipien eines neuzeitlich modernen Weltverständnisses.

Stofflich besteht das Universum, wie Lukrez erklärt, aus unzähligen Atomen, die sich zufällig durch den Raum bewegen, so wie Staub im Sonnenlicht tanzt. Dabei stießen sie zusammen, verhakten sich, bildeten komplexe Strukturen, brächen wieder auseinander – und all das in einem endlosen Prozess von Schöpfung und Zerstörung, aus dem es kein Entrinnen gebe. Schaut man zum Nachthimmel auf und wundert sich, unerklärlich bewegt, über die zahllosen Sterne, dann, so Lukrez, betrachtet man nicht das Handwerk von Göttern, auch keine kristalline Sphäre, die losgelöst wäre von unserer vergänglichen Welt. Im Himmel erblicke man die gleiche materielle Welt, deren Teil man selbst sei und aus deren Elementen man auch selbst bestehe. Es gibt für Lukrez keinen Schöpfungsplan, keinen göttlichen Architekten, kein intelligentes Design. Alle Dinge, auch die Spezies, zu der wir selbst gehören, haben sich in riesigen Zeiträumen gebildet. Diese Evolution erfolgt zufällig, bei lebenden Organismen allerdings kommt ein Prinzip natürlicher Auslese ins Spiel. Will sagen, Arten, die geeignet sind, zu überleben und sich zu reproduzieren, überdauern erfolgreich, zumindest für eine gewisse Zeit; die weniger geeigneten dagegen sterben rasch aus.

Nichts jedoch – angefangen von unserer eigenen Art über den Planeten, auf dem wir leben, bis hin zur Sonne, die unsere Tage erleuchtet – ist für immer. Unsterblich sind allein die Atome.

Ein derart konstituiertes Universum, so Lukrez weiter, bietet keinen Grund anzunehmen, dass die Erde oder ihre Bewohner einen zentralen Platz innehätten; keinen Grund, die Menschen von allen anderen Tieren zu sondern; keine Hoffnung, die Götter bestechen oder besänftigen zu können; weder Ort noch Anlass für religiösen Fanatismus; keinen Grund für den Ruf nach asketischer Selbstverleugnung, keine Rechtfertigung für Träume grenzenloser Macht oder vollkommener Sicherheit; keinen vernünftigen Grund für Kriege der Eroberung oder Selbstverherrlichung; keine Chance, die Natur überwinden zu können, dem unaufhörlichen Werden und Vergehen und erneuten Werden der Formen je entkommen zu können. Jenseits des Ärgers über all jene, die entweder mit falschen Visionen der Sicherheit hausieren gehen oder irrationale Ängste vor dem Tod schüren, hat Lukrez noch etwas ganz anderes zu bieten, nämlich ein Gefühl der Befreiung, die Kraft, auf das herabzublicken, was so quälend scheint. Etwas nämlich, schrieb er, können die Menschen, und sie sollen es auch tun: ihre Ängste bezwingen, akzeptieren, dass sie selbst und alle Dinge, die ihnen begegnen, vergänglich sind. Nur so werde es ihnen gelingen, die Schönheit, die Lust an der Welt zu erfassen und festzuhalten.

Ich wunderte mich – und tue dies bis heute –, dass Gedanken wie diese einen so vollkommenen Ausdruck fanden in einem Werk, das vor über zweitausend Jahren verfasst wurde. Die Verbindung zwischen diesem Text und der Moderne ist keine direkte, so simpel liegen die Dinge nie. Zwischen beiden Epochen dehnen sich unzählige Perioden des Vergessens, des Verschwindens, Wiederentdeckens, Verfehlens, unzählige Momente der Verzerrungen, Anfechtungen, Wandlungen und des erneuten Vergessens. Und doch gibt es so etwas wie eine Leben stiftende Verbindung. Versteckt hinter der Weltauffassung, die ich als meine eigene begreife, gibt es ein uraltes Gedicht, ein Gedicht, das irgendwann verloren ging, unwiederbringlich, wie es schien, und dann doch wiederentdeckt wurde.

Die philosophische Tradition, der Lukrez' Gedicht entsprang, war unvereinbar mit dem Kult der Götter und dem Kult des Staates; diese

Tradition wurde selbst in der toleranten Kultur der klassisch-antiken Welt des Mittelmeers als skandalös empfunden. Ihre Anhänger galten als Verrückte, wurden als gottlos gebrandmarkt oder schlicht als verrückt. Und kaum hatte das Christentum an Kraft gewonnen, wurden die Texte der Atomisten erst recht bekämpft, verspottet, verbrannt oder – was am nachhaltigsten wirkte – einfach übergangen und schließlich vergessen. Das alles ist nicht verwunderlich; viel erstaunlicher ist, dass eine so überwältigend prachtvolle Artikulation dieser Philosophie – das Gedicht, dessen Wiederentdeckung Gegenstand dieses Buches ist – überlebt hat und erhalten blieb. Von ein paar Kleinigkeiten abgesehen, ist alles, was von dieser großartigen Tradition blieb, in diesem einen und einzigartigen Werk erhalten. Ein zufälliger Brand, ein Akt des Vandalismus, eine Entscheidung, diese letzte Spur dessen zu verwischen, was als häretisch galt, und Neuzeit und Moderne hätten einen völlig anderen Beginn und Verlauf genommen.

Dabei hätte von allen Meisterwerken der Antike gerade dieses Gedicht unbedingt verschwinden müssen, ein für alle Mal und zusammen mit den Werken, die es inspiriert hatten. Dass dies nicht geschah, dass es nach vielen Jahrhunderten wieder auftauchte und seine zutiefst subversiven Thesen erneut verbreiten konnte, grenzt, so möchte man denken, an ein Wunder. Der Autor des in Frage stehenden Gedichts aber glaubte nicht an Wunder. Nichts in der Welt, dachte er, sollte die Gesetze der Natur verletzen. Er setzte auf etwas anderes, auf etwas, das er lateinisch *clinamen* nannte: eine geringfügige Abweichung, ein zufälliger Richtungswechsel, Ruck und unerwartete Bewegung der Materie.[2] Das Wiederauftauchen seines Gedichts war eine solche Irritation, ein plötzliches Aus-der-Richtung-Geraten, eine unvorhersehbare Abweichung vom eingeschlagenen Weg, der dem Gedicht und der es begründenden Philosophie bestimmt schien – und der, ohne diesen Ruck, ins Vergessen geführt hätte.

Als es nach einem Jahrtausend plötzlich wieder Verbreitung fand, erschien vieles absurd, was dieses Werk über ein Universum sagte, das entstanden sein sollte aus dem Zusammenstoß von Atomen in einer unendlichen Leere. Ausgerechnet das jedoch, was zunächst als gottlos und unsinnig betrachtet wurde, hat sich später als Basis unseres gegenwärtigen, rationalen Weltverständnisses erwiesen. Es geht hier nicht nur um die überraschende

Entdeckung von Schlüsselelementen der Moderne in der Antike, wobei es sicher nichts schadet, wenn wir uns erinnernd vor Augen führen, dass gerade die griechischen und römischen Klassiker, die wir aus unseren Curricula gestrichen haben, das neuzeitlich-moderne Bewusstsein entscheidend bestimmt haben. Vielleicht noch mehr wird uns überraschen, wenn uns *De rerum natura* auf jeder Seite klarmacht, dass die wissenschaftliche Sicht der Welt – die Vision von Atomen, die sich zufällig durch ein unendliches Universum bewegen – erfüllt ist vom Gespür für das Wunderbare, wie es nur ein Dichter besitzt. Doch Wunder sind hier nicht länger die Sache von Göttern und Dämonen, von Träumen vom Leben im Jenseits; bei Lukrez entspringt das Wunderbare der Erkenntnis, dass wir aus der gleichen Materie gemacht sind wie Sterne und Meere und alle anderen Dinge auch. Und diese Erkenntnis lieferte die Grundlage für seine Vorstellungen davon, wie wir unser Leben führen sollten.

Nach meiner Meinung, und ganz sicher nicht nur nach dieser, war es die Renaissance, die von allen in der Nachfolge der Antike stehenden Kulturen am genauesten verkörpert hat, was Lukrez' Sinn für Schönheit und Lust ausmacht und was er zu einem legitimen, den Menschen würdigen Streben entfaltet. Dieses Streben beschränkte sich nicht allein auf die Kunst. Es prägte Kleidung und Etikette an den Höfen, die Sprache der Liturgie, Gestaltung und Schmuck der Alltagsdinge. Es durchdrang Leonardo da Vincis wissenschaftliche und technische Erkundungen, Galileo Galileis lebendige Dialoge zur Astronomie, Francis Bacons ehrgeizige Forschungsvorhaben, Richard Hookers Theologie. Es war fast so etwas wie ein Reflex, dass auch Werke, die anscheinend weit entfernt waren von jeglicher ästhetischen Ambition – Machiavellis Untersuchung politischer Strategien, Walter Raleighs Beschreibung von Guyana, Robert Burtons enzyklopädische Darstellung seelischer Krankheit –, in einer Weise ausgeführt wurden, die intensivstes Vergnügen erzeugte. Die sublimsten Zeugnisse des Strebens nach Schönheit jedoch waren die Künste der Renaissance – Malerei, Bildhauerei, Musik, Architektur, Literatur.

Auch wenn meine ganz persönliche Liebe Shakespeare galt und gilt, erschienen mir dessen Hervorbringungen stets als nur eine atemberaubende Facette einer viel breiteren kulturellen Bewegung, die auch Alberti, Michelangelo und Raphael, Ariost, Montaigne und Cervantes umfasst, um unter vielen Dutzend Künstlern und Schriftstellern nur sie zu nennen. Diese Bewegung hatte viele miteinander verknüpfte, einander auch zuwiderlaufende Aspekte, die jedoch alle durchpulst waren von jener herrlichen Bestätigung und Feier der Lebenskraft. Sie prägt sogar solche Werke der Renaissancekunst, in denen der Tod zu triumphieren scheint. So verschlingt das Grab am Ende von *Romeo und Julia* die Liebenden weniger, als dass es ihnen eine Zukunft eröffnet als Verkörperung der Liebe schlechthin. In den hingerissenen Zuschauern, die seit über vierhundert Jahren in dieses Stück drängen, hat sich Julias Wunsch erfüllt:

> Komm, milde, liebevolle Nacht! Komm, gib
> Mir meinen Romeo! Und stirbt er einst,
> Nimm ihn, zerteil in kleine Sterne ihn:
> Er wird des Himmels Antlitz so verschönen,
> Daß alle Welt sich in die Nacht verliebt
> Und niemand mehr der eitlen Sonne huldigt.
> (III.2:22–24)

Ein vergleichbar weiträumiges Umfassen von Schönheit und Lust – eines, das den Tod ebenso einbegreift wie das Leben, Vergehen nicht anders als Schöpfung – charakterisiert Montaignes ruhelose Reflexionen über Materie in Bewegung, Cervantes' Chronik seines wirren Ritters, Michelangelos Darstellung geschundener Haut, Leonardos Skizzen von Wasserwirbeln, Caravaggios liebevolle Aufmerksamkeit für Christi schmutzige Fußsohlen.

Es muss etwas geschehen sein in der Renaissance, etwas, das anbrandete gegen die Dämme und Grenzen, die Jahrhunderte gegen Neugier, Begehren, Individualität, gegen nachhaltige Aufmerksamkeit für die Welt, gegen Ansprüche des Körpers errichtet hatten. Dieser kulturelle Umbruch ist bekanntlich schwer zu fassen, und um seine Bedeutung wurde erbittert gestritten. Doch lässt sich, was damals geschehen sein muss, leicht erspüren, wenn man in Siena die Maestà, Duccio di Buoninsegnas Altar mit der thronenden Jungfrau betrachtet, dann in Florenz Botticellis *Primavera,* ein Gemälde, in dem nicht zufällig Einflüsse von Lukrez' *De rerum natura* zu erkennen sind. Es ist die Haupttafel von Duccios prächtigem Altar (um 1310), auf die sich die Anbetung der Engel, Heiligen und Märtyrer richtet:

das heiter ruhige Zentrum, die in schweres Tuch gekleidete Muttergottes und das Kind in feierlicher Kontemplation. Auf Botticellis *Primavera* (um 1482) dagegen versammeln sich die antiken Götter in einem üppig grünen Gehölz, alle bewusst eingebunden in die komplexe rhythmische Choreographie der sich erneuernden natürlichen Fruchtbarkeit, wie sie Lukrez' Gedicht beschwört:

> Frühling kommt und Venus, und ihnen voraus sind Venus' geflügelter Bote und Mutter Flora, auf den Fersen folgt ihnen Zephyr, und sie bereiten der Göttin den Weg, verbreiten mit den Blumen herrliche Farben und Wohlgerüche.
>
> (V:737ff.)[3]

Worin Wechsel und Veränderung bestehen, erschließt sich nicht nur im wiedererwachten, intensiv erlebten, höchst kundigen Interesse an heidnischen Gottheiten und den reichen Bedeutungen, die einst mit ihnen verknüpft waren. Er liegt auch in der Gesamtvision einer Welt in Bewegung, einer sinnlichen Welt, die darum nicht bedeutungslos gemacht wird, sondern ihre Schönheit erst in ihrer Vergänglichkeit gewinnt, in ihrer erotischen Kraft, ihrem unermüdlichen Sich-Wandeln.

Auch wenn er sich in der Kunst am deutlichsten zeigt, so beschränkt sich der Übergang von einer Art der Wahrnehmung und des Lebens in der Welt zu einer anderen nicht auf Ästhetisches: Er hilft auch zu erklären, wie es zu den geistigen Wagnissen eines Kopernikus oder eines Vesalius, eines Giordano Bruno oder William Harvey, eines Hobbes und Spinoza kommen konnte. Der Wandel kam nicht plötzlich, geschah nicht ein für alle mal, sondern schrittweise, zunehmend wurde es möglich, sich aus der Präokkupation mit Engeln und Dämonen und immateriellen Ursachen zu lösen, sich stattdessen den Dingen in dieser Welt zuzuwenden; zu erkennen, dass die Menschen aus dem gleichen Stoff bestehen wie alles andere auch; dass sie Teil der natürlichen Ordnung sind; dass man, ohne fürchten zu müssen, in Gottes eifersüchtig bewahrte Geheimnisse einzubrechen, Experimente durchführen, Autoritäten anzweifeln, überlieferte Lehren in Frage stellen kann; dass sich das Streben nach Lust, das Vermeiden von Schmerz und Leid rechtfertigen lassen; dass man sich andere

Welten vorstellen kann neben der einen, die wir bewohnen, den Gedanken fassen kann, dass unsere Sonne nur ein Stern ist unter vielen in einem unendlichen Weltenraum; dass wir ein moralisches Leben führen können, ohne dass man uns mit Lohn locken, mit Strafe nach dem Tod schrecken müsste; ja, dass sich sogar der Tod der Seele ohne Furcht und Zittern denken lässt. Kurz, es wurde, um Audens Dichterworte zu bemühen, möglich – nicht einfach, aber möglich –, an der sterblichen Welt sein Genügen zu finden.

Der Anbruch der Renaissance, das Freisetzen der Kräfte, die unsere Welt geformt haben, lässt sich nicht aus einem einfachen Grund erklären. Gleichwohl möchte ich mit diesem Buch eine wenig bekannte, für die Renaissance jedoch exemplarische Geschichte erzählen, die Geschichte von Poggio Bracciolinis Wiederentdeckung des Gedichts *De rerum natura*. Diese Wiederentdeckung hat den Vorzug, dass sie auch der Bezeichnung die Treue hält, mit der wir den kulturellen Wandel zu Beginn des neuzeitlich modernen Lebens und Denkens für gewöhnlich umreißen: als Re-Naissance, Wiedergeburt der Antike. Natürlich kann man ein Gedicht allein nicht verantwortlich machen für eine so umfassende geistige, moralische und gesellschaftliche Transformation – das vermag ein einziges Werk nicht, und schon gar nicht eines, über das man jahrhundertelang nicht ohne Furcht öffentlich und frei hatte reden können. Mit diesem ganz besonderen Buch der Antike, das plötzlich in den Blick geriet, verhielt es sich allerdings doch etwas anders.

So ist hier zu erzählen, wie die Welt plötzlich um ein Geringes aus der Bahn gestoßen wurde, ein zufälliger Ruck, der einen folgenreichen Richtungswechsel auslöste. Das Agens dieses Richtungswechsels war keine Revolution, keine unversöhnliche Armee vor den Toren der Stadt, keine Landung auf einem unbekannten Kontinent. Für Ereignisse dieser Größenordnung haben Historiker und Künstler der volkstümlichen Einbildungskraft erinnerbare, einprägsame Bilder präsentiert, den Sturm auf die Bastille, die Plünderung Roms, den Augenblick, in dem die zerlumpten Seeleute auf den spanischen Schiffen in der Neuen Welt ihre Fahne aufpflanzten. Diese Embleme weltgeschichtlichen Wandels können trügerisch sein – in der Bastille saßen so gut wie keine Gefangenen; Alarichs Heerscharen zogen rasch wieder ab aus der Hauptstadt des Imperiums; und das eigentlich schicksalhafte Ereignis für den amerikanischen Kontinent war nicht das Entrollen der Fahne, sondern dass ein kranker, bazillenverseuchter, von staunenden Eingeborenen umringter Seemann nieste oder hustete. Dennoch können wir uns in solchen Fällen an das einprägsame Symbol halten. Der epochale Wandel allerdings, mit dem dieses Buch sich befasst, lässt sich, obwohl er doch das Leben von uns allen beeinflusst hat, nicht ohne weiteres mit einem dramatischen Bild verknüpfen.

Als es vor fast sechshundert Jahren zu diesem Wandel kam, war das Schlüsselereignis verhüllt, fast unsichtbar, geschah versteckt, unsichtbar hinter Wänden an einem abgelegenen Ort. Es gab keine heroischen Gesten, keine leidenschaftlich beteiligten Beobachter, die das große Ereignis für die Nachwelt festgehalten hätten, weder Zeichen am Himmel noch auf Erden hätten auf irgendeine Weise erkennen lassen, dass alles sich für immer geändert hatte. Eines Tages streckte ein kleiner, genialer, ebenso umsichtiger wie aufmerksamer Mann Ende dreißig seine Hand aus, um ein sehr altes Manuskript aus einem Regal zu nehmen, betrachtete überrascht, was er entdeckt hatte, und erteilte sofort den Auftrag, die Schrift zu kopieren. Das war alles, aber es war genug.

Natürlich hat der Entdecker des Manuskripts die Bedeutung dessen, was er sah, gar nicht voll erfassen, auch den Einfluss nicht vorausahnen können, der Jahrhunderte brauchte, um sich zu entfalten. Wenn er denn geahnt hätte, welche Kräfte er da losließ, hätte er es sich wohl zweimal überlegt, ein so explosives Werk aus dem Dunkel zu ziehen, in dem es schlummernd lag. Das Werk, das jener Mann in den Händen hielt, war Jahrhunderte zuvor sorgfältig von Hand kopiert worden, doch ebenso lange war es nicht von Hand zu Hand gegangen, war vielleicht nicht einmal von den einsamen Seelen verstanden worden, die es kopiert hatten. Über Generationen hinweg wurde über dieses Buch nicht einmal gesprochen. Zwischen dem vierten und dem neunten Jahrhundert wurde es noch gelegentlich zitiert, und zwar in Listen mit grammatischen oder lexigraphischen Beispielsätzen, diente also als Steinbruch zur Demonstration korrekt verwendeten Lateins. Im siebten Jahrhundert, als er seine riesige Enzyklopädie erstellte, nutzte es Isidor von Sevilla als Autorität in Sachen Meteorologie. Erneut tauchte es auf zur Zeit Karls des Großen, als sich das Interesse an alten Büchern zum ersten Mal regte und ein irischer Mönch namens Dungal eine Abschrift sorgfältig korrigierte. Nach diesen flüchtigen Augenblicken des Wiederauftauchens versank es stets wieder in den Wellen. So lag es schlafend und vergessen über tausend Jahre, bevor es erneut in Umlauf kam.

Verantwortlich für diese folgenreiche Rückkehr war Poggio Bracciolini, ein passionierter Briefschreiber. Er verfasste einen Bericht über seine Entdeckung und schickte sie an einen Freund zuhause in Italien; der Brief ging leider verloren.[4] Allerdings lässt sich anhand anderer Briefe sowohl aus Poggios Feder wie auch aus Briefen seines Kreises rekonstruieren, wie die Sache sich entwickelt hat. Aus unserer Perspektive ist dieses eine und besondere Manuskript zu Poggios größtem Fund geworden, war aber beileibe nicht sein einziger, und er verdankte sich auch nicht dem Zufall. Poggio Bracciolini war ein Bücherjäger, vielleicht der größte in einer Zeit, die versessen darauf waren, das Erbe der antiken Welt aufzuspüren und wieder zu entdecken.

Der Fund eines verlorenen Buches gilt gemeinhin nicht als besonders aufregendes Ereignis, doch in diesem Fall sind damit die Verhaftung und Gefangenschaft eines Papstes, Scheiterhaufen für Ketzer und ein großes, die ganze damalige Kultur explosionsartig erfassendes Interesse an der heidnischen Antike verknüpft. Dem Akt der Entdeckung galt die lebenslange Leidenschaft eines brillanten Buchjägers. Und dieser wurde, ohne es gewollt oder bemerkt zu haben, zum Geburtshelfer der Moderne.

KAPITEL EINS

DER BÜCHERJÄGER

Im Winter 1417 reitet Poggio Bracciolini durch die bewaldeten Täler und Höhen Süddeutschlands seinem fernen Ziel entgegen, einem Kloster, von dem es heißt, es beherberge ein geheimes Lager alter Handschriften. Dorfleute, die in den Türen ihrer Häuser stehen und ihm nachsehen, erkennen sofort, dass er ein Fremder ist. Schlank von Gestalt und glatt rasiert,[1] wird er vermutlich nicht aufwändig gekleidet gewesen sein, in einfachem, aber gut geschnittenem Rock und Überwurf. Auch dass er nicht vom Land kommt, sieht man sofort. Aber er erinnert auch nicht an einen Städter oder Höfling, wie sie das Bauernvolk hin und wieder zu Gesicht bekommt. Er ist unbewaffnet, reist ohne Schutz eines rasselnden Trupps von Kriegsleuten, ist also gewiss kein teutonischer Ritter – ein beherzter Schlag mit der Keule eines Bauerntölpels würde ihn ohne weiteres zu Boden strecken. Er wirkt nicht wie ein Armer, doch sieht man auch keines der vertrauten Zeichen von Reichtum und Stand: Er ist kein Höfling mit prachtvollen Gewändern und parfümiertem, in langen Locken getragenem Haar, kein Edelmann auf Jagd oder Beiz. Aber wie Haartracht und Kleidung zeigen, ist er auch kein Priester oder Mönch.

Süddeutschland war damals eine blühende Region. Die Katastrophen des Dreißigjährigen Krieges, die diesen Landstrich verwüsten und ganze Städte ruinieren sollten, lagen noch in ferner Zukunft, ebenso die Schrecken unserer Zeit, die viel von dem zerstörten, was aus jener frühen Epoche geblieben war. Es reisten damals nicht nur Ritter, Höflinge und Adlige, auch andere wohlhabende Männer zogen geschäftig über die ausgefahrenen Straßen. Ravensburg nördlich des Bodensees und Konstanz waren im Leinenhandel engagiert, und kürzlich hatte man dort auch begonnen, Papier zu schöpfen. Ulm, am Ufer der Donau, war eine reiche

Stadt mit Handwerk und Handel, ebenso Heidenheim, Aalen, Rothenburg ob der Tauber und das noch schönere Würzburg. Stadtbürger, Wollhändler, Kaufleute, die mit Leder und Stoffen handelten, Weinhändler und Bierbrauer, Handwerker und ihre Lehrlinge, aber auch Diplomaten, Bankiers und Steuereintreiber, sie alle traf man regelmäßig auf den Straßen. Einer wie Poggio aber passte nicht in dieses Bild.

Auch weniger betuchtes Volk war unterwegs, Gesellen, Kesselflicker, Messerschleifer und andere, deren Gewerbe sie zum Umherziehen zwang; dazu Pilger auf dem Weg zu bestimmten Wallfahrtsorten, wo sie in Gegenwart von Reliquien, dem Splitter eines Knochens eines Heiligen oder einem Tropfen heiligen Blutes beten konnten; Gaukler, Wahrsager, Falkner, Akrobaten und Schauspieler zogen von Dorf zu Dorf; dazu Entflohene, Vagabunden und Gauner. Und dann waren da auch Juden unterwegs, mit konischen Hüten und dem gelben Judenzeichen, die sie auf Anordnung der christlichen Obrigkeiten tragen mussten, was sie, Objekte von Verachtung und Hass, leicht identifizierbar machte. Auch zu diesen Gruppen gehörte Poggio ganz sicher nicht.

Kurz, er muss denen, die ihn vorbeireiten sahen, tatsächlich als rätselhafte Gestalt erschienen sein. Die meisten Menschen damals signalisierten ihre Herkunft, Stand oder Identität, ihre Stellung im hierarchischen Gesellschaftssystem der Zeit. Das geschah mit Zeichen, die jedermann lesen konnte, so wie die Farbe an den Händen der Färber. Poggio aber war einfach nicht zuzuordnen. Ein vereinzelter Mann, der offenbar außerhalb von Familienbindungen lebte, keinem Gewerbe angehörte, das konnte es eigentlich gar nicht geben. Denn damals zählten Zugehörigkeit und Herkunft. Ein kleines Couplet, das Alexander Pope im 18. Jahrhundert verfasste, um einen der kleinen Möpse der Königin zu verspotten, hätte, und zwar ohne Spott, auf die Welt gepasst, in der Poggio lebte:

I am his Highness' dog at Kew;
Pray tell me, sir, whose dog are you?

Ich bin ihrer Hoheit Hund aus Kew;
Ich bitt euch, Herr, sagt, wessen Hund bist du?

Der Hausstand, das Netzwerk der Verwandten, Zunft und Gilde, Handelsgesellschaft und Gemeinde – das waren die Zeichen, die Bausteine, aus denen eine Person gemacht wurde. Unabhängigkeit und Selbstbewusstsein waren kulturell noch keine Werte, ja, sie waren kaum wahrzunehmen, woher also sollte Wertschätzung kommen? Identität erhielt man durch einen genau umrissenen, ausgemachten Platz in der Kette von Befehl und Gehorsam.

Jeder Versuch, sich aus dieser Kette zu befreien, wäre töricht gewesen. Eine anmaßende Geste – die Weigerung, sich zu verbeugen, niederzuknien, die Kopfbedeckung zu ziehen, wenn eine entsprechend honorable Person vorüberkam – konnte dazu führen, dass einem die Nase aufgeschlitzt, womöglich das Genick gebrochen wurde. Doch warum auch hätte man so etwas tun sollen? Schließlich war es ja nicht so, dass es irgendwelche sinnvollen, haltbaren Alternativen gegeben hätte, gar solche, die Kirche oder Gerichte oder die städtischen Oligarchen formuliert hätten. Am besten fuhr, wer Identität und Rolle demütig akzeptierte, in die er oder sie hineingeboren worden war: Der den Pflug führte, musste eben nur wissen, wie man diesen führte, der Weber, wie man webte, der Mönch, wie zu beten war. Natürlich konnte man in diesen Dingen besser oder schlechter bewandert sein; die Gesellschaft, in der Poggio sich befand, konnte ungewöhnliche Fähigkeiten durchaus anerkennen und auch belohnen, manchmal in beträchtlichem Umfang. Doch so gut wie nie hatte man davon gehört, dass eine Person für irgendeine unwägbare Individualität oder wegen ihrer Vielseitigkeit oder besonderen Neugier anerkannt worden wäre. Tatsächlich hielt die Kirche Neugier für eine der Todsünden. Wer sich ihr hingab, riskierte ein ewiges Leben in der Hölle.[2]

Wer also war Poggio dann? Warum hat er seine Identität nicht mit irgendwelchen Zeichen kundgetan, so wie anständige Leute das zu tun gewohnt waren? Er trug solche Insignien nicht, schleppte keine Warenbündel mit sich herum. Er zeigte das selbstbewusste Auftreten eines Mannes, der es gewohnt war, sich in Gesellschaft der Großen zu bewegen, er selbst aber war ganz offensichtlich kein Mann von großer Bedeutung. Jedermann wusste doch, wie solche bedeutenden Persönlichkeiten aussahen und daherkamen, denn dies war eine Gesellschaft der Dienstverpflichteten und bewaffneten Leibgarden und livrierten Diener. Dieser Fremde, einfach gekleidet, ritt in Begleitung nur eines Gefährten. Machten sie Rast in einem Gasthaus, erledigte der Begleiter, offenbar ein Gehilfe oder Diener, die Bestellung; wenn der Meister sprach, wurde klar, dass er wenig oder gar kein Deutsch konnte, seine Sprache war vielmehr das Italienische.

Hätte er einer neugierigen Person erklären wollen, mit welchen Absichten er reiste, hätte dies das Geheimnis um seine Person nur vergrößert. In einer Gesellschaft, in der nur sehr wenige Menschen lesen und schreiben konnten, konnte Interesse an Büchern zu äußern nur merkwürdig wirken. Und wie hätte Poggio über die noch verrücktere Art seiner ganz persönlichen Interessen sprechen sollen? Er suchte keine Stundenbücher, nicht Messbücher oder Gesangbücher, deren Wert Illiterate immerhin an ihrer prachtvollen Bindung, an Ausstattung und Illustrationen hätten erkennen können. Solche Bücher, einige davon juwelenbesetzt und in Gold gefasst, wurden zumeist in besonderen Schränken eingeschlossen oder an Lesepulte und Regale gekettet, sodass sich leichtfingrige Leser nicht mit ihnen aus dem Staub machen konnten. Doch solche Bücher reizten Poggio gar nicht. Ihn zog es auch nicht zu den theologischen, medizinischen oder juristischen Folianten, deren Besitz unter führenden Vertretern der jeweiligen Profession der Prestigesteigerung diente. Diese Bücher hatten die Macht, selbst diejenigen einzuschüchtern, die sie kaum lesen konnten. Sie verströmten eine Art soziale Magie, derart, dass sie in den meisten Fällen mit unangenehmen Erlebnissen verbunden waren: ein Gerichtsprozess, eine schmerzhafte Schwellung in der Leistengegend, eine Anklage wegen Hexerei oder Ketzerei. Ein normaler Mensch hätte ohne weiteres geglaubt, dass solche Bücher über Zähne und Klauen verfügten, hätte sich darum auch vorstellen können, warum gescheite Menschen Jagd auf sie machten. Doch auch in dieser Hinsicht gab Poggios Gleichgültigkeit Rätsel auf.

Der Fremdling war auf dem Weg in ein Kloster, war aber weder Priester noch Theologieprofessor noch Inquisitor, er suchte auch keineswegs nach Gebetbüchern. Er war hinter alten Manuskripten her, von denen viele halb verrottet waren, voller Wurmlöcher und selbst für geübteste Leser alles andere als leicht zu entziffern. Waren die Pergamentbögen, auf denen solche Bücher geschrieben wurden, noch intakt, hatten sie immerhin einen gewissen Materialwert, denn man konnte sie mit einer Messerklinge sorgfältig abschaben, mit Talkum glätten und dann erneut beschreiben.

Doch Poggio war auch nicht im Pergamentenhandel aktiv, vielmehr hasste er alle, die alte Buchstaben abkratzten. Er wollte sehen, was da geschrieben stand, selbst wenn das Geschriebene schlecht lesbar war, und vor allem hatten es ihm jene Manuskripte angetan, die vier-, fünfhundert Jahre alt waren, aus dem zehnten Jahrhundert stammten, vielleicht aus noch älteren Zeiten.

Allenfalls eine Handvoll Menschen in Deutschland hätten, wenn er mit ihnen darüber gesprochen hätte, nicht verschroben, gar unheimlich gefunden, was Poggio tat. Und es wäre den Zeitgenossen noch unheimlicher erschienen, hätte Poggio davon erzählt, dass ihn auch das nicht interessierte, was vor vier- oder fünfhundert Jahren geschrieben worden sei. Denn er verachtete diese Zeit, die ihm als Jauchegrube voller Aberglauben und Unwissenheit erschien. Was er tatsächlich zu finden hoffte, waren Worte, die nichts mit der Zeit zu tun hatten, in denen sie auf das alte Pergament gesetzt worden waren, Worte, die im besten Fall unverdorben, jedenfalls nicht verdorben waren durch das geistige Universum des niederen Schreibers, der sie kopierte. Dieser Schreiber war, so hoffte Poggio, pflichtbewusst und genau beim Kopieren eines Pergaments, das damals schon alt gewesen war, das zuvor ein anderer Schreiber kopiert hatte, dessen bescheidenes Leben, abgesehen davon, dass er diese Spur hinterlassen hatte, für den Bücherjäger ebenfalls ohne besonderes Interesse war. Wenn die ans Wunderbare grenzende Glückssträhne anhielt, war dieses ältere Manuskript, seit langem unter Staub vergraben, seinerseits eine getreue Kopie einer noch älteren Handschrift, und auch die wiederum die Kopie einer nochmals älteren. In solchem Fall begann die Sache spannend zu werden, vor Aufregung würde Poggios Herz schneller schlagen. Die Spur würde ihn zurückführen nach Rom, nicht ins zeitgenössische Rom mit dem korrupten Hofstaat des Papstes, den Intrigen und der politischen Schwäche, den periodischen Ausbrüchen der Beulenpest, sondern in das Rom des Forum und des Senatspalastes und eines Latein, dessen kristalline Schönheit ihn mit Staunen erfüllte und mit Sehnsucht nach einer untergegangenen Welt.

Welche Bedeutung sollte das für einen Menschen haben, der im Jahre 1417 mit beiden Beinen fest auf dem Boden des südlichen Deutschland stand? Ein Mann musste, wenn er Poggio zuhörte, nicht sonderlich abergläubisch sein, um an eine besondere Spielart der Zauberei zu denken, an Bibliomantie; ein etwas gebildeterer Zeitgenosse hätte vielleicht psychische Zwänge diagnostiziert, Bibliomanie. Und ein Frommer hätte sich gefragt, wie sich überhaupt irgendeine Seele derart leidenschaftlich nach einer Zeit sehnen konnte, in der Christus den in finsterer Nacht lebenden Heiden sein Versprechen der Erlösung noch gar nicht gebracht hatte. Und alle hätten sie sich die naheliegende Frage gestellt: Wem diente dieser Mann eigentlich?

Vielleicht hätte man Poggio bedrängt, unter Druck gesetzt, um eine Antwort zu erhalten. Und erfahren, dass er bis vor kurzem im Dienst des Papstes gestanden hatte, wie er schon zuvor einer Reihe einander ablösender Päpste gedient hatte. Seine Berufsbezeichnung war Skriptor, das heißt, er war ein begabter Schreiber amtlicher Dokumente der päpstlichen Bürokratie; und er hatte sich, gewandt und klug, wie er war, auf den begehrten Posten eines apostolischen Sekretärs emporgearbeitet. Als solcher stand er zur Verfügung, wenn die Worte des Papstes niederzulegen, seine Regierungsentscheidungen festzuhalten, die ausgedehnte internationale Korrespondenz in elegantem Latein zu verfassen waren. In der förmlichen Umgebung eines Hofes, in der die physische Nähe zum absoluten Herrscher von entscheidender Bedeutung war, war Poggio ein bedeutender, ein gefragter Mann. Er hörte zu, wenn der Papst etwas in sein Ohr flüsterte, er flüsterte seine Antwort, er wusste das Lachen des Papstes ebenso zu deuten wie dessen Stirnrunzeln. Er hatte – wie das Wort Sekretär nahelegt, das abgeleitet ist vom lateinischen *secretus,* geheim – Zugang zu den Geheimnissen des Papstes. Und dieser Papst hatte eine Menge Geheimnisse.

Zu der Zeit, als sich Poggio auf seine Jagd nach uralten Handschriften machte, war er allerdings nicht länger apostolischer Sekretär. Er hatte seinen Dienstherrn, den Papst, nicht verärgert, und dieser lebte auch noch, und doch hatte sich alles verändert. Der Papst, dem Poggio gedient hatte und vor dem die Gläubigen (wie auch die weniger Gläubigen) einst gezittert hatten, saß in diesem Winter 1417 im Heidelberger Schloss in kaiserlicher Haft. Er hatte alles verloren: Titel, Namen, Macht und Würde, war öffentlich gedemütigt worden, verurteilt von den Fürsten seiner eigenen Kirche. Das heilige und unfehlbare Konzil von Konstanz erklärte, durch seinen »verabscheuungswürdigen und unziemlichen« Lebenswandel habe er Schande über die Kirche und das Christentum gebracht, sei in seinem erhabenen Amt darum nicht länger tragbar.[3] Entsprechend entband das Konzil alle Gläubigen von ihrer Treue und ihrem Gehorsam gegenüber dem Papst; tatsächlich war es verboten, ihn länger Papst zu nennen oder seinen Anordnungen zu gehorchen. In der ganzen langen Geschichte der Kirche hatte es dergleichen noch nicht gegeben – und es sollte auch in Zukunft nie wieder so weit kommen.

Der abgesetzte Papst hatte diese formelle Absetzung nicht persönlich miterlebt, doch Poggio, bis dahin apostolischer Sekretär dieses Papstes, war möglicherweise dabei, als der Erzbischof von Riga den päpstlichen Siegelring einem Goldschmied übergab, der ihn zusammen mit dem päpstlichen Wappen feierlich in Stücke schlug. Alle Bediensteten des Ex-Papstes wurden förmlich entlassen, seine Korrespondenz – die Poggio verwaltet hatte – wurde offiziell beendet. Den Papst, der sich Johannes XXIII. genannt hatte, gab es nicht mehr; der Mann, der diesen Titel getragen hatte, war nun wieder der, als der er getauft worden war, Baldassare Cossa. Und Poggio ein Mann ohne Herr und Dienst.

Das war zu Beginn des 15. Jahrhunderts kein beneidenswerter, ja ein gefährlicher Status. Dörfer und Städte beobachteten wanderndes Volk mit Misstrauen; Vagabunden wurden ausgepeitscht und gebrandmarkt, und auf den einsamen Wegen und Straßen einer weitgehend unkontrollierten Welt waren Menschen ohne Schutz äußerst gefährdet. Natürlich war Poggio kein Vagabund, hatte sich, bestens ausgebildet und kenntnisreich, lange in höchsten Kreisen bewegt. Die Wachen am Vatikan und in der Engelsburg ließen ihn ohne Befragung passieren, bedeutende Bittsteller am päpstlichen Hof suchten seine Aufmerksamkeit. Er hatte direkten Zugang zu einem absoluten Herrscher, dem reichen und gerissenen Herrn über riesige Territorien, der zugleich beanspruchte, das geistliche Oberhaupt der abendländischen Christenheit zu sein. In den Privatgemächern des Palastes wie am päpstlichen Hof selbst war der apostolische Sekretär Poggio eine vertraute Erscheinung, man sah ihn mit juwelengeschmückten Kardinälen scherzen, mit Gesandten plaudern und dabei aus Kristallgläsern oder goldenen Bechern besten Wein trinken. In Florenz war er befreundet mit den Mächtigsten aus der Signoria, dem regierenden Rat der Stadt, und er hatte einen erlesenen Freundeskreis.

Doch 1417 war Poggio weder in Rom noch in Florenz, sondern in Deutschland, und der Papst, dem er nach Konstanz gefolgt war, saß im Gefängnis. Die Gegner Johannes' XXIII. hatten gesiegt, nun verfügten sie über die Macht. Türen, die Poggio einst offengestanden hatten, fand er jetzt fest verschlossen. Und Bittsteller, die eine Gunst erlangen wollten – einen Ehedispens, eine gerichtliche Entscheidung, einen lukrativen Posten für sich oder einen Verwandten –, jene, die an seinen Herrn heranzukommen suchten und deshalb dessen Sekretär umwarben, würdigten ihn nun keines Blickes mehr. Poggios Einkünfte versiegten abrupt.

Und sie waren beträchtlich gewesen. Skriptoren erhielten keine fixen Summen, aber es war ihnen gestattet, Gebühren für die Ausfertigung von Dokumenten zu verlangen sowie für das Erwirken dessen, was »Gnadenerweis« genannt wurde, legale Gefälligkeiten in Angelegenheiten, die sachkundige Regulierung oder Ausnahmeregelungen erforderten, die der Papst mündlich oder schriftlich gewährte. Dazu kamen weniger offizielle Vergütungen, die demjenigen persönlich zuflossen, der das Ohr des Papstes hatte. Mitte des 15. Jahrhunderts lag das jährliche Einkommen eines Sekretärs zwischen zweihundertfünfzig und dreihundert Fiorini, mit einigem Geschäftssinn konnte man es auf mehr bringen. Am Ende einer zwölfjährigen Tätigkeit auf diesem Posten hatte Poggios Kollege Georg von Trapezunt über viertausend Fiorini auf den Konten römischer Banken, dazu kamen bedeutende Investitionen in Grundstücke.[4]

In Briefen an seine Freunde behauptete Poggio zeitlebens, er sei weder ehrgeizig noch gierig. Schließlich war er Autor einer gefeierten Abhandlung, in der er gegen die Habsucht wetterte, sie sei die hassenswerteste unter den menschlichen Lastern, und die Gier scheinheiliger Mönche, skrupelloser Fürsten und habgieriger Kaufleute heftig geißelte. Natürlich wäre es naiv, wollte man solche Bekenntnisse für bare Münze nehmen: Es gibt ausreichend Hinweise, dass er später in seinem Leben, nachdem es ihm gelungen war, an den Hof des Papstes zurückzukehren, seine Chancen durchaus nutzte und ein stattliches Vermögen erwarb. In den 1450er Jahren besaß er einen Stadtpalast und ein Landgut für die Familie, dazu mehrere Güter, hatte insgesamt neunzehn Grundstücke und zwei Häuser in Florenz erworben, verfügte außerdem über enorme Einlagen bei Banken und anderen Geschäftshäusern.[5]

Doch 1417 lag dieser Wohlstand noch in weiter Zukunft. Nach einer amtlichen, 1427 durch Steuerbeamte angefertigten Aufstellung – einem sogenannten *catasto* – verfügte Poggio nur über ziemlich bescheidene Mittel. Und ein Jahrzehnt früher, als Papst Johannes XXIII. seines Amtes enthoben wurde, wird er wohl noch weniger sein Eigen genannt haben. Vielleicht war sein späterer Erwerbstrieb eine Reaktion auf die Erinnerung an jene langen Monate, aus denen schließlich mehrere magere Jahre wurden, in denen er sich in einem fremden Land wiederfand, ohne sichere Stellung, ohne Einkommen und mit nur geringen Ressourcen, auf die er zurückgreifen konnte. Im Winter 1417 jedenfalls, als er durch die süddeutschen Landschaften ritt, hatte Poggio wenige oder gar keine Vorstellungen davon, woher die nächsten Fiorini wohl kommen könnten.

Umso erstaunlicher war, dass sich Poggio in dieser für ihn schwierigen Zeit nicht rasch um eine neue Stellung bemüht oder zumindest gesehen hat, dass er nach Italien zurückkam. Stattdessen begab er sich auf Bücherjagd.[6]

KAPITEL ZWEI

DER MOMENT DER ENTDECKUNG

Bereits seit gut hundert Jahren waren Italiener besessene Bücherjäger, seit nämlich der Dichter und Gelehrte Petrarca sich damit Ruhm erworben hatte, dass er um die 1330er Jahre Livius' Monumentalwerk *Ab urbe condita (Römische Geschichte – Von der Gründung der Stadt an)* aus Fragmenten rekonstruiert, dazu vergessene Meisterwerke von Cicero, Propertius und anderen wiederentdeckt hatte.[1] Mit seinem Erfolg hat Petrarca andere dazu animiert, nach verlorenen Klassikern zu suchen, die häufig seit Jahrhunderten irgendwo ungelesen herumgelegen hatten. Die wiederentdeckten Texte wurden kopiert, ediert und kommentiert, sodann eifrig ausgetauscht, womit sie zum Ruhm ihrer Wiederentdecker beitrugen. So bildeten sich die Grundlagen der *studia humanitatis* heraus; sachlich entsprachen diese in etwa dem, was im angelsächsischen Sprachgebrauch »Humanities« genannt wird.

Die »Humanisten« – so die Bezeichnung der Männer, die Grammatik, Rhetorik, Poesie, (Moral-)Philosophie und antike Geschichte in der praktischen Absicht einer umfassenden Geistesbildung studierten und lehrten – hatten, soweit diese erhalten waren, die Texte aus der Zeit der römischen Klassik gründlich gelesen und wussten darum, dass viele damals berühmte Bücher oder Teile solcher Bücher fehlten. Schmerzliche Neugier wurde wach, wenn Poggio und seine humanistischen Kollegen und Freunde in den Schriften antiker Autoren, die sie so gespannt lasen, immer wieder auf Zitate aus jenen verlorenen Büchern stießen, oft verbunden mit überschwänglichem Lob oder scharfzüngiger Kritik. So etwa bemerkt der römische Rhetoriker Quintilian im Zusammenhang seiner Auseinandersetzung mit Vergil und Ovid, »Macer und Lukrez muss man zwar lesen, doch nicht so, als ob sie für das Ausdrucksvermögen … etwas einbrächten«, geht dann auf Schriften von Publius Terentius Varro, auch Atacinus genannt, Cornelius Severus, Saleius Bassus, Gaius Rabirius, Albinovanus Pedo, Marcus Furius Bibaculus, Lucius Accius, Marcus Pacuvius und andere ein, die er sehr bewundert.[2] Die Humanisten wussten, dass einige dieser ihnen unbekannten Schriften wahrscheinlich für immer verloren waren – und tatsächlich stellte sich heraus, dass dies auf alle der oben erwähnten Autoren zutraf: mit Ausnahme von Lukrez. Doch warum sollten sich nicht andere Werke, vielleicht sogar viele andere Werke erhalten haben, irgendwo versteckt an dunklen Orten, nicht nur in Italien, sondern auch jenseits der Alpen? Hatte nicht Petrarca eine Handschrift von Ciceros *Pro Archia (Rede für den Dichter Archias)* im belgischen Lüttich aufgestöbert und das Propertius-Manuskript in Paris?

Bibliotheken alter Klöster waren die wichtigsten Jagdreviere für Poggio und die anderen Bücherjäger, und das aus gutem Grund: Über Jahrhunderte hinweg waren Klöster praktisch die einzigen Institutionen, die sich um Bücher kümmerten. Selbst in stabilen und prosperierenden Zeiten des Römischen Imperiums war, nach unseren Maßstäben, die Zahl derer, die lesen und schreiben konnten, nur sehr klein.[3] Als das Reich bröckelte, die Städte verfielen, der Handel erlahmte und die Bevölkerung die Horizonte zunehmend verängstigt nach barbarischen Horden absuchte, zerfiel auch das römische System elementarer und höherer Bildung. Zunächst wurden die Schulen kleiner, dann verschwanden sie ganz, und mit den Schulen schlossen die Bibliotheken und Akademien, Grammatiker und andere Lehrer wurden arbeitslos. Und es gab wichtigere Dinge, um die man sich sorgen musste, als Bücher.

Nur von Mönchen wurde erwartet, dass sie lesen konnten. In einer Welt, die zunehmend von ungebildeten, des Lesens unkundigen Kriegsherren bestimmt wurde, bekam diese Forderung, die in der Frühzeit des Klosterwesens formuliert wurde, unschätzbare Bedeutung. Hier folgt die Regel, die der koptische Heilige Pachomius Ende des vierten Jahrhunderts formuliert hatte und die in Ägypten und während des gesamten Mittelalters in Klöstern galt. Darin, in Regel 139, heißt es, die Klosterältesten sollen, wenn sich ein Neuling um die Aufnahme in das Kloster bewirbt,

> ihm zwanzig Psalmen oder zwei Apostelbriefe oder ein [entsprechendes] Stück aus der übrigen [Heiligen] Schrift aufgeben [zum Auswendiglernen]. Und wenn er des Lesens unkundig ist, soll er zur ersten, dritten und sechsten Stunde zu einem befähigten Lehrer gehen, der ihm zugewiesen wurde, und soll mit größtem Eifer und mit allem Dank [als Schüler] vor ihm stehen. Später soll man ihm die Buchstaben, Silben, Tätigkeitswörter, Hauptwörter aufschreiben, und so soll er angehalten werden, auch wenn er nicht mag, lesen zu lernen.[4]

»Auch wenn er nicht mag, lesen zu lernen« – genau dieser Zwang war ein Grund, warum die Errungenschaften des antiken Denkens über Jahrhunderte hinweg bewahrt wurden.

In der einflussreichsten aller Klosterregeln, die im sechsten Jahrhundert niedergelegt wurden, hat der heilige Benedikt keine ausdrücklichen Anforderungen hinsichtlich der Schreib- und Lesefähigkeit von Mönchen formuliert, aber er sorgte für ein Äquivalent: Ein gewisser Teil des Tages war für das Lesen – für die »heilige Lesung«, wie er dies nannte – vorgesehen, so wie ein anderer für körperliche Arbeit. »Müßiggang« hielt der Ordensgründer für »der Seele Feind«, achtete also darauf, dass die Stunden des Tages ausgefüllt waren. Auch zu bestimmten anderen Tageszeiten war den Mönchen das Lesen erlaubt, wobei dieses freiwillige Lesen in strikter Stille geschehen sollte. (In der Regel wurde zu Benedikts Zeiten, wie auch während der gesamten Antike, laut gelesen.) An den vorgeschriebenen Lesezeiten allerdings war nichts freiwillig.

Die Mönche mussten also lesen, ob ihnen danach war oder nicht; und die Regel verlangte, dass dies auch streng überwacht wurde:

> Vor allem aber bestimme man einen oder zwei Ältere, die zu den Stunden, da die Brüder für die Lesung frei sind, im Kloster umhergehen.
>
> Sie müssen darauf achten, ob sich etwa ein träger Bruder findet, der mit Müßiggang oder Geschwätz seine Zeit verschwendet, anstatt eifrig bei der Lesung zu sein; damit bringt einer nicht nur sich selbst um den Nutzen, sondern lenkt auch andere ab.[5]

Die deutsche Fassung setzt nicht ganz treffend »träge« für das lateinische *acediosus*. Dieses Wort nämlich verweist über *acedia* – »Lauheit«, »Überdruss« und »Angst des Herzens« – auf einen bedenklichen Gemütszustand, der typisch war für klösterliche Gemeinschaften, eine Krankheit, die Johannes Cassianus, der Wüstenvater, schon Ende des vierten Jahrhunderts treffend und anschaulich diagnostiziert hatte. Wenn, so schreibt er, dieser Geist von der Seele eines Mönchs Besitz ergriffen habe, werde es diesem schwerfallen, wo nicht unmöglich sein, sich auf das Lesen zu konzentrieren. Vielmehr werde er den Blick von seinem Buch lösen, versuchen, sich mit Geschwätz abzulenken, eher noch mit Abscheu in seiner Umgebung umherschauen, seine Mitbrüder betrachten, sich dabei gewiss vorstellen, dass die Dinge andernorts besser seien, dass er sein Leben vergeude und nun, wo alles so schal und sinnlos sei, seinen Geist, sein Seelenheil verlieren werde.

> So blickt er ängstlich bald hierhin, bald dorthin und klagt, daß gar kein Mitbruder zu ihm komme, geht öfter aus der Zelle und wieder hinein und schaut häufig nach der Sonne, als ob sie zu langsam dem Untergange zueile. Und so lagert sich, wie auf die Erde der Nebel, über seinen Geist gewissermaßen eine vernunftlose Verwirrung.[6]

Dieser Mönch – und offenbar ist es damals vielen so ergangen – litt an dem, was wir den klinischen Zustand einer Depression nennen würden. Cassian nannte diese Krankheit »den Mittagsdämon«, und die Benediktusregel sieht, insbesondere während der dem Lesen gewidmeten Zeit, eine genaue Überwachung der Mönche vor. Alle, die verdächtige Symptome zeigten, sollten ausfindig gemacht werden.

> Wird ein solcher, was ferne sei, ertappt, werde er einmal und ein zweites Mal zurechtgewiesen.
> Bessert er sich nicht, treffe ihn die von der Regel vorgesehene Strafe so, dass die anderen sich fürchten *(ut ceteri timeant)*.[7]

Eine Weigerung, zu den vorgeschriebenen Zeiten zu lesen – ob aus Ablenkung, Niedergeschlagenheit oder Verzweiflung –, wurde also zunächst klosteröffentlich kritisiert und dann, wenn dies nichts fruchtete und der

Mönch bei seiner Verweigerungshaltung blieb, durch Schläge geahndet: Mit körperlichem Leiden sollten die Symptome des psychischen Leidens ausgetrieben werden. Nach angemessener Züchtigung würde der betrübte Mönch – zumindest im Prinzip – zu seiner »heiligen Lesung« zurückfinden.

Es gab noch eine weitere Zeitspanne, in der die benediktinische Regel eine Lesung vorsah: während der gemeinsamen Mahlzeit. Ein Bruder hatte dann die Aufgabe, den anderen laut vorzulesen: »Doch soll nicht der Nächstbeste nach dem Buch greifen und lesen, sondern der vorgesehene Leser beginne am Sonntag seinen Dienst für die ganze Woche.« Benedikt hat wohl geahnt, dass die Berufung zu dieser Aufgabe zumindest bei einigen Mönchen Stolz hervorrufen könnte, und dem suchte er vorzubeugen: »Wer den Dienst antritt, erbitte nach der Messe und der Kommunion das Gebet aller, damit Gott den Geist der Überheblichkeit von ihm fernhalte.«[8] Andere, so fürchtete der Ordensgründer, könnten die Lesung zum Anlass nehmen, über das Gehörte zu spotten oder einfach nur zu schwätzen. Und auf keinen Fall wollte er Debatten und Streitgespräche provozieren. Also traf er auch dagegen Vorkehrung:

> Es herrsche größte Stille. Kein Flüstern und kein Laut sei zu hören, nur die Stimme des Lesers. Was sie aber beim Essen und Trinken brauchen, sollen die Brüder einander so reichen, daß keiner um etwas bitten muß.
> Fehlt trotzdem etwas, erbitte man es eher mit einem vernehmbaren Zeichen als durch ein Wort.
> Niemand nehme sich heraus, bei Tisch Fragen über die Lesung oder über etwas anderes zu stellen, damit es keine Gelegenheit zum Unfrieden gibt.[9]

»Gelegenheit zum Unfrieden« – in einem sonst sehr klaren Text erstaunt diese vage Formulierung. Gelegenheit für wen oder was genau? Moderne Herausgeber setzen hier manchmal »dem Teufel« ein, und wahrscheinlich war der wohl auch gemeint. Aber warum sollte eine Frage zum Gelesenen den Fürsten der Finsternis zu Weiterem, Schlimmerem anregen? Darauf gibt es nur eine Antwort: Jede Frage, wie unschuldig auch immer, beschwört die Möglichkeit eines Streitgesprächs herauf – und eine Diskussion hätte ja wohl bedeutet, dass religiöse Lehren tatsächlich Gegenstand kritischer Untersuchungen und Erörterung sind.

Benedikt hat nicht völlig verboten, dass die laut gelesenen heiligen Texte kommentiert wurden, aber er wollte die Anlässe einschränken. Denn, so besagt die Regel: »Der Obere kann zur Erbauung kurz etwas sagen.«[10] Aber auch kommentierende Worte waren nicht zu bezweifeln, kein Widerspruch war geduldet, tatsächlich war, im Prinzip jedenfalls, jeder Disput zu unterbinden. Wie die Strafen, die in der einflussreichen Regel des irischen Mönchs Columbanus (geboren im Sterbejahr Benedikts) aufgelistet sind, deutlich zeigen, machte es keinen Unterschied, ob eine Debatte der intellektuellen Auseinandersetzung diente oder anderen Zwecken – sie war so oder so verboten. Sollte es ein Mönch wagen, einem Mitbruder mit den Worten »Es ist nicht so, wie du sagst« zu widersprechen, drohte ihm eine schwere Strafe: »Schweigegebot oder fünfzig Schläge«. Es waren wirklich hohe Mauern, die das geistige Leben der Mönche umschlossen – Schweigegebot, das Verbot, Fragen zu stellen, die Bestrafung von Debatten mit Schlägen oder Peitschenhieben –, und mit alledem sollte nur eines erreicht werden: Die Klosteroberen wollten unbezweifelbar klarstellen, dass diese frommen Gemeinschaften das genaue Gegenteil der philosophischen Akademien Griechenlands oder Roms waren; das Gegenbild jener Orte, die erst aufblühten durch den Geist des Widerspruchs und an denen eine unermüdliche, weit ausgreifende Neugier gefördert wurde.

Gleichwohl verlangten die Klosterregeln das Lesen. Und diese Forderung genügte, um eine ganze Kettenreaktion auszulösen. Lesen war nicht eine Möglichkeit unter anderen, war weder bloß wünschenswert noch bloß empfohlen – es war obligatorisch. Und das in einer Gemeinschaft, die ihre Verpflichtungen todernst nahm. Wer aber lesen soll, der braucht Bücher. Und diese, mochte man sie noch so sorgfältig behandeln, gingen, indem sie wieder und wieder aufgeschlagen wurden, irgendwann doch kaputt. So sorgten die Klosterregeln fast unausweichlich dafür, dass die Mönche Bücher kaufen oder auf andere Weise erwerben mussten. Mitte des sechsten Jahrhunderts tobten die grausam geführten Gotenkriege, und zu deren noch elenderen Nachwirkungen gehörte schließlich auch, dass die letzten Werkstätten der Buchproduktion dichtmachen mussten. Zugleich gingen auch die Rudimente eines Buchmarkts unter. Doch es gab die Klosterregeln, und sie brachten die Mönche dazu, ihre Bücher sorgfältig zu bewahren und diejenigen zu kopieren, die sie bereits im Besitz hatten. Aber auch der Handel mit den Papyrushändlern Ägyptens war längst zusammengebrochen, und weil es keinen regelmäßigen Handel mit Büchern mehr gab, waren auch die Werkstätten verwaist, in denen Tierhäute zu Schreibmaterial verarbeitet worden waren. So blieb den Mönchen nichts anderes übrig, als das aufwändige Geschäft der Pergamentherstellung und des Bewahrens alter Pergamente selbst zu erlernen. Natürlich hatten die frommen Brüder nicht im Sinn, die heidnischen Eliten wiederzubeleben, indem sie Bücher oder das Schreiben in den Mittelpunkt der Gesellschaft rückten. Sie wollten auch die Bedeutung von Rhetorik und Grammatik nicht eigens herausstellen, weder Studium noch Debatte fördern und preisen, und doch wurden sie zu den wichtigsten Lesern, Bibliothekaren, Buchrestauratoren und Bücherproduzenten der damaligen abendländischen Welt.

Poggio und den anderen Humanisten, die den verlorenen Klassikern auf der Spur waren, war all das nicht unbekannt. Viele Klosterbibliotheken in Italien hatten sie bereits durchstöbert, waren Petrarcas Beispiel auch in Frankreich gefolgt, und so blieben zuletzt nur noch die Schweiz und Deutschland als unerforschte Territorien. Allerdings waren viele der Klöster dort extrem mühsam zu erreichen, denn ihre Gründer hatten sie bewusst an abgelegenen Orten errichtet, möglichst weit entfernt von den Versuchungen, Ablenkungen und Gefahren der Welt. Doch wenn nun ein auf Bücher versessener Humanist die Unbequemlichkeiten und Risiken des Reisens überstanden und tatsächlich eines der entlegenen Klöster erreicht hatte, was dann? Zunächst waren es nur wenige Gelehrte, die wussten, wonach sie zu suchen hatten, und, wenn ihnen Glück und Zufall hold waren, auch rasch erfassen und beurteilen konnten, auf was sie da gestoßen waren. Als Erstes stellte sich das Problem des Zugangs. Wenn sie die Klosterpforte durchschreiten und Zutritt zur Bibliothek erhalten wollten, musste es ihnen gelingen, einen misstrauischen Abt und einen noch viel misstrauischeren Bibliothekar davon zu überzeugen, dass ihr Kommen und ganz sicher auch ihre Absichten legitim waren. In der Regel nämlich erhielten Außenstehende keinen Zugang zur Bibliothek. Petrarca war Kleriker, er konnte sein Ansinnen immerhin von innen her, als Mitglied der weiten institutionellen Gemeinschaft der Kirche, formulieren. Viele Humanisten aber waren Laien und weckten allein dadurch sofort Misstrauen und Verdacht.

Doch damit noch nicht genug, es stellten sich weitere Probleme. Denn wenn ein Buchjäger ein Kloster erreicht hatte, wenn er die gut gesicherte Pforte hatte durchschreiten, die Bibliothek betreten können, wenn er dann tatsächlich einen interessanten Fund gemacht hatte, was war zu tun mit der Handschrift, die er entdeckt hatte?

Bücher waren selten und wertvoll. Sie trugen zum Ruf des Klosters bei, zu dessen Besitz sie gehörten, und die Mönche waren kaum geneigt, sie aus den Augen zu lassen, schon gar nicht, wenn sie bereits Erfahrungen mit langfingrigen Humanisten aus Italien gemacht hatten. Gelegentlich suchten Klöster ihren Besitz zu sichern, indem sie ihre wertvollen Handschriften mit Flüchen belegten. Hier ein Beispiel:

> Möge es sich in der Hand dessen, der es stiehlt oder ausleiht und nicht zurückgibt, in eine Schlange verwandeln und diesen zerfleischen. Mit Lähmung sei er geschlagen, und seine Glieder mögen verdorren. Er winde sich in Schmerzen, winsele laut um Gnade, doch möge sein Todeskrampf nicht nachlassen, bis er wimmernd zerfällt. Buchwürmer sollen in seinen Eingeweiden nagen zum Zeichen des Gewürms, das niemals stirbt, und wenn er schließlich seiner letzten Strafe entgegengeht, mögen die Flammen der Hölle auf ewig an ihm zehren.[11]

Selbst ein weltlicher Skeptiker, den es stark nach einem solchen Band verlangte, wird gezögert haben, ihn unter seinen Umhang zu schieben.

Waren die Mönche arm, vielleicht auch schlicht käuflich, konnte man ihnen Geld anbieten, damit sie sich von ihren Büchern trennten. Doch schon das Interesse, das ein Fremder zeigte, wird den Preis in die Höhe getrieben haben. Natürlich hätte man den Abt um Erlaubnis bitten können, das Buch mitzunehmen, verbunden mit dem feierlichen Versprechen, es eilends zurückzubringen. Es mag gutgläubige oder vertrauensselige Äbte gegeben haben, aber sie waren dünn gesät. Erzwingen konnte man das

Einverständnis nicht, und lautete die Antwort einmal Nein, dann war das ganze Unternehmen ein Reinfall. Dann blieb nur, dem Fluchbann zu trotzen und zu versuchen, die Handschrift zu stehlen. In den Klöstern allerdings herrschte ohnehin schon eine Kultur des Überwachens, und in der standen Besucher unter besonders strikter Beobachtung. Zudem blieben die Pforten des Nachts verschlossen, und einige Brüder waren durchaus gestandene Kerle; es hätte ihnen wenig ausgemacht, einen vermutlichen Dieb halbtot zu prügeln.

Poggio aber brachte alle Voraussetzungen mit, derlei Prüfungen zu bestehen. Er hatte sich außergewöhnliche Fähigkeiten erworben, alte Handschriften zu entziffern, war ein begabter Latinist mit besonders scharfem Blick für Diktion, Rhetorik und grammatische Strukturen, an denen sich das klassische Latein erkennen ließ. Ausgiebig und aufmerksam hatte er sich mit der antiken Literatur beschäftigt, auch Dutzende von Zeichen memoriert, an denen sich die Identität eines besonderen Autors oder ein verlorenes Werk erkennen ließen. Er war weder Mönch noch Priester, hatte aber lange genug in der Kurie und am Hof des Vatikan gedient, die institutionellen Strukturen der Kirche also aufs Intimste kennen gelernt, kannte zudem viele der mächtigsten Kleriker persönlich, einige einander nachfolgende Päpste eingeschlossen.

Und wenn selbst seine außerordentlichen Beziehungen versagten, die Türen der Bibliothek eines abgelegenen Klosters verschlossen blieben, dann war da noch sein beträchtlicher persönlicher Charme. Er konnte wunderbar erzählen, war ein geschickter Plauderer und unermüdlicher Unterhalter, der gerne auch gewagte Anekdoten zum Besten gab. Natürlich konnte er sich mit den deutschen Mönchen nicht in deren Muttersprache unterhalten. Zwar hatte er drei Jahre in einer deutschsprachigen Stadt gelebt, doch nach eigenen Angaben kein Deutsch gelernt. Bei einem so sprachbegabten Mann konnte solche Unkenntnis nur auf Unwillen zurückgehen. Tatsächlich galt Deutsch als Sprache von Barbaren, und Poggio hatte kein Interesse, sie zu lernen. Er wird sich während des Konzils in Konstanz wohl ausschließlich in Gesellschaft italienisch und lateinisch sprechender Menschen bewegt haben.

Unterwegs, in Gasthäusern und an anderen Stationen seines Weges, dürfte es zu praktischen Schwierigkeiten geführt haben, dass er kein

Deutsch sprach; hatte er aber erst einmal sein Ziel erreicht, dürfte es kein großes Problem mehr gewesen sein. Abt, Bibliothekar und viele Mitglieder der klösterlichen Gemeinschaft sprachen Lateinisch. Wobei sie wohl kaum über das elegante klassische Latein verfügten, das sich Poggio so gewissenhaft angeeignet hatte, dafür aber, wenn man nach den vielen kraftvollen Werken urteilen kann, die überliefert sind, ein lebendiges, fließendes, hoch flexibles Latein, das von subtilsten scholastischen Distinktionen ohne weiteres übergehen konnte zu weltlichsten Obszönitäten. Gewann Poggio den Eindruck, er könnte seine Gastgeber mit moralisierender Ernsthaftigkeit beeindrucken, dann konnte er sich eloquent über die Misere der menschlichen Existenz auslassen; glaubte er, die Klosterleute ließen sich gewinnen, indem er sie zum Lachen brachte, wird er seine Geschichten über Bauerntölpel, gefällige Hausfrauen und den sexuellen Appetit von Priestern erzählt haben.

Noch eine weitere Begabung unterschied Poggio von praktisch allen anderen Bücherjägern. Er war ein äußerst gut geschulter Schreiber, verfügte über eine exzellente Handschrift und ein hohes Maß an Genauigkeit. Uns Heutigen wird es schwerfallen, die Bedeutung solcher Eigenschaften zu ermessen: Unsere technischen Mittel, Abschriften, Faksimiles und Kopien herzustellen, haben fast völlig überflüssig gemacht, was einmal eine bedeutende persönliche Leistung war. Schon zu Poggios Lebzeiten verlor dies, zunächst allerdings allmählich, an Bedeutung, denn in den 1430er Jahren hatte Johann Gutenberg, ein deutscher Unternehmer, begonnen, mit einer neuen Erfindung zu experimentieren, den beweglichen Lettern, und das sollte die Reproduktion und Verbreitung von Texten revolutionieren. Gegen Ende des Jahrhunderts würden Drucker, allen voran der große Aldus aus Venedig, lateinische Texte in einer Schrift drucken, die an Klarheit und Eleganz fünf Jahrhunderte lang nicht übertroffen wurde. Diese Schrift, ihr Schnitt, ging zurück auf die wunderbare Handschrift von Poggio und seinen humanistischen Freunden.[12] Was Poggio von Hand tun musste, um eine einzige Kopie herzustellen, konnte wenig später mechanisch geschehen, und war ein Text erst gesetzt, ließen sich leicht einige hundert Kopien produzieren.

Noch aber lagen diese Errungenschaften in der Zukunft, und auch später dann waren die Drucker, wollten sie ein Buch setzen, auf genaue, gut lesbare handschriftliche Kopien angewiesen, denn es handelte sich dabei nicht selten um Schriften, die ihrem Inhalt nach nur ganz wenigen verständlich waren. Poggios große Begabung als Schreiber und Kopist erschien seinen Zeitgenossen unheimlich, umso mehr, als er auch noch äußerst schnell zu arbeiten verstand. Mit allen diesen Talenten hatte er nicht nur beste Chancen, sich schmeichelnd Zugang zu den Klöstern zu verschaffen und dort wertvolle verschollene Handschriften aufzuspüren, er konnte auch die Erlaubnis bewirken, diese Texte auszuleihen, konnte sie dann rasch kopieren, die Vorlage retournieren und das Ergebnis ins heimatliche Italien schicken, wo seine Humanistenfreunde schon begierig warteten. Wenn aber nichts half und die Handschrift partout nicht auszuleihen war – der Bibliothekar durch nichts zu bewegen, gerade dieses Manuskript aus der Hand zu geben –, dann konnte Poggio es vor Ort kopieren oder diese Aufgabe einem Schreiber übertragen, dem er zumindest die allernotwendigsten Fähigkeiten beigebracht hatte.

Im Jahr 1417 traf nahezu perfekt zusammen, was Poggio zur Bücherjagd brauchte: Zeit, Fertigkeiten und leidenschaftlicher Wille. Nur eines fehlte: die notwendige Barschaft. Selbst wenn man einfach reiste, war Reisen damals teuer. Man musste ein Pferd mieten und füttern, hatte, wenn man Flüsse überqueren oder mautpflichtige Straßen nutzen wollte, Gebühren zu zahlen, dazu kamen Abgaben, die griesgrämige Zollbeamte oder Agenten von Kleinadligen forderten – das konnte sehr wohl an Erpressung grenzen –, und nicht zuletzt waren in den Gasthäusern Kosten für Essen, Bett und Pferdestall zu begleichen. Auch wenn er einen Hilfsschreiber bezahlen wollte, brauchte Poggio Geld; und hin und wieder war wohl auch ein zögerliches Kloster mit Geld günstig zu stimmen, damit es seine Schätze auslieh.

Selbst wenn Poggio während seiner Jahre in päpstlichen Diensten einiges hatte beiseitelegen und zur Bank bringen können, ist es unwahrscheinlich, dass er in der Lage war, alle Jagdkosten alleine zu tragen. Also wird sich dieser passionierte Briefschreiber wohl auch auf seine Feder verlassen haben. Wird reichen Freunden zuhause in Italien geschrieben und den Männern, die seine Leidenschaften teilten, geschildert haben, welche Möglichkeit ihm der Zufall eröffnet habe: Alle hätten sie davon bislang nur träumen können. Poggio war gesund, ihn plagte weder Familie noch ein Dienst, und niemandem verpflichtet, konnte er kommen und gehen, wie er wollte. Ihm stand zur Verfügung, was er brauchte, um sich ernsthaft auf die Suche nach verlorenen Schätzen zu begeben – nach der Erbschaft der Antike.

Ob sie von einem einzelnen reichen Förderer kam oder eine Gruppe befreundeter Humanisten zusammenlegte: Nur solche Unterstützung durch Dritte macht verständlich, dass Poggio sich im Januar 1417 tatsächlich aufmachen konnte zu dem Ort, an dem seine Entdeckung auf ihn wartete. Und diese Unterstützung muss beträchtlich gewesen sein, denn besagte Reise war nicht die einzige Expedition des Bücherjägers in diesem Winter. Er machte sich unmittelbar nach einer anderen Reise, die ihn zum altehrwürdigen Kloster St. Gallen, nicht weit von Konstanz, geführt hatte, erneut auf den Weg. Auch nach St. Gallen war Poggio bereits ein zweites Mal geritten, schon im Jahr zuvor waren ihm dort, damals in Begleitung zweier italienischer Freunde, eine Reihe bedeutender Funde gelungen. Möglicherweise hatten sie damals etwas übersehen, und so machten sich Poggio und einer der beiden ersten Reisegefährten noch einmal auf den Weg dorthin.

Die zwei, Poggio und Bartolomeo de Aragazzi, hatten vieles gemeinsam. Beide stammten sie aus der Toskana, Poggio aus der bescheidenen Stadt Terranuova bei Arezzo, Bartolomeo aus dem wundervoll auf einem Berg gelegenen Montepulciano. Beide waren sie nach Rom gegangen, hatten dort Posten als Skriptoren der päpstlichen Kurie erlangt. Und beide waren sie auch nach Konstanz gereist, um unter dem verhängnisvollen Pontifikat Johannes' XXIII. ihren Dienst als apostolische Sekretäre zu tun,[13] verfügten nach dem Sturz des Papstes also auch über eine Menge freie Zeit. Begeisterte Humanisten, die sie waren, taten beide nichts lieber, als ihre Fähigkeiten als Leser und Kopisten zur Entdeckung verschollener antiker Texte einzusetzen.

Sie waren eng befreundet, arbeiteten und reisten zusammen, hatten gleiche Absichten und Ziele. Gleichzeitig jedoch waren sie auch Rivalen, konkurrierten um den Ruhm, den ein Mann mit der Entdeckung von Texten erwerben konnte. »Ich hasse diese prahlerischen Gespräche, diese Schmeichelei, diese Übertreibungen«, schrieb Bartolomeo an einen einflussreichen Gönner in Italien, »möge ich verschont bleiben davon, meinen Stolz aus Träumen der Selbstüberhebung oder eitlem Ruhm zu ziehen.« Im Anschluss an diesen Stoßseufzer berichtet der Brief, datiert auf den 19. Januar 1417 in St. Gallen, von einigen bemerkenswerten Entdeckungen, die er dort gemacht habe, im, wie er es nennt, »Gefängnis«, in das sie eingeschlossen seien. Er könne gar nicht hoffen, alle Bände zu beschreiben, die er entdeckt habe, »denn ein Tag würde wohl kaum genügen, sie alle aufzuzählen«. Nicht einmal – und das ist wohl bezeichnend – erwähnt er den Namen seines Reisegefährten Poggio Bracciolini.[14]

Doch Bartolomeo hatte ein Problem: Sonderlich aufregend waren seine Funde nicht. Er hatte die Kopie eines Buches von Flavius Vegetius Renatus über die römische Armee ans Licht geholt – ein Buch, das, wie er nicht sehr überzeugend schrieb, »uns gute Dienste tun wird, wenn wir es jemals in einem Lager oder, rühmlicher, in einem Feldzug verwenden werden« – und ein kleines Wörterbuch, eher eine Wortliste von Pompeius Festus. Beide Schriften waren nicht nur ziemlich unbedeutend, sondern, wie auch Bartolomeo gewusst haben wird, in Italien bereits verfügbar.

Nachdem es ihnen nicht gelungen war, die großen Schätze zu ergattern, auf die sie gehofft hatten, vielleicht auch, weil sie die Last ihrer Konkurrenz spürten, gingen die Freunde ab Ende Januar 1417 getrennte Wege. Poggio wandte sich schließlich nach Norden, möglicherweise in Begleitung eines deutschen Schreibers, den er ausbildete. Bartolomeo wollte wohl auf eigene Faust weitersuchen, zumindest schrieb er seinem italienischen Briefpartner: »Ich werde mich auf den Weg zu einem anderen Kloster machen, zu einem Eremitenorden tief in den Alpen.« Er plante wohl auch, von dort aus weitere, noch entlegenere Klöster aufzusuchen. Es waren extrem schwer zu erreichende Orte, besonders im Winter – »der Weg holprig und kaputt, es gibt keinen anderen Weg dorthin als durch die Schluchten der Alpen und durch Flüsse und Wälder« –, aber, so tröstete er sich, »der Pfad der Tugend ist voller Mühe und Gefahr«. Gerade von den Bibliotheken dieser Klöster gehe die Rede, es lägen dort wahre Schätze alter Bücher vergraben. »Ich werde versuchen, diesen armen kleinen Körper anzutreiben, dass er es auf sich nimmt, sie zu retten, und nicht zurückschreckt vor den Hindernissen ihres Standorts, vor den Unbequemlichkeiten und der in den Alpen zunehmenden Kälte.«[15]

Man wird sich ob dieses Lamentos ein Lächeln schwer verkneifen können – und Bartolomeo, als Anwalt ausgebildet, verstand sich gewiss auf rhetorische Effekte –, doch der arme Kerl erkrankte, kaum hatte er St. Gallen verlassen, und musste nach Konstanz zurückkehren, wo er Monate brauchte, um sich zu erholen. Poggio auf seinem Weg nach Norden wird davon nichts gewusst haben; seit Bartolomeo ihre Jagdgemeinschaft verlassen hatte, war er allein auf Suche.

Von Mönchen hielt Poggio nicht viel. Einige beeindruckende Gestalten, Männer von moralischem Ernst und großer Bildung, kannte er wohl, die Mehrheit jedoch fand er abergläubisch, unwissend und hoffnungslos faul. Klöster galten ihm als Orte, an denen man all jene ablud, die für ein Leben in der Welt nicht taugten. Adlige brachten dort die Söhne unter, die sie für Schwächlinge, für Sonderlinge oder Nichtsnutze hielten; Kaufleute schickten ihre minderbemittelten oder geistesschwachen Kinder dorthin; und Bauern wurden auf diese Weise Mäuler los, die sie nicht füttern konnten. Die Robusteren unter den Klosterinsassen konnten zumindest in den Klostergärten und auf den Feldern produktive Arbeit verrichten, so wie es die Mönche in früheren, kargeren Zeiten getan hatten, die meisten jedoch hielt Poggio für einen Haufen von Müßiggängern, für Schmarotzer, die hinter dicken Mauern ihre Gebete murmelten und von dem lebten, was auf den ausgedehnten Ländereien der Klöster erwirtschaftet wurde. Die Kirche war Grundbesitzerin, als solche reicher als die mächtigsten Fürsten im Reich, und sie verfügte auch über die weltliche Macht, Pacht und Zins einzutreiben sowie ihre anderen Rechte und Privilegien durchzusetzen. So führte man den Bischof von Hildesheim, als er kurz nach seiner Wahl die Bibliothek seiner Diözese zu sehen wünschte, in die Rüstkammer und präsentierte die Piken und Streitäxte, die dort an der Wand hingen. Das, so erklärte man ihm, seien die Bücher, mit denen die Rechte des Bistums errungen worden seien, und mit ihnen müsse man sie auch verteidigen.[16] Sehr häufig werden die Bewohner reicher Klöster wohl nicht zu den Waffen gerufen worden sein, doch wenn sie in ihren düsteren Räumen hockten und über den Einnahmen des Klosters brüteten, wussten sie – wie ihre Pächter und Hintersassen auch –, dass Mittel roher Gewalt bereitstanden.

Schon mit seinen Freunden in der Kurie hatte sich Poggio lustig gemacht über Käuflichkeit, Dummheit und sexuelle Gier von Mönchen. Mochten sie andere zur Gottesfurcht anhalten, Poggio beeindruckte das nicht: »Ich sehe nicht, dass sie irgendetwas anderes tun als singen wie die Grillen«, schrieb er, »und ich kann mir nicht helfen, aber dafür, dass sie nichts anderes tun, als ihre Lungen zu üben, werden sie einfach zu freigebig bezahlt.« Selbst die großen Mühen der klösterlich-geistlichen Disziplin erschienen ihm läppisch im Vergleich zur harten körperlichen Arbeit, die er auf den Feldern beobachtete:

> Sie übertreiben ihre Mühen, als seien es die zwölf Arbeiten des Herakles, dabei tun sie nichts anderes, als sich des Nachts von ihrem Lager zu erheben, um das Lob Gottes zu singen. Es ist zweifellos ein außergewöhnlicher Beweis für ihre Verdienste, dass sie aufrecht sitzen und sich im Psalmodieren üben. Was würden sie sagen, wenn sie aufstehen müssten, um den Pflug zu führen wie die Bauern, dem Regen und dem Wind ausgesetzt, mit nackten Füßen und den Leib nur in dünne Lumpen gehüllt?[17]

Eine Übung in Scheinheiligkeit, mehr vermochte er darin nicht zu sehen. Näherte er sich aber einem Kloster, verschloss Poggio solche Gedanken in seiner Brust. Er mochte das klösterliche Leben verachten, aber er kannte es auch, wusste, wohin in einem Kloster er sich zu wenden hatte und welche verpflichtenden Worte er sprechen musste, damit man ihm Zugang zu den Dingen gewährte, die er unbedingt sehen wollte. Vor allem wusste er genau, wie das, was er suchte, hergestellt worden war. Mochte er verspotten, was er den klösterlichen Schlendrian nannte, er wusste auch, dass es die Objekte seiner Begierde, die Bücher und Handschriften, die er zu finden hoffte, nur deshalb gab, weil die Klöster und ihre Insassen dafür gesorgt hatten: mit jahrhundertelanger Hingabe und akribischer Arbeit.

Denn die Benediktusregel hatte den Mönchen neben Gebet und Lektüre auch Handarbeit vorgeschrieben, und stets hatte das Schreiben als körperliche Arbeit gegolten. Die frühen Gründer der Mönchsorden haben das Kopieren nicht als eine in irgendeinem Sinn höhere Tätigkeit betrachtet, im Gegenteil. Schließlich wussten sie, dass die meisten Abschriften in der Antike von gebildeten Sklaven angefertigt worden waren. Die Aufgabe war erniedrigend und auch ermüdend, insofern perfekt geeignet für das asketische Unterfangen, den Geist zu disziplinieren. Poggio selbst hatte für spirituelle Zucht wenig übrig; seinen Geist, wetteifernd und ehrgeizig wie er war, verlangte es danach, im Licht der Welt zu glänzen und nicht vor ihrem Blick zu schrumpfen. Für ihn war das Kopieren von Texten, dem er sich mit unerreichtem Geschick widmete, kein asketisches, sondern ein ästhetisches Unterfangen; eine Möglichkeit, seinen persönlichen Ruhm zu befördern. Dank seiner Fähigkeiten konnte er mit einem Blick – mal bewundernd, mal verächtlich – abschätzen, wie viel Mühe und Fertigkeit in der Handschrift steckten, die vor ihm lag.

Nicht jeder Mönch zeigte beim Kopieren das gleiche Geschick, so wie nicht jeder der harten Landarbeit gewachsen war, der Lebensgrundlage früher Klostergemeinschaften. Schon die ersten Regelwerke sahen eine Arbeitsteilung vor. So heißt es zum Beispiel in der Regel des heiligen Ferreol (530–581), eines französischen Benediktinermönchs: »Wer die Erde nicht mit einem Pflug umbrechen kann, der soll das Pergament mit seinen Fingern beschreiben.« (Auch das Gegenteil galt natürlich: Wessen Finger nicht zum Schreiben taugten, der wurde zum Pflügen auf den Acker geschickt.) Und wer besonders schön schrieb – in feiner klarer Handschrift, die andere Mönche leicht lesen konnten – und äußerste Sorgfalt in der Übertragung zeigte, genoss zunehmend Ansehen. Im »Wergeld«-Kodex, der für die deutschen Länder und für Irland festlegte, was als Sühnegeld für einen Mord zu zahlen war – zweihundert Schillinge für einen erschlagenen Knecht, dreihundert für einen niederen Kleriker, vierhundert für einen Kleriker, der beim Lesen der Messe erschlagen wurde, und so weiter –, in diesem Kodex wurde der Verlust eines Schreibers durch eine Gewalttat genau so hoch bewertet wie der eines Bischofs oder eines Abtes.

Es war dies eine Zeit, in der ein Leben wenig galt, also lässt der hohe Preis erkennen, wie wichtig und wie schwierig es für ein Kloster war, die Bücher zu besorgen, die erforderlich waren, um die Leseregel einzuhalten. Selbst die berühmtesten Klosterbibliotheken des Mittelalters waren klein im Vergleich zu den Bibliotheken der Antike oder jenen, die es in Bagdad oder Kairo gab. Um eine auch nur bescheidene Büchersammlung zusammenzutragen, musste man in den Jahrhunderten, bevor die Erfindung des

Buchdrucks die Verhältnisse nachhaltig veränderte, einrichten, was man *scriptoria* nannte: Werkstätten, in denen die Mönche lernten, stundenlang still zu sitzen und Texte zu kopieren. Die ersten Abschriften werden noch unter improvisierten Umständen entstanden sein, in Räumen des Klosters, in denen Kälte vielleicht die Finger steif werden ließ, in denen es zumindest aber ausreichend Licht gab. Mit der Zeit aber wurden Räume eigens für Schreiber und Kopisten eingerichtet oder sogar neu gebaut. In den größeren Klöstern, die immer mehr darauf bedacht waren, bedeutende Sammlungen von Schriften zusammenzutragen, wurden große Säle mit Fenstern aus ungefärbtem Glas ausgestattet, unter denen Mönche – manchmal bis zu dreißig an der Zahl – an ihren Schreibpulten saßen, wobei die Arbeitsplätze manchmal auch durch Trennwände voneinander abgeteilt waren.

Verantwortlich für das Skriptorium war eben die Person, auf die Poggio und andere Bücherjäger ihre Schmeicheleien und Verführungskünste konzentrierten: der Klosterbibliothekar. Diese im Klosterleben gewichtige Gestalt war es gewohnt, intensiv hofiert zu werden, denn er war ja auch derjenige, der alles herbeizuschaffen hatte, was die Mönche zum Kopieren der Handschriften benötigten: Federn, Tinte, Federmesser. Unausweichlich würde ein Schreiber schon nach ein paar Stunden seines Tagespensums Vorzüge oder Mängel des Geräts zu spüren bekommen. Wenn er es darauf anlegte, konnte der Bibliothekar einem Schreiber das Leben durchaus schwermachen, konnte ihm mit besonders feinen Geräten aber auch Gefälligkeiten erweisen. Dazu gehörten auch Lineale, Ahlen (mit denen feine Löcher in den Schreibgrund gestochen wurden, um gleichmäßig Linien ziehen zu können), feinste Stahlfedern, mit denen die Linien gezogen wurden, Lesegestelle, die das zu kopierende Buch hielten, Gewichte, die dessen Seiten am Umschlagen hinderten. Weiteres Gerät und Material waren zu besorgen, wenn die Manuskripte illuminiert werden sollten.

In der Antike waren die meisten Texte in Rollenform angefertigt worden – den Thora-Rollen ähnlich, die Juden in ihren Gottesdiensten bis heute verwenden. Vom vierten Jahrhundert an nutzten die Christen dann fast ausschließlich ein anderes Format, nämlich den Kodex, aus dem sich das uns vertraute Buch entwickelte. Der Kodex hat den großen Vorteil, dass er dem Leser die Orientierung im Text erleichtert: Er kann paginiert werden, es lassen sich Register anlegen, man kann rasch zur gewünschten Stelle blättern. Erst mit der Erfindung des Computers und seinen Suchfunktionen erwuchs dem einfachen und vielseitigen Format des Kodex ein ernsthafter Konkurrent – heute erst sprechen wir wieder davon, durch einen Text zu »scrollen« (englisch für »rollen«).

Weil es keinen Papyrus mehr gab, Papier aber erst mit dem 14. Jahrhundert allgemein in Gebrauch kam, wurde der hauptsächlich verwendete Schreibgrund aus Tierhäuten hergestellt – aus Häuten von Kühen, Ziegen und Schafen, gelegentlich auch von Rotwild. Diese Oberflächen mussten geglättet werden, darum verteilte der Klosterbibliothekar als weiteres Werkzeug auch Bimsstein, mit dem sich letzte Tierhaare, Unebenheiten oder andere Fehlstellen abreiben ließen. Der Schreiber, dem man Pergament von schlechter Qualität hingelegt hatte, konnte sich auf besondere Mühen gefasst machen, und so findet man an den Rändern überlieferter klösterlicher Handschriften gelegentlich verzweifelte Ausbrüche: »Das Pergament ist voller Haare«; oder: »Dünne Tinte, schlechtes Pergament, schwieriger Text … Gott sei Dank wird es bald dunkel.«[18] »Möge dem Kopisten erlaubt sein, diese Mühsal bald zu beenden«, setzte ein anderer Mönch unter seinen Namen, das Datum und den Ort, an dem er arbeitete. Wieder ein anderer schrieb: »Jetzt habe ich das ganze Stück abgeschrieben, gebt mir, um Christi willen, einen Trunk.«[19]

Das feinste Pergament, das den Schreibern das Leben einfacher machte und von dem sie gewiss träumten, war Vellum, das aus Kalbshäuten hergestellt wurde. Die allerbeste Qualität stammte von totgeborenen Kälbern. Leuchtend weiß, weich und lichtbeständig waren diese Häute den wertvollsten Büchern vorbehalten, die dann auch mit Miniaturen geschmückt wurden, die sorgfältig ausgeführt Gemmen glichen, gelegentlich wurden sie auch zwischen Buchdeckel gebunden, die mit echten Gemmen besetzt waren. Bis heute beherbergen Bibliotheken aus aller Welt eine beträchtliche Zahl dieser bemerkenswerten Objekte, Erzeugnisse von Schreibern, die vor sieben- oder achthundert Jahren ungezählte Stunden damit verbrachten, etwas besonders Schönes zu schaffen.

Gute Schreiber wurden von bestimmten Gebeten der Gemeinschaft freigestellt, damit sie das Tageslicht möglichst viele Stunden lang im Skriptorium nutzen konnten. Des Nachts mussten sie nicht arbeiten: Aus gewiss berechtigter Angst vor Feuer waren alle Kerzen verboten. Doch für die Zeit, die sie tatsächlich an ihren Pulten verbrachten – etwa sechs Stunden täglich –, gehörte ihr Leben allein den Büchern. Zumindest in bestimmten Klöstern ließ sich hoffen, dass die Mönche verstanden, was sie kopierten: »Segne, o Herr, diese Werkstatt Deiner Diener«, so die Widmung eines Skriptoriums, »auf dass alles, was sie hier drinnen schreiben, von ihrem Geist erfasst und in ihren Arbeiten realisiert wird.«[20] Streng genommen aber kam es nicht darauf an, dass sich die Schreiber für die Bücher, die sie kopierten, interessierten (oder ob sie, umgekehrt, deren Inhalte ablehnten). Das Kopieren war eine Art geistiger Zucht – ein Exerzitium in Demut und williges Ertragen von Pein –, darum kann es wohl sein, dass man Abscheu oder auch nur Unverständnis dem Interesse an einem Text vorgezogen haben wird. Neugier jedenfalls war um jeden Preis zu vermeiden.

Völlige Unterwerfung des kopierenden Mönchs unter den Text, Ausblenden von Verstand und Gefühl, um schließlich den Geist des Mönchs zu brechen – nichts hätte Poggio und seiner begierigen Neugier, seinem Egoismus ferner liegen können. Andererseits aber war ihm schon klar, wie sehr seine leidenschaftliche Hoffnung, möglichst genaue Spuren der antiken Vergangenheit aufdecken zu können, von eben jener Unterordnung abhing. Ein interessierter Leser, das wusste Poggio, war geneigt, einen Text zu ändern, um ihn besser verständlich zu machen, doch hätten solche Veränderungen über die Jahrhunderte hinweg zu kräftigen Verfälschungen geführt. Insofern war es besser, wenn die Klosterskriptoren gezwungen wurden, alles genau so zu kopieren, wie sie es vor Augen hatten, auch das, was ihnen partout unverständlich oder sinnlos schien.

Ein Bogen mit einem Fensterausschnitt bedeckte die Seite der zu kopierenden Handschrift, sodass der kopierende Mönch sich auf jeweils nur eine Zeile konzentrieren konnte. Und es war den Kopisten strikt verboten zu ändern, was ihnen als Fehler des Textes erschien, den sie abzuschreiben hatten. Nur wenn sie selbst sich verschrieben hatten, durften sie den Fehler durch Wegkratzen löschen und die Stelle dann mit einer Mixtur aus Milch, Käse und Kalk ausbessern, der mittelalterlichen Version der Korrekturflüssigkeiten, die wir heute kennen. Eine Seite zu zerknüllen und neu zu beginnen kam nicht in Frage. Selbst wenn es genug Schaf- und Ziegenhäute gab, war es mühsam, Pergament daraus zu machen. Gutes Pergament war zu wertvoll und zu selten, als dass man es hätte wegwerfen können. Dieser Wert lässt uns verstehen, warum Klöster uralte Handschriften sammelten und sie nicht auf den Müll warfen.

Natürlich gab es einige Äbte und Klosterbibliothekare, die nicht nur das Pergament bewahren wollten, sondern auch die heidnischen Schriften, die darauf geschrieben waren. Sie hatten klassische Texte gelesen, waren durchdrungen von dieser Literatur und glaubten auch, dass man deren Schätze durchstöbern könne, ohne Schaden zu nehmen, so wie Gott den alten Hebräern erlaubt hatte, die Reichtümer der alten Ägypter zu stehlen. Doch als über Generationen hinweg schließlich doch eine reiche christliche Literatur entstanden war, ließ sich immer schlechter auf diese Weise argumentieren. Immer weniger Mönche jedenfalls waren geneigt, sich antike Texte vorzunehmen. Zwischen dem sechsten und der Mitte des achten Jahrhunderts wurden so gut wie gar keine griechischen und lateinischen Klassiker mehr kopiert. Was als Kampagne des Vergessens begonnen hatte – als frommer Angriff auf heidnische Vorstellungen –, wurde zu realem Vergessen. Antike Gedichte, philosophische Abhandlungen und politische Reden, die ebenso gefährlich wie verlockend schienen, waren im Bewusstsein der Menschen nicht mehr präsent, geschweige denn, dass irgendwer sie im Mund geführt hätte. Sie waren zu schweigenden Objekten geworden, zu Pergamentbögen, die zusammengebunden und mit ungelesenen Worten bedeckt waren.

Allein dass das Pergament dieser Kodices so bemerkenswert haltbar war, hielt Denken und Gedanken der Alten am Leben; andererseits bot, wie die humanistischen Bücherjäger wussten, auch die Haltbarkeit des Schreibgrunds keine Garantie dafür, dass die Texte nicht untergingen. Oft löschten die Mönche mit Messern, Bürsten und Lappen die alten Schriften aus – Vergil, Ovid, Cicero, Seneca, Lukrez – und schrieben an deren Stelle die Texte, die sie auf Anweisung ihrer Oberen zu kopieren hatten.[21] Die Aufgabe des Auslöschens war wohl sehr ermüdend und anstrengend, und für die wenigen Skriptoren, die sich tatsächlich für die Werke interessierten, die sie wegkratzen sollten, wohl auch ziemlich quälend.

Erwies sich die Originaltinte als hartnäckig haltbar, konnte es sein, dass zumindest Spuren der Texte lesbar blieben, über welche die neuen geschrieben worden waren. Das etwa galt für Ciceros *De re publica (Über den Staat)*: 1819 wurde eine im vierten Jahrhundert entstandene Kopie entdeckt, und zwar unter einer im siebten Jahrhundert entstandenen Abschrift von Augustinus' Psalmkommentaren. Und die einzig erhaltene Abschrift von Senecas Buch über die Freundschaft wurde unter einem Alten Testament entziffert, das Ende des sechsten Jahrhunderts abgeschrieben worden war. Diese merkwürdigen, übereinander geschichteten Handschriften – Palimpsest genannt, nach dem griechischen Wort für »wieder abreiben« – dienten als Quellen für einige große Werke des Antike – andernfalls wären sie verloren gewesen. Doch kein mittelalterlicher Mönch wäre auf den Gedanken gekommen, wirklich »zwischen den Zeilen« zu lesen.

Schon das Kloster war ein Ort der Regeln, im Skriptorium aber galten Regeln innerhalb dieser Regeln. Zutritt zu diesem besonderen Ort, an dem absolute Stille herrschte, hatten nur die Schreiber. Ihnen war es nicht gestattet, sich die Bücher auszusuchen, die sie kopierten, auch durften sie die Totenstille nicht brechen, um den Bibliothekar mit lauter Stimme um Bücher zu bitten, die sie zur Vollendung der ihnen übertragenen Aufgabe konsultieren wollten. Eine komplizierte Zeichensprache wurde erfunden, die solche Nachfragen in statthafter Form ermöglichte. Wollte ein Schreiber etwa einen Psalm nachlesen, machte er das allgemeine Zeichen für Buch – er streckte seine Hände aus und blätterte imaginäre Seiten um – und ergänzte das, indem er die Hände auf seinem Kopf zu einer Krone formte: zum Zeichen für die Psalmen König Davids. Wenn er ein heidnisches Buch brauchte, begann er sich, nach dem allgemeinen Zeichen für Buch, wie ein Hund hinterm Ohr zu kratzen. Wollte er aber haben, was die Kirche als besonders beleidigendes oder gefährliches Werk betrachtete, konnte er zwei Finger in den Mund stecken, als wolle er sich übergeben.

Poggio, als Laie, gehörte in eine völlig andere Welt. Wohin genau er wollte, nachdem sich 1417 seine und Bartolomeos Wege getrennt hatten, ist nicht bekannt; vielleicht vermied er bewusst – wie ein Goldsucher seine Fundstellen nicht nennen würde –, den Namen des Ortes in seinen Briefen zu erwähnen. In der Hoffnung, einen bemerkenswerten Fund zu machen, könnte er Dutzende Klöster angesteuert haben, lange Zeit haben viele Forscher die Benediktinerabtei von Fulda für das wahrscheinlichste Ziel gehalten.[22] Diese Abtei, zwischen Rhön und Vogelsberg mitten in

Deutschland gelegen, hatte genau die Eigenschaften, die das Interesse eines Büchersuchers wecken konnten: Sie war alt und reich und konnte auf eine lange Tradition der Gelehrsamkeit zurückblicken, befand sich damals allerdings im Niedergang.

Sollte er tatsächlich nach Fulda geritten sein, hätte er es sich auf keinen Fall leisten können, anmaßend oder überheblich aufzutreten. Im achten Jahrhundert vom heiligen Bonifatius, dem Apostel Deutschlands, gegründet, erfreute sich diese Abtei einer ungewöhnlichen Unabhängigkeit. Der Abt war Fürst des Heiligen Römischen Reiches: Wenn er an einer Prozession teilnahm, trug ihm ein Ritter in voller Rüstung das Reichsbanner voran; zudem genoss er das Privileg, zur Linken des Kaisers zu sitzen. Viele seiner Mönche waren Abkömmlinge deutscher Fürsten – Männer, die sehr genau wussten, welchen Respekt man ihnen schuldig war. Das Kloster mochte einiges von dem Renommee verloren haben, dessen es sich einst erfreute, hatte zudem vor nicht allzu langer Zeit einen Teil seines immensen Grundbesitzes aufgeben müssen, dennoch war es eine Macht, mit der man rechnen musste. Poggio dagegen war von bescheidener Herkunft, verfügte über sehr beschränkte Mittel, war apostolischer Sekretär eines Papstes gewesen, der in Ungnade gefallen und abgesetzt worden war – nein, Poggio verfügte nicht gerade über gute Karten.

Nehmen wir an, Poggio näherte sich dem Kloster Fulda. Er wird abgestiegen, zu Fuß über die dreispurige Auffahrt auf das einzige schwere Tor des Klosters zugegangen sein, sich dabei im Kopf die kleine Rede zurechtgelegt haben, mit der er sich vorzustellen gedachte. Von außen erinnerte das Kloster an eine Festung, und tatsächlich war es im Jahrhundert zuvor, im Lauf eines Konflikts mit den Bürgern der angrenzenden Stadt Fulda, heftig angegriffen worden. Hinter seinen Mauern war es, wie die meisten Klöster, erstaunlich autark. Es war Januar, die ausgedehnten Gemüse-, Blumen- und Kräutergärten lagen im Winterschlaf, aber die Mönche werden sorgfältig eingebracht haben, was ihre Speicher und Lager für die langen dunklen Wintermonate füllte; besondere Sorgfalt werden sie auf die Heilkräuter verwendet haben, die in der Krankenstation und im Badehaus Verwendung fanden. In diesem Wintermonat werden die Speicher noch ordentlich gefüllt gewesen sein, wird es für die Pferde und Esel in den Ställen ausreichend Hafer und Stroh gegeben haben.

Wenn er sich hat umsehen können, dann werden Poggio Hühnerställe, ein überdachter Hof für die Schafe, die Kuhställe mit ihrem Geruch nach Mist und frischer Milch, die großen Schweinekoben nicht entgangen sein. Vielleicht hätte er plötzlich Sehnsucht verspürt nach den Oliven und dem Wein der Toskana, doch hungrig, dessen konnte er sich sicher sein, würde er auch hier nicht wieder von dannen ziehen. An Mühlen und Ölpressen, an der großen Basilika mit dem angrenzenden Kreuzgang vorbei, vorbei auch an den Gebäuden für die Novizen, am Dormitorium und an den Unterkünften der Knechte, am Hospiz für Pilger, in dem er und sein Assistent beherbergt werden würden, wurde Poggio zum Haus des Abtes geführt, wo er dem Herrscher dieses kleinen Königreichs seine Aufwartung zu machen hatte.

1417 wäre das, wenn Poggio tatsächlich nach Fulda geritten ist, Johann von Merlau gewesen. Er wird den Abt demütig begrüßt, einiges zu seiner Person gesagt und das Empfehlungsschreiben eines bekannten Kardinals präsentiert, sodann ganz gewiss den Wunsch geäußert haben, einen Blick auf die kostbaren Reliquien des heiligen Bonifatius werfen zu dürfen und in ihrer heiligen Gegenwart zu beten. Auch sein Leben war bestimmt von solchen Regeln und Gepflogenheiten; auch die Beamten des päpstlichen Hofes begannen und beendeten ihren Tag gewöhnlich mit Gebeten. Und selbst wenn in seinen Briefen nichts von einem besonderen Interesse an Reliquien oder Heiligenverehrung oder anderen Ritualen kündet, mit denen sich die schmerzliche Zeit einer Seele im Fegefeuer verkürzen ließ, so wird Poggio natürlich gewusst haben, auf welche Besitztümer das Kloster in Fulda vor allem stolz war.

Um dem Besucher eine besondere Gunst zu erweisen, hätte man ihn gewiss in die Basilika geleitet. Wenn es ihm nicht längst aufgefallen war, wird Poggio nun, nachdem er das Querhaus betreten hatte, die Stufen zur dunklen, gewölbten Krypta hinuntersteigend erkannt haben, wie vertraut ihm Fuldas Wallfahrtskirche vorkam: Sie war Roms Petrus-Basilika aus dem vierten Jahrhundert genau nachgebaut. (Der riesige Petersdom im heutigen Rom entstand erst lange nach Poggios Tod.) Im Kerzenlicht der Krypta, in einem reich mit Gold, Kristall und Edelsteinen geschmückten Schrein, konnte Poggio die Gebeine des heiligen Märtyrers sehen, den die Friesen, die er missionieren wollte, 754 umgebracht hatten.

Nachdem er und seine Gastgeber wieder zum Tageslicht emporgestiegen waren und sobald ihm der rechte Augenblick gekommen schien, würde Poggio das Gespräch auf den eigentlichen Zweck seines Kommens lenken. Einen Ansatzpunkt hätte ihm Rabanus Maurus bieten können, eine der berühmtesten Gestalten aus Fuldas langer Geschichte, denn von 822 bis 842, zwei Jahrzehnte lang, hatte der Gelehrte als Abt des Fuldaer Klosters fungiert. Als äußerst produktiver Autor hatte er Bibelkommentare, Abhandlungen zur Kirchenlehre, Leitfäden zur Ausbildung von Geistlichen, gelehrte Kompendien und eine Folge überaus schöner Figurengedichte verfasst.[23] Die meisten seiner Werke hätte Poggio sehr leicht in der Vatikanischen Bibliothek einsehen und lesen können, darunter auch die umfangreiche Enzyklopädie, das bekannteste Werk des Rabanus. In zweiundzwanzig Bänden hatte er mit ebenso verblüffender Gelehrsamkeit wie Eintönigkeit das Wissen seiner Zeit zusammengetragen. Titel des Werks war *De rerum naturis (Über die Natur der Dinge);* Zeitgenossen aber nannten es *De universo (Über das Universum),* denn dieser Titel schien den umfassenden Anspruch des Buches noch besser zum Ausdruck zu bringen.

Die Schriften dieses Gelehrten aus dem neunten Jahrhundert verkörperten genau den schweren, ungelenken Stil, den Poggio und die Humanisten verachteten. Aber er wusste auch, welch ungeheuer belesener Mann Rabanus Maurus gewesen war, in heidnischer Literatur ebenso zuhause wie in der christlichen; Rabanus hatte die Fuldaer Klosterschule zur bedeutendsten in Deutschland gemacht. Wie alle Schulen brauchte auch die zu Fulda Bücher, und Rabanus hatte diesen Bedarf gedeckt, indem er die Klosterbibliothek großzügig erweitert hatte. Als junger Mann hatte Rabanus bei Alkuin, dem größten Gelehrten der Zeit Karls des Großen, studiert, also wusste er, wie er sich bedeutende Handschriften verschaffen konnte. Er ließ sie nach Fulda bringen, wo er eine große Gruppe Schreiber ausgebildet hat, die sie dann kopierten. Und auf diese Weise hatte er eine für seine Zeit gewaltige Sammlung aufgebaut.

Das lag sechshundert Jahre zurück, in einer aus Sicht eines Bücherjägers außerordentlich günstigen Zeit. Sie lag so weit in der Vergangenheit, dass die Verbindungen zu einer noch weiter zurückliegenden Epoche aller Wahrscheinlichkeit nach noch nicht abgerissen waren. Und der schrittweise, über Jahrhunderte sich hinziehende Verfall der intellektuellen

Bedeutung des Klosters erhöhte die Spannung noch. Wer wollte wissen, was in den Regalen stand, möglicherweise seit Jahrhunderten unberührt? Sehr gut hätten Handschriften, die den langen Albtraum von Chaos und Zerstörung, der mit dem Ende des Römischen Reiches einsetzte, zerfleddert überstanden hatten, den Weg ins entlegene Fulda finden können. Mochten Rabanus' Mönche die Gesten des Kratzens und Würgens gemacht haben, so mussten sie doch die heidnischen Bücher kopieren, die man ihnen auftrug. Und warum sollten diese Kopien, seither in Vergessenheit geraten, nicht auf den wiederbelebenden Griff des Humanisten warten?

Das jedenfalls wird Poggios heiße Hoffnung gewesen sein, 1417 in Fulda oder wo sonst er sich befand, und sein Puls wird sich beschleunigt haben, als ihn der leitende Klosterbibliothekar schließlich in den großen gewölbten Raum geführt und ihm einen Band gezeigt hat, der mit einer Kette am Pult des Bibliothekars befestigt war: den Katalog. Und während er durch die Seiten blätterte, deutete Poggio – die Regel der Stille war auch von ihm strikt einzuhalten – auf die Titel, die er zu sehen wünschte.

Wahres Interesse, aber auch ein gewisses Taktgefühl könnte Poggio dazu veranlasst haben, zunächst um weniger bekannte Schriften von Tertullian zu bitten, einem der Großen unter den Kirchenvätern. Dann aber, nachdem ihm dieser Band an sein Pult gebracht worden war, muss er sich wohl mit wachsender Spannung auf eine Reihe antiker römischer Autoren gestürzt haben, die ihm und auch seinen humanistischen Kollegen völlig unbekannt waren. Poggio hat zwar in keinem Brief davon berichtet, wohin er gezogen war, was er am unbekannten Ort jedoch gefunden hatte, das gab er nicht nur bekannt, er trompetete es gleichsam in die Humanistenwelt. Denn nun war ihm widerfahren, wovon alle Bücherjäger träumten.

Zunächst schlug er ein episches Gedicht auf, das in rund vierzehntausend Versen über die Kriege zwischen Rom und Karthago berichtete. Poggio könnte den Namen des Autors gekannt haben, Silius Italicus, auch wenn bis zu diesem Augenblick keines seiner Werke wieder aufgetaucht war. Silius, ein durchtriebener Politiker und gerissener skrupelloser Redner, hatte es tatsächlich geschafft, drei mörderische Regenten und ihre Herrschaft zu überleben: Caligula, Nero und Domitian. In einem »ehrenwerten Ruhestand«, so hat Plinius der Jüngere mit weltläufiger Ironie geschrieben, habe er den »Makel seiner früheren Tätigkeit … ausgelöscht«.[24]

Nun waren Poggio und seine Freunde in der Lage, eine Frucht dieser Muße zu retten.

Er schlug ein zweites Langgedicht auf, geschrieben von Marcus Manilius, dessen Namen der Bücherjäger nicht wiedererkannt haben kann, denn Manilius taucht bei keinem der überlieferten antiken Schriftsteller auf. Wie Poggio gewiss sofort sah, handelte es sich um eine Schrift zur Astronomie; wie Stil und Anspielungen des Dichters dem Kenner zeigten, war sie zu Beginn des Kaiserreichs entstanden, zur Zeit der Herrschaft von Augustus oder Tiberius.

Weitere Geister aus Roms Vergangenheit tauchten auf. Ein Kritiker, der zu Neros Zeiten Glossen zu klassischen Autoren veröffentlicht hat; ein anderer, der ausführlich aus Werken verschollener Epiker zitierte, die Homer imitiert haben; ein Grammatiker, dessen Abhandlung zur Orthographie, wie Poggio wusste, ganz nach dem Geschmack seiner lateinbegeisterten Freunde in Florenz war. Bei einer weiteren Handschrift wird sich möglicherweise ein Schuss Melancholie in die Entdeckerfreude gemischt haben: Gemeint ist ein umfangreiches Fragment einer bis dahin unbekannten Geschichte des Römischen Reiches, verfasst von Ammianus Marcellinus, einem hohen Offizier der kaiserlichen Armee. Poggio kopierte dieses Werk, wobei ihn nicht nur der Umstand betrübt haben wird, dass die ersten dreizehn der insgesamt einunddreißig Bücher der Handschrift fehlten – sie sollten auch später nicht mehr auftauchen –, sondern auch, dass dieses Buch kurz vor dem Zusammenbruch des Imperiums entstanden ist. Ammianus, ein klarer Kopf, nachdenklich und als Historiker erstaunlich unparteiisch, hat das bevorstehende Ende offenbar kommen sehen. Seine Beschreibung einer Welt, die erschöpft war von erdrückenden Steuern, in der große Teile der Bevölkerung vor dem finanziellen Ruin standen, in der die Moral in der Armee gefährlich zerfiel, zeigte sehr eindrucksvoll, welche Verhältnisse dazu führten, dass die Goten nur zwanzig Jahre nach dem Tod dieses Autors Rom plündern konnten.

Selbst der geringste der Funde, die Poggio machte, war hoch bedeutsam – wobei eigentlich alles, was nach so langer Zeit wieder auftauchte, wunderbar erscheinen musste. Und doch: Alle diese Schriften werden, vielleicht nicht bereits damals, ganz sicher aber aus unserer Perspektive, überstrahlt von der Entdeckung einer Handschrift, die älter war als alle anderen, die Poggio aufgestöbert hatte. Unter seinen Funden war ein langer Text, verfasst um 50 v.u.Z., und zwar von einem Dichter und Philosophen namens Titus Lucretius Carus. Der Titel der Schrift, *De rerum natura,* war dem der damals viel gerühmten Enzyklopädie des Rabanus Maurus – *De rerum naturis* – erstaunlich ähnlich. Die Arbeit des Mönchs jedoch war langweilig und konventionell, das Gedicht des Lukrez dagegen von beängstigender Radikalität.

Poggio wird den Namen Lukrez aus Ovid, Cicero und anderen antiken Quellen gekannt haben, die er zusammen mit seinen Humanistenfreunden so gründlich durchforstet hatte. Doch weder er noch einer der anderen war je auf mehr gestoßen als auf ein, zwei Bruchstücke einer Schrift, die, wie damals jeder wusste, als für immer verloren galt.[25]

Poggio wird im zunehmenden Dämmerlicht in der Klosterbibliothek und unter den wachsamen Blicken des Abtes oder seines Bibliothekars nicht die Zeit gehabt haben, mehr zu lesen als die Eingangszeilen. Aber er wird auf der Stelle erkannt haben, von welch erstaunlicher Schönheit Lukrez' lateinische Verse waren. Er wird dem Schreiber den Auftrag erteilt haben, eine Kopie anzufertigen, um den Text so schnell wie möglich aus dem Kloster zu erlösen. Was wir allerdings nicht wissen, ist, ob er damals ahnte, was er tat: Er befreite ein Buch, das zu gegebener Zeit mit dazu beitragen würde, seine gesamte Welt zum Einsturz zu bringen.

KAPITEL DREI

AUF DER SUCHE NACH LUKREZ

Rund eineinhalbtausend Jahre bevor sich Poggio aufmachte, um zu sehen, was er finden konnte, haben Lukrez' Zeitgenossen dessen Gedicht gelesen, und auch nach seiner Veröffentlichung wurde es über einige Jahrhunderte hinweg immer wieder rezipiert.[1] Italienischen Humanisten, die Hinweisen auf verlorene Werke nachgingen, wären selbst flüchtigste Referenzen in Werken der berühmten Autoren nicht entgangen, deren Schriften sich in größerer Zahl erhalten hatten. Cicero etwa – Poggios lateinischer Lieblingsautor –, der Lukrez' philosophische Prinzipien grundsätzlich ablehnte, lobte gleichwohl die wunderbar poetische Kraft von *De rerum natura.* »Mit Lukrez' Gedichten«, schreibt er seinem Bruder Quintus im Februar 54 v.u.Z., »ist es, wie du schreibst: manch schöner Geistesblitz, aber doch auch bemerkenswerter Kunstsinn.«[2] Die Wendung, die Cicero wählt – vor allem das erstaunliche »doch auch« (lateinisch »tamen«) –, zeigt, wie überrascht er war: Da lag etwas ganz Ungewöhnliches in seiner Hand. Er hatte ein Gedicht kennen gelernt, in dem sich ein philosophisch und wissenschaftlich leuchtender Geist mit einer ungewöhnlichen dichterischen Kraft verband – eine Verbindung, die damals ebenso rar war wie heute. Cicero und sein Bruder waren nicht die Einzigen, die begriffen, wie nahezu vollkommen es Lukrez gelungen war, geistige Distinktion und ästhetische Meisterschaft zu verbinden. Auch Vergil, der größte römische Dichter, der, als Lukrez starb, um die fünfzehn Jahre alt war, stand im Bann von *De rerum natura.* In den *Georgica* schreibt er:

> Selig, wem es gelang, der Ding' Ursprung zu ergründen,
> Und wer jegliche Furcht und das unerbittliche Schicksal
> Niedertrat, das Getöse des gierigen Acheron höhnend.[3]

Angenommen, dies wäre eine feine Anspielung auf den Titel von Lukrez' Gedicht, dann ist der ältere Poet in dieser Darstellung ein Held, der Mann, der das bedrohliche Gebrüll der Unterwelt gehört und die abergläubischen Ängste dennoch besiegt hat, die den menschlichen Geist aushöhlen. Vergil nennt seinen Helden nicht mit Namen, und Poggio, der die *Georgica* mit Sicherheit gelesen hat, wird die Anspielung erst begriffen haben, nachdem auch er Lukrez gelesen hatte. Noch weniger wird ihm klar gewesen sein, wie weitgehend und durchgängig Vergil versucht hat, sein großes Epos, die *Aeneis,* als Gegenstück zu *De rerum natura* zu konstruieren: Gläubig, wo Lukrez sich skeptisch zeigte, kämpferisch patriotisch, wo Lukrez zu Pazifismus riet, nüchtern entsagend, wo Lukrez zur Suche nach Vergnügen drängte.[4]

Was Poggio und den anderen italienischen Humanisten jedoch bestimmt aufgefallen ist, sind Worte Ovids; Worte, die jeden Bücherjäger dazu gebracht hätten, die Kataloge von Klosterbibliotheken zu durchforsten:

> Die Gedichte des erhabenen Lukrez werden erst dann vergehn,
> wenn ein einziger Tag alle Welt vernichten wird.[5]

Liest man solche Zeilen, versteht man immer weniger, dass Lukrez' Verse so gut wie verloren waren – tatsächlich hing das Überleben seines Werkes an allerdünnsten Fäden – und dass so gut wie nichts Verlässliches über die Person dieses Dichters bekannt ist. Viele der großen Dichter und Philosophen des antiken Rom waren zu ihrer Zeit Berühmtheiten, Gegenstand von Klatschgeschichten; auch diese durchforsteten die besessenen Bücherjäger sehr viel später nach Hinweisen. In Lukrez' Fall aber gab und gibt es so gut wie keine biographischen Spuren. Er muss ein sehr scheuer Dichter gewesen sein, sein Leben im Verborgenen geführt haben, und er hat allem Anschein nach außer diesem einen großen Gedicht nichts weiter geschrieben. Und das war auch damals schon schwierig, inhaltlich umstritten, jedenfalls wird *De rerum natura* kaum ein Erfolgsbuch gewesen sein, gewiss nicht in vielen Kopien verbreitet. Wohl deswegen haben sich dann nicht einmal Fragmente in größerer Zahl bis ins Mittelalter erhalten. Wenn Wissenschaftler heute zurückblicken, aus großem zeitlichen Abstand und im beruhigenden Bewusstsein, dass Lukrez' Meisterwerk nun nicht mehr verloren gehen wird, dann gelingt es ihnen auch, ein ganzes Netzwerk frühmittelalterlicher Hinweise auf das Werk zu erkennen – hier ein Zitat, dort ein Eintrag in einem Katalog. Für die Bücherjäger des beginnenden 15. Jahrhunderts dagegen blieben die meisten solcher Hinweise schlicht unsichtbar. Sie tappten im Dunkeln, vernahmen vielleicht ahnungsvoll ein Gespinst von Wehklagen, an ihren Ursprung zurückverfolgen konnten sie diese aber nicht. Doch selbst wir in ihrer Nachfolge, nach weiteren fast sechshundert Jahren Arbeit von Altertumsforschern, Historikern und Archäologen, wissen nicht viel mehr über die Identität dieses Schriftstellers als sie.

Die Lucretii waren ein alter vornehmer römischer Familienclan – was Poggio gewusst haben könnte –, doch weil Sklaven, wenn sie freigelassen wurden, oft den Namen der Familie annahmen, deren Eigentum sie gewesen waren, muss der Schriftsteller nicht notwendig ein Aristokrat gewesen sein; andererseits ist eine adlige Abstammung nicht unwahrscheinlich, schon aus dem einfachen Grund, dass Lukrez sein Gedicht mit sehr intimen Worten dem adligen Gaius Memmius widmete.[6] Diesem Namen könnte Poggio bei seiner ausgiebigen Lektüre begegnet sein, denn Memmius hatte eine ziemlich erfolgreiche Laufbahn als Politiker hinter sich, war Förderer berühmter Schriftsteller, darunter des Liebesdichters Catull, und auch selbst ein geachteter Dichter (wie Ovid behauptet, ein obszöner). Auch als Redner hatte er sich hervorgetan, und zwar als einer, wie Cicero etwas grummelnd bemerkt, »von der subtilen und scharfsinnigen Art«. Wer aber war Lukrez? Diese Frage blieb.

Für Poggio und seinen Kreis lag die Antwort fast ausschließlich in einer kurzen biographischen Skizze, die der Kirchenvater Hieronymus (um 340–420) einer Chronik hinzugefügt hat. Für das Jahr 94 v.u.Z. hält er fest:

> Der Dichter Titus Lucretius wurde geboren. Nachdem ihn ein Liebestrank in den Wahnsinn stürzte, und er in den Pausen seines Wahns mehrere Bücher geschrieben hatte, die später Cicero durchsah, tötete er sich in seinem vierundvierzigsten Lebensjahr mit eigener Hand.[7]

Diese reißerischen Details haben alle späteren Darstellungen von Leben und Person des Lukrez gefärbt, darunter auch das berühmte viktorianische Gedicht, in dem Alfred Tennyson die Stimme des wahnsinnigen, todessüchtigen Philosophen imaginiert, der, von seinen erotischen Phantasien verfolgt, schließlich Selbstmord begeht.[8]

Wie moderne Altertumswissenschaftler betonen, ist jede von Hieronymus' biographischen Behauptungen mit großer Skepsis zu betrachten. Jahrhunderte nach Lukrez' Tod habe sie ein christlicher Polemiker aufgezeichnet – oder erfunden –, und dies im Interesse, Geschichten in die Welt zu setzen, die Christen abschrecken würden, derartige heidnische Philosophen zu lesen. Natürlich hätte kein guter Christenmensch des 15. Jahrhunderts den Bericht eines Heiligen bezweifelt, und auch Poggio wird davon ausgegangen sein, dass das Gedicht, das er gefunden hatte und wieder in Umlauf bringen wollte, die Kainsmale von Wahnsinn und Selbstmord seines Autors trug. Der humanistische Bücherjäger gehörte aber einer Generation an, die es leidenschaftlich danach verlangte, antike Texte auszugraben, für sie spielte es keine große Rolle, ob das Leben ihrer Autoren moralische Verwirrung und Todsünde verkörperte oder nicht. Außerdem hätte allein die Vorstellung, Cicero habe das Gedicht durchgesehen, genügt, um alle lauernden Zweifel zu besänftigen.

Auch in den über sechzehnhundert Jahren, die inzwischen seit Hieronymus' Eintrag in die Chronik vergangen sind, sind keine weiteren biographischen Nachrichten aufgetaucht, keine Bestätigung, aber auch keine Widerlegung der Geschichte vom Liebestrank und seinen tragischen Folgen. Und also wissen auch wir über die Person Lukrez nicht mehr als das wenige, das man bereits 1417 wissen konnte, als Poggio das Gedicht entdeckte.[9] Nochmal: Denkt man an Ovids verschwenderisches Lob der Verse des göttlichen Lukrez, auch an andere Hinweise auf den Einfluss des Gedichts, bleibt erst recht rätselhaft, warum Lukrez' Zeitgenossen und unmittelbar Nachgeborene so wenig über ihn und seine Person gesagt haben. Erst archäologische Entdeckungen, die lange nach Poggios Tod gemacht wurden, haben uns auf eine etwas gruselige Weise geholfen, der Welt, in der *De rerum natura* zum ersten Mal gelesen wurde, und damit vielleicht auch dem Dichter selbst näher zu kommen.

Für diese Möglichkeit sorgte eine berühmte Katastrophe in der Antike. Am 24. August 79 u.Z. zerstörte eine gewaltige Eruption des Vesuv nicht nur Pompeji, sondern auch den kleinen Badeort Herculaneum in der Bucht des heutigen Neapel. Unter knapp zwanzig Metern Vulkanasche begraben, die inzwischen die Dichte von Zement angenommen hatte, war dieser Ort, an dem reiche Römer ihre Ferien in eleganten, kolonnadengeschmückten Villen verbracht hatten, in Vergessenheit geraten – bis im 18. Jahrhundert Arbeiter, die einen Brunnen graben sollten, auf einige Marmorstatuen stießen. Ein Offizier in österreichischen Diensten – Neapel gehörte damals zum Habsburgerreich – übernahm die Leitung der anschließenden Grabungen, und die Ausgräber begannen, Stollen in die dicke Kruste zu treiben.

Die Ausgrabungen, die auch fortgesetzt wurden, nachdem Neapel unter bourbonische Herrschaft geraten war, wurden ohne jedes Feingefühl ausgeführt; es handelte sich weniger um archäologische Untersuchungen als um eine längere Phase des Aufbrechens und Plünderns. Über ein Jahrzehnt lag die Leitung bei Roque Joaquin de Alcubierre, einem spanischen Armee-Ingenieur, der in der Grabungsstätte offenbar eine versteinerte Abraumhalde, in der jemand unverantwortlich Beutegut vergraben hatte, sah und sie auch so behandeln ließ. (Winckelmann schrieb dazu: »Dieser Mann, der mit den Alterthümern so wenig zu thun gehabt hatte, als der Mond mit den Krebsen, nach dem Welschen Sprichworte, war durch seine Unerfahrenheit schuld an vielem Schaden und an dem Verluste vieler schöner Sachen.«)[10] Auf der Suche nach Statuen, Gemmen, wertvollem Marmor und was ihnen sonst als »Schatz« vertraut war, wühlten sich die Ausgräber voran, fanden die Objekte ihrer Begierde in Hülle und Fülle, die sie dann in unsortierten Haufen ihren königlichen Auftraggebern schickten.

1750, unter einem neuen Direktor, wurden die Ausgräber etwas vorsichtiger in ihrem Tun. Drei Jahre später trieben sie ihre Stollen durch eine Villa und stießen dabei auf etwas Merkwürdiges: In einem Raum, dessen Fußboden einst mit einem Mosaik geschmückt war, befanden sich haufenweise Objekte, die, »etwa eine halbe Handbreit lang und rund«, wie einer von ihnen schrieb, »aussahen wie Wurzeln aus Holz, ganz schwarz, und anscheinend aus einem Stück«.[11] Zunächst dachte man, man sei auf ein Lager von Holzkohle-Briketts gestoßen, von denen sie auch einige verfeuerten, um die Kühle des frühen Morgens zu vertreiben. Andere hielten die merkwürdigen Fragmente für aufgerollte und verkohlte Stoffe, manche dachten auch an Fischernetze. Dann aber fiel eines der Objekte zufällig zu Boden und brach auf. Und als die Ausgräber im Innern dessen, was sie für verkohltes Holz gehalten hatten, plötzlich Buchstaben erkannten, wurde ihnen klar, womit sie es wirklich zu tun hatten: mit Büchern. Sie waren auf die Überreste einer privaten Bibliothek gestoßen.

Die Bände, die Römer in ihren Bibliotheken stapelten, waren kleiner als neuzeitliche Bücher: Die meisten waren auf Papyrusrollen geschrieben worden.[12] (»Volume«, das englische Wort für Buch oder Band, stammt von *volumen,* dem lateinischen Wort für Buch- oder Papyrusrolle.) Unser Wort »Papier«, englisch »paper«, ist von jener hohen Schilfpflanze abgeleitet, die im Nildelta wuchs, dem Rohstoff für den Schreibgrund Papyrus. Das Schilfrohr wurde geerntet, die Stängel aufgespalten, das Mark in sehr dünne, bis zu vier Zentimeter breite Streifen geschnitten. Diese wiederum legte man leicht überlappend nebeneinander, darüber, rechtwinklig zur ersten, eine weitere Lage. Dieser Bogen wurde dann leicht gepresst und mit einem Hammer oder Schlegel geklopft. Dadurch trat Saft aus dem Mark aus, der die Fasern miteinander verklebte. Die so produzierten Blätter wurden dann zu Rollen zusammengeleimt. (Das erste Blatt, auf dem man den Inhalt der Rolle notieren konnte, hieß auf griechisch *protokollon,* wörtlich »zuerst geklebt« – der Ursprung unseres Wortes »Protokoll«.) Hölzerne Stäbe, die an einem oder beiden Enden des langen Papyrusbands befestigt wurden und oben und unten leicht darüber ragten, erleichterten das Ab- und Aufrollen des Papyrusstreifens beim Lesen. In der antiken Welt war Lesen also das Abrollen eines Textes. Die Römer nannten einen solchen Stab *umbilicus,* und für das Durchlesen eines Buches von Anfang bis Ende hatte man den Ausdruck »aufrollen bis zum umbilicus«.

Zunächst weiß und schmiegsam, wurde Papyrus im Lauf der Zeit spröde und bleichte nach – nichts währt ewig –, aber es war leicht, bequem zu handhaben, einigermaßen preiswert und trotz allem erstaunlich haltbar. Kleine Grundbesitzer in Ägypten hatten vor langer Zeit erkannt, dass sie ihre Steuerrechnungen auf einem Stück Papyrus festhalten und davon ausgehen konnten, dass diese Aufzeichnung für Jahre, ja noch für kommende Generationen lesbar bleiben würde.

Priester wiederum konnten diesen Schreibgrund nutzen, um genau festzuhalten, mit welchen Worten man die Götter anflehen und besänftigen musste; Dichter kamen der Unsterblichkeit näher, von der sie in ihrer Kunst träumten; Philosophen konnten ihre Gedanken sogar noch ungeborenen Schülern offenbaren. Wie zuvor die Griechen haben auch die Römer schnell begriffen, dass eigentlich kein besserer Schreibgrund zur Verfügung stand, und sie importierten Papyrus in großen Mengen aus Ägypten, um den wachsenden Bedarf für Aufzeichnungen, offizielle Dokumente, private Briefe und Bücher zu decken. Eine Papyrusrolle konnte mindestens dreihundert Jahre überdauern.

Wie man rekonstruierte,[13] liefen um den in Herculaneum freigelegten Raum einst hölzerne Regale; in der Mitte fanden sich Reste dessen, was einmal ein großer rechtwinkliger, freistehender Bücherschrank gewesen war. Im ganzen Raum verstreut lagen – so brüchig, dass sie bei bloßer Berührung zerfielen – auch verkohlte Reste der Wachstäfelchen, auf denen sich Leser einst Notizen gemacht hatten. (Sie ließen sich mit einem Spatel löschen wie die Zauberblocks, mit denen Kinder gerne spielen.) In den Regalen stapelten sich Papyrusrollen. Einige davon, vermutlich die wertvolleren, steckten in Hüllen aus Baumrinde, die an beiden Enden mit Holzdeckeln verschlossen waren. In einem anderen Teil der Villa waren Rollen offenbar hastig in eine hölzerne Kiste gesteckt worden, so als hätte an diesem fürchterlichen Augusttag jemand für einen kurzen entsetzten Moment geglaubt, er könnte einige der wertvollsten Bücher vor diesem Brandopfer retten – sie waren, als man sie barg, zu einer Masse verschmolzen. Trotz des unwiederbringlichen Verlusts vieler, die zerfallen waren, bevor man recht wusste, was man da gefunden hatte, wurden insgesamt immer noch rund elfhundert Textrollen geborgen.

Viele Rollen aus der Villa, die man schließlich Villa dei Papiri nannte, waren durch herabfallende Trümmer und den Vulkanschlamm zerstört; alle waren durch Lava, Asche und Gase des Vulkanausbruchs karbonisiert. Doch was die Rollen geschwärzt hatte, hat sie auch vor weiterem Verfall geschützt. Über Jahrhunderte lagen sie wie in einem luftdichten Behälter versiegelt. (Selbst heute ist nur ein kleiner Teil der Villa ans Tageslicht gebracht worden, beträchtliche Teile blieben unausgegraben.) Die Ausgräber allerdings waren enttäuscht: Von dem, was auf die verkohlten Rollen geschrieben worden war, ließ sich so gut wie nichts entziffern. Immer wieder versuchte man, die Rollen abzuwickeln, immer wieder zerfielen sie in Fragmente.

Dutzende, wenn nicht Hunderte von Büchern wurden bei diesen Versuchen zerstört. Schließlich aber hat man eine Reihe von Rollen aufgeschnitten, und wie sich herausstellte, enthielten die zur Mitte gelegenen Teile lesbare Passagen. Nach zwei Jahren mehr oder weniger fruchtloser, aber zerstörerischer Versuche wurde Pater Antonio Piaggio hinzugezogen, ein gelehrter Piaristenmönch, der in der vatikanischen Bibliothek arbeitete. Er wandte sich gegen das bis dahin übliche Verfahren – man kratzte die äußeren verkohlten Schichten ab, bis man einige Wörter lesen konnte – und entwickelte ein geniales Gerät, eine Maschine, mit der sich die verkohlten Papyrusrollen langsam und vorsichtig abrollen ließen. Auf diese Weise gelang es, sehr viel mehr lesbare Passagen zu Tage zu fördern, als man anfänglich überhaupt erhalten glaubte.

Die wiederentdeckten Texte wurden sorgfältig geglättet und auf Streifen geklebt, das Entziffern konnte beginnen. Wie sich nun herausstellte, war die Bibliothek der Villa (zumindest der Teil, den man gefunden hatte) spezialisiert: Viele Rollen enthielten Abhandlungen in griechischer Sprache, verfasst von einem Philosophen namens Philodemus. Die Forscher waren enttäuscht, hatten sie doch gehofft, verlorene Werke von Autoren finden zu können, die in ihrer Bedeutung Sophokles oder Vergil gleichkamen. Dennoch hatte der so unerwartet dem Vergessen entrissene Fund bedeutsame Folgen für die Entdeckung, die Poggio Jahrhunderte zuvor gelungen war. Denn Philodemus, der von ungefähr 75 bis um 40 v.u.Z. in Rom gelehrt hatte, war nicht nur Zeitgenosse von Lukrez, sondern auch Anhänger der Denkschule, die jener in *De rerum natura* so vollkommen dargestellt hat.

Warum befanden sich Werke eines eher zweitrangigen griechischen Philosophen in der Bibliothek einer eleganten Villa am Meer? Warum enthielt ein Feriensitz überhaupt eine derart umfangreiche Bibliothek? Philodemus, ein Lehrer, der dafür bezahlt wurde, dass er Unterricht gab und Vorträge hielt, war gewiss nicht Eigentümer der Villa dei Papiri. Dass dort dennoch eine beträchtliche Auswahl seiner Werke zu finden war, lässt Rückschlüsse zu auf die Interessen des Villenbesitzers und erlaubt Einblicke in die Zeit, in der Lukrez' Gedicht entstand. Es war, könnte man sagen, der Höhepunkt eines längeren Prozesses, in dessen Verlauf sich die griechische und die römische Hochkultur miteinander verwoben.

Nicht immer waren beide einträchtig verbunden gewesen. Unter Griechen galten die Römer lange Zeit als zähe, disziplinierte Leute, mit Überlebenswillen und Eroberungsdrang, zugleich aber auch als Barbaren – »kultivierte Barbaren«, so im maßvollen Blick des alexandrinischen Gelehrten Eratosthenes, anderen erschienen sie eher roh und gefährlich. Als die selbstständigen Stadtstaaten noch blühten, sammelten griechische Denker arkane Überlieferungen über die Römer, so wie sie es auch mit den Kulturen der Karthager und Inder getan hatten, fanden im kulturellen Leben der Römer aber nichts, was ihres Interesses wirklich wert schien.

Die Römer der frühen Republik hätten solche Urteile nicht einmal als beleidigend abgelehnt. Denn in Rom war man traditionell skeptisch gegenüber Philosophen und Dichtern. Stolz betrachtete sich Rom als Stadt der Tugend und Tatkraft, von blumigen Worten, spekulativen Gedanken und Büchern hielten Römer nichts.[14] Doch schon während Roms Legionen ihre Herrschaft über Griechenland kontinuierlich ausbauten, begann umgekehrt die griechische Kultur nicht weniger kontinuierlich die Köpfe der Eroberer zu kultivieren. Wie eh und je skeptisch gegenüber verweichlichten Kopfmenschen, hielten sich die Römer viel auf ihre praktische Intelligenz zugute, dann aber und mit wachsender Begeisterung erkannten sie die Leistungen griechischer Philosophen und Gelehrten, Schriftsteller und Künstler. Das tat ihrem Spott über das, was sie für einen Fehler des griechischen Charakters hielten, keinen Abbruch, des weiteren spotteten sie über griechische Geschwätzigkeit, die Vorliebe fürs Philosophieren und griechisches Stutzertum. Andererseits schickten ehrgeizige römische Familien ihre Söhne durchaus zum Studium an die philosophischen Akademien, für die Athen berühmt war, und mit ansehnlichen Honoraren wurden griechische Denker wie Philodemus nach Rom gelockt, damit sie dort Unterricht gaben.

Freilich hätte ein römischer Aristokrat niemals wirkliche Anerkennung geerntet, wenn er sich als glühender Hellenist offenbarte. Gebildete Römer, wenn sie denn über Kenntnisse des Griechischen oder Kennerschaft in Sachen griechischer Kunst verfügten, fanden es schicker, das herunterzuspielen. Gleichwohl schmückten sie ihre Tempel und öffentliche Plätze mit prächtigen Statuen, die römische Legionen in den eroberten Städten des griechischen Festlands und auf dem Peloponnes gestohlen hatten; selbst kampfgestählte römische Feldherren staffierten ihre Villen mit feinen griechischen Vasen und Skulpturen aus.

Die Dauerhaftigkeit von Stein und gebranntem Ton erleichtert uns zu verfolgen, wie sich griechische Artefakte in Rom verbreiteten, in seinem vollen Gewicht aber lässt sich kultureller Einfluss eher an Büchern ablesen. Dem kriegerischen Charakter der Stadt entsprechend, gelangten die ersten großen Sammlungen als Kriegsbeute nach Rom. 167 v.u.Z. besiegte der römische General Aemilius Paulus den makedonischen König Perseus, womit die Dynastie erlosch, die auf Alexander den Großen und dessen Vater Philipp zurückging. Perseus und seine drei Söhne wurden während der Siegesparade in Ketten hinter dem Triumphwagen durch Roms Straßen geführt. In der Tradition der nationalen Kleptokratie schickte Aemilius Paulus enorme Mengen Raubgut, um Roms Schatzkammern zu füllen. Für sich und seine Nachkommen aber reservierte der Eroberer nur einen Preis: die Bibliothek des gefangenen Monarchen.[15] Diese Geste war natürlich ein Zeichen für das persönliche Glück des aristokratischen Feldherrn, aber auch ein spektakuläres Signal für den Wert griechischer Bücher und der Kultur, die jene verkörperten.

Andere machten es Aemilius Paulus nach, und es wurde unter reichen Römern geradezu Mode, in ihren Stadthäusern und Landvillen umfangreiche Privatbibliotheken zusammenzutragen. (In diesen frühen Jahren gab es in Rom noch keine Buchläden, doch konnte man die als Beutegut konfiszierten Sammlungen ergänzen, indem man in Süditalien und auf Sizilien Bücher kaufte, in Städten wie Neapolis, Tarentum und Syracus, die Griechen gegründet hatten.) Der Grammatiker Tyrannion soll eine Bibliothek von dreißigtausend Titeln besessen haben; Serenus Sammonicus, ein Arzt, der beim Vertreiben von Krankheiten als Experte der magischen Formel »Abrakadabra« galt, hatte über sechzigtausend zusammengetragen. Rom fieberte nach Büchern, wie die Griechen auch.

Lukrez lebte also in einer Kultur privater Büchersammler, und in der Gesellschaft, in der er sein Gedicht veröffentlichte, bestand die Bereitschaft, den Kreis der Lesenden zu vergrößern. Um 40 v.u.Z., ein Jahrzehnt nach Lukrez' Tod, hat Asinius Pollio, ein Freund des Dichters Vergil, die erste öffentliche Bibliothek Roms gegründet.[16] Die Idee scheint auf Julius Caesar zurückzugehen, der die öffentlichen Bibliotheken bewunderte, die er in Griechenland, Kleinasien und Ägypten gesehen hatte, und er war entschlossen, auch dem römischen Volk eine solche Institution zu stiften, wurde aber, bevor er seinen Plan ausführen konnte, ermordet. So war es an Pollio, der sich mit Caesar gegen Pompeius, später mit Marcus Antonius gegen Brutus verbündet hatte, Caesars Absicht zu verwirklichen. Pollio war ein geschickter Heerführer, klug (oder extrem glücklich) in der Wahl seiner Bundesgenossen, aber auch ein Mann mit weit gespannten literarischen Interessen. Seine Schriften sind, abgesehen von wenigen Fragmenten aus seinen Reden, alle verloren, dabei hatte er sogar Tragödien – sie seien, notierte Vergil, denen des Sophokles ebenbürtig –, Geschichtswerke und Literaturkritiken verfasst, und er war einer der ersten römischen Autoren, die ihre Werke im Kreis von Freunden laut vorlasen.

Die von Pollio gegründete Bibliothek wurde auf dem Aventin errichtet, der Bau, wie in Rom üblich, mit der Beute bezahlt, die man eroberten Völkern geraubt hatte – in diesem Fall einem Volk an der Adriaküste, das den Fehler gemacht hatte, Brutus gegen Antonius zu unterstützen. Kurz danach gründete Kaiser Augustus zwei weitere öffentliche Bibliotheken, viele spätere Kaiser taten es ihm nach. (Im vierten Jahrhundert gab es in Rom achtundzwanzig öffentliche Bibliotheken.)[17] Alle Bauten sind zerstört worden, doch ihr Grundriss folgte offensichtlich einem einheitlichen Muster, das auch uns vertraut gewesen wäre. Es gab einen großen Lesesaal, an den kleinere Räume angrenzten. Dort, in nummerierten Regalen, befanden sich die Sammlungen. Der Lesesaal, entweder rechteckig oder halbkreisförmig angelegt, erhielt sein Licht manchmal von oben, durch eine kreisförmige Laterne im Dach. Den Schmuck bildeten Büsten oder lebensgroße Statuen berühmter Schriftsteller: Homer, Platon, Aristoteles, Epikur und andere. Die Figuren dienten, damals wie heute, der ehrenden Erinnerung – eine Geste gegenüber einem Kanon von Autoren, die jeder kultivierte Mensch kennen sollte. In Rom jedoch hatten sie möglicherweise noch eine zusätzliche Bedeutung, ähnlich den Masken der Vorfahren, die Römer traditionell in ihren Häusern aufbewahrten und zu Gedenkfeiern mit Gewändern schmückten: Auch hier ging es um Zugang und Nähe zu den Toten, symbolisch standen die Bildnisse für die Geister, die sich beim Lesen ihrer Bücher heraufbeschwören ließen.

Viele andere Städte der antiken Welt begannen mit öffentlichen Sammlungen zu prunken, bezahlt mit Steuereinnahmen oder mit Schenkungen reicher, ihrer Stadt verbundener Stifter.[18] Griechische Bibliotheken waren karg eingerichtet, doch die Römer entwarfen für ihre Bibliotheken in allen Territorien des Imperiums bequeme Stühle und Tische, an denen die Lesenden saßen und mit der rechten Hand die Papyri langsam ab-, mit der linken die gelesenen Spalten wieder aufrollten.[19] Der große Baumeister Vitruv – auch einer der antiken Schriftsteller, deren Texte Poggio wiederentdeckte – riet, Bibliotheken nach Osten auszurichten, um das Morgenlicht einzufangen und das Eindringen von Feuchtigkeit zu verringern, die den Büchern schaden könnte. Grabungen in Pompeji und auch anderswo haben die Ehrentafeln für die Stifter ans Licht befördert, dazu Statuen, Schreibtische, Regale für die Papyrusrollen, nummerierte Regale, in denen die gebundenen Pergamentbände oder Kodices aufbewahrt wurden, die nach und nach die Rollen ersetzten; selbst Grafitti an den Wänden wurden freigelegt. Dass die Grundrisse und Einrichtungen denen unserer Bibliotheken ähneln, ist kein Zufall: Unsere Auffassung, dass eine Bibliothek ein öffentliches Gut sei, und auch die Vorstellung davon, wie ein solcher Ort einzurichten sei, entspringen Vorbildern, die vor zweitausend Jahren in Rom entstanden sind.

Überall in der riesigen römischen Welt, ob an den Ufern der Rhône in Gallien oder nahe Hain und Tempel der Daphnis in der Provinz Syrien, auf der Insel Kos bei Rhodos oder in Dyrrachion im heutigen Albanien, gab es in den Häusern gebildeter Männer und Frauen Räume, die dem stillen Lesen gewidmet waren.[20] Papyrusrollen wurden sorgfältig in Katalogen erfasst und mit einem heraushängenden Pergamentstreifen versehen, griechisch *sillybos* genannt, der Auskunft über das Werk gab, die Rollen dann dicht gepackt in den Regalen gestapelt, manchmal auch stehend in Lederbehältern aufbewahrt. Selbst in den durchdacht angelegten Thermen, die die Römer so liebten, gab es Leseräume, auch sie mit plastischen Bildnissen griechischer und römischer Schriftsteller dekoriert und sehr genau auf ihren Zweck abgestimmt: Gebildete Römer sollten dort Körper und Geist gleichermaßen pflegen können. Aus dem ersten Jahrhundert u.Z. gibt es signifikante Hinweise darauf, dass so etwas wie eine »literarische Kultur« im Entstehen war. Eines Tages, während der Spiele im Kolosseum, kam der Historiker Tacitus mit einem völlig Fremden ins Gespräch, bald ging es um Literatur, und wie sich herausstellte, hatte der Fremde Werke des Tacitus gelesen.[21] Der Bann war gebrochen, Gespräche über Kultur und Bildung nicht länger auf den engen Kreis von Freunden und Bekannten beschränkt. Tacitus traf sein »Publikum« in Gestalt eines Mannes, der sein Buch an einem Stand im Forum gekauft oder in einer Bibliothek gelesen hatte. Die Gewohnheit des Lesens verbreitete sich und war über Generationen hinweg im Alltagsleben der römischen Elite verwurzelt; dies erklärt, warum sich in einem dem Vergnügen gewidmeten Prachtbau wie der Villa dei Papiri auch eine wohlsortierte Bibliothek befand.

In den 1980er Jahren nahmen moderne Archäologen die Arbeit an der verschütteten Villa wieder auf, sie hofften, aus Entwurf und Anlage des Bauwerks besser verstehen zu können, wie man in solchen Villen lebte. Nachgeahmt wurde diese Villa übrigens in der Architektur des Getty Museums in Malibu, Kalifornien, das heute einige der Statuen und andere Schätze aus Herculaneum beherbergt. In ihrer großen Mehrzahl aber befinden sich die Meisterwerke aus Marmor oder Bronze heute im Museo Archeologico Nazionale in Neapel – Bildnisse von Göttern und Göttinnen, Porträtbüsten von Philosophen, Rednern, Dichtern und Dramatikern; ein anmutiger junger Athlet; ein wilder Eber im Sprung; ein trunkener Satyr; eine überraschend obszöne Darstellung von Pan und einer Ziege *in flagrante delicto.* Die erneuten Ausgrabungen kamen nur langsam in Gang: In der fruchtbaren Vulkanerde, die die Stätte bedeckt, wurden inzwischen Nelken gezogen, und die Eigentümer waren verständlicherweise nicht bereit, den Ausgräbern zu erlauben, ihre Geschäfte zu stören. Erst nach längeren Verhandlungen wurde den Forschern gestattet, in die Schächte hinabzusteigen und sich der Villa in kleinen, gondelähnlichen Fahrzeugen zu nähern, die sich sicher durch die Gänge bewegen konnten, die einst durch die Ruinen getrieben worden waren. Trotz solch gespenstischer Bedingungen gelang es den Forschern nun, den Grundriss der Villa genauer zu kartographieren als ihre Vorgänger, die Ausdehnung von Atrium, quadratischer und rechteckiger Peristyle und anderer Gebäudeteile präzis zu erfassen und dabei auch die Lage solcher Bauteile wie der großen Mosaikfußböden und der unüblichen Doppelsäulen festzulegen. Relikte von Weintrieben und -blättern ermöglichten ihnen, die Anlage des Gartens zu rekonstruieren, in dem der gebildete Besitzer der Villa zweitausend Jahre zuvor seine Freunde um sich versammelt hatte.

Aus einer so großen zeitlichen Distanz lässt sich natürlich unmöglich genau herausfinden, worüber sich die Besucher während langer sonnendurchglänzter Nachmittage im Schatten der Kolonnaden unterhalten haben, die den Garten in Herculaneum umgaben. Doch fand sich in den 1980er Jahren ein weiterer, verblüffender Hinweis, diesmal über der Erde. Erneut widmeten sich Geschichtsforscher den geschwärzten Papyrusrollen, die von den Schatzjägern des 18. Jahrhunderts entdeckt worden waren. Zu Klumpen verbacken, hatten die Rollen den damaligen Versuchen, sie zu öffnen, widerstanden und lagen seit zwei Jahrhunderten in der Nationalbibliothek in Neapel. Dann aber, 1987, gelang es Tommaso Starace mit neuen Techniken, zwei schlecht erhaltene Papyri zu öffnen. Er montierte die lesbaren Fragmente dieser Texte – seit dem antiken Vulkanausbruch hatte niemand diese Zeilen zu Gesicht bekommen – auf Japanpapier, mikrophotographierte sie und machte sich daran, den Inhalt zu entziffern. Zwei Jahre später konnte Knut Kleve, ein norwegischer Papyrologe (so nennt man Gelehrte, die sich auf die Entzifferung von Papyri spezialisiert haben), verkünden: »In Herculaneum wurde *De rerum natura* wiederentdeckt, 235 Jahre, nachdem die Papyri gefunden wurden.«[22]

Die Welt zeigte sich ob dieser Meldung unerschüttert, will sagen, die Meldung ging einfach unter. Auch den Wissenschaftlern, die sich mit antiken Kulturen beschäftigten, muss man nachsehen, dass sie der Nachricht, wie sie in Band 19 der dicken italienischen *Cronache Ercolanesi* vergraben ist, wenig oder keine Aufmerksamkeit schenkten. Denn was Kleve und seine Kollegen gefunden hatten, waren nicht mehr als sechzehn klitzekleine Fragmente – nicht viel mehr als einzelne Wörter oder Teile von Wörtern –, von denen nach näherer Analyse gezeigt werden konnte, dass sie aus den Büchern 1, 3, 4 und 5 des sechs Bücher umfassenden lateinischen Gedichts stammen. Die Fragmente, einsam verlorene Stücke eines enormen Puzzles, waren für sich genommen ohne Bedeutung. Doch weil man die Funde dem Originaltext zuordnen konnte, liegt nahe, dass *De rerum natura* in der Bibliothek vollständig vorhanden gewesen sein muss. Und dass gerade dieses Gedicht in der Villa dei Papiri seinen Platz hatte, ist eine aufregende Vorstellung.

Denn die Entdeckung in Herculaneum ermöglicht uns einen Blick auf die gesellschaftlichen Kreise, in denen das von Poggio in einer Klosterbibliothek aufgestöberte Gedicht ursprünglich zirkulierte. In der Klosterbibliothek, unter Missalen, Manualen des Glaubens und theologischen Bänden, war Lukrez' Werk ein frappierender Fremdkörper, ein Relikt, wie von einem weit entfernt untergegangenen Schiff ans Ufer gespült. In Herculaneum dagegen war es heimisch. Der Inhalt der erhaltenen Rollen zeigt, dass sich die Sammlung in der Villa auf genau die Denkschule konzentrierte, die in *De rerum natura* den großartigsten Ausdruck gefunden hat, der uns überliefert ist.

Wem die Villa zu Lukrez' Lebzeiten gehört hat, ist nicht sicher bekannt, der wahrscheinlichste Kandidat ist Lucius Calpurnius Piso. Dieser einflussreiche Politiker, der eine Zeitlang als römischer Statthalter der Provinz Makedonien fungiert hat, unter anderem auch Julius Caesars Schwiegervater war, interessierte sich für griechische Philosophie. Cicero, sein politischer Gegner, porträtierte Piso als Sänger obszöner Liedchen, als »minder feinen Prasser«, der sich »im Weindunst seiner griechischen Freunde« suhle.[23] Nun, da wir den Bestand der Bibliothek besser kennen, können wir getrost davon ausgehen, dass sich die Gäste während der Nachmittage in Herculaneum etwas geistigeren Vergnügungen hingegeben haben.

Von Piso ist bekannt, dass er Philodemus persönlich gekannt hat. In einem Epigramm, das in einem Buch der verkohlten Bibliothek entdeckt wurde, lädt der Philosoph den mutmaßlichen Hausherrn Piso ein, ihn in seinem bescheidenen Heim zu besuchen, um den »Zwanzigsten« zu begehen – die monatliche Feier zu Ehren Epikurs, der am zwanzigsten Tag des griechischen Monats Gamelion geboren wurde:

> Morgen, Freund Piso, wird dein Musikgenosse dich um drei Uhr
> nachmittags in seine bescheidne Bude locken,
> Wird dich zu deinem jährlichen Besuch des Zwanzigsten speisen.

Und wenn du Euter missen musst oder Wein des Iakchus, abgefüllt in Chios,
So wirst du doch getreue Kameraden treffen,
Wirst Dinge hören, süßer als im Land der Phaiaken.
Und solltest du, Piso, deinen Blick je auf unsere Weise richten,
So werden wir statt des bescheidenen Zwanzigsten einen reichern feiern.[24]

Die Schlussverse werden zu einer Bitte um Geld, drücken vielleicht auch die Hoffnung aus, dass Philodemus seinerseits eingeladen wird zu einem philosophischen Gespräch am Nachmittag in Pisos prachtvoller Villa. Auf ihren Liegen halb zurückgelehnt, im Schatten seidener Markisen und in Spalieren gezogener Weinranken, hatten die privilegierten Männer und Frauen, die Piso zu sich einlud – es ist nicht ausgeschlossen, dass auch einige Frauen an den Gesprächen teilnahmen –, eine Menge Gesprächsstoff. Rom wurde seit Jahren von politischen und sozialen Unruhen heimgesucht, die sich in einigen Bürgerkriegen gewaltsam entladen hatten, und selbst wenn die Gewalt abgeebbt war, waren die Bedrohungen für Frieden und Stabilität längst nicht Vergangenheit. Ehrgeizige Feldherren rangelten um Posten und Einfluss; unruhige Soldaten waren mit Geld und Landbesitz zu entlohnen; auch in den Provinzen rumorte es, Gerüchte über Unruhen in Ägypten hatten die Getreidepreise bereits steigen lassen.

Doch in der behaglichen Sicherheit einer eleganten Villa, von Sklaven umsorgt, genossen Hausherr und Gäste den flüchtigen Luxus, all diese Plagen, alles Bedrohliche als ziemlich fern zu betrachten; zumindest war dies alles so weit weg, dass man sich gepflegten Gesprächen hingeben konnte. In dieser Muße zu den Rauchwolken emporblickend, die dem Vesuv entstiegen, wird sie die Zukunft durchaus beunruhigt haben, doch sie, Mitglieder der hauptstädtischen Elite, lebten im Zentrum der größten Macht der Welt, und zu den Privilegien, die sie am höchsten schätzten, gehörte ein kultiviertes Geistesleben.[25]

Die Römer in der Spätzeit der Republik ließen nicht von diesem Privileg, selbst unter Umständen, die andere hätten verzagen und schleunigst nach Schutz suchen lassen, hielten sie recht beharrlich daran fest. Solange ihnen dieses Privileg noch blieb, musste die Welt noch intakt sein, zumindest in ihrem ureigenen Leben würde ihnen nichts geschehen. Wie ein Mann, der sich, wenn er in der Ferne Sirenen hört, an den Flügel setzt und eine Beethovensonate spielt, so bestätigten sich die Männer und Frauen, indem sie sich in jenem Garten in spekulative Gespräche vertieften, ihre weltläufige Sicherheit.

In den Jahren, die schließlich im Mord an Julius Caesar kulminierten, gab es gewiss noch andere Antworten auf gesellschaftlichen Druck und Spannung als philosophische Spekulationen. Religiöse Kulte, die aus so fernen Weltgegenden wie Persien, Syrien und Palästina stammten, hatten ihren Weg in die Hauptstadt gefunden, wo sie, insbesondere beim niederen Volk, dem Plebs, wilde Ängste und ebenso wilde Erwartungen weckten. Einige Mitglieder der Elite – die eher Unsicheren oder auch die schlicht Neugierigen – haben die Prophezeiungen aus dem Osten vielleicht nicht nur mit verächtlicher Miene gehört, Prophezeiungen eines Erlösers, der aus obskuren Verhältnissen stammte, der untergehen, entsetzlich leiden, schließlich aber triumphieren werde. Die meisten jedoch werden solche Erzählungen als überhitzte Phantasien einer Sekte sturer Juden abgetan haben.

Wer fromm und gläubig veranlagt war, der wäre viel eher in Tempel und Kapellen gegangen, die überall verstreut in den fruchtbaren Landstrichen standen, und hätte dort gebetet. Jedenfalls war das eine Welt, die gesättigt war von der Präsenz des Göttlichen: auf Bergspitzen und an Quellen, in den warmen Winden, die Rauch aus einem mysteriösen unterirdischen Reich spieen, in Hainen aus uralten Bäumen, in deren Äste Gläubige farbig leuchtende Tücher hängten. Die Villa in Herculaneum lag in nächster Nachbarschaft zu diesem intensiven religiösen Leben, gleichwohl aber ist es unwahrscheinlich, dass sich viele derjenigen, die gerade dort ihrem erlesenen Geschmack frönten, in eine der Bittprozessionen eingereiht hätten. Urteilen wir nach den verkohlten Papyrusrollen, dann haben sich Bewohner und Gäste der Villa weniger für Rituale interessiert als für Gespräche über Sinn und Bedeutung des Lebens.

Die antiken Griechen und Römer hatten, anders als wir, nicht viel Verständnis für Genies, die isoliert vor sich hin arbeitend die vertracktesten Probleme durchdenken; jedenfalls idealisierten sie den einsamen Denker nicht. Für uns dagegen wurde ein Descartes zum prägenden Sinnbild des geistigen Lebens, der Mann, der zurückgezogen in seiner privaten Kammer alles in Frage stellte, oder der aus seiner Gemeinde ausgestoßene Spinoza, der seinen Gedanken nachhing, während er seine Linsen schliff. Diese Vorstellung wahrhaft geistiger Betätigung gründet aber in einem kulturellen Wandel gegenüber der Antike. Vorbild waren die frühchristlichen Einsiedler, die sich bewusst aus allem zurückzogen, was Heiden schätzten: der heilige Antonius (um 250–356) in der Wüste, der heilige Symeon Stylites der Ältere (390–459), der sich auf seiner Säule zusammenkauerte. Tatsächlich aber war es, wie moderne Gelehrte zeigen konnten, auch für solche Gestalten gläubigen Lebens charakteristisch, dass verschworene Gruppen von Anhängern hinter ihnen standen; und selbst wenn sie einsiedlerisch getrennt von allen lebten, spielten sie im Leben großer Gemeinden doch eine bedeutsame Rolle. Das beherrschende Bild aber, das sie schufen – oder das nach und nach um sie herum geschaffen wurde –, war eines radikaler Isolation.

Ganz anders bei den Griechen und Römern. Von der Sache her verlangen Denken und Schreiben natürlich Ruhe und ein Minimum an Ablenkung, und so werden sich auch antike Dichter und Denker hin und wieder aus Unruhe und lärmender Geschäftigkeit der Welt zurückgezogen haben, um zu Ende zu führen, was sie vorhatten. Doch das Bild, das sie von sich und ihrem Metier entwarfen, war eines der Geselligkeit. Dichter bezeichneten sich selbst als Schäfer, die für andere Schäfer sangen; Philosophen präsentierten sich als Männer, die sich in lange, oft über mehrere Tage geführte Dialoge vertieften. Der Rückzug aus den Ablenkungen der alltäglichen Welt wurde nicht zum Rückzug in die einsame Zelle, sondern führte zum ungestörten Gedankenaustausch mit Freunden in einem Garten.

Menschen, sagte Aristoteles, sind gesellige Tiere; die menschliche Natur eines anderen anzuerkennen hieß also, sich an der Aktivität einer Gruppe zu beteiligen. Und die beliebteste dieser Betätigungen war für kultivierte Römer – so wie zuvor für die Griechen – das Gespräch. Es gebe, schreibt Cicero zu Beginn eines für die damalige Praxis typischen philosophischen Werks, eines Dialogs also, eine breite Vielfalt von Meinungen zu den wesentlichsten religiösen Fragen, und er fährt fort:

> Dies ist mir schon oft aufgefallen, besonders jedoch damals, als bei meinem Freund C. Cotta sehr gewissenhaft und gründlich über die unsterblichen Götter diskutiert wurde.
> Denn als ich auf seine Bitte und Einladung hin an den Latinischen Feiertagen zu ihm kam, traf ich ihn in der Exedra sitzend an; er unterhielt sich gerade mit dem Senator C. Velleius, dem die Epikureer seinerzeit den ersten Rang unter unseren Landsleuten zuerkannten. Ebenso anwesend war auch Q. Lucilius Balbus, der in der stoischen Lehre so große Fortschritte zu verzeichnen hatte, dass er mit den besten Griechen darin auf eine Stufe gestellt wurde.[26]

Cicero möchte den Lesern seine Gedanken nicht als in einsamer Reflexion entstandenen, fertigen Traktat präsentieren; er präsentiert sie lieber im Austausch von Standpunkten und Ansichten unter gesellschaftlich und intellektuell Gleichen – in einem Disput, in dem er selbst nur eine kleine Rolle spielt und der keinen eindeutigen Sieger hat.

Der Ausgang des Dialogs – eines langen Textes, der mehrere beachtliche Papyrusrollen gefüllt haben wird – ist charakteristisch unentschieden:

> Mit diesen Worten gingen wir auseinander, und zwar so, daß auf Velleius der Vortrag Cottas wahrer wirkte, während für mich die Äußerungen des Balbus mehr Ähnlichkeit mit der Wahrheit zu haben schienen.[27]

In diesem offenen Ende zeigt sich keine intellektuelle Bescheidenheit – Cicero war gewiss kein bescheidener Mann –, sondern ein Verhalten kultivierter Offenheit unter Freunden. Nicht die Schlüsse, zu denen man gelangt, der Austausch selbst transportiert den Großteil von Bedeutung und Sinn. Es ist vor allem die Diskussion, auf die es ankommt, die Tatsache, dass wir uns so einfach verständigen können, mit einer Mischung aus Witz und Ernsthaftigkeit, ohne abzugleiten in Geschwätz oder Beschimpfungen, stets Raum lassend für abweichende Ansichten. Dazu nochmals Cicero:

> Es sei also diese Gesprächsführung … gelassen und nicht rechthaberisch, und sie besitze Charme. Auch schließe sie andere nicht aus, als ob sie in ihren Besitz eindrängen, sondern sie halte Abwechslung [der Redenden] in allen Dingen, besonders aber im gewöhnlichen Gespräch, für nicht unangemessen.[28]

Die Dialoge, die Cicero und andere schrieben, waren, auch wenn die auftretenden Personen durchaus real waren, keine Nachschriften wirklicher Disputationen, sondern idealisierte Versionen von Gesprächen, wie sie an Orten wie der Villa in Herculaneum durchaus hätten stattfinden können. Wie aus den Themen der dort gefundenen, verkohlten Papyrusrollen zu schließen ist, berührten die Gespräche in dieser Umgebung Musik, Malerei, Dichtung, die Kunst der öffentlichen Rede und anderes; also alles, was zu den immer wiederkehrenden Themen und Interessen gebildeter Griechen und Römer gehörte. Wahrscheinlich haben sie sich auch wissenschaftlichen, ethischen und philosophischen Fragen zugewandt, die beunruhigender waren: Was sind die Ursachen von Donner, Erdbeben oder Sonnenfinsternissen – sind sie Zeichen der Götter, wie manche behaupten, oder haben sie ihren Ursprung in der Natur? Können wir die Welt, in der wir leben, wirklich verstehen, und wie kann das gelingen? Welche Ziele sollten wir in unserem Leben verfolgen? Ist es sinnvoll, sein Leben dem Erwerb von Macht zu widmen? Wie können das Gute und das Böse definiert werden? Was geschieht mit uns, wenn wir sterben?

Dass der mächtige Eigentümer der Villa und seine Freunde Vergnügen daran fanden, sich mit solchen Fragen herumzuschlagen, und auch bereit waren, dem, obwohl sie ein sehr geschäftiges Leben führten, beträchtlich Zeit zu widmen, um schließlich mögliche Antworten herauszukitzeln, spiegelt ihre Vorstellungen davon, wie Menschen ihrer Bildung, ihrer Klasse und ihres Status ihr Leben angemessen zu verbringen hätten. Es spiegelt auch etwas, das an der geistigen und spirituellen Welt, in der sie lebten, außergewöhnlich war; etwas, das der französische Romancier Gustave Flaubert in einem seiner Briefe so formuliert hat: »Da es die Götter nicht mehr und Christus noch nicht gab, bestand von Cicero bis Marc Aurel ein einzigartiger Augenblick, in dem allein der Mensch war.«[29] Das könnte kleinliche Einwände provozieren. Für viele Römer jedenfalls hatten die Götter noch keineswegs aufgehört zu existieren – selbst die Epikureer, die manche für Atheisten halten, dachten, dass Götter existierten, allerdings den Angelegenheiten der Sterblichen weit entrückt –, und der »einzigartige Augenblick«, auf den Flaubert verweist und der seiner Meinung nach von Cicero (106-43 v.u.Z.) bis Marc Aurel (121-180 u.Z.) reichte, könnte länger oder ebenso gut auch kürzer gewesen sein. Doch der Kern von Flauberts Argument wird in Ciceros Dialogen und in den Schriften redegewandt entwickelt, wie sie in der Bibliothek von Herculaneum zu finden waren. Für viele der frühen Leser dieser Schriften gab es offenbar kein festes Repertoire an Glaubensinhalten und Praktiken mehr, die Rückhalt in etwas gehabt hätten, das als Wille der Götter galt. Das Leben dieser Männer und Frauen war erstaunlich frei von solchen Diktaten der Götter (oder ihrer Priester). Tatsächlich fanden sie sich, so wie Flaubert das sieht, auf sich selbst gestellt, in der merkwürdigen Lage, zwischen deutlich voneinander abweichenden Vorstellungen vom Wesen der Dinge, auch zwischen konkurrierenden Lebensentwürfen wählen zu können oder gar zu müssen.

Die verkohlten Fragmente aus der Bibliothek vermitteln uns einen kleinen Einblick in die Art, in der Menschen aus dem Milieu der Villa ihre Wahl trafen: Wir sehen ihre Vorlieben beim Lesen, damit auch, worüber sie wahrscheinlich diskutierten, sehen die Personen, die sie möglicherweise zu ihren Gesprächen geladen haben. Und an dieser Stelle dann bekommen die winzigen, vom norwegischen Papyrologen zugeordneten Fragmente doch einen Kontext, geraten ins Mitschwingen. Lukrez war Zeitgenosse des Philodemus und, was wichtiger ist, von Philodemus' Mäzen. Warum sollte dieser, wenn er Freunde für einen Nachmittag zu sich an die grünen Hänge des Vulkans lud, mit ihnen gemeinsam nicht auch Passagen aus *De rerum natura* gelesen haben? Vielleicht hätte der reiche Gönner mit philosophischen Interessen auch den Wunsch gehabt, den Autor Lukrez persönlich kennen zu lernen. Es wäre keine große Sache für ihn gewesen, ein paar Sklaven und eine Sänfte zu schicken, um Lukrez nach Herculaneum und in den Kreis der Gäste zu bringen. Und so können wir uns immerhin vorstellen, dass Lukrez, entspannt zurückgelehnt auf einer Liege, selbst aus der Handschrift vorgelesen hat, deren Fragmente erhalten geblieben sind.

Hätte Lukrez an den Gesprächen in der Villa teilgenommen, dann können wir uns durchaus vorstellen, was er gesagt haben wird. Seine Schlüsse werden nicht, in der Art Ciceros, uneindeutig gewesen sein, auch nicht von Skeptizismus gefärbt. Die Antwort auf alle eure Fragen, wird er seinen Zuhörern leidenschaftlich zugerufen haben, sind im Werk eines Mannes zu finden, dessen Porträtbüste und Schriften die Bibliothek der Villa schmückten: im Werk des Philosophen Epikur.

Er allein, so heißt es in Lukrez' Gedicht, konnte den miserablen Zustand eines Mannes lindern, der, zuhause zu Tode gelangweilt, verzweifelt das Weite sucht, auf seinen Landsitz eilt, nur um festzustellen, dass sein Geist dort auch nicht weniger bedrückt ist. Tatsächlich war Epikur, der zwei Jahrhunderte zuvor gestorben war, in Lukrez' Verständnis nicht weniger als ein Erlöser. So heißt es in der Prosafassung *On the Nature of Things:* »Als das Leben der Menschen schmachvoll in den Staub gedrückt daniederlag, gebeugt unter der Last des Aberglaubens«,[30] da sei ein verwegener Mann gekommen, der zum Ersten wurde, der »kühn sich jenem entgegenstemmte« (1:62ff.). Dieser Held – der so gar nicht der römischen Heldenkultur entsprach, die sich traditionell mit Zähigkeit, Pragmatismus und militärischen Tugenden brüstete – war ein Grieche. Und er triumphierte nicht mit der Gewalt der Waffen, sondern mit der Kraft seines Geistes.

De rerum natura ist das Werk eines Schülers, der Ideen weitervermittelt, die Jahrhunderte zuvor entwickelt wurden. Epikur, Lukrez' philosophischer Messias, wurde gegen Ende des Jahres 342 v.u.Z. auf der ägäischen Insel Samos geboren, wohin sein Vater, ein armer Schulmeister aus Athen, als Kolonist ausgewandert war.[31] Viele griechische Philosophen, Platon und Aristoteles eingeschlossen, stammten aus reichen Familien und rühmten sich ihrer aristokratischen Vorfahren. Solche Ansprüche konnte Epikur entschieden nicht anmelden. Seine philosophischen Gegner, die sich in ihrer gesellschaftlich höheren Stellung sonnten, haben immer wieder mit Epikurs bescheidener Herkunft argumentiert; das heißt, sie rümpften die Nase über einen Philosophen, der seinem Vater beim Elementarunterricht zur Hand gegangen ist und mit seiner Mutter von Hütte zu Hütte zog und Sühnegebete vortrug. Einer seiner Brüder sei gar

Zuhälter gewesen und habe mit einer Prostituierten gelebt. Kurz: So einer konnte kein Philosoph sein, mit dem anständige Menschen etwas hätten zu tun haben mögen.

Dass Lukrez und viele andere sehr viel weiter gingen, als sich mit Epikur zu befassen – dass sie ihn mit seinem Wissen und Mut als gottähnlich feierten –, hatte nichts mit seinen gesellschaftlichen Qualifikationen zu tun, sondern mit dem, was sie als erlösende Kraft seiner Weltsicht betrachteten. Deren Kerngedanke lässt sich zurückverfolgen auf eine einzige, hell strahlende Idee: Alles, was je existiert hat, und auch alles, was jemals existieren wird, setzt sich zusammen aus unvergänglichen Bausteinen, irreduzibel klein in der Größe, unvorstellbar viel an der Zahl. Die Griechen hatten ein Wort für diese unsichtbaren Bausteine, sie nannten, was sich nicht weiter teilen ließ, *atomos.*

Die Vorstellung von Atomen, die auf Leukipp von Abdera, der im fünften Jahrhundert v.u.Z. lebte, und auf dessen Meisterschüler Demokrit (um 460/59 bis 400/380 v.u.Z.) zurückgeht, war eine verwirrende, eine umwerfende Spekulation. Denn es gab dafür keinerlei empirischen Beweis, und das sollte noch über zweitausend Jahre so bleiben. Andere Philosophen entwickelten konkurrierende Theorien über den Aufbau der Welt. Einigen zufolge war der Grundstoff der Welt Feuer oder Wasser, Luft oder Erde, andere sahen die Dinge aus Kombinationen dieser vier Grundelemente entstehen. Könnte man das kleinste Partikel eines Menschen wahrnehmen, dann, so behaupteten wieder andere, würde man einen unendlich kleinen Menschen sehen; das Gleiche bei einem Pferd, einem Wassertropfen oder einem Grashalm. Wieder andere erklärten, die dem Universum eigentümliche Ordnung sei der Beweis für einen unsichtbaren Geist, der die einzelnen Teile einem vorgefertigten Plan entsprechend zusammenfüge. Demokrits Konzept einer unendlichen Zahl von Atomen, die außer Größe, Gestalt und Gewicht keine weiteren Eigenschaften mehr besitzen – Teilchen also, die keine Miniaturausgaben dessen sind, was wir sehen, die vielmehr das, was wir sehen, formen, indem sie sich zu einer unerschöpflichen Vielfalt von Gestalten verbinden –, dieses Konzept war eine enorm mutige Lösung eines Problems, das die großen Geister zu Epikurs Zeit beschäftigte.

Es dauerte Generationen, bis alle Implikationen dieser Lösung durchdacht waren. (Auch wir haben noch keineswegs alle erfasst.) Epikur selbst hat als Zwölfjähriger damit begonnen, nachdem er entsetzt festgestellt hatte, dass ihm seine Lehrer nicht erklären konnten, was das Chaos sei. Demokrits alte Vorstellung von Atomen erschien ihm als der vielversprechendste Schlüssel, und er machte sich daran, diesem zu folgen, wohin immer das führen würde. Im Alter von zweiunddreißig Jahren war er so weit, dass er eine Schule gründen konnte. Dort, in einem Garten in Athen, entwarf Epikur eine vollständige Darstellung des Universums und entwickelte eine Philosophie des menschlichen Lebens.

Unaufhörlich in Bewegung, so Epikurs Überlegung, stoßen die Atome aufeinander, und unter bestimmten Bedingungen verbinden sich viele einzelne zu immer größeren Körpern. Die größten unter den sichtbaren sind Sonne und Mond, und auch sie bestehen aus Atomen, nicht anders als Menschen und Wasserfliegen und Sandkörner. Es gibt keine Oberbegriffe der Materie, keine Hierarchie der Elemente. Die Himmelskörper sind keine göttlichen Wesen, die unser Geschick nach Gut und Böse bestimmen, sie bewegen sich auch nicht durch den leeren Raum, weil und indem Götter sie lenken: Sie sind Teil der natürlichen Ordnung, mehr nicht, zwar ungeheuer groß, aber Gebilde aus Atomen und als solche den gleichen Prinzipien des Werdens und Vergehens unterworfen, die auch alles andere, was existiert, regieren. Mag die Ordnung der Natur noch so unvorstellbar riesig und komplex sein, so ist es dennoch möglich, etwas von ihren konstitutiven Grundelementen sowie von den Gesetzen zu erkennen, die sie regieren und die universell gültig sind, für alles Seiende überall, im Himmel wie auf der Erde. Und wer zu dieser Erkenntnis gelangt, sagt Epikur, der wird der tiefsten Freuden des menschlichen Lebens inne.

Lebensfreude durch Genuss, dies ist vielleicht der Schlüssel zum Verständnis der mächtigen Wirkung der epikureischen Philosophie.[32] Es war, als habe er eine für seine Nachfolger nie versiegende Quelle der Belohnung entdeckt, die sich in Demokrits Atomtheorie verbarg. Für uns ist diese Wirkung schwerer zu verstehen. Zum einen wirkt Epikurs Prinzip der Lebensfreude und Lust zu intellektuell, als dass es mehr als eine dünne Schicht von Spezialisten erreichen könnte; zum anderen verbinden wir mit »Atom« viel eher Furcht als Belohnung. Doch obwohl die antike Philosophie kaum eine Massenbewegung war, hat Epikur offenbar mehr angeboten als Kaviar für eine Handvoll Teilchenphysiker. Tatsächlich lehnte er die spezialisierte Sprache eines eingeweihten Kreises von Schülern und ihre Selbstbezüglichkeit ab und bestand darauf, für Philosophisches die Alltagssprache zu nutzen, um so den größtmöglichen Kreis von Zuhörern zu erreichen; Epikur ging es durchaus auch darum, die Menschen zu bekehren. Wobei die Aufklärung, die er bot, keine gründlichen wissenschaftlichen Forschungen erforderte. Man musste keine detaillierte Vorstellung von den tatsächlichen Gesetzen des physischen Universums haben, es genügte, sich klarzumachen, dass es eine verborgene natürliche Erklärung für alles gibt, was uns erschreckt oder unfassbar bleibt. Diese Erklärung führt unweigerlich zurück zu den Atomen. Wer sich an die einfachste Tatsache der Existenz hält und sich diese immer wieder vor Augen führt – nämlich: es gibt nur Atome und leeren Raum und sonst gar nichts, Atome und leeren Raum und sonst gar nichts –, dessen Leben wird sich nachhaltig verändern. Wer so denkt, muss, sobald er den Donner rollen hört, nicht länger Jupiters Zorn fürchten, ebenso wenig, wenn irgendwo eine Grippewelle ausbricht, befürchten, irgendwer könnte Apollo verletzt haben. Wer so denkt, wird sich befreien von der quälenden Angst, die Hamlet, Jahrhunderte später, beschrieben hat:

> Nur daß die Furcht vor etwas nach dem Tod –
> Das unentdeckte Land, von des Bezirk
> Kein Wandrer wiederkehrt – den Willen irrt …
> (*Hamlet,* III:1)

Die meisten Männer und Frauen unserer Tage drückt diese Qual – die Furcht, in einem Reich jenseits des Grabes könnte eine entsetzliche Strafe auf uns warten – nicht mehr nieder, im antiken Athen zur Zeit Epikurs und im Rom des Lukrez war das offensichtlich anders; auch die christliche Welt des Poggio kannte diese Qual. Gewiss hatte Poggio die Bilder solcher Schrecken gesehen, in frommer Hingabe ins Tympanon über einem Kirchenportal gemeißelt, im Inneren der Kirche als Fresko an die Wand gemalt. Solche Schrecken wiederum wurden den Berichten nachgebildet, die die heidnische Imagination vom Jenseits entworfen hatte. Natürlich hat auch in diesen Zeiten nicht jeder Mensch, ob heidnisch oder christlich, an solche Berichte geglaubt. In einem ciceronischen Dialog fragt einer der

Gesprächspartner sein Gegenüber, ob er sich nicht fürchte vor der Unterwelt, dem fürchterlichen Hund mit den drei Köpfen, dem schwarzen Fluss, den abscheulichen Strafen. »Meinst du, ich sei so verrückt, dass ich solche Märchen glaube?«, fragt der Gefährte zurück. Todesfurcht beziehe sich nicht auf Schicksale wie die von Sisyphus und Tantalus: »Denn wer ist so töricht, dass ihn diese Erzählungen beeindrucken können?«[33] Es gehe, lässt Cicero seine Gesprächspartner herausfinden, um die Furcht vor dem Leiden, vor dem Verschwinden, und es sei schwierig zu verstehen, warum die Epikureer dächten, sie hätten ein Mittel der Linderung anzubieten. Es könne doch kaum stärken und tröstlich sein, wenn man erzählt bekomme, dass man nach dem Tod vollständig und für immer verschwinden werde, die Seele wie der Leib.[34]

Anhänger Epikurs reagierten auf dergleichen Einwände mit der Erinnerung an die letzten Tage ihres Meisters, der qualvoll an einem Blasenverschluss gestorben sei und sich gleichwohl die Gelassenheit des Geistes bewahrt habe: durch Erinnerung an alle Freuden, die er in seinem Leben erfahren hatte. Man kann sich schwer vorstellen, dass dies ein Mittel war, das sich ohne weiteres hätte nachahmen lassen – »O, wer kann Feuer in seiner Hand tragen und an den befrornen Caucasus denken?«, heißt es bei Shakespeare in *Richard II.* Andererseits: Wäre in einer Welt ohne Dolantin oder Morphium ein anderes wirksames Mittel gegen Todesqualen vorstellbar? Nicht Sterbehilfe, was der griechische Philosoph anzubieten hatte, war Lebenshilfe. Erlöst vom Aberglauben, lehrt Epikur, ist man frei, der Lust zu folgen.

Ausgerechnet auf Epikurs Feier von Lebensfreude und Lust zielten seine Gegner, erfanden bösartige Geschichten über sein angeblich ausschweifendes Leben, Geschichten, die sich noch verstärken ließen, weil doch – damals ganz unüblich – zum Kreis seiner Anhänger auch Frauen, nicht nur Männer gehörten. Er »übergab sich zweimal am Tag wegen seiner übermäßigen Schwelgerei«, lesen wir in einer dieser Geschichten, und auch, dass er ein Vermögen ausgegeben habe für seine Feste.[35] In Wahrheit hat dieser Philosoph allem Anschein nach ein bewusst einfaches, frugales Leben geführt. »Schicke mir ein Töpfchen mit Käse«, schrieb er einmal an einen Freund, »damit ich, wenn ich Lust habe, prächtig speisen kann.« Soviel zum Überfluss an seiner Tafel. Ähnliche Genügsamkeit verlangte er von seinen Schülern. Das Motto über der Tür zu Epikurs Garten lud den Fremdling ein zu verweilen, denn »Hier ist die Lust unser höchstes Bestreben«. Doch dem Philosophen Seneca zufolge, der diese Worte in einem berühmten Brief zitiert – Poggio und seine Freunde kannten diesen Text –, wurde der Passant, wenn er tatsächlich eintrat, mit einem einfachen Mahl aus Gerstengrütze und Wasser bewirtet.[36] In einem der wenigen überlieferten Briefe schreibt Epikur:

> Wenn wir also behaupten, daß Lust das höchste Ziel ist, meinen wir nicht die Gelüste des Zügellosen und die Schlemmereien, wie manche Ignoranten, Gegner und Verleumder meinen, sondern Freiheit von Körperschmerz und Seelenstörung. Nicht Saufereien und Orgien am laufenden Band, nicht der Genuß von Knaben und Frauen, von Fischen und was eine luxuriöse Tafel sonst noch bietet, macht das lustvolle Leben aus, sondern das nüchterne Nachdenken, das die Gründe für alles Wählen und Meiden ermittelt …[37]

Niemals, so Epikur, könne der fieberhafte Versuch, gewisse Begierden zu befriedigen, zu dem Frieden des Geistes führen, der Schlüssel ist zu dauerhafter Lebensfreude.

»Menschen erleiden die schlimmsten Übel, nur um die fremdesten Begierden zu befriedigen«, heißt es in einem der Texte von Epikurs Schüler Philodemus, die in der Bibliothek von Herculaneum gefunden wurden, und: »Sie vernachlässigen die notwendigsten Bedürfnisse, als seien sie der Natur völlig entfremdet.« Und Philodemus bestimmt diese notwendigen Bedürfnisse näher: Es sei unmöglich, schreibt er, ein angenehmes Leben zu führen, »ohne klug und ehrenwert und gerecht zu leben, ohne dass man mutig und mäßig und großmütig lebt, ohne Freunde zu haben und ohne wohltätig zu sein«.[38]

Hier spricht ein verbürgter Anhänger Epikurs, eine Stimme, die erst in modernen Zeiten auf einer vulkangeschwärzten Papyrusrolle entdeckt wurde. Was sie zu sagen hat, ist kaum das, was jemand, der mit dem Begriff »Epikureismus« vertraut ist, zu hören erwartet. In einer seiner unvergesslichen satirischen Grotesken hat Shakespeares Zeitgenosse Ben Jonson treffend festgehalten, in welchem Geist Epikurs Philosophie jahrhundertelang verstanden wurde. »Ich will, dass man meine Betten aufschüttelt, nicht stopft«, lässt Jonson seinen Protagonisten sagen, »Daunen sind so hart«. Und nicht nur das:

> In Muschelschalen soll mein Fleischgericht zu Tische kommen
> Auf Platten von Achat, mit Gold gefasst und übersät
> Mit Smaragd und Saphir, mit Hyazinth und Rubin. …
> Mein Botenjunge soll Fasanen essen, Lachs in dünnen Scheiben,
> Knutt und Schnepfe, Neunaug'. Mir bringe man
> Den Bart der Barbe, serviert anstelle von Salat;
> Pilze in Öl, die strotzend geschwollnen Brustwarzen
> Einer trächt'gen Sau, frisch abgeschnitten,
> Exquisit dressiert mit einer scharfen Soße;
> Wegen der ich meinem Koch nur sagen kann:
> »Nun, nimm dies Gold, voran, geh und sei ein Ritter.«[39]

Und welchen Namen hat Jonson für seinen überdrehten Lustsucher? Sir Epicure Mammon.

Ein Skandal war das: Da kam ein Philosoph daher und behauptete, Genuss, ja Lust sei höchstes Lebensziel – und es verschlug wenig, dass er Genuss sehr maßvoll und in verantwortungsbewussten Begriffen definierte. Es blieb skandalös, für Heiden ebenso wie für ihre Gegenspieler, für Juden und später die Christen. Genuss oder Lust als höchstes Gut? Und was ist dann mit der Verehrung der Götter und Ahnen? Was mit dem Dienst für Familie, Stadt und Staat? Mit der peinlich genauen Beachtung von Gesetzen und Geboten? Dem Streben nach Tugend und der Schau der Götter? Alle diese konkurrierenden Forderungen enthalten unausweichlich Formen asketischer Selbstverleugnung, verlangen Selbstopfer, wo nicht Selbsterniedrigung. Keine lässt sich vereinen mit dem Streben nach Lust als höchstem Gut. So stark war das Gefühl des Skandalösen, dass es noch zweitausend Jahre nach Epikurs Tod in Travestien wie den Jonson'schen geradezu manische Energien hervortrieb.

Kaum verborgen stand hinter dergleichen Zerrbildern das angstvolle Wissen, dass die Maximierung von Genuss und die Verhinderung von Pein in jedem Fall äußerst attraktive Ziele sind, möglicherweise sogar als rationale Prinzipien zur Ordnung des menschlichen Lebens dienen könnten. Gelänge dies, dann stünde eine ganze Reihe anderer, altehrwürdiger Prinzipien in Frage – Opfer, Ehrgeiz, gesellschaftlicher Status, Disziplin, Frömmigkeit –, nicht minder die Institutionen, die eben diesen Prinzipien dienen. Da konnte man doch gar nicht anders, da musste Epikurs Streben nach Lust ins Groteske gesteigert werden, bis zur von Sinnlichkeit getriebenen Hemmungslosigkeit – dargestellt als ausschließliches Streben nach geschlechtlicher Lust, nach Macht oder Geld oder extravaganten, aberwitzig kostspieligen Tafelfreuden (wie bei Jonson). Erst ins Absurde getrieben, ließ sich die epikureische Herausforderung abwehren.

Zurückgezogen hinter den Mauern seines Gartens in Athen, bei Käse, Brot und Wasser, lebte der historische Epikur ein ruhiges Leben. Wenn man ihm etwas hätte vorhalten können, dann allein, dass sein Leben zu ruhig verlief: Riet er seinen Anhängern doch davon ab, sich mit all ihrer Kraft für die Angelegenheiten von Stadt und Staat zu engagieren; als Hauptlehrsatz hielt er fest:

> Manche strebten nach Ruhm und Bewunderung, weil sie damit Sicherheit vor den Menschen zu gewinnen meinten. Ist ihr Leben dann sicher, haben sie das naturgemäß Gute erreicht, wenn aber nicht, dann fehlt ihnen, was sie von Anfang an entsprechend ihrer ureigenen Natur erstrebten.[40]

Meist aber vergrößere Ruhm die Unsicherheit, also könne daran nichts Erstrebenswertes sein. Aus diesem Blickwinkel aber, so der Einwand von Epikurs Kritikern, ließe sich das meiste des ruhelosen und riskanten Strebens kaum noch rechtfertigen, das allein einer Stadt zur Größe verhelfe.

Mit solchen Überlegungen könnte Epikurs Quietismus auch in den sonnendurchfluteten Gärten von Herculaneum kritisiert worden sein: Zu einem nicht geringen Teil werden unter den Gästen der Villa dei Papiri auch solche gewesen sein, die Ruhm und Ehre in der damals größten Stadt suchten, dem Zentrum ihrer Welt. Vielleicht aber fühlten sich Julius Caesars Schwiegervater – wenn denn Piso tatsächlich Besitzer der Villa war – und einige aus dem Kreis seiner Freunde dennoch zu dieser philosophischen Schule hingezogen, immerhin bot sie ein Gegenbild zu ihrem geschäftigen und anstrengenden Leben. Noch unterlagen Roms Feinde der Macht seiner Legionen, doch bedurfte es keiner prophetischen Fähigkeiten, um für die Zukunft der Republik düstere Zeichen wahrzunehmen. Und selbst denjenigen, die in größter Sicherheit lebten, wird es schwergefallen sein, einem von Epikurs berühmten Aphorismen zu widersprechen: »Gegen alles andere ist es möglich, Sicherheit zu erreichen, doch wenn es um den Tod geht, leben wir Menschen in einer Stadt ohne Stadtmauern.«[41] Worauf es vor allem anderen ankam, legte Epikurs Schüler Lukrez in Versen von unüberbotener Schönheit dar: Man müsse vom ängstlichen und verzweifelten Versuch lassen, immer höhere Mauern zu bauen, und sich stattdessen der Verfeinerung von Lebenslust und Glück zuwenden.

> O wie arm ist der Menschen Verstand, wie blind ihr Verlangen!
> In welch finsterer Nacht und in wie viel schlimmen Gefahren
> Fließt dies Leben, das bißchen, dahin! Erkennt man denn gar nicht,
> Daß die Natur nichts anderes erheischt, als daß sich der Körper
> Wenigstens frei von Schmerzen erhält und der Geist sich beständig
> Heiteren Sinnes erfreut und Sorgen und Ängsten entrückt ist?
>
> (*Von der Natur,* 2: 14–19)

KAPITEL VIER

DER ZAHN DER ZEIT

Es sind außer den in Herculaneum geborgenen, verkohlten Papyrusfragmenten und einem weiteren Konvolut von Fragmenten, die auf den Müllabladeplätzen in der altägyptischen Stadt Oxyrhynchos gefunden wurden, keine weiteren zeitgenössischen Handschriften aus dem antiken Griechenland und Rom erhalten geblieben. Der gesamte uns bekannte Textbestand besteht in Kopien, häufig aus Zeiten lange nach Entstehung des Originals, aus Orten und Kulturen, die weit entfernt sind vom Ursprung der Texte. Zudem haben diese Kopien, selbst wenn es um die berühmtesten Autoren der Antike geht, nur einen kleinen Teil der jeweiligen Werke bewahrt. Aischylos hat insgesamt achtzig oder neunzig Stücke geschrieben, Sophokles rund hundertzwanzig, erhalten blieben nur jeweils sieben; bei Euripides und Aristophanes ist das Verhältnis etwas besser: achtzehn der zweiundneunzig Stücke des Erstgenannten, elf von dreiundvierzig des Letzteren sind uns überliefert.

Das sind die guten Nachrichten. Von vielen anderen, in der Antike ebenfalls berühmten Schriftstellern ist nahezu das gesamte Werk spurlos verschwunden. Das Gleiche gilt für Naturforscher, Historiker, Mathematiker, Philosophen und Staatsmänner; selbst wenn einige ihrer Errungenschaften erhalten blieben – die Erfindung der Trigonometrie etwa oder die Bestimmung einer Position mit Hilfe von Längen- und Breitengraden oder die rationale Analyse politischer Macht –, so sind ihre Texte verschollen. Der unermüdliche Gelehrte Didymus von Alexandria verdiente sich den Beinamen Bronzehintern (wörtlich »der mit dem Bronze-Darm«), weil er mit bloßem Sitzfleisch, wie man annahm, niemals dreitausendfünfhundert Texte hätte schreiben können. Doch von ganz wenigen Fragmenten abgesehen, sind sie alle verschwunden.[1] Ende des fünften

Jahrhunderts u.Z. trug ein ehrgeiziger Herausgeber, genannt Stobaeus, eine Anthologie von Prosatexten und Dichtungen der besten Dichter der antiken Welt zusammen. Von den 1430 Zitaten, die seine Sammlung enthält, stammen 1115 aus heute verlorenen Werken.[2]

In diesem allgemeinen Verschwinden gingen auch alle Schriften von Leukipp und Demokrit, den brillanten Erfindern des Atomismus, sowie die meisten ihres geistigen Erben Epikur verloren. Dabei war dieser besonders produktiv.[3] Er und sein philosophischer Hauptgegner, der Stoiker Chrysipp, sollen, so sagte man, über eintausend Bücher geschrieben haben. Selbst wenn diese Zahl übertrieben sein sollte oder als Buch gezählt wurde, was wir Essay oder Brief nennen würden, so war die Menge des schriftlich Aufgezeichneten in jedem Fall immens. Doch die Aufzeichnungen existieren nicht mehr. Abgesehen von drei Briefen, die Diogenes Laertius, der antike Philosophiehistoriker, zusammen mit einer Liste von vierzig Maximen zitiert hat, ist von Epikur so gut wie nichts direkt überliefert. Die modernen Altertumswissenschaften konnten dem seit dem 19. Jahrhundert nicht mehr als ein paar Fragmente hinzufügen. Einiges davon wurde aus den geschwärzten Papyrusrollen aus Herculaneum herausgeklaubt, anderes sorgfältig aus Fragmenten einer antiken Mauerinschrift gerettet. In diese Wand, die in der Stadt Oinoanda in den rauen Bergen der Südwesttürkei gefunden wurde, hatte sich Anfang des zweiten Jahrhunderts u.Z. ein alter Mann seine ausgesprochen epikureische Lebensphilosophie in Stein meißeln lassen, in ursprünglich über einhundertzwanzig Textspalten: »Eine schöne Hymne zur Feier der Lust und ihrer Fülle.«[4] Wo aber sind all die Bücher geblieben?

Das materielle Verschwinden von Texten ist vor allem eine Folge von Klima und Seuchen. Papyprus und Pergament sind von eindrucksvoller Haltbarkeit (weitaus haltbarer als unser billiges Papier oder elektronisch gespeicherte Daten), doch im Lauf der Jahrhunderte verschlechtert sich der Zustand von Büchern oder Rollen auch dann, wenn sie von Feuer oder Wasser verschont bleiben. Die damals verwendete Tinte war eine Mischung aus Ruß (gewonnen aus abgebrannten Lampendochten), Wasser und Mastix. Sie war billig herzustellen, auch angenehm und leicht lesbar, aber eben wasserlöslich. (Ein Skriptor, der sich verschrieben hatte, konnte den Fehler mit einem Schwamm löschen.) Ein verschüttetes Glas Wein,

ein Platzregen, und der Text war verschwunden. Das war die häufigste Gefahr. Das Ab- und Aufwickeln der Rollen, das Durchblättern der Kodices, das Befingern, Fallenlassen, Husten und Niesen über den offenen Texten, unvorsichtiger Umgang mit brennenden Kerzen oder Öllampen, nicht zuletzt das wieder und wieder in ihnen Lesen, all dies blieb nicht ohne Folgen.

Bücher vor zu exzessivem Gebrauch wegzuschließen half nicht viel, denn dann wurden diese Gegenstände geistiger Neugier Objekte einer viel direkteren Gier. Kleine Tiere, so lesen wir schon bei Aristoteles, könne man in Kleidern, Wolldecken und Rahmkäse entdecken, und er fährt fort: »Andere [Tierchen] entstehen in Büchern, manche ähnlich wie die in Kleidern, andere wie Skorpione, aber ohne Schwanz und ganz klein.«[5] Fast zweitausend Jahre später hält der Naturforscher und Universalgelehrte Robert Hooke in seiner *Micrographia* (1665) fasziniert fest, was er sah, wenn er eine dieser Kreaturen unter dem Mikroskop, dieser bemerkenswerten, gerade gelungenen Erfindung, betrachtete:

> ... ein kleiner weißer, silbrig glänzender Wurm oder Motte, den ich häufig zwischen Büchern und Papieren fand. Er, so nimmt man an, sei derjenige, der Seiten und Deckel zerfrisst und durchlöchert. Sein Kopf erscheint groß und abgerundet, der Körper wird vom Kopf zum Schwanz schmaler und schmaler, ist also geformt wie eine Karotte. ... Er hat vorne lange Hörner, die gerade sind und spitz zulaufen, merkwürdig geringelt oder knorrig. ... Der hintere Teil läuft in drei Schwänze aus, die in allen Einzelheiten an die beiden längeren Hörner erinnern, die er am Kopf trägt. Die Beine sind gegliedert und behaart. Dieses Tier ernährt sich offenbar von Papier und Deckeln von Büchern und durchbohrt sie mit vielen kleinen runden Löchern.[6]

Der Bücherwurm – »einer der Zähne der Zeit«, wie Hooke ihn nennt – ist heutigen Lesern nicht mehr vertraut; die Alten aber kannten ihn gut. Ans Schwarze Meer verbannt, verglich der römische Dichter Ovid das »beständige Nagen des Kummers« in seinem Herzen mit dem Nagen des Bücherwurms, »der sich bohrt durch das geborgene Buch«, wie dieses werde sein Herz »unaufhörlich verzehrt von Sorge und Pein«.[7] Ovids Zeitgenosse

Horaz fürchtete, dass sein Buch irgendwann »verstummt unthätigen Motten ein Fraß« sein werde.[8] Und für den griechischen Dichter Evenus war der Bücherwurm der symbolische Feind der menschlichen Kultur:

> Seitenfresser, der Musen bitterster Feind, lauernder Zerstörer, der du stets dich nährst von deinem Raub am Wissen, warum nur, schwarzer Bücherwurm, steckst du verborgen zwischen den verstreuten Äußerungen, webend am Bild des Neides?[9]

Einige Schutzmaßnahmen, zum Beispiel das Besprengen der Seiten mit Zedernöl, erwiesen sich als wirkungsvoll zur Abwehr der Schädlinge. Am besten aber, darin waren alle sich einig, ließen sich Bücher davor bewahren, in Vergessenheit gefressen zu werden, wenn man sie nutzte und, sobald sie zerlesen waren, neue Kopien anfertigte.

Der antike Buchhandel lebte ausschließlich vom Kopieren, allerdings haben wir nur wenige Hinweise darauf, wie dieses Geschäft organisiert war. In Athen gab es Schreiber, ebenso in anderen Städten der griechischen und der hellenistischen Welt, aber wir wissen nicht, ob sie in besonderen Schulen ausgebildet wurden oder als Lehrlinge bei einem Meister arbeiteten oder sich das Nötige allein beibrachten. Manche wurden einfach für die Schönheit ihrer kalligraphischen Kunst bezahlt, andere nach der Gesamtzahl abgeschriebener Zeilen. (Am Ende einiger überlieferter Handschriften ist die Zeilenzahl notiert.) Wahrscheinlich aber ist die Bezahlung in keinem dieser Fälle direkt an den Schreiber gegangen: Viele, wenn nicht die meisten von ihnen müssen Sklaven gewesen sein, die für den Verleger arbeiteten, der ihr Besitzer war oder der sie mietete.[10] (Ein Inventar des Eigentums eines reichen römischen Bürgers und Gutsbesitzers in Ägypten vermerkt unter insgesamt fünfundneunzig Sklaven fünf Notare, zwei Schreibhilfen, einen Schreiber, einen Buchrestaurator, dazu einen Koch und einen Barbier.) Aber wir wissen nicht, ob diese Schreiber nach Diktat schrieben oder jeder für sich nach einer Stammkopie. Wir wissen auch nicht, ob der jeweilige Autor, sofern er noch am Leben war, die fertige Kopie durchsah oder Korrektur las.

Etwas mehr ist über den römischen Buchhandel bekannt, wo sich eine Unterscheidung zwischen den *librarii* oder Kopisten und den *scribae,* den

Schreibern, entwickelte. Die *librarii* waren durchweg Sklaven oder bezahlte Arbeitskräfte, die für Buchhändler arbeiteten. Diese hängten Anzeigen an Säulen und verkauften ihre Ware in Läden am Forum Romanum. Die *scribae* waren freie Bürger, sie arbeiteten als Archivare, Regierungsbeamte und Privatsekretäre. (Julius Caesar hatte sieben solcher Schreiber, die ihm folgten, um seine Diktate aufzunehmen.) Reiche Römer besaßen Sklaven für diese Aufgaben, beschäftigten auch Privatbibliothekare und Schreiber, die ihnen Bücher kopierten, die sie aus Bibliotheken oder bei Freunden ausgeliehen hatten. So schrieb etwa Cicero an seinen Freund Atticus:

> … habe ich die gewünschten Bücher erhalten [die Kopie eines geographischen Traktats des Alexander von Ephesus in Versen]; ein armseliger Dichter und ein Nichtwisser dazu, aber immerhin doch ganz brauchbar. Ich schreibe sie mir ab und schicke sie dir dann zurück.[11]

Autoren verdienten nichts an der Veröffentlichung eines Buches; wenn sie Geld bekamen, dann von einem reichen Mäzen, dem das Werk gewidmet war. (Dieses Arrangement – das auch die überschwänglichen Widmungsbriefe zu erklären vermag – erscheint uns fremd, doch hat es sich erstaunlich lange erhalten, nämlich bis zur Erfindung des Urheberrechts im 18. Jahrhundert.) Selbst wenn sich Verleger gegen die weit verbreitete Praxis behaupten mussten, dass Bücher im Freundeskreis kopiert wurden, waren Herstellung und Vertrieb von Büchern ein offenbar profitables Geschäft, denn Buchläden gab es nicht nur in der Hauptstadt, sondern auch in Brundisium (Brindisi), Karthago, Lugdunum (Lyon), Civitas Remorum (Reims) und anderen Städten des Imperiums.[12]

Sehr viele Männer, doch – wie Berichte und Vermerke zeigen – auch Frauen arbeiteten als Kopisten,[13] saßen ein Arbeitsleben lang über ihr Schreibmaterial gebeugt, umgeben von Tintenglas, Lineal, Federn aus gespaltenem Rohr, und befriedigten die Nachfrage nach Büchern. Die Erfindung des Buchdrucks mit beweglichen Lettern ließ die Produktion von Büchern exponentiell ansteigen, aber schon in der Antike waren Texte eine keineswegs knappe Handelsware.[14] Ein gut ausgebildeter Sklave las in einem großen Raum ein Manuskript laut vor, dort saßen viele Schreiber, ebenfalls gut ausgebildet, zusammen konnten sie also eine Menge Texte fabrizieren.[15] Im Verlauf der Jahrhunderte waren es Zehntausende Bücher und Hunderttausende Kopien, die auf diese Weise hergestellt und verkauft wurden.

Es gab in der antiken Kultur eine Zeit – und sie währte recht lange –, deren größtes Problem im unerschöpflichen Ausstoß von Büchern bestanden haben muss. Wo sollte man sie aufbewahren, wie die sich biegenden Regale organisieren? Wer konnte das sich erweiternde Wissen noch im Kopf behalten? Jedenfalls wird ein Zeitgenosse, der mitten darin lebte, kaum bemerkt haben, wenn von dieser Vielfalt etwas verloren ging.

Dann aber, nicht auf einen Schlag, sondern mit der kumulativen Wirkung einer Massenauslöschung, kam das ganze Geschäft rund um Texte und Bücher zum Erliegen. Was so dauerhaft gewirkt hatte, erwies sich als fragil; was für die Ewigkeit gemacht schien, hielt gerade einmal für die Gegenwart. Die Schreiber werden unter den Ersten gewesen sein, die das zu spüren bekamen: Sie hatten immer weniger zu tun. Das Kopieren wurde fast völlig eingestellt. Landregen, der durch verrottende Dächer tropfte, wusch die Buchstaben weg, wenn sie nicht zuvor schon Opfer von Flammen geworden waren, und die Würmer, jene Wappentiere des »Zahns der Zeit«, machten sich über das her, was noch übrig war. Doch waren Bücherwürmer nur die niedersten unter den Agenten des großen Verschwindens. Andere Kräfte waren am Werk, beschleunigten den Prozess; die Regale stürzten in Staub und Asche. Poggio und seine nach Büchern jagenden Freunde konnten froh sein, wenn sie überhaupt etwas fanden.

Sinnbildlich ablesen lässt sich das Schicksal der immensen Zahl antiker Bücher am Ende der größten Bibliothek des Altertums. Sie stand nicht in Italien, sondern in Alexandria, der Hauptstadt Ägyptens, dem Drehkreuz des östlichen Mittelmeerraums.[16] Reisenden hatte die Stadt allerhand Attraktionen zu bieten, nicht zuletzt einen beeindruckenden Theater- und Rotlichtbezirk. Ganz sicher werden Besucher auch bewundert haben, was es nur in dieser Stadt zu sehen gab: Mittendrin, in einer großzügigen Anlage, *Museion* oder »Musentempel« genannt, war mit enormen Kosten der größte Teil des geistigen Erbes der griechischen, lateinischen, babylonischen, ägyptischen und jüdischen Kultur gesammelt und zum Zweck des Studiums sorgfältig archiviert worden. Begonnen wurde damit schon früh, um 300 v.u.Z. kamen die ptolemäischen Könige, die damals in Alexandria regierten, auf die glorreiche Idee, führende Gelehrte, Naturforscher und Dichter in ihre Stadt zu locken, indem sie ihnen eine lebenslange Stellung im Museum anboten, dazu stattliche Bezüge, Steuerbefreiung, kostenlose Verpflegung und Logis und obendrein die nahezu grenzenlosen Ressourcen der Bibliothek.

Die derart generös Empfangenen revanchierten sich mit den hohen geistigen Standards, die sie etablierten. Hier in Alexandria entwickelte Euklid seine Geometrie; Archimedes errechnete eine erstaunlich genaue Näherung an den Wert der Zahl π und legte den Grundstein für die Integralrechnung; Eratosthenes kam zu der Ansicht, dass die Erde eine Kugel sei, und berechnete deren Umfang mit einer Fehlerquote von nur einem Prozent; Galen revolutionierte die Medizin. Geometer aus Alexandria bestimmten durch Deduktion die Länge des Sonnenjahres auf 365 ¼ Tage und schlugen vor, jedes vierte Jahr einen »Sprungtag« einzuschalten. Geographen überlegten, dass es doch möglich sein müsse, Indien zu erreichen, indem man von Spanien aus nach Westen segelte; Ingenieure entwickelten Hydraulik und Pneumatik, Anatomen erkannten zum ersten Mal, dass Gehirn und Nervensystem eine Einheit bilden müssen, erforschten die Funktion von Herz und Verdauungssystem und experimentierten mit Diäten. Das Niveau all dieser Errungenschaften war atemberaubend.

Die Bibliothek von Alexandria war mit keiner speziellen Lehre oder philosophischen Schule verbunden, der geistige Horizont dort umfasste das gesamte Spektrum des damaligen Fragens und Forschens. In diesem Kosmopolitismus zeigte sich der entschiedene Wille, das akkumulierte Wissen dieser Welt zu versammeln, es zu vertiefen und zu erweitern.[17] Unglaubliche Anstrengungen wurden unternommen, nicht nur um diese riesige Zahl von Büchern zu versammeln – bereits um 250 v.u.Z. hatte man vierhunderttausend Schriftrollen zusammengetragen –, sondern auch um definitive Editionen zu erwerben oder zu erstellen. Gelehrte aus Alexandria waren berühmt für ihre obsessiven Versuche, zu fehlerfreien Texten zu gelangen. Sie gingen der Frage nach, wie sich die Verfälschungen beseitigen ließen, die sich unausweichlich in Texte einschlichen, die über Jahrhunderte, zumeist von Sklaven, wieder und wieder kopiert wurden. Und so entwickelten Generationen passionierter Gelehrter feinste Techniken komparativer Analyse und gründlichen Kommentierens, um zu Grundtexten zu gelangen. Zudem suchten sie Zugang auch zu dem Wissen, das jenseits der Grenzen der Griechisch sprechenden Welt versammelt war. Aus diesem Grund, sagt man, habe König Ptolemaios II. Philadelphos (308 bis 246 v.u.Z.) das kostspielige und ambitionierte Projekt begonnen, die hebräische Bibel ins Griechische zu übersetzen; rund siebzig Gelehrte setzte er daran. Das Resultat – die Septuaginta, nach dem lateinischen Wort für »Siebzig« – war für viele frühe Christen der einzige Zugang zu dem, was man später das Alte Testament nannte.

Zu ihren Blütezeiten umfasste die Bibliothek des Museion mindestens eine halbe Million Schriftrollen, systematisch organisiert, ausgezeichnet und nach dem ausgeklügelten System in Regale geräumt, das der erste Leiter der Bibliothek, ein Homer-Forscher namens Zenodotus, erdacht zu haben scheint: Er nutzte die Reihenfolge des Alphabets. Eine weitere, kleinere Bibliothek wurde in einem der architektonischen Wunderwerke der Zeit eingerichtet, im *Serapeion* im Tempelbezirk des Jupiter Serapis. Ausgeschmückt mit eleganten, von Säulen umringten Höfen, Lesehallen, Statuen, die »zu atmen scheinen«, und vielen anderen kostbaren Kunstwerken, wurde das Serapeion nur vom Kapitol in Rom übertroffen – so jedenfalls urteilte Ammianus Marcellinus, ein (ebenfalls von Poggio wiederentdeckter) Historiker aus dem vierten Jahrhundert.[18]

Wenn wir verfolgen, welche Kräfte diese Bibliotheken zerstört haben, werden wir auch verstehen, warum die 1417 wiederentdeckte Handschrift des Lukrez-Gedichts fast alles war, was von einer Denkschule blieb, die einst in tausend Büchern eifrig und eifernd diskutiert wurde. Der erste Schlag erfolgte mit einem Krieg.[19] Ein Teil der Sammlung – möglicherweise nur Rollen, die in einen Speicher am Hafen ausgelagert worden waren – geriet in Brand, als Julius Caesar im Jahr 48 v.u.Z. versuchte, die Stadt zu erobern: ein antiker »Kollateralschaden«. Doch drohten größere Gefahren als Militäraktionen; und sie resultierten daraus, dass sich die Bibliothek in einem Tempelkomplex befand, der reich geschmückt war mit Statuen von Göttinnen und Göttern, Altären und anderen Requisiten heidnischer Götterverehrung. Das Museion, der eine Standort, war ein den Musen gewidmetes Heiligtum, jenen neun Göttinnen, die die menschliche Kreativität verkörperten. Das Serapeion, der Ort der kleineren

Sammlung, beherbergte eine Kolossalstatue des Gottes Serapis – ein Meisterwerk aus Elfenbein und Gold, das der berühmte griechische Bildhauer Bryaxis geschaffen hatte – und verband den Kult des römischen Gottes Jupiter mit dem Kult um die ägyptischen Gottheiten Osiris and Apis.

Den Juden und Christen, die in großer Zahl in Alexandria lebten, war dieser Polytheismus ein Dorn im Auge. Sie bezweifelten nicht, dass es noch andere Götter gab, doch sahen sie in diesen ausnahmslos Dämonen, die auf teuflische Weise nur eines im Sinn hatten: die Menschen von der einen und universalen Wahrheit wegzulocken. Alle anderen Offenbarungen und Gebete, die in den Bergen von Papyrusrollen aufgezeichnet waren, galten als Lügen und nichts weiter. Die Erlösung lag in der Heiligen Schrift und sonst nirgends. Ihr hatten die Christen ein neues Format gegeben, statt der alten Schriftrollen (die Juden wie Heiden nutzten) den kompakten, bequem handhabbaren und leicht transportablen Kodex.

Unter heidnischer Vorherrschaft hatten die Religionen jahrhundertelang nebeneinander existiert – drei an der Zahl und in einem Geist, in dem sich Wettstreit und absorbierende Toleranz mischten. Damit war nun Schluss. Zu Beginn des vierten Jahrhunderts hatte Kaiser Konstantin den Prozess eingeleitet, in dessen Zuge das Christentum zur Staatsreligion des Römischen Imperiums wurde. Und damit war es nurmehr eine Frage der Zeit, bis ein eifernder Nachfolger Edikte erließ, mit denen öffentliche Opfer verboten und große Kultstätten geschlossen wurden – und genau dies tat Theodosius der Große ab 391 u.Z. Der Staat machte sich daran, Heidentum und heidnische Religionen zu zerstören.[20]

In Alexandria befolgte Patriarch Theophilus, der geistige Führer der Christen, die römischen Edikte umso lieber, als er Rache nehmen wollte an den Heiden. Ebenso streitsüchtig wie skrupellos hetzte er den Mob christlicher Zeloten auf, und die zogen durch die Straßen und beleidigten die Heiden, verbreiteten Schrecken und Angst unter ihnen, und die Spannung im Gemeinwesen wuchs. Nun brauchte es, um die Dinge auf die Spitze zu treiben, nur noch einen entsprechend aufgeladenen Anlass. Lange ließ der nicht auf sich warten. Arbeiter, die eine christliche Basilika renovierten, fanden ein unterirdisches Heiligtum, das noch immer heidnische Kultobjekte enthielt. (Ein ähnliches Heiligtum, einen Mithrasschrein, kann man heute in Rom besichtigen, tief unter der Basilika San Clemente.)

Theophilus sah die Gelegenheit gekommen, die arkanen Symbole heidnischer »Mysterien« öffentlichem Spott auszusetzen, und befahl, die Kultobjekte mit einer Parade durch die Stadt zu tragen.

Fromme Heiden platzten vor Ärger, als hätten sie, so der trockene Kommentar eines christlichen Zeitgenossen, »einen Kelch voller Schlangen getrunken«.[21] Aufgebracht stürzten sie sich auf die Christen und verbarrikadierten sich nach diesem Ausbruch der Gewalt hinter der verschlossenen Tür des Serapeion. Nicht minder erbittert und erregt brach nun ein Haufen Christen mit Äxten und Hämmern in das Heiligtum ein, überwältigte dessen Verteidiger und zertrümmerte das berühmte Gottesbildnis aus Marmor, Elfenbein und Gold, schleppte Einzelteile in verschiedene Stadtviertel, wo sie endgültig zerschlagen wurden. Der Rumpf, ohne Gliedmaßen und Kopf, wurde ins Theater gezerrt und öffentlich verbrannt. Theophilus befahl Mönchen, den heidnischen Tempelbezirk zu beziehen, und ließ dessen wunderschöne Gebäude in Kirchen umwandeln. Wo einst die Serapisstatue gestanden hatte, errichteten die siegreichen Christen nun Reliquare, in denen die kostbaren Relikte von Elias und Johannes dem Täufer aufbewahrt werden sollten.

In verzweifelten Versen beklagte der heidnische Dichter Palladas den Untergang des Serapeion:

> Sind wir nicht tot und bilden uns nur ein zu leben,
> wir Griechen, die wir tief ins Unglück sanken und
> im Traume bloß das Leben sahen? Oder leben
> wir selber zwar – indes das Leben unterging?[22]

Palladas hat das offensichtlich gespürt: Es war mehr verloren als ein kultisches Bildnis, die Zerstörung reichte tiefer und weiter. Ob auch die Bibliothek bei diesen Unruhen in Mitleidenschaft gezogen wurde, wissen wir nicht. Doch Bibliotheken, Museen und Schulen sind sensible Einrichtungen, lange können sie gewaltsamen Angriffen nicht widerstehen. Und mit ihnen stirbt in jedem Fall eine Lebensweise.

Wenige Jahre später sorgte Theophilus' Nachfolger im Amt des Patriarchen, sein Neffe Kyrill von Alexandria, dafür, dass der Hass der Frommen sich nun auch gegen die Juden richtete. Im Theater, auf den Straßen, vor Kirchen und Synagogen kam es zu blutigen Scharmützeln. Juden schmähten Christen und warfen Steine nach ihnen, Christen brachen plündernd in jüdische Läden und Häuser ein. Aus der Wüste zogen fünfhundert Mönche und Einsiedler in die Stadt, verstärkten den ohnehin schon beängstigend starken christlichen Mob in den Straßen, was Kyrill den Rückhalt verschaffte, nun die Vertreibung der großen jüdischen Gemeinde aus der Stadt zu verlangen. Orestes, oströmischer Präfekt in Alexandria, aber ein gemäßigter Christ, wies diese Forderung zurück und stieß damit auf Zustimmung der heidnischen geistigen Elite in der Stadt. Deren angesehenste Vertreterin war die einflussreiche und hochgebildete Hypatia.

Um 355 u.Z. geboren und schon als junge Frau von legendärer Schönheit, hatte sich die Tochter des Mathematikers Theon von Alexandria – er war einer der berühmtesten Gelehrten, die damals im Museion lebten – Ruhm erworben mit ihren Kenntnissen in Astronomie, Musik, Mathematik und Philosophie. Von weit her kamen Studenten, um unter ihrer Anleitung Werke von Platon und Aristoteles zu studieren. So groß war ihre Autorität, dass Philosophen ihr eigene Schriften schickten und ängstlich auf ihre Zustimmung hofften. So etwa Synesios von Kyrene, der ihr schrieb:

> Wenn du zustimmst, dass ich mein Buch veröffentlichen soll, dann werde ich es Rednern und Philosophen gemeinsam widmen. (Wenn andererseits) es dir nicht wert erscheint, wird sich dichte und tiefe Dunkelheit darüber legen, und die Menschheit wird nie mehr etwas von ihm hören.[23]

In einen *tribon,* den traditionellen Philosophenmantel, gehüllt, ließ sich Hypatia im offenen Wagen durch die Stadt fahren, soll öffentlich gelehrt haben, in jedem Fall aber war sie eine bekannte Gestalt des öffentlichen Lebens. Anders als die meisten Frauen in der Antike lebte sie kein abgeschottetes Leben im Privaten. Der Kirchenhistoriker Sokrates Scholastikos, ein Zeitgenosse, schrieb: »So selbstbewusst war sie und von so angenehmer Art, die der Verfeinerung und Kultiviertheit ihres Geistes entsprang, dass sie in der Öffentlichkeit häufig in Begleitung der Magistrate erschien.«[24] Diesen für eine Frau keineswegs selbstverständlichen Umgang mit der herrschenden Elite der Stadt pflegte sie, ohne sich jedoch kontinuierlich politisch zu betätigen. Zur Zeit der ersten Angriffe gegen die Kultstätten der Heiden hielten sie und ihre Anhänger sich offenbar abseits, möglicherweise in der Meinung, die Zerstörung unbelebter Statuen könne dem nichts anhaben, was wirklich zählt. Als sich die Hetze dann jedoch auch gegen die Juden richtete, muss ihnen klar geworden sein, dass der Brand des Fanatismus nicht von selbst in sich zusammensinken würde.

Hypatia hat Orestes' Weigerung, die Juden aus der Stadt zu weisen, öffentlich begrüßt, und das könnte helfen, das weitere Geschehen zu erklären. Denn anschließend tauchten Gerüchte auf und kursierten in der Stadt: Ihre Beschäftigung mit Astronomie, Mathematik und Philosophie sei eine finstere Angelegenheit. Hypatia war eine Frau, konnte also nur eine Hexe sein, die sich der schwarzen Magie hingab.[25] Im März 415 (oder 416) schritt die Menge zur Tat, aufgestachelt von einem der militanten Gefolgsmänner Kyrills. Vor ihrem Haus wurde die heimkehrende Hypatia aus dem Wagen gezerrt und zu einer Kirche geschleift, die vormals ein dem Kaiser gewidmeter Tempel gewesen war. (Die Wahl des Ortes erfolgte nicht zufällig: Er stand dafür, dass die heidnischen Lehren und Philosophien untergegangen waren, der wahre Glaube gesiegt hatte.) Dort riss man der sechzigjährigen Philosophin die Kleider vom Leib und ermordete sie, wie es in den Quellen heißt, mit Scherben (griechisch *ostraka*). Damit nicht genug: Der fanatisierte Pöbel riss den Leichnam in Stücke, schleppte diese vor die Stadt und verbrannte sie. Irgendwann später sprach die Kirche Kyrill, den Helden des christlichen Mobs, heilig.

Mit dem Mord an Hypatia endete nicht nur das Leben einer bemerkenswerten Frau, er markierte auch den Niedergang des geistigen Lebens in Alexandria, war das Totengeläut für eine ganze geistige Tradition,[26] die hinter dem Text steht, den Poggio viele Jahrhunderte später wiederentdecken sollte. Das Museion und der es tragende Traum, alle Denkschulen und Ideen an einem Ort versammeln zu können, waren nicht länger das geschützte Zentrum einer zivilen Stadtgesellschaft. In den Jahren nach dem Mord wird die Bibliothek praktisch nicht mehr erwähnt, so als seien ihre großen Sammlungen – wenn man so will, die Summe der klassischen

Kultur – spurlos verschwunden. Gewiss geschah dies nicht mit einem Schlag – von einem derart monströsen Akt der Zerstörung hätte bestimmt irgendwer berichtet. Wenn man fragt: Wo sind alle diese Bücher geblieben, liegt die Antwort nicht allein in dem raschen Wüten brandschatzender Soldaten und im langwierig heimlichen Nagen des Bücherwurms. Sie verkörpert sich, zumindest symbolisch, im Schicksal der Hypatia.

Den anderen Bibliotheken der antiken Welt erging es nicht besser. Eine Übersicht über das Rom des frühen vierten Jahrhunderts verzeichnet achtundzwanzig öffentliche Bibliotheken, dazu kamen ungezählte private Sammlungen in den Häusern und Villen der Aristokraten. Gegen Ende dieses Jahrhunderts beklagt der Historiker Ammianus Marcellinus, die Römer hätten ernsthaftes Lesen praktisch völlig aufgegeben. Zu den Überfällen der Barbaren oder zum christlichen Fanatismus findet sich bei Ammianus kein klagendes Wort. Natürlich waren auch sie beteiligt, bilden den Hintergrund des Übels, das ihm so bedeutsam scheint. Was er mit dem Verfall des Imperiums jedoch vordringlich festhält, ist der Verlust der kulturellen Verankerung, der Abstieg in fiebrige Trivialität.

> Infolge dieser Verhältnisse sind die wenigen Häuser, die früher wegen ernsthafter Pflege der Wissenschaften berühmt waren, jetzt erfüllt von Spielereien und einer langweiligen Untätigkeit und hallen wider vom Gesang und seichtem Geklimper der Saiteninstrumente. Schließlich holt man statt des Gelehrten einen Sänger und statt des Redners einen Possenreißer als Lehrer zu sich. Die Bibliotheken sind wie Grabmäler für immer geschlossen; man lässt Wasserorgeln bauen oder riesige Leiern vom Ausmaß eines Wagens …[27]

Und nicht nur das: Wie er verärgert feststellt, rasten die Leute auch noch mit aberwitziger Geschwindigkeit durch die belebten Straßen Roms, wo niemand mehr ein Maß findet.

Nach langer Agonie schließlich brach das Römische Imperium im Westen endgültig zusammen – 476 u.Z. ergab sich Romulus Augustulus, der letzte Kaiser, ruhig in sein Schicksal: Absetzung und Verbannung. Die germanischen Stämme, die nun eine Provinz nach der anderen eroberten, verfügten über keine eigene Tradition des Lesens und Schreibens. Insofern waren die Barbaren, die in öffentliche Gebäude einbrachen und private Villen besetzten, keine aktiven Gegner von Bildung und Studium, sondern hatten schlicht kein Interesse daran, deren materielle Spuren zu erhalten. Die ehemaligen Besitzer der Villen werden, wenn sie zur Sklavenarbeit in irgendwelche entlegenen Gehöfte verschleppt wurden, andere Dinge aus ihrem Haushalt gerettet haben, die in ihrer neuen Situation wichtiger waren als Bücher. Und selbst wenn die Eroberer in ihrer Mehrzahl Christen waren, sahen diejenigen unter ihnen, die Lesen und Schreiben gelernt hatten, bestimmt nichts Verlockendes darin, sich mit den Werken klassischer heidnischer Autoren zu beschäftigen. Gemessen an den entfesselten Kräften des Krieges und des Glaubens, verhielt sich der Vesuv noch freundlich gegenüber dem Erbe des Altertums.

Doch eine ruhmreiche kulturelle Tradition, die das innere, geistige Leben einer Elite geprägt hatte, verschwindet nicht auf einen Schlag, selbst bei denen nicht, die ihre Beerdigung begrüßen mochten. In einem Brief aus dem Jahr 384 beschreibt Hieronymus – der gelehrte Heilige, dem wir die Geschichte vom wahnsinnigen Lukrez und seinem Selbstmord zu verdanken haben – einen inneren Kampf. Zehn Jahre zuvor, so erinnert er sich, habe er sich auf dem Weg von Rom nach Jerusalem befunden, wo er sich aus allen weltlichen Verstrickungen zurückzuziehen gedachte, und selbst dorthin habe er seine geliebten Bücher mitgenommen: »Die Bibliothek aber, welche ich mir zu Rom mit großer Mühe und viel Arbeit erworben hatte, glaubte ich nicht entbehren zu können.« Fastend habe er seinen Körper disziplinieren und seine Seele retten wollen, von den verführerischen Freuden des Geistes dennoch nicht lassen können: »Ich Elender fastete also, während ich den Tullius [Cicero] las. Nachdem ich manche Nacht durchwacht und viele Tränen vergossen hatte, welche die Reue über meine früheren Sünden gelöst, nahm ich den Plautus zur Hand.«[28] Cicero, das war Hieronymus wohl bewusst, war ein Heide, der dafür eintrat, allen dogmatischen Behauptungen, solche der Religion eingeschlossen, mit Skepsis zu begegnen, doch offenbar war die Eleganz seiner Prosa unwiderstehlich. Womöglich noch schlimmer war Plautus: In seinen Komödien trieben Zuhälter, Huren und Müßiggänger ihr Unwesen, der Aberwitz ihrer Verwicklungen jedoch war einfach zu köstlich. Aber auch giftig: Wann immer Hieronymus von diesen literarischen Genüssen zur Heiligen Schrift zurückkehrte, erschienen ihm die heiligen Texte unbeholfen und kunstlos. So mächtig war seine Liebe zur Schönheit und Eleganz lateinischer Texte, dass er, als er sich entschlossen hatte, Hebräisch zu lernen, die ersten Erfahrungen mit dieser Sprache geradezu körperlich abstoßend fand: »Nachdem ich mich früher mit den scharfsinnigen Werken Quintilians, den Schriften des redegewandten Cicero, des ernsten Fronto und des schlichten Plinius beschäftigt hatte, lernte ich jetzt das Alphabet und studierte die hebräischen Vokabeln mit ihren Zisch- und Kehllauten«, schrieb er 411.[29]

Gerettet habe ihn schließlich ein Albtraum. Er sei in schweres Fieber, dann ins Delirium gefallen und habe geträumt, er sei vor Gottes Richterstuhl geschleppt worden: »Nach meinem Stande befragt, gab ich zur Antwort, ich sei Christ. Der auf dem Richterstuhl saß, sprach zu mir: ›Du lügst, du bist ein Ciceronianer, aber kein Christ.‹«[30] *Ciceronianus es, non Christianus:* Diese fürchterlichen Worte hätten ewige Verdammnis bedeuten können, der Herr in seiner Gnade aber habe befohlen, ihn auspeitschen zu lassen. Selbst dabei seien seine Gewissensqualen allerdings größer gewesen als die körperliche Pein.

> Schließlich warfen sich die Umstehenden dem Richter zu Füßen und baten, er möge meinen jugendlichen Leichtsinn verzeihen. Er möge mir Gelegenheit geben, meinen Irrtum zu büßen, jedoch die Strafe weiter an mir nur vollziehen, falls ich mir erneut einfallen lassen sollte, Werke der heidnischen Literatur zur Hand zu nehmen. In meiner unglücklichen Lage hätte ich noch viel mehr versprochen. Ich fing an, bei seinem Namen zu schwören: »Herr, wenn ich je wieder weltliche Handschriften besitze oder aus ihnen lese, dann will ich dich verleugnet haben.« Nach diesem heiligen Eide entließ man mich, und ich kehrte wieder zur Erde zurück. … Es war dies kein Gaukelbild des Schlafes … Zeuge dafür ist mir der Richterstuhl, vor dem ich lag; Zeuge ist mir das schreckliche Urteil, vor dem ich erzitterte … meine Schultern zeigten blaue Flecken, nach dem Erwachen fühlte ich noch die Schläge. Und nachher habe ich mich mit einem solchen Eifer den göttlichen Schriften zugewandt, wie ich ihn bei der Beschäftigung mit den profanen nie gekannt hatte.[31]

Hieronymus ließ sich in Bethlehem nieder, gründete zwei Klöster, eines für sich und seine Mitbrüder, das andere für die frommen Frauen, die ihn begleitet hatten, und lebte dort sechsunddreißig Jahre lang, studierte, beteiligte sich an heftigen theologischen Kontroversen, und, vor allem, er übersetzte die hebräische Bibel ins Lateinische und revidierte die lateinische Übersetzung des Neuen Testaments. Die so entstandene, großartige lateinische Bibel, *Vulgata* genannt, hat die katholische Kirche im 16. Jahrhundert für »authentischer als das Original« erklärt.

Wie Hieronymus' Albtraum nahelegt, gibt es einen eindeutig destruktiven Zug in seiner Frömmigkeit. Aus deren Perspektive allerdings müsste man wohl sagen: Sein intensives Vergnügen an heidnischer Literatur zerstörte ihn selbst. Nicht allein, dass er mehr Zeit über christlichen Texten hätte verbringen sollen, nein, ganz aufgeben sollte er die heidnischen Texte. Daran hat er sich mit einem heiligen Eid gebunden, womit die Lektüre dieser Texte fortan Gottesleugnung gewesen wäre. Diese Entsagung, der Verrat an den Autoren, die er so liebte, war eine persönliche Angelegenheit: Um seine Seele zu retten, musste er sich von dieser gefährlichen Sucht kurieren. Die Sucht selbst jedoch, und damit die Notwendigkeit der Absage, war mehr als seine Privatangelegenheit. Denn das, was er so verlockend fand, hielt ja auch andere, ihm ähnliche Menschen in Leibeigenschaft heidnischer Schriftsteller.[32] Darum musste er auch andere davon überzeugen, das gleiche Opfer zu bringen wie er: »Was hat Horaz mit dem Psalterium zu tun, was Maro [Vergil] mit den Evangelien, was Cicero mit den Aposteln? Wird Dein Bruder nicht Ärgernis nehmen, wenn er Dich an einem Götzenaltare trifft?«[33]

Wie Hieronymus blieben auch viele andere gebildete Christen über Generationen hinweg durchdrungen von einer Kultur, deren Werte von den heidnischen Klassikern geprägt waren. Der Platonismus brachte sein Bild der Seele ins Christentum ein; Aristoteles die Vorstellung vom Ersten Beweger; die Stoa den Begriff der Vorsehung. Umso mehr Grund hatten jene Christen, sich die exemplarischen Geschichten von Absage und Versagung wieder und wieder zu erzählen. In diesen Erzählungen konnten sie, fast wie in einem Traum, die Loslösung von jenem reichen Kulturboden ausagieren, der sie, ihre Eltern und Großeltern genährt hatte; und das taten diese Christen so lange, bis sie eines Tages erwachten und erkannten, dass die Loslösung vollzogen war. Sie waren Ritter der Versagung, glorreich wie nur in einem Volksroman, strahlende Figuren, die das größte Symbol ihres Status – ihren intimen Zugang zu elitärer Bildung – der Religion, die sie liebten, opferten. Der Augenblick der Lossagung kam nach ihrer rigorosen Ausbildung in Grammatik und Rhetorik, nach ausgiebiger Beschäftigung mit literarischen Meisterwerken, dem Eintauchen in die Mythen. Erst im sechsten Jahrhundert gelang es den Christen, diejenigen als Helden zu feiern, die gänzlich mit der Bildung gebrochen hatten; und selbst das geschah, wie sich feststellen lässt, mit einem gewissen Zögern oder mit Kompromissen. Beispielhaft dafür ist Gregors des Großen Feier des heiligen Benedikt:

> Er war einem vornehmen Geschlecht zu Nursia entsprossen und wurde nach Rom geschickt, um dort zu studieren. Aber als er dabei viele in dem Abgrund der Laster versinken sah, zog er den Fuß, den er schon auf die Schwelle der Welt gesetzt hatte, wieder zurück, um nicht auch selbst, wenn er etwas von ihrer Wissenschaft gekostet hätte, in den entsetzlichen Abgrund zu stürzen. Er verschmähte also das Studium, verließ Vaterhaus und Vermögen und begehrte in dem Verlangen, Gott allein zu gefallen, das Ordenskleid. So zog er sich zurück, mit Wissen unwissend und in Weisheit ungelehrt.[34]

Was durch solche Augenblicke des Sich-Lossagens und Verzichtens flimmert, ist die Angst, sich lächerlich zu machen. Nicht Verfolgung drohte – das Christentum war zu dieser Zeit bereits Staatsreligion im Römischen Imperium –, sondern man lief Gefahr, sich lächerlich zu machen. Natürlich war das dem Schicksal derer vorzuziehen, die man den Löwen zum Fraß vorgeworfen hatte, aber Gelächter hatte in der antiken Welt beißend scharfe Zähne. Nicht allein die Sprache erschien aus der Perspektive eines gebildeten Heiden lächerlich am Christentum – der rohe Stil des Griechisch der Evangelien beruhte auf der Fremdheit des Aramäischen und Hebräischen –, sondern auch die Begeisterung der Christen für die Erniedrigung und den Schmerz ihres Gottes, was in Verbindung mit dem arroganten Triumphalismus ihres Glaubens noch lächerlicher wirken musste.

Als Christentum und Christenheit ihre Stellung gesichert hatten, gelang es, die meisten Äußerungen jenes feindseligen Gelächters zu unterdrücken. In Spuren allerdings, in Zitaten und Zusammenfassungen von Texten christlicher Apologeten überlebt es. Einige dieser Sticheleien und Sottisen finden sich bei allen polemischen Gegnern des Christentums – Jesus: die Frucht eines Ehebruchs, sein Vater: ein Niemand, Jesu Armut und sein schändliches Ende, die allem Anspruch auf Göttlichkeit widersprachen –, andere wiederum bringen uns dem spezifischen Strang des Spottes näher, der den Kreisen der Epikureer entsprang, als sie diese messianische Religion aus Palästina kennen lernten. Dieser Spott und die besondere Herausforderung, die er für die ersten Christen darstellte, bereiteten das spätere Verschwinden der gesamten epikureischen Denkschule vor: Platon und Aristoteles, die an die Unsterblichkeit der Seele glaubten, ließen sich mit dem triumphierenden Christentum vereinen,[35] Epikurs Lehre nicht.

Dabei hatte der die Existenz der Götter gar nicht geleugnet. Er dachte vielmehr, wenn die Vorstellung göttlicher Wesen, wenn Göttlichkeit überhaupt irgendeine Bedeutung haben sollte, dann konnten diese Götter unmöglich mit etwas anderem beschäftigt sein als mit ihrem Vergnügen. Nach Epikur waren sie weder Schöpfer des Universums noch dessen Zerstörer, sie waren nur zutiefst indifferent gegenüber allem, was die anderen, die nicht göttlichen Lebewesen, so trieben, insofern denn auch taub gegenüber unseren Gebeten und Ritualen. Als besonders absurde Idee erschien den Epikureern die Menschwerdung Gottes. Warum sollten sich die Menschen den Bienen, Elefanten, Ameisen oder irgendeiner anderen Art so sehr überlegen fühlen, jetzt oder in irgendwelchen kommenden Zeiten, dass Gott ausgerechnet ihre Gestalt annehmen würde und nicht irgendeine andere? Und wenn schon Menschengestalt, warum sollte er unter allen Völkern dann ausgerechnet die eines Juden angenommen haben? Wie konnte jemand, der auch nur über einen Funken Verstand verfügte, an die Idee der Vorsehung glauben, an diese kindische Vorstellung, die jeder vernünftigen Erfahrung und Beobachtung Erwachsener widersprach? Christen konnten nichts anderes sein als ein Rat von Fröschen, die in ihrem Teich hocken und mit allem, was ihre Lungen hergeben, quaken: »Für unser Heil wurde die Welt erschaffen.«

Natürlich haben Christen versucht, den Spieß des Spotts umzukehren.

Wenn solche Ideen wie die Menschwerdung Gottes oder die Auferstehung des Leibes absurd erschienen – »Hirngespinste einer kranken Vorstellungskraft, unnütze Märchen, erfunden mit der Phantasie eines Dichters«, wie ein Heide das nannte –, was war dann erst von den Erzählungen zu halten, an die Heiden glaubten?

> Vulkan ist lahm und verkrüppelt; Apollo auch nach Jahren noch bartlos, … Neptun hat meergrüne Augen; Minerva graue, Juno die eines Ochsen … Janus hat zwei Gesichter, bereit, rückwärts zu gehen; Diana ist manchmal mit kurzem Rock zur Jagd bekleidet, in Ephesus aber dargestellt mit vielen Brüsten und Zitzen.[36]

Natürlich hinterlässt diese Strategie des »Du doch auch« ein gewisses Unbehagen, schließlich beweist die Lächerlichkeit der einen Sammlung von Glaubenssätzen noch lange nicht die Gültigkeit der anderen.

Christen wussten zudem, dass viele Heiden nicht an die wortwörtliche Wahrheit ihrer eigenen Mythen glaubten, dass es sogar einige gab – allen voran die Epikureer –, die praktisch alle religiösen Denkgebäude und Versprechen anzweifelten. Diese Feinde des Glaubens fanden die Lehre der leiblichen Auferstehung besonders lächerlich, denn ihr widersprachen sowohl die wissenschaftliche Theorie von den Atomen wie auch die Wahrnehmung der eigenen Sinne: Mit ekelerregender Deutlichkeit bezeugen verwesende Körper die Auflösung des Fleisches.

Der frühe Kirchenvater Tertullian bestand vehement darauf, dass, allem Augenschein zum Trotz, im Leben nach dem Tod alles wiederkehre, bis hin zum kleinsten Detail des sterblichen Körpers. Er wusste aber auch sehr genau, wie seine Gegner darauf reagieren würden:

> Wozu die Hände und Füße und all die Glieder, die zum Arbeiten dienen, wenn mit dem Unterhalt auch die Sorge um ihn aufhört? Wozu die Nieren, welche an der Samenbereitung teilnehmen, wozu die übrigen Zeugungsglieder beider Geschlechter, die zur Empfängnis dienenden Behältnisse, die Brüste mit ihren Quellen, da Begattung, Gebären und Erziehen ein Ende haben? Wozu endlich der Körper überhaupt, da er ganz und gar keinen Zweck mehr hat?[37]

»Die wahre Lehre«, schreibt Tertullian, »offenbart uns Gott, aber der Pöbel verlacht sie in dem Wahne, es gebe nach dem Tode nichts mehr«. Doch wer in diesem Streit werde zuletzt lachen?

> Ich aber verlache den Pöbel umso mehr auch dann, wenn er dieselben Verstorbenen, die er nachher auf so leckere Weise beköstigt, in so schrecklicher Weise verbrennt, indem er ihnen mittels derselben Feuerkraft Gutes und Böses zufügt.[38]

Am Tag des Gerichts werde jeder Mensch vor den Richterstuhl gebracht werden, nicht ein Teil von ihm, nicht sein Schatten oder symbolisches Zeichen, sondern der Mensch als Ganzer, so wie er auf Erden lebte. Und das, so Tertullian, bedeute: mit Zähnen und Eingeweiden und Geschlechtsteilen, ob diese noch gebraucht würden oder nicht. Diese Dinge, heißt es im *Apologetikum,* »haben ehedem auch wir verlacht. Wir sind aus eurer Mitte hervorgegangen; man wird Christ, aber man wird nicht als solcher geboren.«[39]

Einige Kritiker wiesen spöttisch darauf hin, dass viele Einzelheiten der christlichen Weltvorstellung aus sehr viel älteren heidnischen Geschichten geklaut worden seien: das Gericht, das über die Seelen richtet; das Feuer als Strafe in einem unterirdischen Gefängnis; ein göttlich schönes Paradies für die Geister der Heiligen. Christen wiesen das zurück: In Wahrheit seien die heidnischen Geschichten verzerrte Versionen der wahren christlichen Mysterien. Dass sich diese argumentative Strategie schließlich durchgesetzt hat, zeigt sich an dem Wort, das im Englischen (auch in einem elaborierten Deutsch) für diejenigen benutzt wird, die am alten polytheistischen Glauben festhielten: »pagan«. Natürlich sah sich, wer an Jupiter, Minerva und Mars glaubte, nicht selbst als heidnisch oder pagan. Dieses Wort, das im vierten Jahrhundert auftaucht, leitet sich vom lateinischen paganus her und bedeutete »dörflich« oder »Bauer« (»peasant« im Englischen). Aus dem Mund eines Christen gegen einen Heiden gerichtet, war diese Bezeichnung eine Beleidigung; wie wir sehen, hat das Gelächter über ländlich ungehobelte Ignoranz irgendwann die Richtung gewechselt.

Mit dem Vorwurf des Plagiats kamen die Christen besser zurecht als mit dem der Absurdität. Pythagoreer, die an die leibliche Wiederauferstehung glaubten, hatten die generell richtige Vorstellung; sie bedurfte nur der entsprechenden Korrektur. Nicht so leicht zu korrigieren waren dagegen die Epikureer, die die Vorstellung der Auferstehung von den Toten als groteske Verleugnung all dessen hinstellten, was wir über das physische Universum wissen. Konnte man mit Ersteren argumentieren, so brachte man Letztere besser zum Schweigen.

Frühe Christen, unter ihnen auch Tertullian, fanden manches am Epikureismus durchaus bewundernswert – das Lob der Freundschaft etwa, die Betonung von Wohltätigkeit und Vergebung, die Skepsis gegenüber weltlichen Ambitionen –, doch Anfang des vierten Jahrhunderts war die Aufgabe eine eindeutig andere geworden: Nun sollten die Atomisten zum Verschwinden gebracht werden.[40] Bereits außerhalb der christlichen Gemeinschaft hatten die Anhänger Epikurs beträchtliche Feindschaft auf sich gezogen. Als Kaiser Julian Apostata (um 331-363) versuchte, den Paganismus gegen den wachsenden Ansturm des Christentums zu stärken, stellte er eine Liste der Werke auf, die heidnische Priester lesen sollten, notierte aber auch ein paar Titel, die er ausdrücklich ausgeschlossen wissen wollte: »Lasst uns keine Diskurse von Epikureern dulden.«[41] Ähnlich nannten auch die Juden jeden, der von der rabbinischen Tradition abwich, einen *apikoros,* einen Epikureer.[42]

Für Christen aber war der Epikureismus eine besonders verderbliche Bedrohung. Wenn man Epikur darin zustimme, schrieb Tertullian, dass die Seele sterblich sei, löse man das gesamte Gewebe des Christentums auf. Denn: »Epikur schätzt selbst jede Qual und jeden Schmerz nur gering ein, indem er den Ausspruch tut, ein mäßiger Schmerz sei zu verachten, ein großer aber dauere nicht lange.« Wer aber Christ sei, der glaube, dass Marter und Pein ewig dauerten.[43] Bei Laktanz, einem anderen Kirchenvater, heißt es:

> Mit solchen Anschauungen [dass man sich vor Göttern nicht fürchten solle, von ihnen aber auch nichts erwarten] vernichtet Epikur die Religion von Grund aus; und ihrer Aufhebung folgt die Verwirrung und Zerrüttung des menschlichen Lebens. Wenn man aber die Religion nicht aufheben kann, ohne daß wir auf die Vernünftigkeit, die uns von den Tieren unterscheidet, ohne daß wir auf die Gerechtig-

> keit, die dem gemeinschaftlichen Leben Sicherheit verleiht, verzichten, wie kann dann die Religion selbst ohne Furcht erhalten und bewahrt werden? Was man nicht fürchtet, schätzt man gering; und was man geringschätzt, wird man sicherlich nicht verehren. So ergibt sich, daß Religion, Würde und Ehre auf Furcht sich gründet.[44]

Christliche Polemiker mussten einen Weg finden, die Flut von Spott und Abwehr von sich ab, hin auf Epikur und seine Anhänger zu lenken. Dabei half es nicht, das heidnische Pantheon der Lächerlichkeit preiszugeben, schließlich hatten die Epikureer den Opferkult für die Götter selbst schon wortgewaltig demontiert und die uralten Geschichten abgetan. Also musste man, um dieser Lehre beizukommen, zunächst die Geschichte ihres Gründers Epikur neu erzählen. Der durfte nicht länger als Apostel der Mäßigung, als Verfechter verständigen Genusses gelten können, sondern war als eine Art Falstaff zügelloser Exzesse hinzustellen, närrisch, versaut, verrückt; auch Lukrez, sein bedeutendster römischer Schüler, war entsprechend umzuarbeiten.

Doch selbst wenn man Epikur und Lukrez nur anschwärzen wollte, musste man sich etwas Neues einfallen lassen, es genügte nicht, endlos zu wiederholen, wie blödsinnig, tierisch selbstbezogen, wahnsinnig, letztlich selbstmörderisch die beiden doch gewesen seien. Man musste, um die Lektüre ihrer Werke zu unterdrücken, jeden in den Ruch des Lächerlichen stellen und demütigen, der Interesse an ihnen zeigte oder daran dachte, weiterhin Kopien dieser Schriften zu erstellen. Das vordringliche Problem dabei war nicht die Theorie, dass die Welt allein aus Atomen und leerem Raum bestehe. Der Angriff musste der wichtigsten ethischen Idee der Epikureer gelten: dass nämlich Streben nach Lust und Vermeidung von Unlust als höchste Güter zu gelten hätten. Die Aufgabe war insofern nicht einfach, weil etwas, das so richtig und natürlich erschien – als normaler Impuls eines jeden fühlenden Lebewesens –, ins Gegenteil verkehrt, der Epikureismus zum Feind der Wahrheit gemacht werden musste.

Es dauerte Jahrhunderte, bis dieses großangelegte Vorhaben einigermaßen geglückt war, vollständig gelungen ist es nie. Im dritten und vierten Jahrhundert ließ sich dieses Umdeutungsprojekt aber bereits in Umrissen erkennen, im schon zitierten Werk von Laktanz, einem nordafrikanischen

Heiden, der zum Christentum konvertiert war. Von Kaiser Konstantin, der das Christentum zur römischen Staatsreligion gemacht hatte, um das Jahr 315 als Tutor seines Sohnes Crispus nach Trier gerufen, verfasste Laktanz eine Reihe von Polemiken gegen den Epikureismus. Ihre große Wirkung, schrieb er, habe diese Philosophie nicht, weil sie irgendeine Wahrheit darstelle, sondern allein des attraktiven Namens der Lust wegen; das ziehe viele Menschen an. Christen aber müssten begreifen, dass Genuss nur ein anderer Name, ein Codewort für Laster sei.[45]

Nicht nur vom Streben nach Lust musste Laktanz die Gläubigen abhalten, sondern ihnen auch die Vorstellung ausreden, auch Gott lebe wie die epikureischen Götter völlig selbstvergessen im Orbit göttlicher Vergnügen und kümmere sich wenig um das Schicksal der Menschen. Dieser Aufgabe widmete sich Laktanz im Jahr 313 mit seinem berühmten Werk *De ira dei (Vom Zorne Gottes)*. Gott, so führte er aus, kümmere sich um die Menschen, wie ein Vater sich um ein eigensinniges Kind sorge. Das Zeichen seines Sich-Sorgens sei sein Zorn. Gott sei zornig über die sündigen Menschen – für Laktanz die charakteristische Manifestation der Liebe Gottes. Darum schlage er sie immer wieder, mit eindrucksvoller, nie ermüdender Gewalt.[46]

Hass auf Genussstreben, die Vision von Gottes fürsorglicher Gewalt – das waren die Stöße, die dem Epikureismus den Rest geben sollten; jeder wahrhaft Gläubige konnte diese Lehre von da an nur als »wahnsinnig« empfinden. Tatsächlich hat Lukrez jedem, der den sexuellen Trieb drängend in sich spürt, geraten, diesen zu befriedigen: »Ein Erguss sanfter Lust lindert den Stich.« (4:177) Das Christentum nun wies in die Gegenrichtung, wie eine Geschichte demonstriert, die Gregor der Große erzählt. Der fromme Benedikt habe sich nicht lösen können vom Bild einer Frau, denn sie »entfachte durch ihre Schönheit ein solches Feuer«, dass er drauf und dran war, »der Sinnlichkeit nachzugeben«:

> Da traf ihn plötzlich ein Blick der göttlichen Gnade, und er kam wieder zu sich; und als er in der Nähe ein dichtes Nessel- und Dornengestrüpp erblickte, zog er sein Gewand aus und warf sich nackt in die spitzigen Dornen und in die brennenden Nesseln. Lange wälzte er sich darin und war, als er herausging, am ganzen Körper verwundet.

> So entfernte er durch die Wunden der Haut die Wunden der Seele aus seinem Körper; denn er verwandelte die Lust in Schmerz, und während er nach außen wohl zur Strafe brannte, löschte er das Feuer, das unerlaubterweise in seinem Innern loderte. Er besiegte so die Sünde, indem er ein Feuer in ein anderes verwandelte.[47]

Was sich bei einem Heiligen zu Beginn des sechsten Jahrhunderts als wirksam erwies, sollte, wie die Klosterregeln zeigen, dann auch bei anderen funktionieren. In einer der großen Transformationen der Kultur triumphierte das Streben nach Schmerz über das nach Lust.

In Lukrez' Welt war das Zufügen von Schmerzen gewiss nichts Unbekanntes.[48] Die Römer waren Fachleute darin, riesige Summen gaben sie aus, errichteten dem öffentlichen Schauspiel der Gewalt gewaltige Arenen. Nicht nur im Kolosseum konnten sich Römer an Verletzung, Schmerz und Tod berauschen. Auch in den Theaterspielen, von denen viele auf alten Mythen basierten, ging es häufig blutig zu, Skulpturen und Gemälde zeigten Gewalt. Sie gehörte zum Gewebe des Alltagslebens.[49] Von Schulmeistern und Sklavenhaltern wurde erwartet, dass sie die ihnen Anbefohlenen prügelten. Auspeitschen bildete im Römischen Reich häufig den Auftakt zu Exekutionen; auch das Neue Testament erzählt, dass Jesus vor der Kreuzigung an eine Säule gebunden und ausgepeitscht wurde.

Doch die Heiden erlebten den Schmerz bei den meisten dieser Anlässe nicht als positiven Wert, nicht als Stufe zur Erlösung, wie dies Christen taten, die sich auch selbst peitschten, sondern als ein Übel, das den Gesetzesbrecher heimsucht, ebenso wie Verbrecher, Gefangene, Kerle, die Pech gehabt hatten – und natürlich auch Soldaten, und das ist die einzige Kategorie, bei der die Würde ins schmerzliche Geschehen kommt. Römer ehrten Soldaten dafür, dass sie freiwillig Schmerzen auf sich nahmen. Nur war dies wie auch die Anerkennung weit entfernt von der ekstatischen Hinnahme von Schmerzen, wie sie in tausenden Konventen und Klöstern zelebriert wurde. Die Helden römischer Geschichten nahmen willig hin, was sie mit gutem Gewissen nicht vermeiden konnten, ihrer Meinung nach erdulden mussten, um ihren Feinden Furchtlosigkeit und Mut zu demonstrieren. Schon jene philosophische Selbstzucht, die den klassischen Weisen in die Lage versetzt, unabänderlichen Schmerz – Nierensteine zum Beispiel – mit Gleichmut zu ertragen, lag jenseits der Welt solch heroischer Verpflichtung. Und daneben galt für jeden, vom bedeutendsten Philosophen bis zum kleinsten Handwerker, das natürliche Streben nach Lust.

In der Arena des heidnischen Rom, im Kampf der Gladiatoren kam beides zusammen, die Suche nach ausgefallenster Lust sowie das Beifügen und Erleiden ausgefallenster Schmerzen. Wenn Lukrez eine moralisierende und gereinigte Version des römischen Lustprinzips anzubieten hatte, dann offerierte das Christentum eine moralisierte und gereinigte Version des römischen Unlustprinzips. Frühe Christen vertieften sich in das Leiden des Erlösers, grübelten über die sündige Menschheit und den Zorn eines gerechten Vaters; ihnen konnte der Versuch, Lust zu kultivieren, nur absurd und gefährlich erscheinen. Bestenfalls als triviale Ablenkung konnten Genuss und das Streben nach Lust gelten, schlimmstenfalls waren sie eine Falle, die der Teufel stellte – die Malerei des Mittelalters stellte dies in Gestalt verführerischer Frauen dar, unter deren Gewändern man Reptilienklauen hervorlugen sieht. Das einzige Leben, dem nachzufolgen es wirklich wert war – das Leben Jesu –, gab reichlich Zeugnis dafür, wie unausweichlich Leid und Schmerz mit dem Leben von Sterblichen verbunden sind, nicht die Lust. Die ersten bildlichen Darstellungen Jesu waren alle bestimmt von einem melancholischen Ernst. Wie jeder gläubige Leser des Johannesevangeliums wissen konnte, hat Jesus geweint; nirgends aber würde man einen Vers finden, der von einem lachenden oder lächelnden Jesus erzählt, vom Streben nach Lust ganz zu schweigen.

An Gründen, Tränen zu vergießen, mangelte es den Christen des fünften und sechsten Jahrhunderts gewiss nicht: Die Städte zerfielen, die Felder waren getränkt vom Blut sterbender Soldaten, Raub und Vergewaltigung allgegenwärtig. Über Generationen hinweg fügten die Menschen einander katastrophales Leid zu, so als seien sie völlig unfähig, irgendetwas aus ihren historischen Erfahrungen zu lernen. Für dieses Verhalten musste es doch eine Erklärung geben. Und genau hier hatte die Theologie tiefere und grundsätzlichere Erklärungen anzubieten, als es dieses oder jenes seinerseits mit Makeln behaftete Individuum, diese oder jene andere Institution vermocht hätten: Die Menschen, so lehrte die Theologie, sind von Natur aus sündig und verderbt. Als Erben der Sünde von Adam und Eva verdienten sie jede noch so elende Katastrophe, die über sie kam; sie brauchten Bestrafung, und sie kam ihnen zu als endlose Kur von Schmerz und Pein. Nur durch Schmerzen hindurch würden einige wenige die schmale Pforte der Erlösung finden.

Die Brennendsten unter den frühen Gläubigen und Anhängern dieser Lehre waren, befeuert von einer explosiven Mischung aus Furcht, Hoffnung und grimmiger Begeisterung, bereit, Leid und Schmerz, zu denen die gesamte Menschheit verurteilt war, zur Sache ihrer eigenen, aktiven Wahl zu machen. Und indem sie dies taten, hofften sie, dem zornigen Gott den Schmerzenszoll zu entrichten, den er, in seiner Gerechtigkeit und Unerbittlichkeit, ihnen auferlegt hatte. Sie besaßen etwas von jener martialischen Härte, die in der römischen Kultur bewundert wurde. Ihr Ziel aber war, von wenigen Ausnahmen abgesehen,[50] nicht, stoische Indifferenz gegenüber Schmerzen zu erlangen. Im Gegenteil. Ihr ganzes Unterfangen hing daran, dass sie Hunger, Durst und Einsamkeit sehr intensiv erlitten. Und wenn sie sich selbst mit stachligen Ruten geißelten oder mit kantigen Steinen schlugen, gaben sie sich keine Mühe, ihre Schreie der Qual zu unterdrücken. Diese Schreie gehörten zu dem, was sie schuldig waren, zu der Buße, die ihnen, wenn sie erfolgreich waren, ermöglichen würde, im Jenseits die Glückseligkeit zu erleben, die Adam and Eva verloren hatten.

Um das Jahr 600 gab es in Italien und Gallien über dreihundert Konvente und Klöster.[51] Viele von ihnen waren klein, nicht viel mehr als von Mauern umgebene Villen samt Nebengebäuden. Aber sie hatten eine spirituelle Begründung, boten institutionellen Zusammenhalt in einer instabilen Welt. Ihre Bewohner gehörten zu denen, die den Drang verspürten, ihr Leben zu ändern, Buße zu tun für ihre eigenen und die Sünden anderer; sie wollten sich ewige Glückseligkeit sichern, indem sie sich von den weltlichen Genüssen abwandten. Mit der Zeit wurde ihre Zahl durch viele weniger inbrünstige Seelen ergänzt, die von ihren Eltern oder Betreuern der Kirche zugeführt wurden.

Es wird kaum überraschen, dass Mitglieder von Klostergemeinschaften, in denen die Überzeugung herrschte, Erlösung sei nur durch Demütigung zu erreichen, regelmäßig auch körperlichen Strafen unterzogen wurden, wenn sie die Regeln verletzt hatten: *virgarum verbera* (Schläge mit Ruten), *corporale supplicium* (körperliche Züchtigung), *ictus* (Hiebe), *vapulatio* (Auspeitschen), *disciplina* (Disziplin) und *flagellatio* (Geißeln). Das waren Praktiken zur Aufrechterhaltung der Disziplin, die in heidnischen Gesellschaften als entehrend betrachtet und nur an sozial niedriger Gestellten vollzogen wurden; in christlichen Gemeinschaften aber wurden sie mit einer fast demokratischen Indifferenz gegenüber Rang und Stand zugemessen. Die Schuldigen mussten die Rute herbeischaffen, die für die Schläge verwendet wurde, sich dann auf den Boden hocken und mit unablässig wiederholtem »mea culpa« die Schläge empfangen, bis Abt oder Äbtissin der Meinung waren, es sei genug.

So wie sie darauf bestanden, dass die Opfer ihre Strafe auch willig annahmen – sinnbildlich gemacht durch das Küssen der Rute –, trampelten die Christen bewusst auf dem epikureischen Credo herum, alles im Leben drehe sich nur darum, Lust zu erstreben und Unlust zu vermeiden.[52] Schließlich war das Erleiden von Schmerz nicht nur Bestrafung, sondern auch eine Art frommer Nachahmung. Christliche Einsiedler, die sich in die Leiden des Erlösers versenken wollten, marterten ihr Fleisch, um die Qualen, die Jesus hatte auf sich nehmen müssen, am eigenen Leib zu spüren. Schon in der Spätantike wurde von solchen Akten der Selbstgeißelung berichtet – sie waren zunächst neu und befremdlich genug, um breite Aufmerksamkeit zu finden –, dennoch dauerte es bis in elfte Jahrhundert, ehe ein Klosterreformer, der italienische Benediktiner Petrus Damiani, die freiwillige Selbstgeißelung kirchenoffiziell zur wichtigsten asketischen Praxis machte.

Tausend Jahre hatte es gedauert, um den Kampf zu gewinnen und der Suche nach Schmerz und Unlust zum Sieg zu verhelfen. »Ist nicht unser Erlöser nach dem Bericht des Evangeliums selbst ausgepeitscht worden?« Diese Frage hielt Damiani seinen Kritikern entgegen, wenn diese das Lob der Peitsche in Frage stellten. Wurden nicht auch die Apostel, viele Märtyrer und Heilige gegeißelt? Gab es einen besseren Weg, ihren Fußspuren zu folgen, eine erfolgversprechendere Methode, Christus nachzufolgen, als die Schläge zu erdulden, die er erlitt? Natürlich waren es, das räumte auch Petrus Damiani ein, im Falle des gloriosen Vorgängers und auch der Märtyrer Dritte, die Peitsche oder Stock schwangen. Aber in einer Welt, in der das Christentum gesiegt hatte, müssten die Gläubigen das Peitschen selbst erledigen. Andernfalls nämlich bliebe nichts übrig von Traum und Lehre von der imitatio Christi: »Und neben diesem muß er auch noch auff ime [dem Leib] zimmern lassen«, heißt es in einem der vielen Texte in Damianis Nachfolge, »mit Schläg und Sträichen, Gäißlen, Ruthen und Diecipli-nen, gemegert, gemergelt, gepeinigt, unnd also dem Geist unterwürfflich gemacht werden.«[53] Im Streben nach diesem spirituellen Ziel fallen alle Grenzen, Beschränkungen und Verbote. Da ist kein Raum für die Scham, vor anderen nackt zu erscheinen, nicht für die Verlegenheit, sich vor anderen zitternd, heulend oder schluchzend zu zeigen.

Die Dominikanerin Katharina von Gebersweiler hat für das Schwesternbuch des Klosters Unterlinden (bei Colmar) ein solches Ritual beschrieben; Katharina hat von Kindheit an in diesem elsässischen Kloster gelebt:

> Im Advent und während der gesamten Fastenzeit begaben sich die Schwestern nach der Matutin [Frühandacht] in den Kapitelsaal oder an andere geeignete Orte, wo sie ihre Körper mit den verschiedensten Geißelinstrumenten aufs Schärfste traktierten, bis das Blut floß, so daß der Klang der Peitschenhiebe durch das ganze Kloster hallte und sich süßer als jede andere Melodie zu den Ohren des Herrn Sabaoth erhob.[54]

Das ist keine bloß sadomasochistische Phantasie. Ein ganzes Korpus an Belegen bestätigt, wie weit verbreitet solche Schauspiele des Schmerzes im späten Mittelalter waren, diese zum Ritual gewordenen Hinterlassenschaften des heiligen Benedikt und seines spontanen Sich-Wälzens in den Dornen. Wieder und wieder wurden sie festgehalten als unzweideutiger Ausweis der Heiligkeit. Die heilige Theresa, »ungeachtet Sie immerzu siechte, plagt Sie dennoch ihren Körper mit den schärffsten geißeln, rieb sich offt mit frischen brennesseln, ja welzte sich wohl gar nacket in den dornen herum«. Die heilige Klara von Assisi hat »während 42 Jahren das alabasterne Gefäß ihres Körpers mit der Peitsche zerfleischt, und aus dessen Wunden sind himmlische Gerüche entströmt, die die Kirche erfüllten«. Der heilige Dominik schnitt sich jede Nacht mit einer Peitsche ins Fleisch, an der drei Eisenketten befestigt waren. Ignatius von Loyola empfahl Peitschen mit sehr dünnen Riemen, um »Schmerzen nur im Fleisch, nicht aber bis in die Knochen hervorzurufen«. Heinrich Seuse (1295–1366), der sich den Namen Jesu in die Brust ritzte, ließ sich ein Eisenkreuz, das mit Nägeln versehen war, in den Rücken pressen und peitschte sich selbst bis aufs Blut. Seine Zeitgenossin Elsbeth von Oye, eine Nonne aus Zürich, schlug sich selbst so heftig, dass die Umstehenden mit ihrem Blut bespritzt wurden. Gegen die leidenschaftlichen Überzeugungen und das überwältigende Ansehen ihrer geistigen Führer hatten schließlich auch die ganz normalen Impulse des Laienvolks, die sich auf Selbstschutz und Luststreben richteten, keinen Bestand. Überzeugungen und Praktiken, die das Vorrecht religiöser Spezialisten, von Männern wie Frauen, gewesen waren, die sich von den vulgären, alltäglichen Imperativen der »Welt« abgewendet hatten, fanden ihren Weg ins allgemeine Leben, wo sie gediehen in Gesellschaften von Flagellanten oder in gelegentlichen Ausbrüchen von Massenhysterie. Was einmal eine radikale Gegenkultur gewesen war, erwies sich als äußert beständig und erfolgreich, gehörte zuletzt auch zu den zentralen Werten aller gläubigen Christen.

Natürlich strebten Menschen weiterhin nach Lust – so einfach ließ sich der alte Adam nicht ausreißen. In Bauernkaten und in den Hallen der Mächtigen, entlang der Landstraßen, in den Palästen der Prälaten und hinter hohen Klostermauern gab es Gelage, Völlerei, lärmendes Gelächter, ausgelassene Tänze und viel sinnliche Lust. Doch so gut wie niemand, der in Dingen der Moral über Autorität verfügte, niemand mit öffentlicher Stimme wagte, irgendeine dieser Lustbarkeiten laut zu rechtfertigen. Diese Stille war nicht oder nicht nur Folge von Ängstlichkeit oder Furcht. Das Streben nach Lust war philosophisch nicht länger zu verteidigen. Epikur war tot und verbrannt, fast alle seine Werke zerstört. Und nachdem der heilige Hieronymus im vierten Jahrhundert kurz darauf hingewiesen hatte, dass Lukrez Selbstmord begangen habe, gab es auch keine Angriffe auf Epikurs größten Schüler mehr. Er wurde vergessen.

Ob das einst so berühmte Gedicht von Epikurs Schüler überleben würde oder nicht, lag damit allein in Fortunas Hand. Es war Zufall, mehr nicht, wenn eine Kopie von *De rerum natura* ihren Weg fand in die Bibliotheken einer Handvoll Klöster, just in die Orte also, die das epikureische Streben nach Lust beerdigt hatten, für immer, wie es schien. Es war nicht weniger Zufall, dass ein Mönch, der sich im neunten Jahrhundert in irgendeinem Skriptorium plagte, ausgerechnet dieses Gedicht abschrieb, bevor es endgültig zerfallen war. Zufall auch, dass diese Kopie über rund fünfhundert Jahre hinweg von Feuchtigkeit und Flammen, vom Zahn der Zeit verschont blieb, bis sie an einem Tag des Jahres 1417 einem Humanisten in die Finger fiel, der sich stolz Poggius Florentinus nannte, Poggio der Florentiner.

KAPITEL FÜNF

GEBURT UND WIEDERGEBURT

Anfang des 15. Jahrhunderts standen in Florenz erst wenige der architektonischen Erkennungszeichen, mit denen die Stadt heute prunken kann und die, als sie gebaut wurden, bewusst jenen großen Traum der antiken Vergangenheit heraufbeschwören sollten. Noch gab es Brunelleschis prächtige Domkuppel nicht, die erste große Kuppel, die seit der Antike errichtet wurde und die die Stadtsilhouette bis heute unverwechselbar macht. Auch das Findelhaus mit seinem eleganten Bogengang existierte noch nicht, ebenso wenig Brunelleschis andere Projekte, die allesamt nach Prinzipien entworfen und gebaut sind, die auf die Antike zurückgehen. Dem Baptisterium fehlten die berühmten Türen, die Ghiberti im klassischen Stil fertigen sollte, und Santa Maria Novella zeigte noch nicht Leon Battista Albertis harmonische, würdevoll symmetrische Fassade; auch hatte der Architekt Michelozzi die feierlich schönen Gebäude des Klosters San Marco noch nicht entworfen. Wenig später sollten die reichsten Familien der Stadt – die Medici, Pitti, Rucelli – ihre Stadtpaläste in Auftrag geben, die mit ihren Säulen, Bögen und gemeißelten Kapitellen klassische Ordnung und Proportion ausstrahlen.

So war die von Mauern umgebene Stadt entschieden mittelalterlich in ihrer Erscheinung, abgeschlossen und dunkel. Im dicht bevölkerten Stadtzentrum drängten sich die Türme und wehrhafte Steinbauten, und den eng verwinkelten Gassen und Durchgängen nahmen die auskragenden oberen Stockwerke und gedeckten Balkone zusätzlich Tageslicht. Selbst auf dem alten Ponte Vecchio, der den Arno überspannte, waren die Läden so eng aneinandergerückt, dass sie jeden Blick hinaus ins offene Land versperrten. Aus der Luft hätte man vielleicht den Eindruck gewinnen können, es gebe in dieser Stadt viele freie Räume, doch zumeist waren das von

Mauern umfriedete Innenhöfe der riesigen Klöster, die miteinander rivalisierende Orden errichtet hatten: Santa Maria Novella der Dominikaner, Santa Croce der Franziskaner, San Spirito der Augustiner, Santa Maria del Carmine der Karmeliter und andere. Nur ganz vereinzelt stieß man in dieser Stadt auf offene Plätze.

Es war eine düstere, beengte und überfüllte, periodisch von der Pest heimgesuchte Stadt, in die sich Poggio Bracciolini Ende der 1390er Jahre aufmachte. Geboren war er 1380 in Terranuova, einem Provinznest auf florentinischem Gebiet.[1] Jahre später schrieb Tomaso Morroni, einer von Poggios polemischen Gegnern, dieser sei der uneheliche Sohn von Bauern, die ihr Leben auf der Scholle fristeten. Solche Erzählungen sind nicht sonderlich ernst zu nehmen, gehörten sie doch zu den vielen Verleumdungen, mit denen die Humanisten – Poggio keineswegs ausgeschlossen – übereinander herzogen wie Boxer im Schlagrausch. Natürlich wird er dort, wo er aufwuchs, auch toskanische Bauerhöfe kennen gelernt haben, ob er dort hat arbeiten müssen oder nicht. Mit einer langen Linie berühmter Ahnen aufzuwarten wäre Poggio schwergefallen; das aber wurde erforderlich, sobald er in der großen Welt angekommen war, also musste er, um nicht das Gesicht zu verlieren, von irgendwoher ein 350 Jahre altes Wappen kaufen.

Poggios Vater war Notar, so jedenfalls eine plausiblere Geschichte, die Poggio bei verschiedenen Gelegenheiten auch selbst erzählt hat, allerdings weist ihn eine Steuerliste aus dieser Zeit als *spetiale* aus, als Apotheker. Vielleicht war er beides. Notare waren damals keine Träger großer Würden, es gab sie zahllos. Der Florentiner Notar Lapo Mazzei hat einmal davon gesprochen, dass sich sechs- oder siebenhundert von ihnen im Rathaus drängten, jeder ein Bündel Dokumente unter dem Arm, »fast so fett wie die Bibel«.[2] Die juristischen Kenntnisse dieser Männer reichten aus, lokale Regelungen aufzustellen, Dorfwahlen zu organisieren oder Beschwerdebriefe aufzusetzen. Städtische Beamte, denen die Justizverwaltung eigentlich oblag, hatten oft keine Ahnung, wie sie vorgehen sollten, und die Notare soufflierten ihnen, was sie zu erklären hatten, verfassten auch die notwendigen Dokumente für sie. Es war durchaus von Nutzen, wenn man solche Personen kannte.

Eine solche Verbindung hatte Poggios Familie in jedem Fall gehabt, denn Michaelle Frutti, Poggios Großvater mütterlicherseits, war Notar.

Das ist insofern erwähnenswert, weil Ser Michaelle im Jahr 1343, lange vor Poggios Geburt, ein notarielles Register unterzeichnet hat: mit einer auffallend schönen Schrift. Im Leben des Enkels sollte die Schreibkunst eine außerordentlich wichtige Rolle spielen. Auch für die Verkettung der Ereignisse, die zur Wiederentdeckung von Lukrez' Gedicht führten, spielte Poggios Handschrift eine Rolle.

Drei weitere Kinder hatten Guccio Bracciolini und seine Frau Jacoba – zwei Töchter, von denen eine sehr jung starb, und einen zweiten Sohn, über den Poggio, der ältere Bruder, später bittere Klage führen sollte. Nach den Steuerzahlungen der Vaters zu urteilen, lebte die Familie während Poggios Kinderjahren einigermaßen komfortabel; um 1388 aber, als der Junge acht Jahre alt war, nahmen die Dinge eine böse Wendung. Guccio musste Haus und Eigentum verkaufen und mit seiner Familie ins nahe Arezzo ziehen. Tomaso Morroni zufolge wurde der kleine Poggio nun zu einem Mann namens Luccarus geschickt, für den er auf den Feldern arbeitete. Dann sei er erwischt worden, als er seinen Dienstherrn betrog, und zum Tod am Kreuz verurteilt worden. Begnadigt habe man ihn allein wegen seines zarten Alters. Soweit Morroni. Auch diese Nachrede sollten wir nicht allzu ernst nehmen, allenfalls als Symptom des unter zänkischen Gelehrten oft ungezügelten Hasses. In Arezzo muss Poggio eine Schule besucht, dort die Anfangsgründe des Lateinischen und die Kunst des schönen Schreibens erlernt haben; anderer Leute Äcker wird er wohl ebenso wenig gepflügt haben wie dem Scharfrichter entronnen sein. Allerdings musste er mit Wenigem auskommen, wie er später selbst berichtet hat; *cum quinque solidis* sei er in Florenz angekommen – mit fünf Soldis in der Tasche.

Es war in den 1390er Jahren, lange vor seinem zwanzigsten Geburtstag, dass der verarmte junge Mann in Florenz ankam. Er wird ein Empfehlungsschreiben bei sich gehabt haben, ausgestellt von seinem Lehrer in Arezzo, möglicherweise hatte er sich in kurzen Studien in Bologna auch einige juristische Kenntnisse angeeignet. Nach einiger Zeit, als dieser wieder nach Florenz zurückkonnte, kam es zur Wiedervereinigung mit seinem wirtschaftlich glücklosen Vater und dem Rest der Familie. Doch als er seinen Fuß zum ersten Mal auf die Piazza della Signoria setzte oder zu Giottos wunderschönem Glockenturm neben dem Dom hinaufschaute, war Poggio auf sich gestellt, ein Niemand.

Rund fünfzigtausend Menschen lebten in Florenz, das politische, gesellschaftliche und geschäftliche Leben der Stadt aber bestimmte eine kleine Zahl mächtiger Kaufmanns- und Adelsfamilien: die Albizzi, Strozzi, Peruzzi, Capponi, Pitti, Buondelmonti und einige andere. Ihre Stellung und Bedeutung signalisierten die führenden Familien durch einen aufwändigen Lebensstil. »Es ist viel süßer, Geld auszugeben, als es zu verdienen«, schrieb Giovanni Rucellai, dessen Familie mit Wollfärberei und Bankgeschäften reich geworden war. »Das Ausgeben hat mich sehr viel tiefer befriedigt.«[3] Die Reichen ließen sich umsorgen von einer großen Zahl von Klienten, Verwaltern, Buchhaltern, Klerikern, Sekretären, Boten, Lehrern, Musikern, Künstlern, Dienern und Sklaven. Der Mangel an Arbeitskräften, eine Folge der großen Pest von 1348, hatte den Markt für Sklaven anschwellen lassen, die nicht nur aus dem muslimischen Spanien und Nordafrika verschleppt wurden, sondern auch vom Balkan, aus Konstantinopel und von den Schwarzmeerküsten. Der Handel war erlaubt, vorausgesetzt, die Sklaven waren Ungläubige und keine Christen. Poggio wird eine große Zahl von ihnen gesehen haben, Nordafrikaner, Zyprioten, Tartaren, Russen, Georgier und andere.[4]

Florenz war eine Oligarchie, den Ton gab die schmale Schicht der Reichen und Wohlgeborenen an. Ihr Reichtum stammte, wie anderswo, aus Bankgeschäften und Grundbesitz, doch zu Ruhm und Reichtum dieser Stadt trugen auch Tuchmacher und Tuchhändler bei. Allein das Archiv eines einzigen großen Kaufmanns aus dieser Zeit, das des Francesco di Marco Datini aus dem nahe gelegenen Prato – der keineswegs zu den reichsten dieser Frühkapitalisten zählte –, enthält rund hundertfünfzigtausend Briefe; überliefert sind zudem fünfhundert Rechnungs- oder Hauptbücher, dreihundert Gesellschafterverträge, vierhundert Versicherungspolicen, einige tausend Frachtbriefe, Avise, Wechsel und Schecks. Auf der ersten Seite von Datinis Hauptbüchern prangten die Worte: »Im Namen Gottes und des Geschäfts«.[5]

Gott wurde in Florenz in einer erstaunlich hohen Zahl von Kirchen verehrt, aufgereiht eine neben der anderen entlang der geschäftigen Straßen. Man diente ihm mit langen, leidenschaftlichen Predigten, die Zuhörer in Scharen anzogen; mit Tiraden von Wandermönchen; mit Gebeten, Gelübden, Opfern; im vielfältigen Ausdruck religiöser Furcht. In fast allen

Schriftstücken und Schreiben, in förmlichen wie in informellen, kommt diese Furcht wiederkehrend zum Ausdruck, auch Alltagsgespräche wird sie durchdrungen haben, und sie hat sich Luft verschafft in periodischen Ausbrüchen von Volksfrömmigkeit.

Dem Geschäft wiederum diente man mit einem lebhaften internationalen Tuchgewerbe, das den Kaufleuten Weltläufigkeit, starke Nerven und einen scharfen Blick für Kleinigkeiten abverlangte und wozu sie eine große Zahl gut ausgebildeter Arbeiter brauchten.[6] Die Geschicktesten unter ihnen waren in mächtigen Gilden organisiert, die ihre Interessen auch durchsetzen konnten; andere Arbeiter schufteten für Hungerlöhne. 1378, zwei Jahre vor Poggios Geburt, hatte sich die unter den verelendeten Tagelöhnern, dem *populo minuto,* gärende Unruhe in einer ausgewachsenen blutigen Revolte entladen. Horden von Handwerkern rannten durch die Straßen und riefen: »Lang lebe das Volk und das Handwerk!« Der Aufstand stürzte die regierenden Familien und führte, für kurze Zeit, zu einer demokratischen Regierung. Bald aber war die alte Ordnung wiederhergestellt und mit ihr ein Regime, das die Macht der Gilden und führenden Familien entschlossen verteidigte.

Nach der Niederlage der *Ciompi* – so wurden die Revolutionäre aus der Arbeiterklasse genannt – hielten sich die siegreichen Oligarchen über vierzig Jahre an der Macht, und sie waren es, die Poggios Erfahrungen mit dieser Stadt prägten, in der er sein Glück zu machen gedachte. Er musste Zugang finden zu dieser konservativen Welt mit ihren engen gesellschaftlichen Grenzen. Glücklicherweise besaß er durch angeborenes Geschick und Übung eine der wenigen Gaben, mit denen sich ein Mann seiner Herkunft und seiner bescheidenen Mittel solchen Zugang verschaffen konnte. Dieser Schlüssel, der ihm die erste Türe öffnete, durch die er schlüpfte, war etwas, das in der heutigen Welt so gut wie gar nicht mehr zählt: eine schöne Handschrift.

Mit seiner Art, Briefe zu schreiben und zu gestalten, hatte sich Poggio ein ganzes Stück entfernt von der gebrochenen, kompliziert verschlungenen Schrift, die man als gotisch bezeichnet. Der Wunsch nach einer offeneren, besser lesbaren Schrift war in diesem Jahrhundert zuvor schon angemeldet worden: Petrarca (1304–1374) hatte beklagt, dass die damals in den meisten Manuskripten benutzte Schrift das Entziffern von Texten äußerst schwierig mache, so »als sei sie für etwas anderes gestaltet worden, nur nicht fürs Lesen«.[7] Um Texte lesbarer zu machen, mussten die einzelnen Briefe irgendwie von den ineinander geschlungenen Mustern befreit, die Abstände zwischen den Wörtern und auch die zwischen den Zeilen vergrößert, die Abkürzungen ausgeschrieben werden. Als dies geschah, war es, als öffne man ein Fenster und lasse Luft in einen bis dahin hermetisch verschlossenen Raum.

Was Poggio in Zusammenarbeit mit einigen anderen gelang, bleibt bis heute erstaunlich. Sie nahmen die karolingische Minuskel – das Ergebnis einer Schriftreform, die im neunten Jahrhundert am Hof Karls des Großen stattgefunden hatte – und machten aus ihr die Schrift, in der sie von nun an Handschriften kopierten und Briefe verfassten. Aus dieser Schrift wiederum wurde dann auch eine laufende Schreibschrift entwickelt, und sie bildet die Grundlage der Schriftart, die wir heute als »roman« bezeichnen. Insofern waren sie tatsächlich Erfinder der Schrift, die auch wir noch als klarste, einfachste und eleganteste schriftliche Darstellung unserer Wörter auffassen. Es ist schwer, sich den Effekt dieser Neuerung vorzustellen, ohne sich die Manuskripte, die die Biblioteca Medicea Laurenziana in Florenz bewahrt, einmal genauer anzusehen: Die weich in Vellum gebundenen Bände, die auch nach über fünfhundert Jahren noch cremig weiß sind, enthalten eine Seite um Seite vollkommen schöne Handschrift, fast zauberhaft in ihrer Regelmäßigkeit und Präzision. Man sieht kleine Nadellöcher an den Rändern, wo die leeren Blätter wohl fixiert worden waren, um sie glatt zu halten, und kaum wahrnehmbare Riefen, um gerade Zeilen zu markieren, sechsundzwanzig pro Seite. Doch selbst diese Hilfsmittel können nicht erklären, wie es den Schreibern gelungen ist, mit so konstanter Eleganz zu schreiben.

Dass Poggio einen Weg gefunden hat, Buchstaben zu gestalten, die nicht nur lesend auf Anhieb zu erfassen, sondern auch als besondere Schrift zu identifizieren sind, die uns auch nach sechs Jahrhunderten noch Bewunderung abnötigt, ist keine geringe Leistung. Doch die Art, in der Poggio seine Buchstaben gestaltet hat, zeigt mehr als ein ungewöhnliches Talent für, wie wir sagen würden, Graphikdesign, sie ist zugleich eine kreative Antwort auf die mächtigen kulturellen Strömungen, die Florenz und ganz Oberitalien erfasst hatten. Poggio hat offenbar verstanden, dass die Forderung nach einer neuen, fließenden Schrift nur ein kleiner Teil eines umfassenderen Projekts gewesen ist; ein Projekt, in dem sich die Suche nach etwas Neuem verband mit der Suche nach etwas Altem. Doch wenn man diese Suche als »Projekt« bezeichnet, riskiert man, ihm das Besondere, Ungewohnte zu nehmen. Denn es war auch eine von vielen geteilte Manie, deren Ursprünge sich bis zu Petrarca zurückverfolgen lassen, der, eine Generation vor Poggios Geburt, die Entdeckung des Erbes des klassischen Rom zur kollektiven Obsession gemacht hatte.

Moderne Gelehrte haben einige Dutzend Wege gefunden, diese Obsession einzuordnen und damit in ihrer Leistung zu schmälern. Tatsächlich schrieben Petrarcas Bewunderer, als sei die antike Vergangenheit vollständig in Vergessenheit geraten und erst ihr Held habe sie, heroisch, wieder zum Leben erweckt. Doch Petrarcas Vision war nicht so neu, wie es scheint. Es gab, neben der Renaissance des 15. Jahrhunderts, andere Momente intensiven Interesses an der Antike, sowohl im mittelalterlichen Italien wie in den Königreichen im Norden; dazu gehört auch die großartige Karolingische Renaissance des neunten Jahrhunderts. Und es waren nicht allein solche historischen Momente, die das geistige Erbe der Antike lebendig hielten. Auch die mittelalterlichen Kompendien zeigen sehr viel mehr Kontinuität mit dem klassischen Denken, als diejenigen glauben mochten, die unter Petrarcas Einfluss standen. Scholastische Philosophen des Hochmittelalters lasen Aristoteles mit dem Blick und dem Wissen des brillanten arabischen Kommentators Averroës und konstruierten eine durchdachte, hoch rationale Gesamtdarstellung des Universums. Selbst Petrarcas viel gepriesene ästhetische Hingabe an die klassische Latinität – sein Traum, in die Fußstapfen der Alten treten zu können – hatte sich mindestens siebzig Jahre vor seiner Geburt bereits gezeigt. Vieles an dem, was Petrarca und seine Anhänger als das Neue ihrer Annäherung proklamierten, war verfälschend, Selbstbeweihräucherung und Übertreibung.

Dennoch bleibt es schwierig, die Bewegung, die Petrarca in Gang setzte, vollständig zu entmystifizieren, schon weil er und seine Zeitgenossen ihre Erfahrungen so wortgewandt zum Ausdruck brachten. Jedenfalls verschlossen sie die Augen davor, dass die Suche, auf die sie sich machten, nur ein freundlicher Spaziergang auf ausgetretenem Grund war. Sie verstanden sich als abenteuernde Entdecker, sowohl in der physischen Welt – die Berge, die sie überquerten, die Klosterbibliotheken, die sie durchforsteten, die Ruinen, die sie ausgruben – wie auch in der inneren Welt ihrer Sehnsucht. Das Drängende ihres Unternehmens spiegelt die dem Ganzen zugrunde liegende Erkenntnis, dass der Versuch, Sprache, materielle Objekte und kulturelle Leistungen einer weit entfernten Vergangenheit zu entdecken und nachzuleben, nichts Selbstverständliches oder Unausweichliches hatte. Es war ein in der Tat merkwürdiges Vorhaben, weitaus merkwürdiger, als hätte man das gewohnte Leben einfach fortgesetzt, das Männer und Frauen seit Jahrhunderten lebten, indem sie sich zwischen den zerfallenden stummen Relikten der Antike mehr oder weniger bequem eingerichtet hatten.

Diese Relikte waren überall sichtbar, nicht nur in Italien, sondern auch im übrigen Europa: Brücken und Straßen, die auch nach über einem Jahrtausend noch zu benutzen waren, eingestürzte Mauern und Bögen, Ruinen von Thermen und Märkten, Tempelsäulen, die in Kirchen eingefügt worden waren, alte Steine mit Inschriften, die zu Baumaterial für neue Gebäude wurden, zerbrochene Statuen und Vasen. Die große Zivilisation aber, die diese Spuren hinterlassen hatte, war zerstört. Ihre Relikte konnten für die Mauern neuer Gebäude benutzt werden und auch als Erinnerung daran dienen, dass alle Dinge vergänglich sind und in Vergessenheit geraten; überdies waren sie stumme Zeugnisse für den Sieg des Christentums über das Heidentum und dienten ganz praktisch als Steinbrüche, die nach wertvollen Steinen und Metallen durchsucht wurden. Generationen von Männern und Frauen in Italien und anderswo in Europa haben Methoden entwickelt, klassische Fragmente wieder zu verwenden, beim Schreiben ebenso wie für ihre Bauwerke. Das half, mit all den Ängsten umzugehen, die sich auf Relikte der heidnischen Welt und den Kontakt mit ihnen bezogen: Ob aus Sprache oder Stein, als Scherben waren diese Relikte nützlich und insofern auch nicht bedrohlich. Wozu auch hätte das Geröll, in dem die Lebenden über tausend Jahre lang herumgeklettert waren, besser taugen können?

Wer auf der ursprünglichen, eigenen Bedeutung dieses Gerölls insistiert hätte, hätte die Menschen womöglich beunruhigt, in moralische Verwirrung gestürzt. Jedenfalls ließ sich die Leidenschaft für die Antike nicht allein auf der Basis von Neugier legitimieren, denn diese war seit längerem schon als Todsünde gebrandmarkt worden.[8] Viele haben damals die Religion der Heiden als Anbetung von Dämonen begriffen, und selbst wenn man von solchen Ängsten absieht, konnten die kulturellen Leistungen des antiken Griechenland und Rom für einen gläubigen Christen nichts anderes sein als Menschenwerk, eine Welt, gegen die das transzendente und zeitlose Reich Gottes stand.

Petrarca war ein gläubiger Christ; sein Leben lang reflektierte er mit leidenschaftlichem Ernst die eigene spirituelle Verfassung.[9] Und doch war er im Verlauf seines komplexen Werdegangs, seiner rastlosen Reisen, diplomatischen Missionen, seiner Seelensuche und dem besessenen Schreiben ein Mann geblieben, den die Begeisterung für die heidnische Antike nicht losließ; er konnte allerdings nie ergründen, was ihn derart im Griff hatte. Über lange Perioden führte Petrarca ein ziemlich einsames Leben, seine Faszination aber konnte er nicht für sich behalten. Immer wieder und mit missionarischem Eifer kam er auf die expressive Kraft, die Schönheit, die provozierenden Forderungen all dessen zurück, was da zerbrochen und vergraben lag, erdrückt von Vergessen und Vernachlässigung.

Begabter Gelehrter, der er war, begann Petrarca nach antiken Texten zu suchen, die in Vergessenheit geraten waren. Er tat dies nicht als Erster, doch mit seiner Hingabe weckte er bei anderen einen neuen, fast erotischen Drang, zeigte er, dass hier eine Befriedigung lag, die sie über alle andere Schatzsucherei erhob:

> Gold, Silber, Edelsteine, purpurfarbene Gewänder, Häuser aus Marmor errichtet, gepflegte Landgüter, fromme Bildnisse, mit Schabracken geschmückte Streitrosse und andere Dinge dieser Art bieten wandelbare und oberflächliche Genüsse; Bücher aber machen Freude, die ins Mark trifft; sie sprechen zu uns, beraten sich mit uns, verbinden sich uns in lebendiger Intimität.[10]

Er kopierte, verglich, korrigierte die lateinischen Texte, die er fand, sorgte dafür, dass sie wieder in Umlauf kamen, indem er sie in einem ausgedehnten Netzwerk von Briefpartnern kursieren ließ. Oft schon um Mitternacht erhob er sich, setzte sich an seinen Schreibtisch, schrieb mit manischer Energie. Und er reagierte auf die antiken Schriftsteller, als seien sie lebendig und Teil seines Netzwerks, nahe Freunde und Vertraute, mit denen er seine Gedanken teilen konnte. Als er eine große Sammlung privater Briefe fand, die Cicero seinem reichen Freund Atticus geschrieben hatte, freimütige Briefe, in denen er seinen Egoismus, Ehrgeiz und Ärger nicht verbarg, zögerte Petrarca nicht, seinerseits an Cicero zu schreiben und ihn dafür zu schelten, dass er den eigenen hohen Ansprüchen nicht nachkomme.

Grenzenlos war die Verachtung, die Petrarca für die Zeit hegte, in der zu leben er gezwungen war.[11] Es sei, klagte er, eine schäbige Zeit, mit ihrer Rohheit, Dummheit und Trivialität werde sie in der menschlichen Erinnerung keine Spur hinterlassen. Offenbar trug aber gerade diese Verachtung dazu bei, Charisma und Berühmtheit des Dichters zu steigern. Und mit seinem Ruhm wuchs auch die Bedeutung, die seine obsessive Beschäftigung mit der Vergangenheit für das kulturelle Leben insgesamt gewann. In den folgenden Generationen wurde aus dieser Besessenheit zum Teil Routine, sie verfestigte sich in Gestalt eines einflussreichen neuen Curriculums, den *studia humanitatis,* die besonderes Gewicht legten auf die lateinische und griechische Sprache und Literatur sowie auf Rhetorik. Doch der Humanismus, den Petrarca zu schaffen half und den er seinen engsten Freunden und Schülern nahebrachte – vor allem Giovanni Boccaccio (1313–1374) und Coluccio Salutati (1331–1406) –, war keineswegs eine rein akademische Angelegenheit.

Mit einer Mischung aus Stolz, Erstaunen und Furcht glaubten sich die frühen Humanisten in eine epochale Bewegung involviert. Ein Moment dieser Bewegung war die Erkenntnis, dass etwas, das lebendig schien, in Wahrheit tot war. Jahrhundertelang hatten sich Fürsten und Prälaten in die Tradition der klassischen Welt gestellt und behauptet, sie fortzusetzen, hatten sich, auf diese und jene Weise, Symbole und Sprache der Vergangenheit angeeignet. Petrarca aber und alle, die er begeistert hatte, sahen in dieser bequemen Aneignung eine Lüge: Mochte in Aachen der Herrscher gekrönt werden, der sich »Heiliger Römischer Kaiser« nannte, so machte dies das Imperium Romanum noch längst nicht wieder lebendig; die Institutionen und Ideen, die Ciceros und Vergils Welt bestimmt hatten, waren zu Bruch gegangen; das Latein, das Philosophen und Theologen während der letzten sechs- oder siebenhundert Jahre geschrieben hatten, bot nicht mehr als ein hässlich entstelltes Bild klassischer Texte; wie von einem schlecht gemachten Spiegel wurde reflektiert, was einst von wunderbarer Geschmeidigkeit gewesen war. Da herrschte keine Kontinuität, und statt sie weiter vorzutäuschen, täte man besser daran, dies zuzugeben. Vielmehr hatte man es mit einem Leichnam zu tun, der seit langem beerdigt war und einem nun unter den Füssen zerfiel.

Dieses Eingeständnis aber war allenfalls ein notwendiger erster Schritt. Sobald man erkannte, was verloren war, und den tragischen Verlust betrauerte, war es auch möglich, den Weg zu bereiten für das, was jenseits des Todes lag: nicht weniger als die Wiederauferstehung. Selbstverständlich war dieses Muster jedem guten Christen bekannt – und Petrarca hatte nicht nur die niederen Priesterweihen empfangen, er war ein guter Christ. Doch die hier gemeinte Wiederauferstehung sollte in dieser Welt stattfinden, nicht in der nächsten. Und das Objekt dieser Ressurektion war kultureller und säkularer Natur.

Ein Vierteljahrhundert war seit Petrarcas Tod vergangen, als Poggio in Rom ankam; zu einem Zeitpunkt, da der charismatische Schwung der humanistischen Bewegung bereits zu erlahmen begann. An die Stelle des Gefühls schöpferischen Wagemuts war ein Geist der Liebhaberei getreten und damit zugleich ein Bedürfnis, alles, was an Beziehungen zur Antike vorlag, zu disziplinieren, zu korrigieren und zu regulieren. Zunehmend wurden Poggio und seine Generation vom Verlangen eingeholt, in ihrem Latein jeden grammatischen Fehler zu vermeiden, jeden Patzer anderer aufzudecken. Geblieben war nur das Gefühl, mit der Entdeckung der Antike etwas Befremdliches zu tun, was uns wiederum hilft, die eigentümliche Wirkung zu verstehen, die Poggios Handschrift ausübte. Denn was er entwickelt hatte, war keine direkte Wiederbelebung der Schrift, mit der die alten Römer schrieben. Deren Spuren waren untergegangen, geblieben waren allein die in Stein gemeißelten Inschriften, stattliche Kapitälchen, und gelegentlich auch rohe Grafitti. Poggios Schrift dagegen war graphischer Ausdruck eines tiefen Bedürfnisses nach einer Schönheit anderen Stils, nach Formen einer Kultur, die anzeigen sollte, dass wiederhergestellt war, was an Edlem verloren war. Und wenn die Gestalt seiner Buchstaben auf dem Manuskriptstil gewisser karolingischer Schreiber basierte, so verbanden Poggio und seine Zeitgenossen mit diesem Stil keineswegs den Hof Karls des Großen. Sie sprachen vielmehr von *lettera antica,* zeigten damit, dass ihre Träume nicht Karl dem Großen und seinem Lehrer Alkuin galten, sondern Cicero und Vergil.

Um Geld zu verdienen, kopierte der junge Poggio Bücher und Dokumente, und er wird sehr viele abgeschrieben haben. Seine Handschrift, sein Geschick beim Kopieren machten ihn ein Leben lang berühmt, bemerkenswert aber müssen sie von Anfang an gewesen sein. Denn das Kopieren brachte ihm so viel Geld ein, dass er Unterricht nehmen konnte. Sein Latein war bereits ziemlich fortgeschritten, er verbesserte es weiter, indem er Unterricht nahm bei Giovanni Malpaghino, einem begabten Gelehrten aus Ravenna, zugleich einem unruhigen, streitsüchtigen Mann, der in seiner Jugend Petrarcas Sekretär und Handlanger gewesen war und später seinen Lebensunterhalt damit verdient hatte, dass er in Venedig, Padua, Florenz und anderswo über Cicero und römische Dichtung lehrte. Zusätzlich reichten Poggios Einkünfte noch aus, dass er sich zum Notar ausbilden lassen konnte, ein Kursus, der den Vorteil hatte, preiswerter und kürzer zu sein als das langwierige Studium, ohne das man nicht Anwalt werden konnte.[12]

Mit zweiundzwanzig legte Poggio ein Examen ab, nicht an der Universität, sondern vor einem Gremium aus Anwälten und Notaren. Damit hatte er die Wechselfälle seiner ärmlichen Kindheit überwunden und konnte beginnen, Karriere zu machen. Das erste Dokument, das er als Notar ausgefertigt hat, war ein Empfehlungsscheiben für den eigenen Vater, der vor einem wütenden Geldverleiher aus Florenz nach Rimini hatte fliehen müssen. Wir haben keinerlei Hinweis darauf, was Poggio wohl dachte, als er diese Kopie schrieb. Vielleicht war ihm die Person, in deren Namen das Empfehlungsschreiben verfasst wurde, bereits wichtiger: Coluccio Salutati, der große Kanzler der florentinischen Republik.

Der Kanzler war faktisch der permanente Außenminister der florentinischen Republik, die als unabhängiger Staat in Mittelitalien über beträchtliche Territorien herrschte. Unentwegt und mit hohem Einsatz beteiligte sich Florenz am Spiel um die Macht auf der italienischen Halbinsel; mächtige Gegenspieler waren Venedig und Mailand im Norden, im Süden Neapel, der Vatikanstaat in Rom, den zwar interne Querelen schwächten, der aber noch immer reich war, gefährlich und streitlustig. Jeder der Rivalen, so er seine Position ernsthaft bedroht sah, war bereit, sich Hilfe, ob Geld oder Truppen, von den Herrschern des Kontinents zu holen, die ihrerseits nur zu gerne intervenierten. Alle Spieler waren ehrgeizig, voller

List, bereit zum Verrat, skrupellos und gut gerüstet. Wie also der Kanzler die diplomatischen Beziehungen, auch die zur Kirche, pflegte, war entscheidend nicht nur für die Wohlfahrt der Stadt, sondern – angesichts der Bedrohung durch Frankreich, das Heilige Römische Reich und Spanien – auch für ihre Selbstständigkeit.

Als Poggio die Florentiner Szene betrat, Ende der 1390er Jahre, führte Salutati – der seine Karriere ebenfalls als kleiner Provinznotar begonnen hatte – sein Amt bereits rund fünfundzwanzig Jahre, hatte Intrigen gesponnen, Söldner angeheuert und sich wieder von ihnen getrennt, genaue Anweisungen an seine Botschafter verfasst, Verträge ausgehandelt, die Schliche seiner Gegner durchschaut, Allianzen geschmiedet, Manifeste verfasst. Praktisch jeder, erbitterte Feinde der Stadt ebenso wie patriotische Bürger, sahen, welche Ausnahmegestalt dieser Kanzler war, begabt nicht nur mit juristischem Wissen, sondern auch politisch durchtrieben und diplomatisch geschickt, und er verfügte überdies über psychologisches Einfühlungsvermögen, Sinn für Beziehungen und ein ungewöhnliches literarisches Talent.

Wie Petrarca, mit dem er in Korrespondenz gestanden hatte, spürte Salutati die konzentrierte Kraft der vergrabenen Vergangenheit und hatte sich mit einiger Gelehrsamkeit auf die Suche nach Relikten der klassischen Kultur begeben. Auch darin Petrarca ähnlich, war er gläubiger Christ, gleichwohl fand er, zumindest mit Blick auf den Stil, praktisch nichts von dem lobenswert, was zwischen Cassiodorus im sechsten und Dante im 13. Jahrhundert geschrieben worden war. Wie Petrarca suchte Salutati den Stil von Vergil und Cicero zu imitieren, und selbst wenn er der Meinung war, ihm fehle Petrarcas literarischer Genius – Ego mihi non placeo, »ich kann mich nicht leiden«, schrieb er kläglich –, überraschte er seine Zeitgenossen mit der Kraft seiner Prosa.

Vor allem anderen aber war Salutati wie Petrarca überzeugt, dass die Wiederherstellung der Vergangenheit mehr sein müsse als Liebhaberei. Abgesehen davon, ob dies überhaupt möglich wäre, sahen beide das Ziel ihrer Lektüre nicht darin, irgendwann fähig zu sein, ihre Sprache so klingen zu lassen wie die Alten. »Mit ist es sehr viel lieber, wenn mein Stil mein eigener ist«, schreibt Petrarca, »unkultiviert und roh, aber doch so, dass er wie ein Gewand zu den Maßen meines Geistes passt, lieber jedenfalls als zu denen eines anderen, der vielleicht eleganter, anspruchsvoller und glänzender ist, der aber, insofern er von einem größeren Geist stammt, kontinuierlich verrutscht, weil er den bescheidenen Proportionen meines Geistes nicht angemessen ist.«[13] Selbst wenn darin ein gerüttelt Maß an falscher Bescheidenheit steckt, spürt man doch den generellen Wunsch, zu einer neuen und originalen Stimme zu gelangen, und zwar nicht durch Versenkung in die alten Meister, sondern indem diese Meister ins eigene Selbst geholt werden. Zu den antiken Autoren, die er »nicht bloß einmal, sondern tausendmal« las, schreibt Petrarca an Boccaccio:

> Diese Dinge aber sind so heimlich in mich eingedrungen und nicht bloß in meinem Gedächtnis, sondern auch in meinen Eingeweiden hängen geblieben, und sind jetzt so sehr eins mit meinem geistigen Vermögen, dass sie darin auch dann noch länger verweilen würden, wenn ich sie in meinem ganzen Leben nicht noch einmal läse, denn sie haben im Innersten meiner Seele Wurzeln geschlagen.[14]

Im gleichen Geist schreibt Salutati: »Ich habe stets geglaubt, dass ich die Antike nicht imitieren muss, um sie zu reproduzieren, sondern um etwas Neues zu produzieren.«[15]

Das Unternehmen Humanismus musste, um seinen Wert zu erweisen, nicht nur passable Nachahmungen des klassischen Stils hervorbringen, sondern hatte, davon waren Petrarca und Salutati überzeugt, einem weiter ausgreifenden, ethischen Ziel zu dienen.[16] Dies aber ließ sich nur erreichen, wenn man kraftvoll und ohne Vorbehalte in der Gegenwart lebte. Von diesem Punkt an gingen Schüler und Meister getrennte Wege, denn Petrarca, der im Exil zur Welt kam und sich niemals vollständig mit einem bestimmten Heimatland identifizierte, zog sein Leben lang von Ort zu Ort – im Hin und Her zwischen Königspalast und Stadt und päpstlichem Hof und Rückzug aufs Land, auf verzweifelter, aber vergeblicher Suche nach einem stabilen Arrangement und stets den Drang verspürend, sich kontemplativ aus der Welt zurückzuziehen. Salutati dagegen wollte etwas Neues schaffen, und das in dem Stadtstaat, den er leidenschaftlich liebte.[17]

Mitten in der von Wehrtürmen und ummauerten Klöstern geprägten Stadtlandschaft von Florenz erhob sich der Palazzo della Signoria, das politische Herz der Republik. Hier sah Salutati auch den Ruhm der Stadt zuhause.[18] Die Unabhängigkeit von Florenz – das Faktum, dass die Stadt weder Schützling eines anderen Staates war noch abhängig vom Papst noch von einem König, einem Tyrannen, einem Prälaten regiert wurde, sondern von einer Körperschaft seiner Bürger –, das war für Salutati das Wichtigste auf der Welt. Was er im Namen der in Florenz herrschenden Elite verfasste, die Briefe, Botschaften, Protokolle, Manifeste sind bewegende Dokumente, in ganz Italien wurden sie gelesen und kopiert. Zeigten sie doch, dass die antike Rhetorik noch immer lebendig war, noch immer politische Emotionen entfachen, alte Träume wecken konnte. Als höchst begabter Diplomat und Politiker verfügte Salutati über eine ganze Bandbreite von Stimmen, die sich so rasch kaum überblicken lässt. Doch etwas von seinem Geist mag man einem Brief vom 13. Februar 1376 entnehmen, der an die Stadt Ancona gerichtet ist. Wie Florenz war auch Ancona eine unabhängige Kommune, und Salutati drängte ihre Bewohner, sich gegen die päpstliche Regierung zu erheben, die ihr aufgezwungen worden war:

> Wollt ihr denn ewig im Dunkel der Sklaverei stehen? Überlegt ihr denn gar, ihr Besten der Männer, wie süß die Freiheit ist? Unsere Ahnen, ja die ganze italienische Rasse, kämpfen fünfhundert Jahre lang … auf dass die Freiheit nicht verloren gehe.[19]

Die Revolte, zu der er anstiften wollte, lag natürlich im strategischen Interesse der Stadt Florenz, doch wenn er den Geist der Freiheit beschwor, agierte Salutati nicht nur zynisch. Er sah Florenz tatsächlich als Erbin des Republikanertums, auf dem einst die Größe des antiken Rom gründete. Von dieser Größe, dem stolzen Anspruch menschlicher Freiheit und Würde war auf den löchrigen, schmutzigen Straßen Roms, dem Ort, der zur Szenerie schäbiger klerikaler Intrigen verkommen war, nichts mehr zu spüren, in Florenz aber, so Salutatis Überzeugung, lebten sie weiter. Und er war ihre führende Stimme.

Freilich konnte er das, wie er selbst wusste, nicht für immer sein. Als er seine Siebziger erreichte, beunruhigt durch wachsende religiöse Zweifel und besorgt über die vielen Bedrohungen für seine geliebte Stadt, kümmerte sich Salutati um eine Gruppe begabter junger Männer, die er unter seine Fittiche genommen hatte. Zu ihnen gehörte auch Poggio. Allerdings wissen wir nicht genau, wie Salutati ihn und die anderen ausgesucht hatte, an deren Ausbildung er sich in der Hoffnung machte, der eine oder andere von ihnen werde seine Arbeit fortsetzen. Am vielversprechendsten unter seinen Schülern war Leonardo Bruni aus Arezzo, der zehn Jahre älter war als Poggio und wie dieser aus sehr bescheidenen Verhältnissen stammte. Bruni hatte begonnen, die Rechte zu studieren, doch wie andere geistig begabte Männer seiner Generation und insbesondere solche aus Salutatis Umkreis hatte ihn die Leidenschaft für klassische Studien gepackt. Entscheidend in seinem Fall war, dass er Griechisch studieren konnte, was Salutati dadurch ermöglicht hatte, dass er 1397 den herausragenden byzantinischen Gelehrten Manuel Chrysoloras eingeladen hatte, für längere Zeit nach Florenz zu kommen und diese Sprache zu lehren, die fast vollkommen vergessen war. Später erinnerte sich Bruni: »Als Chrysoloras ankam, drängte man mich, an der Wahl meines Lebensentwurfs festzuhalten, ich sah auch ein, dass es ein Fehler wäre, das Recht aufzugeben, und doch hielt ich es für ein Verbrechen, eine so großartige Gelegenheit, Griechisch zu lernen, zu versäumen.« Und diese Verlockung erwies sich als unwiderstehlich: »Zuletzt doch von diesen Gründen gefangen, überließ ich mich Chrysoloras mit einer solchen Leidenschaft, dass das, was ich in den wachen Stunden des Tages von ihm erhielt, meinen Geist des Nachts während der Stunden des Schlafs beschäftigte.«[20]

Führt man sich den Kreis derer vor Augen, die um Anerkennung des großen Salutati rangelten, sollte man denken, dass sich Poggio zum ernsten, hart arbeitenden, strebsamen Bruni, dem mittellosen Außenseiter aus der Provinz, am meisten hingezogen fühlte; einem jungen Mann, der nicht viel mehr vorzuweisen hatte als seinen scharfen Verstand. Poggio bewunderte Bruni – der Florenz später als brillanter, zutiefst patriotischer Kanzler diente und neben anderen Werken die erste Geschichte der Stadt verfasste –, tiefere Freundschaftsbande aber knüpfte er mit einem anderen der Schüler Salutatis, dem ebenso sensiblen wie streitlustigen Ästheten Niccolò Niccoli.

Etwa sechzehn Jahre älter als Poggio, stammte er aus einer der reichsten Familien der Stadt. Sein Vater hatte mit der Manufaktur von Wolltuchen, Geldverleih, Getreidetermingeschäften und anderen Unternehmungen ein Vermögen gemacht. Die Steuerlisten der 1390er Jahre zeigen, dass Niccolò Niccoli und seine fünf Brüder reicher waren als die meisten Bewohner ihres Stadtviertels, regierende Familien wie die Brancacci und die Pitti eingeschlossen. (Wer sich in Florenz den großartigen Palazzo Pitti angeschaut hat, der etwa zwanzig Jahre nach Niccolis Tod errichtet wurde, kann den Reichtum dieser Familien in etwa ermessen.)

Als Poggio Niccolò kennen lernte, war der Stern Niccolis und seiner Brüder bereits im Sinken. Noch waren sie sehr reiche Männer, doch sie lagen in bitterem Streit miteinander, und die Familie schien nicht willens oder nicht mehr in der Lage, das politische Spiel zu spielen, das man in Florenz stets mitspielen musste, um akkumulierten Reichtum zu sichern und zu vermehren. Nur wer aktiv politische Macht in der Stadt ausübte und sehr genau auf seine Interessen achtete, konnte die drückenden und rachsüchtig über jene verhängten Steuern vermeiden, um deren Geschäfte oder Glück es weniger gut stand. Steuern, so der scharfsichtige Historiker Guicciardini ein Jahrhundert später, seien in Florenz eingesetzt worden wie ein Dolch.[21]

Niccolò Niccoli gab alles, was er hatte, für eine Leidenschaft aus, die ihn beherrschte, ihn sogar von den staatsbürgerlichen Aktivitäten abhielt, mit deren Hilfe er den Reichtum der Familie vielleicht, zumindest teilweise, hätte retten können. Wollhandel und Warenspekulation waren seine Sache nicht, ebenso wenig der Dienst an der Republik in der Signoria, der Ratsversammlung der Stadt, oder in bedeutsamen Körperschaften wie den »Zwölf Guten Männern« oder den »Sechzehn Standartenträgern« der Miliz. Von den Spuren der römischen Antike womöglich noch besessener als seine humanistischen Freunde und ihr Mentor, hatte Niccoli für nichts anderes Zeit. Vermutlich bereits als junger Mann entschloss er sich, auf eine Laufbahn zu verzichten und auch keine bürgerlichen Ämter anzustreben; oder, treffender, er entschied, den ererbten Reichtum dafür einzusetzen, sich ein schönes und erfülltes Leben zu ermöglichen, indem er die Geister der antiken Vergangenheit beschwor.

Im Florenz zu Niccolis Zeiten war die Familie die zentrale Institution, und das galt gesellschaftlich, wirtschaftlich und psychologisch. Insofern konnte sich jeder, der sich nicht entschloss, in die eigene Welt der Kirche einzutreten – und insbesondere alle mit ererbtem Reichtum –, kaum dem

Druck entziehen, zu heiraten, Kinder zu bekommen und das Vermögen der Familie zu mehren. Die Ehe, schrieb Niccolis jüngerer Zeitgenosse Leon Battista Alberti und fasste damit weit verbreitete Ansichten zusammen, bietet »gewiss eine reiche Fülle von Behagen und Freuden«:

> Wenn das Wohlwollen im Zusammenleben wächst, so wirst du mit keiner Person dauernder vertrauten Umgang pflegen als mit deinem Weibe; wenn die Liebe sich dadurch bindet und eint, dass man seine Neigungen und Wünsche enthüllt und mitteilt, so wirst du zu niemandem einen offeneren und ebeneren Weg haben, alles zu erfahren und dich zu offenbaren, als zu deiner eigenen Frau und ständigen Gefährtin; und wenn Freundschaft die Gefährtin der Ehrbarkeit ist, so kann keine Verbindung für dich heiliger sein als die der Ehe. Dazu kommen die unzerreißbaren Bande, die gemeinsame Freuden und gegenseitiger Nutzen schmieden, um in unserem Herzen ein unbegrenztes Wohlwollen zu erhalten und zu befestigen.[22]

Dieses Bild war übertrieben rosig gezeichnet, doch wurde es auch verstärkt durch düstere Warnungen. Wehe, tönte San Bernardino, der große Volksprediger jener Zeit, wehe dem Mann, der ohne Frau geblieben ist:

> Wenn er reich ist und Korn hat, dann tun sich die Spatzen daran gütlich und die Mäuse. … Und im Bett, weißt du, wie er schläft? Er schläft in einer unordentlichen Matratzenkuhle, und wenn er ein Leintuch auf sein Bett gelegt hat, bleibt es darauf, bis es zerschlissen ist. Ähnlich ist es in dem Raum, in dem er ißt, wo auf dem Boden Melonenschalen, Knochen und Salatabfälle liegen … Seine Holzteller wischt er nur einmal flüchtig, dann schleckt der Hund sie ab – und damit sind sie abgewaschen. Weiß du, wie er lebt? Wie ein wildes Tier.[23]

Warnungen wie Verlockungen verhallten, was Niccoli angeht, ungehört, er blieb unverheiratet; niemand, so erzählte man sich in seinem Umkreis, sollte ihn von seinen Studien ablenken, auch keine Frau. Er war tatsächlich ein hoch gebildeter und gelehrter Mann, insofern ist »Studien« das treffende Wort, die alles bestimmende Vorstellung einer Lebensweise jedoch, die Niccoli völlig in die Vergangenheit eintauchen ließ, vermag es nicht angemessen zu fassen. Früh hatte er zu ihr gefunden, entsprechend hartnäckig und unbeirrbar folgte er ihr. Für alles Übrige, für das, was das Streben nach Lust bei anderen bestimmt, schien er keinen Sinn gehabt zu haben: »Nie verehelichte er sich, um nicht in seinen Studien beeinträchtigt zu werden. Eine Haushälterin hatte er wohl, die für seine täglichen Bedürfnisse Vorsorge traf«, so sein früher Biograph Vespasiano da Bisticci.[24]

Tatsächlich war Niccoli einer der ersten Europäer, der Antiquitäten wie Kunstwerke sammelte und sich in seinen Florentiner Wohnräumen mit diesen geliebten Besitzstücken umgab. Heute ist solche Sammlertätigkeit unter wohlhabenden Leuten so weit verbreitet, dass man kaum glauben will, dass Sammeln einmal eine ganz neue Idee gewesen ist. Pilger, die im Mittelalter nach Rom kamen, machten regelmäßig Halt beim Kolosseum und den anderen »Wundern« der heidnischen Welt, bestaunten solche Stätten auf ihrem Weg zu Gebet und Gottesdienst, die natürlich an Orten stattfanden, die wirklich zählten, den christlichen Heiligtümern der Märtyrer und Heiligen. Niccolis Sammlung in Florenz repräsentierte einen ganz anderen Impuls: Ihm ging es nicht um Akkumulation von Trophäen, sondern um liebevolle Bewunderung ästhetischer Objekte.

Als sich herumsprach, dass ein exzentrischer Herr bereit war, für antike Köpfe und Torsi anständig zu zahlen, kamen Bauern und boten ihm zum Kauf an, was sie beim Pflügen fanden und früher verbrannt hätten, um Kalk zu gewinnen, beziehungsweise, im Fall behauener Steine, ins Fundament eines neuen Schweinestalls eingebaut hätten. Waren solche Stücke erst in Niccolis eleganten Räumen ausgestellt, im Ensemble der römischen Kelche, antiken Gläser, Medaillen, Kameen und ähnlicher Schätze, brachten sie auch andere auf die Idee, sich Sammlungen anzulegen.

Poggio konnte nicht wirklich hoffen, dass ihm wie seinem Freund die Mahlzeiten auf antik römischen Tellern serviert würden; auch konnte er keine Goldmünzen lockermachen, wenn er am Hals von Straßenjungs antike Kameen entdeckte.[25] Den Wunsch allerdings, der hinter Niccolis Erwerbungen stand, den konnte er teilen – den Wunsch, die Welt jener Kultur zu verstehen und im Geist erneut zu betreten, die jene schönen Objekte hervorgebracht hatte, mit denen der Freund sich umgab; Poggio konnte ihn darin nur bestärken. Ansonsten studierten die Freunde zusammen, tauschten historische Anekdoten über die Römische Republik und das Imperium aus, dachten über Religion und Mythologie nach, wie sie die Statuen von Göttern und Heroen darstellten, vermaßen Fundamente zerfallener Villen, diskutierten Topographie und Organisation antiker Städte und vergrößerten vor allem ihr Verständnis der lateinischen Sprache, die sie beide liebten und für ihre persönlichen Briefen nutzten, in der sie vielleicht sogar miteinander sprachen.

Wie aus diesen Briefen hervorgeht, gab es etwas, um das sich Niccolò Niccoli noch leidenschaftlicher kümmerte als um antike Skulpturen, die aus den Äckern geborgen wurden: die klassischen und die patristischen Texte, die seine humanistischen Kollegen in den Klosterbibliotheken aufspürten. Niccoli liebte es, solche Texte zu besitzen, zu studieren und zu kopieren, sehr langsam und in einer Handschrift, die noch schöner war als die Poggios. Vielleicht kamen sich die Freunde über Form und Gestalt der Buchstaben mindestens ebenso nahe – Niccoli teilt sich mit Poggio das Verdienst um die Entwicklung der humanistischen Schrift – wie über Form und Gestalt antiker Gedanken.

Handschriften antiker Texte zu erwerben war eine teure Angelegenheit, dem passionierten Sammler aber schien kein Preis zu hoch. Niccolis Bibliothek wurde berühmt unter Humanisten in Italien und anderswo, und obwohl er sehr einsiedlerisch lebte, eigensinnig und durchaus heftig sein konnte, lud er großzügig Studierende in sein Haus, wenn sie seine Sammlungen zu Rate ziehen wollten. Als er 1437 starb, mit dreiundsiebzig Jahren, hinterließ er achthundert Handschriften, die bei weitem größte und beste Sammlung in Florenz.

Von Salutatis Vision geleitet, hatte Niccoli eine schriftliche Verfügung hinterlassen, was mit diesen Texten zu geschehen habe. Schon Petrarca und Boccaccio wollten, dass die Sammlung der Handschriften, die sie erworben hatten, nach ihrem Tod nicht auseinandergerissen wurde, doch ihre wertvollen Sammlungen wurden verkauft, verstreut oder schlicht vernachlässigt. (Viele der kostbaren Kodizes, die Petrarca umsichtig gesammelt und nach Venedig gebracht hatte – als Keimzelle seines Wunschtraums, eine neue alexandrinische Bibliothek zu begründen –, wurden in einem feuchten Palazzo weggeschlossen, wo sie vor sich hin rotteten und vergessen wurden.) Das sollte seinem Lebenswerk nicht widerfahren, also setzte Niccoli ein Testament auf, in dem er bestimmte, seine Handschriften dürften, damit sie zusammenblieben, nicht verkauft oder verstreut werden. Er legte genaue Regeln für Ausleihe und Rückgabe fest, berief ein Komitee von Treuhändern und hinterließ einen Geldbetrag zum Bau einer Bibliothek. Das Gebäude der Bibliothek sollte zwar in einem Kloster entstehen, nach Niccolis Willen aber auf keinen Fall zu einer Klosterbibliothek werden, die für die Welt unzugänglich nur Mönchen vorbehalten wäre. Ausdrücklich legte er fest, dass die Bücher nicht nur religiösen, sondern allen gebildeten Bürgern, *omnes cives studiosi,* zur Verfügung stehen sollten.[26] Jahrhunderte nachdem die letzte römische Bibliothek geschlossen und verlassen worden war, hatte Niccoli der Welt die Vorstellung einer öffentlichen Bibliothek zurückgebracht.

Gegen Ende der 1390er Jahre, als Poggio Niccoli kennen lernte, wird die Sammelwut, die zu diesem bemerkenswerten Ergebnis führen sollte, noch in ihren Anfängen gesteckt haben, die Freunde aber fanden sich in der gemeinsamen Überzeugung, dass Dinge aus der Antike allem, was später kam, überlegen waren – abgesehen nur von den Angelegenheiten des Glaubens. Die literarischen Ziele, die erstaunliche Kreativität, die Petrarca berühmt machten, waren bei den beiden schon sehr zusammengeschrumpft; nicht anders der patriotische Eifer und der leidenschaftliche Freiheitswunsch, die Salutatis Humanismus beflügelt hatten. Was an deren Stelle trat, war geistig weitaus weniger anspruchsvoll, dafür aber strenger und strapaziöser: ein Kult der Imitation und des Strebens nach Exaktheit. Vielleicht fehlte der jüngeren Generation einfach das überwältigende Talent der Älteren, jedenfalls haben diese begabten Schüler Salutatis dem heftigen Wunsch widerstanden, etwas Neues in die Welt zu bringen. Das Neue verachteten sie, träumten allein davon, etwas Altes wieder zum Leben zu erwecken. Dieser Traum, eng und öde von Beginn, konnte insgesamt nur scheitern, und doch zeitigte er überraschende Resultate.

Auf diejenigen, die nicht zu diesem begeisterten Kreis junger Humanisten gehörten, mochte die sich herausbildende Haltung zu Sprache und Kultur abstoßend wirken. »Um dem Pöbel als ordentlich belesen zu erscheinen«, schrieb ein entrüsteter Zeitgenosse, »brüllen sie sich über die Piazza zu, wie viele Diphthonge die Alten hatten und warum heute nur noch zwei in Gebrauch sind.«[27] Selbst Salutati war das unbehaglich, und mit gutem Grund. Mochte der übereifrige Klassizismus Poggios und Niccolis letztlich auf ihn zurückgehen, an ihm schieden sich auch ihre Wege, und Salutati empfand, was die Jungen taten, durchaus als tiefe Zurückweisung.

An Petrarcas Todestag, dem 19. Juli 1374, hatte Salutati trauernd erklärt, Petrarca sei ein besserer Prosaschriftsteller gewesen als Cicero, ein größerer Dichter als Vergil. Nun, in den 1390er Jahren, erschien Poggio und Niccoli ein solches Lob lächerlich, sie drängten Salutati, sein Urteil zu widerrufen. Niemand, erklärten sie, habe während der langen Jahrhunderte seither die großen Klassiker an stilistischer Vollkommenheit übertroffen. Das sei schlicht unmöglich. Seit der Antike habe die Geschichte nichts anderes gebracht als einen langen tragischen Verfall und Verlust. Ob aus Gleichgültigkeit oder Unwissenheit, selbst die angeblich gebildeten Schreiber des Mittelalters hätten vergessen, wie man korrekte Sätze bilde, Sätze in der Weise der Meister des klassischen Latein; auch hätten sie nie verstanden, die Wörter mit der Eleganz, Treffsicherheit und Präzision zu verwenden, mit der sie einst gehandhabt worden seien. Schlimmer noch, die vorhandenen Muster klassischer Texte seien verdorben, könnten, selbst wenn jemand den Ehrgeiz hätte, dies zu tun, nicht mehr als wahre Vorbilder dienen. Die »Alten«, argumentierte Niccoli, hätten sie gesehen, wie sie von den mittelalterlichen Scholastikern zitiert wurden, hätten niemals »als ihre Schriften erkannt, was ihnen zugeschrieben worden sei, erhalten in korrupten Texten und übersetzt ohne Stilgefühl und Verstand«.[28]

Petrarca hatte wiederholt gesagt, die Meisterschaft eines klassischen Stils für sich genommen sei nicht das richtige Mittel, wirkliche literarische oder moralische Größe zu erlangen, doch hat er sich auch auf den Stufen des Kapitols stehend selbst zum *poeta laureata* gekrönt – als sei der Geist der antiken Vergangenheit tatsächlich in ihm wiedergeboren worden. Aus der Perspektive des radikalen, kompromisslosen Klassizismus der jüngeren Generation hatten Dante, Petrarca oder Boccaccio nichts erreicht, was wirklich der Mühe wert schien, von kleineren Leuchten erst gar nicht zu reden: »Solange das literarische Vermächtnis der Antike in derart erbärmlichem Zustand ist, ist keine wirkliche Kultur möglich und jede Disputation notwendig auf schwankendem Grund gebaut.«[29]

Das waren unverkennbar Niccolis Ansichten, wenn auch nicht genau seine Worte. Leonardo Bruni hat sie ihm in den Mund gelegt, für einen Dialog.[30] Abgesehen von den persönlichen Briefen an enge Freunde hat Niccoli so gut wie nichts geschrieben. Wie auch, bei seiner hyperkritischen Bitterkeit, seinem engstirnig unerbittlichen Klassizismus? Freunde schickten ihm ihre lateinischen Texte und erwarteten ängstlich seine Korrekturen, die fast immer strafend, hart und gnadenlos ausfielen; am unerbittlichsten aber war Niccoli mit Blick auf sich selbst.

Poggio fand in Niccolò Niccoli, wie Salutati bemerkte, ein »zweites Ich«,[31] doch litt er nicht an den lähmenden Hemmungen, die seinen Freund praktisch zum Schweigen verdammten. Poggio schrieb viel im Verlauf seines langen Lebens, Abhandlungen zu Themen wie Heuchelei, Habsucht, wahrer Vornehmheit, auch über die Frage, ob ein Greis heiraten solle, über die Wechselfälle des Schicksals, die Misere des menschlichen Daseins. Sogar eine Geschichte von Florenz hat er hinterlassen. Denn er war, so sein jüngerer Zeitgenosse Vespasiano da Bisticci,

> höchst sprachgewandt, wie man an den meisten seiner Übersetzungen und von ihm verfaßten Werke sehen kann. Seine Episteln wurden und werden sehr gut aufgenommen, wegen der Leichtigkeit seiner Schreibart; ohne Mühe hat Poggio sie zu Papier gebracht. In seinen Schmähschriften war er freilich äußerst heftig, so daß es keinen gab, der nicht Angst gehabt hätte vor ihm.[32]

Auch wenn Poggio, ein Meister der Invektive, nicht bereit war, seinem alten Lehrer zuzugestehen, irgendein Schriftsteller des vergangenen Jahrtausends könne der Wortgewandtheit der Alten das Wasser reichen, sie gar übertreffen, so musste er Petrarca doch ein Verdienst lassen: Er sei der Erste gewesen, »der mit seiner Mühe, seinem Fleiß und wachsamen Aufmerksamkeit die Studien wieder ans Licht geholt hat, die fast verloren gewesen wären, und er bereitete anderen, die begierig waren, ihm zu folgen, den Weg«.[33]

Das war der Pfad, dem Niccoli entschieden gefolgt war, alles andere in seinem Leben hatte er dafür aufgegeben. Auch Poggio war glücklich, ihm folgen zu können, er jedoch musste sich auch um seinen Lebensunterhalt kümmern. Auf sein enormes Geschick als Schreiber konnte er bauen, doch das allein hätte ihm kaum ein Leben ermöglicht, wie er es erhoffte. Mit seinen Kenntnissen des klassischen Latein hätte ihm wohl eine Karriere als Lehrer offen gestanden, doch auch das wäre ein Leben ohne viele der Annehmlichkeiten geworden, um die es ihm zu tun war. Den Universitäten fehlten im Allgemeinen Gebäude, Bibliotheken und Stiftungen, sie bestanden aus Gelehrten und Meistern, und Humanisten erhielten in der Regel eine deutlich geringere Bezahlung als Professoren des Rechts oder der Medizin. Die meisten Lehrer der *Humaniora* führten ein Wanderleben, reisten von Stadt zu Stadt, hielten Vorlesungen über ihre favorisierten Autoren und zogen dann ruhelos weiter, in der Hoffnung, neue Gönner zu finden. Poggio kannte Männer, die so lebten, ihn reizte das nicht. Er wollte etwas Festes und Beständiges.

Zugleich aber fehlte Poggio der patriotische Eifer – die Leidenschaft für Stadt und republikanische Freiheit –, der Salutati inspiriert hatte und den dieser in Bruni hatte wecken können. Und es fehlte Poggio die Berufung, die ihn hätte dazu bringen können, die Weihen zu nehmen und ein Leben als Priester oder Mönch zu führen. Sein Geist war leidenschaftlich säkular, seine Wünsche waren von dieser Welt und richteten sich auf sie. Von irgendetwas aber musste er schließlich leben. Im Herbst 1403, ausgestattet mit einem Empfehlungsschreiben Salutatis, machte sich der dreiundzwanzigjährige Poggio auf den Weg nach Rom.

KAPITEL SECHS

IN DER LÜGENSCHMIEDE

Hauptanziehungspunkt für einen ehrgeizigen Aufsteiger aus der Provinz wie Poggio war die wirbelnde, aufgeblähte Machtsphäre um den Papst; dabei hatte Rom durchaus andere Möglichkeiten zu bieten. Die mächtigen römischen Adelsfamilien etwa – allen voran die Colonna und die Orsini – hatten stets Verwendung für Männer mit exzellenten Lateinkenntnissen und exzellenter Handschrift. Außerdem unterhielten Bischöfe und Kardinäle, die in Rom residierten, einen jeweils eigenen kleineren Hofstaat, auch dort waren Notare gesucht, die juristische Dokumente aufsetzen und schreiben konnten. Kaum in Rom, fand Poggio eine solche Stelle beim Kardinal von Bari; allerdings sollte dies nur eine kurze Zwischenstation auf dem Weg zum höher gesteckten Ziel bleiben, in päpstliche Dienste zu treten – ob im Palast (dem *palatium*) oder am (Hof (der *curia*). Und tatsächlich, noch bevor das erste Jahr verstrichen war, hatte der unerschütterliche Republikaner Salutati am Hof des regierenden Papstes Bonifaz IX. die richtigen Fäden ziehen können, und sein geschätzter Schüler konnte ergattern, was er unbedingt wollte, nämlich die begehrte Position eines apostolischen Skriptors.

Die meisten päpstlichen Beamten stammten aus Rom und Umgebung; viele hatten, wie Poggio, eine gewisse juristische Ausbildung. Auch wenn von Skriptoren erwartet wurde, dass sie jeden Tag vor Arbeitsbeginn die Messe besuchten, war ihr Posten weltlich – ihr Betätigungsfeld bildete die geschäftliche Seite des Papsttums, gefragt waren dafür Rationalität, Kalkül, Verwaltungsgeschick und juristischer Scharfsinn. Der Papst war (zumindest erhob er diesen Anspruch) der absolute Herrscher über große Territorien in Mittelitalien, die sich im Norden bis in die Romagna und zu den venezianischen Herrschaftsgebieten erstreckten. In vielen der Städte, über die der Papst herrschte, kam es immer wieder zu Unruhen, nicht weniger aggressiv war die Politik der umgebenden Staaten, nicht weniger verräterisch und habgierig als die päpstliche; zudem waren ausländische Mächte stets zu bewaffneten Interventionen auf der Halbinsel bereit. Um seine Stellung zu halten, brauchte der Papst, was er an diplomatischer Durchtriebenheit, Geld und martialischer Grausamkeit aufbieten konnte; darum brauchte und unterhielt er auch einen großen Regierungsapparat.

Daneben war der Papst natürlich auch absoluter Herrscher über ein sehr viel größeres spirituelles Reich, das sich, im Prinzip zumindest, über die gesamte menschliche Spezies erstreckte und den Anspruch erhob, deren Schicksal nicht nur in dieser, sondern auch in der nächsten Welt zu gestalten. Einige derjenigen, die er als seine Untertanen ansah, mochten Erstaunen zeigen angesichts dieser Anmaßung – die Völker der Neuen Welt etwa, die der Papst Ende des 15. Jahrhunderts kurzerhand zu Untertanen der Könige von Spanien beziehungsweise von Portugal erklärte –; andere, Juden oder orthodoxe Christen etwa, lehnten diesen Anspruch rundweg ab. Die Christen im Westen aber, selbst wenn sie in entlegenen Regionen lebten oder das Latein nicht verstanden, in dem er seine Angelegenheiten regelte, selbst wenn sie von den skandalösen Verfehlungen gehört hatten, mit denen der Papst und seine Vorgänger das Amt befleckt hatten, glaubten in ihrer großen Mehrheit, dass der Papst dort einzigartige Autorität besaß, wo es um Lehrinhalte ging, wo Standpunkte festzulegen waren, die diese dogmatische Religion als entscheidend für das Schicksal der Seele betrachtete – weswegen sich die Kirche berechtigt sah, sie notfalls mit Feuer und Schwert durchzusetzen. Auch päpstlichen Dispens – sprich: Ausnahmen von den Regeln des kanonischen Rechts – bei Eheschließung und Scheidung und tausend anderen heiklen sozialen Beziehungen und Angelegenheiten suchten die Christen. Drängten nach Verabredungen mit verschiedenen Mittlern, wollten einträgliche Pfründe bestätigt haben, rangelten um alles, was ein immens reicher und mächtiger Grundbesitzer, Gesetzgeber und geistiger Führer ihnen zuteilen, ihren Rivalen verweigern konnte. Anfang des 15. Jahrhunderts, als Poggio seine Stellung in Rom antrat, gingen am päpstlichen Hof jede Woche nicht weniger als zweitausend entsprechende Schreiben und Anfragen ein.

Dieser Betrieb – der den jeder anderen Hofkanzlei in Europa weit übertraf – erforderte ausgebildetes Personal: Theologen, Rechtsanwälte, Notare, Hofbeamte, Sekretäre. Petitionen waren in der richtigen Form aufzusetzen und abzulegen. Sorgfältig mussten Register geführt, Entscheidungen dokumentiert, Anweisungen transkribiert und kopiert werden. Päpstliche Bullen – Dekrete, Freibriefe, Privilegien – wurden abgeschrieben und gesiegelt. Kurzfassungen dieser Bullen waren zu erstellen und zu verteilen. Zudem führte der Bischof von Rom, wie es seinem fürstlichen Rang entsprach, ein großes Haus, unterhielt eine seinem politischen Amt und seiner zeremoniellen Bedeutung entsprechende große Entourage von Höflingen, Beratern, Hofbeamten und Dienern. Die riesige Kanzlei entsprach seiner gesetzgeberischen Macht, und insofern er auch die spirituelle Autorität innehatte, kam die nicht weniger gewaltige religiöse Bürokratie der Kurie hinzu.

Das war die Welt, in die Poggio eintrat und in der er auf Erfolg hoffte. Ein Posten in der Kurie konnte der erste Schritt sein hin zu einem höchst lukrativen Aufstieg in der Kirchenhierarchie, doch wurde, wer solche Beförderung anstrebte, in der Regel Kirchenmann. Auch Poggio wird begriffen haben, dass eine Ordination den Weg zu Reichtum und Macht eröffnete, und da er nicht verheiratet war, hätte dem auch nichts im Weg gestanden. (Er hatte eine Geliebte und illegitime Kinder, doch das wäre kein Hindernis gewesen.) Dennoch zögerte er.

Er kannte sich selbst gut genug und verspürte nun einmal keine religiöse Berufung.[1] Viele seiner Zeitgenossen hätte das nicht aufgehalten, doch was er an jenen beobachten konnte, die diesen Weg trotz alledem eingeschlagen hatten, war ihm zuwider. Seinem Freund Niccoli schrieb er: »Ich bin entschlossen, kein Priesteramt anzunehmen, denn ich habe gesehen, wie viele Männer, die ich als Personen guten Charakters und freier Gesinnung betrachtet habe, infolge ihrer Einführung ins Priesteramt in Gier, Trägheit und Ausschweifung verfallen sind.«[2] Auch er, da war er sicher, würde sich korrumpieren lassen, und das wollte er unbedingt vermeiden: »Aus Furcht, dass dies auch mir widerfahren könnte, habe ich mich entschlossen, auch den Rest meines irdischen Pilgerwegs als Laie zuzubringen.« Damit schlug er eine äußerst bequeme und sichere Existenz aus, und das in einer sehr unsicheren Welt. Doch den Preis für diese Sicherheit fand

Poggio, wie er Niccoli gestand, zu hoch: »Ich betrachte das Priesteramt nicht als Freiheit, wie dies viele tun, sondern als sehr schwere und bedrückende Form des Dienstes.«[3] Der Lebenslauf, für den er sich damit entschieden hatte, mag uns besonders eingeschränkt erscheinen – ein Laie als Beamter im Dienst des Papstes –, für Poggio aber muss die Verweigerung der Priesterweihe etwas Befreiendes gehabt haben, so, als bewahre er sich einen Kern innerer Unabhängigkeit.

Er war ihm um jedes Stück Unabhängigkeit zu tun, das er sich leisten konnte. Die römische Kurie war, aus moralischer Perspektive betrachtet, ein bekanntermaßen gefährlicher Ort, so wie dies ein lateinisches Sprichwort der Zeit zusammengefasst hat: *Curialis bonus, homo sceleratissimus* (»Ein guter Mann der Kurie, der elendeste der Menschen«).[4] Brillant eingefangen hat diese Atmosphäre ein seltsames Werk der 1430er Jahre, das entstand, als Poggio noch immer im Zentrum der Kurie tätig war: *De curiae commodis* oder: *Über den Nutzen der Kurie.* Verfasser war Lapo da Castiglionchio, ein jüngerer Zeitgenosse Poggios und Humanist aus Florenz; er präsentierte sein Werk als Dialog im ciceronischen Stil, in einer Form, die um diese Zeit bei Schriftstellern vor allem dann beliebt war, wenn sie sich kontroverser, vielleicht sogar riskanter Themen annehmen wollten, ohne selbst die ganze Verantwortung dafür zu übernehmen. So greift gleich zu Beginn von Lapos imaginärem Gespräch eine Figur namens Angelo – natürlich tut das, der Himmel bewahre, nicht Lapo selbst – die moralische Verworfenheit der Kurie heftig an, nennt sie einen Ort, »an dem Verbrechen, moralische Frevel, Betrug und Verrat den Namen der Tugend annehmen und in hohen Ehren gehalten werden«.[5] Es sei grotesk, aber diese Jauchegrube der Scheinheiligkeit erhebe Ansprüche und Forderungen an den religiösen Glauben: »Was aber kann der Religion fremder sein als die Kurie?«[6]

Lapo leiht seine Stimme zur Verteidigung des päpstlichen Hofes und beteuert, im eigenen Namen zu sprechen. Natürlich ziehe der Ort haufenweise Bittsteller an, doch wie alle wüssten, wolle Gott auch von vielen verehrt werden. Darum müsse ihn das großartige Schauspiel, das reich gewandete Priester zu seinen Ehren aufführten, doch besonders befriedigen. Für gewöhnliche Sterbliche sei die Kurie zudem der beste Ort, um die Tugend zu erlangen, die Klugheit genannt werde, denn dort, im Dienst der Kurie, seien Menschen aller Art aus allen Teilen der Welt vertreten. Allein schon die Möglichkeit, das weite Spektrum ausländischer Kleidung, fremder Sprachen und Bartmoden zu beobachten, biete eine wertvolle Lektion zur weiten Vielfalt menschlicher Sitten. Gleichzeitig sei die Kurie der beste Ort, die Humaniora zu studieren. Schließlich sei dort als »Sekretär des Papstes« (und das meint: als sehr einflussreiche Figur) »Poggio von Florenz« tätig, der in seiner Person, so Lapo, »nicht nur höchste Bildung und Sprachgewandtheit vereinigt, sondern auch eine einzigartige Würde, gewürzt mit einer Menge Witz und Weltläufigkeit«.[7]

Natürlich, räumt er ein, sei es befremdlich, wenn sich im Herzen der Kurie Bestechung und Korruption breitmachten, diese Probleme aber seien das Werk einer kleinen Gruppe elender Diebe und Irregeleiteter, die den Ort in Misskredit gebracht hätten. Vielleicht werde der Papst diesen Skandal eines Tages bemerken und sich daranmachen, sein Haus auszufegen, in jedem Fall aber solle man im Leben stets das bedenken, was eigentlich intendiert gewesen sei, und nicht, was tatsächlich geschehe.

Darauf beginnt Angelo, von dieser Rede offensichtlich überzeugt, sich enthusiastisch über die Durchtriebenheit der Rechtsanwälte in der Kurie auszulassen, die ein so feines Gespür hätten für jedermanns Schwächen und intime Geheimnisse; trefflich verstünden sie es, alle Möglichkeiten zu nutzen, um an Geld zu kommen. Und angesichts der riesigen Summen, die gezahlt würden für ein mit päpstlichen Siegeln versehenes Stück Papier, welch phantastische Profite ließen sich dort einfahren! Der Ort sei eine Goldgrube. Keinen Grund gebe es mehr, an die Armut Christi zu gemahnen: Das sei notwendig gewesen allein zu Beginn, um zu vermeiden, dass irgendwer den Vorwurf der Bestechlichkeit glaubte. Nun aber hätten die Zeiten sich geändert, und es sei ganz in Ordnung, wenn jeder, der sich darauf verstehe, Reichtümer erwerbe, die doch so wichtig seien für Unternehmungen. Auch Priestern sei es gestattet, so viele Reichtümer anzusammeln, wie sie nur wollten, wenn sie nur arm im Geiste blieben. Wer von hochrangigen Priestern verlange, dass sie arm blieben, also nicht zu den reichen Männern zu werden, die sie tatsächlich seien, offenbare eine gewisse »Gedankenlosigkeit«.[8]

So spinnt der Dialog sich fort, mit unbewegtem Ernst und Blauäugigkeit. Die Kurie, darin sind sich die diskutierenden Freunde einig, ist ein großartiger Ort nicht nur für ernsthafte Studien, sondern auch für Vergnügungen unbeschwerterer Art wie Reitkunst, Jagd und Spiel. Man denke nur an die Bankette des päpstlichen Hofes – geistreicher Klatsch, phantastische Speisen und Getränke, serviert von wunderschönen bartlosen Knaben. Und wessen Geschmack nicht in Richtung Ganymed ziele, auf den warteten reichlich die Freuden der Venus. Mätressen, ehebrüchige Matronen, Kurtisanen aller Art nähmen in der Kurie einen wichtigen Platz ein, und das zu Recht, schließlich gebühre den Freuden, die sie zu bieten hätten, ein wichtiger Platz im menschlichen Glück. Lüsterne Lieder, entblößte Brüste, Küsse und Liebkosungen, verschmuste weiße Schoßhündchen, darauf abgerichtet, über kitzlige Stellen zu lecken, das Begehren zu wecken – und all das zu bemerkenswert niedrigen Preisen.

Diese ausufernde Begeisterung für unerhört laszive Sitten und ungezügeltes Streben nach Geld war ohne Zweifel ein schlau angelegtes satirisches Spiel. *De curiae commodis* ist eine sehr seltsame Satire, nicht nur wegen des überschäumenden Lobes für das, was der Leser wohl verachten soll – und sie hat gewiss einige Zeitgenossen beeindruckt.[9] Nicht minder merkwürdig ist, dass Lapo, während er sein Werk verfasste, sich eifrig um einen Posten in der Kurie bemühte. Vielleicht hat er das durchaus ambivalent empfunden: Nicht selten verachten Menschen Institutionen, in die sie verzweifelt eintreten wollen. Vielleicht aber war dieses ausführliche Inventar kurialer Laster auch mehr als nur Ausdruck seiner Unentschiedenheit.

Das könnte eine Stelle in diesem Werk zeigen, an der Lapo Klatsch, obszöne Geschichten, Späße und Lügen lobt, mit denen sich apostolische Schreiber und Sekretäre die Zeit vertrieben. Dabei spiele keine Rolle, ob die Dinge, die bei solchen Gelegenheiten berichtet würden, wahr seien oder falsch. Hauptsache, sie seien amüsant und, auf ihre Art, auch lehrreich:

> Niemand wird ausgelassen, ob er anwesend ist oder nicht, jeder wird gleichermaßen attackiert, zum großen Gewieher und Gelächter aller. Festbankette, das Leben in den Tavernen, Zuhälterei, Bestechungsgelder, Diebstähle, Ehebruch, sexuelle Erniedrigung, das ganze peinliche Treiben wird öffentlich enthüllt. Daraus aber zieht man nicht nur Vergnügen, sondern auch größten Nutzen, denn Leben und Charakter all dessen wird vor dir ausgebreitet.[10]

Lapo meint das ohne Zweifel ironisch, doch gerade die Art seiner Ironie zeigt auch, dass er sich auf zynische Späße verstand. Er wäre, auch das demonstriert sein Text, durchaus gerüstet, an den Konversationen teilzunehmen, die er zugleich an den Pranger stellt. Und so war der Text zugleich eine ausgezeichnete Gelegenheit für seinen Verfasser, sich den Mitgliedern der Kurie und vor allem »Poggio dem Florentiner« zu empfehlen.

In den 1430er Jahren, als Lapo die Szene betrat, war Poggio bereits vom Schreiber aufgestiegen in die einflussreichere und einträglichere Stellung eines apostolischen Sekretärs. Zu jener Zeit gab es um die hundert Schreiber am päpstlichen Hof, doch jeweils nur sechs apostolische Sekretäre. Letztere hatten direkten Zugang zum Papst und darum auch weitaus größeren Einfluss. Ein kluger Rat hier, ein zur richtigen Zeit platziertes Wort da, das konnte den entscheidenden Unterschied machen, ob es um einen Streitfall ging oder um die Zusage einer einträglichen Pfründe.

Unter den Sekretären gab es vor allem einen, der als *secretarius domesticus* oder *secretus* bezeichnet wurde, als Privatsekretär des Papstes. Diese bevorzugte Stelle war der goldene Apfel, und Poggio – dessen Vater einst aus Arezzo hatte fliehen müssen, weil ihm die Gläubiger auf den Fersen waren – hatte ihn nach jahrelangen Manövern gepflückt. Wenn der ehrgeizige Lapo oder irgendein anderer Postenjäger den Hof sondierte, wird er ohne Schwierigkeiten Poggio als den ersten unter den »Männern des Papstes« ausgemacht haben.

Was aber hat Lapo dann auf den Gedanken gebracht, er könne sich Poggio ausgerechnet dadurch verpflichten, dass er ein ironisches Bild der korrupten Institution zeichnete, der jener diente und in die er selbst aufgenommen werden wollte? Ganz einfach: Poggio hatte sich nicht erst in den 1430er Jahren, sondern wahrscheinlich schon einige Zeit zuvor im Zentrum dessen etabliert, was er »Bugiale« oder *officina mendiacorum* nannte, die Lügenschmiede. Es war dies ein abgelegener Raum am Hof, in dem sich die päpstlichen Sekretäre regelmäßig trafen, um Neuigkeiten und Späße zu tauschen. »Dort wurde niemand geschont«, schrieb Poggio später, mit einer Wendung, die an Lapo erinnert, »dort griffen wir alles an, was uns mißfiel, und sehr oft war es der Papst selbst, mit dessen Kritisierung wir die Sitzung eröffneten.«[11] Das Geplauder dort, trivial, verlogen, durchtrieben, verleumderisch, häufig auch obszön, gehörte zu der Art von

Unterhaltung, die, bis die Stimmen verklangen, fast schon wieder vergessen war; allein Poggio hat offenbar kaum etwas davon vergessen. Er kehrte an sein Schreibpult zurück und machte aus diesen Unterhaltungen, die in der »Lügenschmiede« geführt wurden, in seinem besten Latein etwas, das er dann *Facetiae* nannte.

Es ist fast unmöglich, dass Scherze und Späße, die jahrhundertealt sind, lebendig bleiben. Wenn uns einige der Possen von Shakespeare oder Rabelais oder Cervantes noch immer zum Lachen bringen, grenzt dies an ein Wunder. Poggios *Facezien,* fast sechshundert Jahre alt, sind heute vor allem als Symptome des damaligen Zeitgeists von Interesse; Relikte, die uns, wie die Überreste lange gestorbener Insekten, etwas von dem Gesumm erklären, das die Luft des Vatikan erfüllte. Einige der kleinen Texte sind berufsbezogene Klagen, wie sie Sekretäre wohl zu allen Zeiten geäußert haben: Stets behauptet der Chef, Fehler entdeckt zu haben, regelmäßig verlangt er, das Dokument noch einmal zu schreiben. Legt man ihm dann aber das identische, angeblich jedoch korrigierte Schreiben vor, wird er es in die Hand nehmen, als wolle er es prüfen, einen Blick darauf werfen und sagen: »So ist es gut, geh jetzt und setze das Siegel darunter.«[12] Einige Geschichten erzählen halb skeptisch, halb gutgläubig von bekannten Wundermärchen und Wunderdingen. Ein paar beleuchten ironisch sogar Angelegenheiten der Kirchenpolitik, so etwa, wenn Poggio den Papst, der sein Versprechen, das Schisma zu beenden, praktischerweise vergaß, mit einem Scharlatan aus Bologna vergleicht, der verkündet hatte, er werde fliegen: »Nachdem endlich die Sonne untergegangen war, drehte der Gaukler, um wenigstens etwas zu tun, dem Volke den Rücken und zeigte ihm den Hintern. Ebenso hat es … jetzt der Papst gemacht.«[13]

Die meisten Geschichten in den *Facezien* handeln von Sex, und in ihrer Herrenclub-Schmierigkeit zeigen sie eine Misogynie, die sich mischt mit elitärer Verachtung für Bauerntölpel, und, gelegentlich, auch einen Zug ins ausgesprochen Antiklerikale. Da gibt es die Frau, die ihrem Ehemann erzählt, dass sie zwei Scheiden habe *(duos cunnos),* eine vorne, die sie mit ihm teilen will, die andere hinten, die sie, fromme Seele, die sie ist, der Kirche geben möchte. Das Arrangement funktioniert, weil der Gemeindepriester sowieso nur an der interessiert ist, die der Kirche gehört.[14] Ein andermal wird vom ahnungslosen Priester erzählt, der in einer Predigt gegen Wollust Praktiken beschreibt, mit denen Paare ihre sexuelle Lust steigern; viele Gemeindemitglieder merken sich das Gehörte, gehen heim und probieren es aus. Erzählt wird auch von törichten Priestern, die, erstaunt darüber, dass die meisten Frauen in der Beichte behaupten, treu gewesen zu sein, die Männer dagegen alle außerehelichen Affären eingestehen, sich ums Leben nicht vorstellen können, mit wem diese Männer ihre Sünde begangen haben. Immer wieder handeln die Geschichten von verführerischen Klosterbrüdern und wollüstigen Einsiedlern, von Florentiner Kaufleuten, die ihren Profit wittern, von Frauen, deren Krankheiten auf wundersame Weise durch Sex kuriert wurden, von ausgebufften Trickbetrügern, untreuen Ehefrauen und törichten Ehemännern. Da geht es um einen Humanistenkollegen namens Francesco Filelfo, der träumt, er stecke seinen Finger in einen magischen Ring, der seine Frau davon abhalten werde, ihm untreu zu sein, und der, als er aufwacht, feststellt, dass er seinen Finger in die Scheide seiner Frau gesteckt hat. Auch von einem Quacksalber ist zu lesen, der behauptet, Kinder unterschiedlicher Art produzieren zu können – Kaufleute, Soldaten, Generäle –, jeweils abhängig davon, wie tief er seinen Schwanz hineinstecke. Ein Bauerntölpel, der gerne einen Soldaten hätte, übergibt dem Betrüger sein Weib, kommt zu gegebener Zeit aber, stolz auf seine List, aus dem Versteck und haut dem Quacksalber auf den Hintern, dass dieser tiefer hineinrutscht, ruft: *»Per Sancta Dei Evangelia, hic erit Papa!«* (»Bei Gottes heiligen Evangelien, das wird ein Papst!«)[15] Die *Facezien* waren ein großer Erfolg.

Wenn Poggios Werk – die seinerzeit bekannteste Schwänkesammlung – tatsächlich etwas einfängt von der Atmosphäre am päpstlichen Hof, dann wird verständlicher, warum Lapo ausgerechnet dadurch auf sich aufmerksam machen wollte, dass auch er diese merkwürdige Mischung aus moralischer Empörung und Zynismus zur Schau stellt. (Den Erfolg kennen wir nicht, denn wenige Wochen, nachdem er seinen Dialog niedergeschrieben hatte, starb der bedauernswerte Lapo im Alter von nur dreiunddreißig Jahren an der Pest.) Im 16. Jahrhundert wird die Kirchenhierarchie, tief beunruhigt durch die protestantische Reformation, versuchen, derart subversiven Humor in den eigenen Reihen auszumerzen. Poggios *Facezien* standen zusammen mit Werken von Boccaccio, Erasmus und Machiavelli auf einer Liste der Bücher, die die Kirche auf dem Scheiterhaufen sehen wollte.[16] Doch in der Welt, in der Poggio lebte, war es noch zulässig, wo nicht sogar en vogue, beim Namen zu nennen, was ohnehin weithin bekannt war. Immerhin konnte Poggio über die Institution, in der er die längste Zeit seines Arbeitslebens zugebracht hat, schreiben:

> In der römischen Kurie herrscht fast allein das Glück, und nur sehr selten finden dort der Geist und die Tugend ihren Platz; durch Intrigen und Ausnutzung günstiger Umstände aber – um vom Gelde zu schweigen, das die ganze Welt zu beherrschen scheint – ist alles zu erreichen.[17]

Päpstliche Schreiber und Sekretäre, ehrgeizige junge Intellektuelle, die von ihrem Verstand lebten, schauten sich um und fanden sich selbst natürlich klüger, vielschichtiger und des Fortkommens würdiger als die vollgefressenen Prälaten, denen sie dienten. Natürlich war ihre Welt eine Welt der Ressentiments. Wir beklagten uns, schrieb Poggio, »über die Minderwertigkeit der Menschen, in deren Händen die kirchliche Macht liegt; denn die gelehrten und klugen Leute werden übergangen.«[18]

Zudem war dies, auch das kann kaum erstaunen, eine Welt voller Hinterhalte, Konkurrenz und Verleumdung. Wir haben, als von Poggios Herkunft die Rede war, einen Vorgeschmack dessen erhalten, was sie einander auftischten, und Poggios eigene »Scherze« über seinen Feind, den Humanisten und Rivalen Filelfo, sind von gleicher Machart:

> Einmal kam im apostolischen Palast, im Kreise der Sekretäre, der gewöhnlich von vielen gelehrten Leuten aufgesucht wird, die Rede auf das unreine und schimpfliche Leben des verbrecherischsten aller Menschen – Francesco Filelfo. Und nachdem viele eine Menge seiner Schandtaten erzählt hatten, fragte einer, ob Filelfo von edlem Stamme sei. »Allerdings«, sagte da einer seiner Landsleute … »er ist sogar aus glänzendem Stamme; denn sein Vater zog morgens immer seidene Kleider an.«

Und dann, um sicherzugehen, dass seine Leser den Witz auch wirklich kapierten, fügt Poggio erläuternd an:

> Er wollte damit sagen, daß Filelfo Sohn eines Priesters sei. Die Gewänder, deren sich die Geistlichen bei ihren Funktionen bedienen, bestehen nämlich meistens aus Seide.[19]

Aus historischem Abstand betrachtet, erscheint solche Kabbelei vor allem kindisch. Aber diese Männer waren erwachsen, wollten durchaus Blut sehen, und gelegentlich waren die Seitenhiebe auch nicht nur rhetorisch. 1452 lag Poggio im Streit mit einem anderen apostolischen Sekretär, dem notorisch mürrischen Georg von Trapezunt. Anlass war die brennende Frage, wer von beiden für mehr Übersetzungen antiker Texte verantwortlich sei. Als Poggio dem Rivalen zuschrie, er sei ein Lügner, revanchierte sich dieser mit einem Fausthieb. Augenblicklich zogen sich beide schmollend an ihre Pulte zurück, später aber entbrannte der Kampf aufs Neue, wobei der zweiundsiebzigjährige Poggio den siebenundfünfzigjährigen Georg mit einer Hand an Wange und Mund packte und mit den Fingern der anderen versuchte, ihm ein Auge auszustechen. Hinterher, in einer verärgerten Note zu ihren Handgreiflichkeiten, schrieb Georg an Poggio, er habe ja mit beispielhafter Zurückhaltung gehandelt: »Von Rechts wegen hätte ich dir die Finger abbeißen können, die du in meinen Mund gesteckt hattest; ich tat es nicht. Weil ich saß und du standest, dachte ich daran, dir mit beiden Händen die Eier zu zerquetschten und dich so flachzulegen; ich tat es nicht.«[20] Eine groteske Farce, so scheint es, den Geschichten aus Poggios Buch nicht unähnlich, aber der Streit hatte reale Konsequenzen: Poggio, mit seinen besseren Beziehungen und seiner umgänglicheren Art, konnte dafür sorgen, dass Georg aus der Kurie ausgestoßen wurde; verbittert und verarmt starb er in Rom.

In einem im 19. Jahrhundert berühmten Buch über die »Wiederbelebung der Gelehrsamkeit«, in dem diese Gladiatorenkämpfe unter humanistischen Gelehrten dargestellt sind, sagt John Addington Symonds, »sie könnten als Beweis für die Begeisterung verstanden werden, mit denen sie ihre Studien betrieben«.[21] Mag sein. Die Beleidigungen mochten wild und unbeherrscht sein, ihr Anlass waren subtilste Streitpunkte, Fehler in lateinischer Grammatik, Ausdrucksfehler, Übersetzungsfragen. Doch die Verstiegenheit und Bitterkeit der Vorwürfe – im Verlauf eines Streits um lateinischen Stil beschuldigte Poggio den jüngeren Humanisten Lorenzo Valla der Häresie, des Diebstahls, dazu der Lüge, Fälschung, Feigheit, Trunksucht, sexueller Perversion und wahnsinniger Eitelkeit – offenbart doch etwas Niederträchtiges im Innenleben dieser so beeindruckend gebildeten Männer.

Offensichtlich hat Lapo, während er zugleich an die Tür klopfte und Einlass begehrte, die Krankheit dieses ganzen Milieus erkannt und verstanden. Wobei das Problem nicht bei dieser oder jener Person und ihren Schwierigkeiten lag, sondern in der Struktur der Kurie. Um seine eigenen Bedürfnisse zu befriedigen, hatte der päpstliche Hofstaat eine ganze Klasse entwurzelter Intellektueller hervorgebracht und an sich gebunden. Alle waren sie gezwungen, ihrem Herrn zu dienen, und von dessen Patronage völlig abhängig; kein Wunder, wenn sie unglücklich waren, zynisch wurden und sich in beißende Ironie flüchteten. Wie hätten zügelloser Zynismus, Gier und Scheinheiligkeit, die Notwendigkeit, sich bei Satrapen einzuschmeicheln, die nur ihrem Vorteil dienten, dem Rest der Welt aber Moral predigten, die endlose Rangelei um die eigene Stellung am Hof eines absoluten Herrschers nicht aufzehren sollen, was an Hoffnung und Anstand in einem Menschen steckte, bevor er die Hofluft zu atmen begann? Wohin mit den schäumenden Gefühlen der Wut – wenn nicht in Versuche des Charaktermords oder gar wirkliche Morde?

Ein Weg, den Poggio gefunden hatte, um mit dieser Krankheit umzugehen – er war ihr rasch erlegen und hat sich nie wieder vollständig von ihr erholt –, war Gelächter, das böse, obszöne Gelächter der *Facezien*. Es muss ihm Erleichterung verschafft haben, doch, wie es scheint, nicht genug. Denn er schrieb auch eine Reihe von Dialogen – *De avaritia* (Von der Habgier, 1428), *Contra hypocrites* (Gegen die Scheinheiligen, 1447/48), *De nobilitate* (Vom Adel, 1440), *De varietate fortunae* (Von den Wechselfällen des Schicksals, 1448), *De miseria humanae conditionis* (Vom Elend des Menschendaseins, 1455)[22] –, in denen er den Standpunkt eines ernsthaften Moralisten einnimmt. Es bestehen klare Verbindungslinien zwischen den Schwänken und den moralischen Abhandlungen; diese erlaubten ihm, sich den Fragen zuzuwenden, auf welche die grotesken Anekdoten nur verweisen.

Die Abhandlung *Contra hypocrites* beispielsweise partizipiert an den Geschichten über geistliche Verführer, doch werden sie eingeflochten in eine längere, sehr viel ernsthaftere Analyse eines institutionellen Dilemmas: Warum neigen Kirchenmänner und insbesondere Mönche zur Scheinheiligkeit? Gibt es, fragt Poggio, eine Beziehung zwischen religiöser Berufung und Schwindelei? Zu einer umfassenden Antwort gehörten gewiss auch sexuelle Motive, sie allein allerdings können kaum zureichend erklären, warum sich an Orten wie der Kurie Scheinheilige in ganzen Schwärmen sammelten, warum sie – wie auch die Mönche, die bekannt waren für ostentative Frömmigkeit und für asketische Blässe – dann doch so fieberhaft nach Pfründen, Immunitäten, Gefälligkeiten, Privilegien und Machtstellungen strebten. Auch für die Scheinheiligen, die in der Welt jenseits der Kurie in noch größeren Schwärmen auffielen, bieten sexuelle Machenschaften keine ausreichende Erklärung. Poggio lässt sie alle aufmarschieren: die charismatischen Prediger, die es verstehen, aus fürchterlichen, mit sonorer Stimme ausgestoßenen Drohungen mit Höllenfeuer und Verdammnis klingende Münze zu schlagen; die Franziskanerobservanten, die der Ordensregel der Franziskaner strengstens zu folgen vorgeben, sich aber, was ihre Moral angeht, kaum von Räuberbanden unterscheiden lassen; die Bettelbrüder mit ihren kleinen Beuteln, langem Haar und noch längeren Bärten und ihrer betrügerischen Prätention, in heiliger Armut zu leben; die Beichtväter, die in den Geheimnissen aller Männer und Frauen herumstöbern. Warum, so lässt Poggio seine Dialogrunde fragen, warum schließen sich diese Musterbilder übertriebener Religiosität nicht in ihren Zellen ein und widmen sich einem Leben des Betens und Fastens? Die Antwort: Weil ihre augenfällig bekundete Frömmigkeit, Demut und Weltverachtung tatsächlich nur Masken sind für Gier, Faulheit und Ehrgeiz. Natürlich gebe es, räumt einer aus der Runde ein, gute und ernsthafte Mönche, doch das seien nur wenige, sehr, sehr wenige, und man könne zuschauen, wie auch sie in die fatale Verderbnis gezogen würden, die in ihre Berufung geradezu eingebaut sei.

Scheinheiligkeit, wirft »Poggio«, der sich in diesem Dialog wohl selbst vertritt, in die Runde, sei immerhin besser als Gewalttätigkeit. Sein Freund Aliotti, ein Abt, ist da ganz anderer Meinung: Sie sei schlimmer, denn im Geständnis eines Vergewaltigers oder Mörders könne jeder das Schreckliche erkennen, sich gegen einen routinierten Betrüger zu wehren, sei hingegen erheblich schwieriger. Wie aber lassen sich Scheinheilige ausmachen?

Je geschickter sie sich anstellen bei ihrer Heuchelei, desto schwieriger lassen sich Betrüger von wirklich heiligen Gestalten unterscheiden. Darum sammeln die Dialogteilnehmer warnende Zeichen: Misstrauisch müsse man dem begegnen, der

> eine übertriebene Reinheit des Lebens zeige;
> barfuss durch die Straßen ziehe, mit schmutzigem Gesicht und schäbigen Kleidern;
> seine Geringschätzung des Geldes vor allen demonstriere;
> Frauen an sich binde, damit sie seine Wünsche erfüllten;
> außerhalb seines Klosters auf der Suche nach Ruhm und Ehre hin und her renne;
> viel Aufhebens mache von seinem Fasten und anderen asketischen Praktiken;
> andere dazu bringt, ihm Dinge für den eigenen Nutzen zu besorgen;
> sich weigere, anzuerkennen oder zurückzugeben, was man ihm im Vertrauen gab.[23]

So gut wie alle Priester oder Mönche, die der Kurie angehörten, seien Scheinheilige, heißt es bei Poggio, denn gerade dort sei es unmöglich, die höchsten Ziele der Religion zu erreichen. Sollte man in der Kurie auf jemanden treffen, der in seiner Demut besonders devot erscheint, vor dem hüte man sich: Der nämlich sei nicht einfach nur scheinheilig, sondern der schlimmste Scheinheilige von allen. Generell Acht haben solle man auf Menschen, die zu vollkommen erscheinen, und stets daran denken, wie schwer es ist, gut zu sein: *»Difficile est bonum esse.«*

Contra hypocrites steht nicht in der Nachfolge Martin Luthers, stammt nicht von einem Polemiker der Reformationszeit, sondern ist ein Jahrhundert früher geschrieben worden, von einem Beamten, der in der Kurie, dem Zentrum der katholischen Kirchenhierarchie, gelebt und gearbeitet hat. Die Kirche, die so heftig auf alles reagieren konnte, was sie als Herausforderung von Lehre und Institution betrachtete – und dies auch tat –, hat, wie das Schicksal dieses Textes zeigt, äußerst scharf formulierte Kritik aus den eigenen Reihen toleriert, selbst wenn sie von weltlichen Gestalten wie Poggio kam. Er und seine humanistischen Kollegen in der Kurie mühten sich, auch das zeigt dieser Text, Wut und Abscheu nicht nur in obszönem Gelächter und handgreiflichen Auseinandersetzungen mit ihresgleichen abzureagieren.

Das in diesem kritischen Geist größte, zugleich folgenreichste Werk hat nicht Poggio, sondern sein erbitterter Gegner Lorenzo Valla geschrieben. Berühmt wurde er, weil er seine brillanten Kenntnisse der lateinischen Philologie dazu nutzte, die sogenannte »Konstantinische Schenkung« als Fälschung zu entlarven, jenes Dokument, mit dem der römische Kaiser dem Papst die Herrschaft über das Westreich übertragen haben soll. Mit Veröffentlichung dieses Stücks detektivischer Arbeit hat sich Valla in beträchtliche Gefahr gebracht. Doch zumindest während einer kurzen Periode im 15. Jahrhundert reichte die Toleranz der Kirche gegenüber interner Kritik selbst bis zu dieser Grenze: Papst Nikolaus V., ein Humanist, berief Valla sogar auf den Posten eines apostolischen Sekretärs; dieser höchst unabhängige und kritische Geist wurde also von der Kurie beschäftigt, die er unablässig bloßgestellt und lächerlich gemacht hatte – nicht anders als Poggio auch.

Dem allerdings fehlten Vallas Radikalität und Originalität. Einer der Dialogpartner aus *Contra hypocrites* äußert kurz ein Argument, das Poggios ganzen Text in eine gefährliche Richtung hätte lenken können: Er stellt nämlich einen Zusammenhang her zwischen der theatralischen Prätention von Heiligkeit in der katholischen Kirche und der betrügerischen Nutzung von Orakeln in der heidnischen Religion; beides, so lässt sich dem Text entnehmen, sind Mittel, das gemeine Volk einzuschüchtern und zu manipulieren. Doch dieser subversive Hinweis – den Machiavelli ein Jahrhundert später zur nüchternen Analyse des politischen Gebrauchs jeglichen religiösen Glaubens weitertreiben sollte – wird bei Poggio nie explizit formuliert, sein Text endet schließlich nur in einer Phantasie darüber, wie sich die Scheinheiligen ihrer schützenden Mäntelchen entkleiden ließen, und zwar nicht in diesem, sondern erst im nächsten Leben. Dann nämlich, so erfahren wir, müssten die Toten, um ins Höllenreich einzugehen, Pforten unterschiedlicher Breite durchschreiten. Diejenigen, von denen der Türwächter wisse, dass sie eindeutig gut beziehungsweise böse sind, schritten durch die breiten Pforten. Durch die schmalen müssen die anderen Kandidaten, bei denen nicht klar ist, ob sie ehrlich oder scheinheilig sind. Dies zeigt sich dann an diesen besonderen Pforten: Die ehrlichen Seelen gelangen mit minimalen Kratzern hindurch, die Haut der Scheinheiligen dagegen wird völlig zerfetzt.

Mit dieser phantasierten Lazeration gelingt es Poggio, seine Aggressionen mit seinem Pessimismus zu verbinden: Zwar werden die Scheinheiligen alle bloßgestellt, auch definitiv bestraft, doch erst im nächsten Leben; erst dann wird ans Licht kommen, wer sie wirklich sind. Man spürt die Wut, die unter der Oberfläche seiner Schwänke und Possen brodelt, aber dahinter steht Verzweiflung – und sie entspringt der Unmöglichkeit, Missstände durch Reformen zu beheben, dem beständigen Verlust all dessen, das zu bewahren wert wäre; sie gilt der Verdorbenheit der *conditio humana.*

Wie viele seiner Kollegen war auch Poggio ein unermüdlicher Briefschreiber, und in seinen Briefen können wir nacherleben, wie er sich mit Zynismus, Abscheu und Weltverdrossenheit abplagt, die in der päpstlichen Entourage wohl alle ergriffen haben. Klöster, schreibt er einem Freund, seien keine »Gemeinschaften von Gläubigen, keine Stätten religiöser Menschen, sondern Werkstätten von Verbrechern«, die Kurie eine »Jauchegrube menschlicher Laster«.[24] Wohin in Rom er auch blicke, die Menschen rissen die alten Tempel nieder, um aus den Steinen Kalk zu gewinnen; innerhalb ein, zwei Generationen seien die meisten Relikte einer glorreichen Vergangenheit verschwunden, obwohl sie doch so viel wertvoller seien als die eigene miserable Gegenwart. Er verschwende sein Leben und müsse einen Ausweg finden: »Ich muss alles versuchen, um es zu etwas zu bringen, damit ich nicht länger Herren zu Diensten sein muss und Zeit habe für die Literatur.«[25]

Doch selbst wenn er sich dem Wunschtraum, sein Leben zu verändern, für Augenblicke überlässt – »alle diese weltlichen Mühen aufzugeben, alle diese leeren Sorgen, den Verdruss, die täglichen Pläne, in den Hafen der Armut zu fliehen, der die Freiheit ist und wahre Ruhe und Sicherheit«[26] –, erkennt Poggio auch, dass ihm dieser Weg versperrt ist. »Ich weiß nicht, was ich außerhalb der Kurie tun soll«, schreibt er an Niccoli, »außer Knaben zu unterrichten oder für einen Herrn oder besser Tyrannen zu arbeiten. Müsste ich so etwas tun, dann sehe ich nur Elend. Denn, wie du weißt, ist Dienstbarkeit eine schlechte Sache, insbesondere aber der Dienst für die Launen eines gottlosen Mannes. Und was die Schullehre angeht, möge sie mir erspart bleiben! Denn besser wäre es, einem Mann unterworfen zu sein als vielen.«[27] So verbleibe er denn in der Kurie – in der Hoffnung, dass er genug Geld verdienen werde, um sich früh zur Ruhe setzen zu können: »Mein einziger Wunsch: durch harte Arbeit einiger Jahre Muße finden zu können für den Rest meines Lebens.«[28] Wie sich herausstellen sollte, wurden aus den erhofften wenigen Jahren am Ende fünfzig.

Traum, Verschiebung, Kompromiss – das Muster ist nur zu vertraut: Es ist das Zeichen eines gescheiterten Lebens. Doch darein ergab sich Poggio nicht, obwohl er allen Grund dazu gehabt hätte. Er lebte in einer Welt, in der Bestechung und Gier allgegenwärtig waren, die zudem immer wieder aus den Fugen geriet: durch Verschwörungen, Aufstände und Pestepidemien. Selbst die römische Kurie, für die er arbeitete, war nicht stabil, nicht einmal was ihren Standort Rom anbetraf, denn wiederholt waren der Papst und sein gesamter Hofstaat gezwungen, aus der Stadt zu fliehen. Wie jeder andere in der damaligen Welt hatte auch Poggio mit der stetigen Präsenz von Schmerzen zu kämpfen – Schmerzen, für die es keine medizinische Linderung gab –, ebenso mit dem beständig drohenden Tod. Er hätte sich leicht in einen eitlen, defensiven Zynismus zurückziehen können, erleichtert allein durch unerfüllte Fluchtphantasien.

Davor aber schützte ihn allein sein besessenes Verlangen, seine Bibliomanie. 1406 starb sein großer Lehrer Salutati, und als Poggio dies erfuhr, versank er in tiefem Gram. Der große alte Mann war jedem Halt gewesen, in dem er »einen Funken Geist« entdeckt hatte; alle, die ihm auf diese Weise aufgefallen waren, hatte er gefördert: mit Unterricht, Ratschlägen, Empfehlungsschreiben, Geld und, vor allem anderen, mit der Erlaubnis, seine Bücher zu nutzen. Wir haben, schreibt Poggio, »einen Vater verloren, haben Hafen und Zuflucht aller Gelehrten verloren, die Leuchte unserer Nation«. Die Tränen seien ihm gekommen, während er dies schrieb; das war nicht rhetorisch gemeint, es gibt für uns keinen Grund, daran zu zweifeln: »Drücke seinen Söhnen mein Mitgefühl aus«, schreibt er Niccoli nach Florenz, »sage ihnen, ich sei in tiefe Trauer gestürzt.« Dem schließt er einen Wunsch an: »Bringe in Erfahrung, was mit seinen Büchern geschehen soll.«[29]

Im Juli 1449 dann heißt es in einem Brief an Niccoli: »Ich bin bestürzt und erschrocken über den Tod Bartolomeo de Montepulcianos«, des engen

Freundes, mit dem er die Klosterbibliotheken in der Schweiz erkundet hatte.[30] Und wieder, übergangslos, wendet sich sein Geist dem zu, was er gerade in Monte Cassino entdeckt hatte: »Ich fand ein Buch, das Julius Frontinus' *De aquaeductu urbis* enthält.«[31] In einem Brief, der eine Woche später entstand, wiederholt sich das gleiche Muster. Poggio schreibt zunächst von zwei antiken Handschriften, die er gerade kopiert habe und von denen er sich wünscht, dass sie »in Rot liniert werden und gebunden«:

> Ich konnte dir das nicht aus der Stadt schreiben, wegen der Trauer über den Tod meines teuersten Freundes und weil mein Geist verwirrt ist, was teils aus Furcht resultiert, teils aus der plötzlichen Abreise des Papstes. Ich musste mein Haus verlassen und alle meine Dinge regeln; eine Menge war auf einmal zu tun, so dass es gar keine Möglichkeit gab, zu schreiben oder auch nur Luft zu holen. Und daneben die tiefste Trauer, die alles noch viel schwerer machte. Doch was die Bücher angeht …[32]

»Doch was die Bücher angeht …« – das ist der Ausweg, die Flucht vor der alles durchdringenden Furcht, aus Verwirrung und Schmerz. »Mein Land hat sich noch nicht erholt von der Pest, die es vor fünf Jahren heimgesucht hat«, schreibt er im September 1430, »und nun scheint es erneut, als werde es einem nicht minder gewaltsamen Massaker erliegen.« Und ein paar Zeilen später: »Doch lass uns zurückkommen zu unseren eigenen Angelegenheiten. Ich sehe, was du über die Bibliothek geschrieben hast …«[33] Wenn es die Pest nicht ist, die für Angst und Schrecken sorgt, dann der Krieg: »Jeden Mann erwartet seine Stunde, selbst Städte haben ihr Schicksal.« Und wieder diese Bemerkung: »Lasst uns unsere Muße mit Büchern verbringen, die alle diese Sorgen von uns nehmen und uns lehren werden zu verachten, was manche Menschen ersehnen.«[34] Im Norden stellt der mächtige Visconti aus Mailand ein Heer auf, florentinische Söldner belagern Lucca; in Neapel sät Alfonso Unruhe; und Kaiser Sigismund übt unerträglichen Druck auf den Papst aus. Und was schreibt Poggio: »Ich habe bereits entschieden, was ich tun werde, wenn die Dinge sich entwickeln, wie viele Leute fürchten: Ich werde mich nämlich der griechischen Literatur widmen …«[35]

Poggio schrieb seine Briefe sehr überlegt, er erwartete, dass sie zirkulierten. Doch seine Bibliomanie, die wieder und wieder zum Ausdruck kommt, scheint spontan notiert, aufrichtig und authentisch. Sie war der Schlüssel zu einem Gefühl, das er mit einem Wort umreißt, das für einen päpstlichen Bürokraten ungewöhnlich scheint: Freiheit. »Dein Poggio«, schreibt er, »ist mit sehr wenig zufrieden, und du wirst das selbst sehen; manchmal bin ich frei und kann lesen, frei von allen Sorgen um öffentliche Angelegenheiten, die ich meinen Oberen überlasse. Ich lebe frei, so oft ich kann.«[36] Freiheit meint hier nicht politische Freiheit, hat nichts zu tun mit der Vorstellung von Rechten oder mit der Erlaubnis zu sagen, was immer er sagen wollte, schon gar nichts mit der Möglichkeit, dorthin zu gehen, wohin er gehen möchte. Poggio meint vielmehr die Erfahrung, sich innerlich vom Druck der Welt freizumachen – in der er so ambitioniert engagiert war – und sich in einen anderen Raum zu versetzen. Das war es, was es Poggio bedeutete, sich in ein antikes Buch zu vertiefen: »Manchmal bin ich frei und kann lesen.«

Poggio genoss dieses Gefühl, wenn das auf der italienischen Halbinsel übliche politische Durcheinander besonders heftig wurde; wenn sich der päpstliche Hofstaat in Aufruhr befand; wenn seine eigenen Vorhaben und Pläne vereitelt wurden oder wenn sie sich, was vielleicht nicht weniger erschreckend war, realisierten. Seine Fähigkeiten als humanistisch gebildeter Schreiber, als Autor und als Insider des päpstlichen Hofes hatte er sichtbar unter Beweis gestellt. An seinem Gefühl der Freiheit hielt er auch dann noch fest, als er irgendwann nach 1410[37] die prestigeträchtigste und zugleich gefährlichste Berufung seiner Karriere annahm: den Posten eines apostolischen Sekretärs bei dem finsteren, hinterhältigen und skrupellosen Baldassare Cossa, der zum Papst gewählt worden war.

KAPITEL SIEBEN

SO FÄNGT MAN FÜCHSE

Wenn ein Mann der Kurie dem Papst als apostolischer Sekretär dienen konnte, hatte er den Gipfel ehrgeizigen Strebens erklommen. Und Poggio hatte, obwohl er erst Anfang dreißig war, diesen Weg aus dem Nichts an die Spitze der Meute allein durch sein Geschick geschafft. Diese Meute wirbelte zu jener Zeit ziemlich durcheinander: diplomatische Manöver, komplexe Transaktionen, Invasionsgerüchte, Jagd auf Häretiker, Drohungen, Finten und doppeltes Spiel – Baldassare Cossa, der sich Papst Johannes XXIII. nannte, erwies sich als Meister der Intrige. Und Poggio ständig mitten drin. Denn nun konnte er Einfluss nehmen darauf, wer Zugang zum Papst erhielt, er verarbeitete entscheidende Nachrichten und Informationen und leitete sie weiter, nahm Notizen auf, formulierte Strategien aus, die nur grob skizziert vorlagen, setzte Sendschreiben an Fürsten und Potentaten auf, natürlich in Latein. Er war Mitwisser von Geheimnissen und strategischen Vorhaben, denn als apostolischer Sekretär musste er eingeweiht werden in die Absichten seines Herrn, musste wissen, was dieser mit den zwei Rivalen und ihren Ansprüchen auf den Heiligen Stuhl vorhatte,[1] was mit Sigismund, dem Kaiser des Heiligen Römischen Reiches, der entschlossen schien, das Schisma zu beenden, was mit den Ketzern in Böhmen, was mit den benachbarten Mächten, die entschlossen schienen, Territorien zu besetzen, die die Kirche beanspruchte. Die schiere Menge der Arbeit auf Poggios Tisch muss erdrückend gewesen sein.

Dennoch fand er damals Zeit, Ciceros *De legibus (Über die Gesetze)* in seiner wunderschönen Handschrift zu kopieren, drei umfangreiche Bücher, dazu noch dessen Rede über Lucullus. (Die Handschrift liegt in der Vatikanischen Bibliothek: Cod. Vatican. lat. 3245.) Irgendwie muss es ihm also gelungen sein, sich Augenblicke dessen zu sichern, was er seine Freiheit nannte. Doch jedesmal, wie es scheint, hat diese Freiheit – der Sprung zurück in die antike Vergangenheit – seine Entfremdung von der Gegenwart verstärkt. Dabei sollte klar sein, dass ihn seine Liebe zum klassischen Latein nicht verleitete, die Geschichte des alten Rom zu verklären: Poggio hatte verstanden, dass Geschichte ihr volles Maß an menschlicher Torheit und Verruchtheit brauchte. Ebenso klar aber stand ihm vor Augen, dass die Stadt, in der er lebte, nur mehr ein erbärmlicher Abklatsch ihres versunkenen Glanzes war.

Die Bevölkerung Roms, ein Bruchteil ihrer einstigen Zahl, lebte in verstreuten Siedlungen, von denen sich eine auf dem Kapitol befand, wo sich einst der mächtige Jupiter-Tempel erhob, eine andere in der Nähe des Lateran, wo der alte kaiserliche Palast stand, den Konstantin dem Bischof von Rom überlassen hatte, eine dritte drängte sich um die Peter-Basilika aus dem vierten Jahrhundert. Zwischen diesen Siedlungen dehnte sich Ödnis: Ruinen, Hütten, steinige Felder und Kapellen der Märtyrer. Auf dem Forum blökten grasende Schafe. Bewaffnete Schlägerbanden, einige von reichen Familien bezahlt, andere auf eigene Faust unterwegs, machten die Straßen unsicher; jenseits der Stadtmauern lauerten Banditen.[2] Es gab so gut wie kein Gewerbe, nur wenig Handel, dazu fehlte eine aufstrebende Klasse geschickter Handwerker und Stadtbürger, damit auch Bürgerstolz und Aussicht auf bürgerliche Freiheit. Dem, der Geschäfte machen wollte, blieben nur der Handel mit ausgegrabenen Metallklammern, die einst die Gebäude zusammengehalten hatten, und das Ablösen der dünnen Marmorverkleidungen, die dann beim Bau von Kirchen und Palästen erneut Verwendung fanden.

Die meisten Texte Poggios stammen aus späteren Abschnitten seines Lebens, doch deutet nichts darauf hin, dass er, angesichts der Welt, in deren Machinationen er verstrickt war, je etwas anderes fühlte als eine Art Seelenkrankheit. Sein beruflicher Triumph unter dem Pontifikat Johannes' XXIII. muss ihm einige Befriedigung verschafft haben, zugleich aber verstärkte das seine Verstrickungen, damit auch Seelenkrankheit und Fluchtphantasien. Wie zuvor Petrarca kultivierte Poggio eine Art archäologisches Gespür für das, was einst existiert hatte und versunken war, er spürte, wie in den leeren Räumen, dem Durcheinander des gegenwärtigen Rom die Vergangenheit spukte. In Poggios Beschreibung der »Wechselfälle des Schicksals« heißt es:

> Hier, auf diesem Hügel des Kapitol, auf dem wir sitzen, befand man sich früher am höchsten Ort des Römischen Imperiums, es war die Zitadelle der Welt, der Schrecken der Könige, anschaulich in den Fußspuren vieler Triumphzüge, reich geworden durch Raubgut und Tribute so vieler Nationen.

Und jetzt? So schaut nur hin:

> Dieses Welttheater, wie tief ist es gefallen! Wie hat es sich verändert! Wie verschandelt es ist! Der Weg des Triumphzugs überwuchert vom Wein, die Bänke der Senatoren unter Misthaufen verschwunden. … Das Forum des römischen Volkes, wo es sich versammelte, seine Gesetze zu beschließen und die Magistrate zu wählen, nun ist es eingezäunt zur Kultivierung von Suppenkräutern oder steht einladend offen zum Empfang von Schweinen und Büffeln.[3]

Die Relikte einstiger Größe tönten die Erfahrung der Gegenwart nur noch melancholischer. In Gesellschaft seiner humanistischen Freunde konnte Poggio versuchen, das Bild dessen heraufzubeschwören, was einst war: »Werft euren Blick auf den Hügel des Kapitols und sucht unter den riesigen zertrümmerten Fragmenten das Marmortheater, die Obelisken, die Kolossalstatuen, den Portikus von Neros Palast.« Doch nach seinen Ausflügen in die Antike waren es stets die zerrissene Gegenwart, die Trümmer, zu denen der päpstliche Bürokrat wieder zurückfinden musste.

Diese Gegenwart, die turbulenten Jahre, in denen Rom von Johannes XXIII. regiert wurde, wird nicht nur die gelegentliche »Freiheit« bedroht haben, die Poggio gepriesen hatte und mit der es jederzeit rasch vorbei sein konnte, sondern sie wird ihn auch so tief in Zynismus herabgezogen haben, dass es kein Entrinnen, keine Flucht mehr gab. Denn nun war die Frage, die Poggio und andere in Rom nicht mehr losließ, wie sie, die ausgerechnet am Hof dieses Papstes lebten und arbeiteten, wenigstens einen Rest moralischen Gespürs bewahren konnten. Ein Jahrzehnt älter als sein apostolischer Sekretär Poggio, war Baldassare Cossa auf der kleinen Vulkaninsel Procida bei Neapel geboren worden. Seine adlige Familie betrachtete die Insel als persönliches Eigentum, ihre verschwiegenen Buchten und mächtigen Festungen eigneten sich ausnehmend gut für die Hauptbeschäftigung der Familie, die Piraterie. Das war durchaus nicht ungefährlich: Zwei Brüder des Papstes wurden schließlich gefangen und zum Tod verurteilt, diese Urteile nach allerhand Strippenzieherei zu Gefängnishaft gemildert. Gegner des Papstes behaupteten, der junge Cossa habe mitgewirkt im Familiengewerbe, das ihm nicht nur lebenslange Schlaflosigkeit eingetragen, sondern auch seine grundlegenden Ansichten zur Weltordnung geprägt hatte.

Procida war eine viel zu kleine Bühne für Baldassares Talente. Energisch und mit scharfem Verstand begabt, zeigte er früh Interesse für das, was wir die höheren Formen der Piraterie nennen könnten. Er studierte Rechte an der Universität von Bologna – in Italien war dieses Studium damals eine bessere Vorbereitung für eine Kirchenkarriere als ein Studium der Theologie – und erwarb die Doktortitel beider Rechte, des kanonischen wie des zivilen. Während seiner Promotionsfeier – einer spektakulären Angelegenheit: der erfolgreiche Kandidat wurde im Triumph durch die Stadt geführt – wurde Cossa gefragt, was er nun zu tun gedenke. Seine Antwort: »Papst werden.«[4]

Wie Poggio begann auch Cossa seine Karriere am Hof des neapolitanischen Landsmannes Bonifatius IX., dem er als persönlicher Kammerherr diente. In dieser Eigenschaft war er beteiligt an der Aufsicht über den gar nicht heimlichen Verkauf von Kirchenämtern und am fieberhaften Ablasshandel. Auch an der Organisation des höchst einträglichen Jubeljahres war er beteiligt. Allen, die in diesem Jahr zu Roms Hauptkirchen pilgerten, war vollkommener Ablass garantiert, Erlass der fürchterlichen Pein des Fegefeuers, das Sündern nach dem Tod drohte. Dichte Menschenmengen füllten die Stadt, belebten das Geschäft der Gasthäuser, Tavernen und Bordelle, wälzten sich über die engen Brücken, beteten in den Kapellen der Heiligen, entzündeten Kerzen, gafften auf wundertätige Bilder und Statuen, kehrten nicht ohne Andenken und Talismane nach Hause zurück.

Ursprünglich sollte ein solches Jubeljahr nur einmal im Jahrhundert gefeiert werden, doch die Nachfrage war so groß und die daraus wachsenden Einnahmen so immens, dass das Intervall zuerst auf fünfzig, dann auf dreiunddreißig und schließlich auf fünfundzwanzig Jahre verkürzt wurde. Im Jahr 1400, kurz bevor Poggio auf der Szene auftauchte, brachte die große Zahl der Pilger, die der Beginn eines neuen Jahrhunderts nach Rom gezogen hatte, den Papst dazu, erneut vollständigen Ablass zu verkünden, obwohl seit dem letzten Jubeljahr gerade erst ein Jahrzehnt vergangen war. Um dieses Geschäft noch einträglicher zu machen, entwickelte die Kirche eine Vielzahl von Angeboten, an denen sich Cossas praktische Intelligenz erkennen lässt. Zum Beispiel konnten Gläubige, wenn sie in den Genuss der Wohltaten kommen wollten, die eine Pilgerreise nach Rom versprach – Erlass der nach dem Tod zu erwartenden tausendjährigen Qualen im Fegefeuer –, gleichwohl aber die schwierige Reise über die Alpen vermeiden wollten, von nun an den gleichen Ablass erhalten, wenn sie bestimmte heilige Stätten in Deutschland aufsuchten – vorausgesetzt, sie zahlten der Kirche, was die längere Reise gekostet hätte.[5]

Cossas Begabungen beschränkten sich nicht auf derart pfiffige Marketingideen. Er erwies sich auch, nachdem er als päpstlicher Statthalter nach Bologna entsandt worden war, als höchst erfolgreicher Befehlshaber, im militärischen wie im zivilen Bereich, des weiteren als packender Redner. In vielerlei Hinsicht verkörperte er genau die Eigenschaften – rege Intelligenz, Beredsamkeit, Mut und Tatkraft, Ehrgeiz, Sinnlichkeit, unerschöpfliche Energie –, die zusammen das Ideal eines Renaissancemannes ausmachten. Doch selbst für Zeitgenossen, die gewohnt waren, dass eine Lücke klaffen konnte zwischen religiöser Berufung und gelebten Realitäten, erschien der Kardinaldiakon von Bologna, so Cossas Titel, als Ausnahmegestalt in Kirchengewändern. Er war, wie Poggios Freund Bruni bemerkte, ein äußerst begabter Mann der Welt, dem jede Spur geistlicher Berufung abging.

Diese weit verbreitete Wahrnehmung seines Charakters kann die merkwürdige Mischung aus Bewunderung, Furcht und Misstrauen erklären, die er weckte; die Menschen glaubten, er sei zu allem fähig. Als Papst Alexander V. am 4. Mai 1410 kurz nach einem Besuch in Bologna starb, wo sein Freund, der Kardinaldiakon, ein Gastmahl für ihn gegeben hatte, machten Gerüchte die Runde, er sei vergiftet worden. Diese Verdächtigungen verhinderten nicht, dass die Fraktion der mit Cossa befreundeten Kardinäle seine Wahl zum Nachfolger Alexanders durchsetzte. Vielleicht hatten sie schlicht Angst; vielleicht aber auch den Eindruck, der erst vierzigjährige Cossa werde das Zeug haben, das schändliche Kirchenschisma zu beenden und die rivalisierenden Ansprüche des verbissen sturen Spaniers Pedro de Luna, der sich zu Papst Benedikt XIII. gemacht hatte, ebenso abzuwehren wie die des unversöhnlichen Venezianers Angelo Correr, der sich Gregor XII. nannte.

Sollten die Kardinäle tatsächlich darauf gehofft haben, so werden sie bald enttäuscht gewesen sein, aber kaum überrascht. Das Schisma dauerte damals bereits dreißig Jahre und hatte alle Versuche, zu einer Lösung zu finden, überdauert. Jeder der Anwärter auf den Heiligen Stuhl hatte die Anhänger seiner Widersacher exkommuniziert, hatte die göttliche Vergeltung auf sie herabgerufen, den Versuch gemacht, die moralische Überlegenheit der jeweils eigenen Sache zu reklamieren, ohne deswegen auf taktische Manöver und Gewalt zu verzichten. Jeder verfügte über mächtige Verbündete, die es unmöglich machten, die Einheit der Kirche durch militärische Eroberung zu erzwingen. Und alle wussten zugleich, dass die Situation unhaltbar war. Die konkurrierenden nationalen Fraktionen – Spanier, Franzosen, Italiener unterstützten je eigene Kandidaten – erschütterten Anspruch und Existenz einer katholischen, nämlich universalen Kirche. Angesichts des Schauspiels mehrerer streitender Päpste stand die gesamte Institution in Frage. Die Situation war empörend, widerwärtig, gefährlich. Doch wer hätte sie lösen können?

Fünfzehn Jahre zuvor hatten die Theologen der Pariser Universität eine große Kiste ins Kloster St. Mathurin gestellt und jeden, der zu wissen glaubte, wie sich das Schisma beenden ließe, gebeten, dies aufzuschreiben und das Papier durch den Schlitz im Deckel der Kiste zu werfen. Über zehntausend Mitteilungen gingen ein. Fünfundfünfzig Professoren, berufen, diese Mitteilungen zu lesen und auszuwerten, berichteten, im Grunde seien drei Hauptwege vorgeschlagen worden. Der erste, der »Weg der Zession«, forderte den gleichzeitigen Rücktritt aller drei, die die Macht des Papstes für sich beanspruchten, sie sollten so den Weg freimachen für die Wahl eines einzigen Kandidaten; der zweite, der »Weg des Kompromisses«, sah ein Schiedsverfahren vor, aus dem einer der Rivalen als der wahre Papst hervorgehen sollte; der dritte, »Weg des Konzils« genannt, verlangte eine Zusammenkunft aller Bischöfe der katholischen Welt, und diese, deren Stimme als ökumenische Versammlung letztendlich die notwendige Autorität haben würde, sollte den Streit schlichten.

Die beiden ersten Wege hatten den Vorzug, relativ einfach, kosteneffektiv und lösungsorientiert zu sein; sie waren allerdings, wie ein militärisches Eingreifen auch, nicht praktikabel. Die Forderung eines gleichzeitigen Rücktritts stieß auf das voraussehbare Echo, und alle Versuche, die Voraussetzungen für ein Schiedsverfahren zu schaffen, führten erneut in hoffnungslosen Streit. Blieb also nur der »Weg des Konzils«, der in Sigismund von Ungarn, dem Kaiser des Heiligen Römischen Reiches, einen starken Unterstützer fand, der zumindest nominell auch ein Bündnisgenosse der Cossa-Fraktion in Rom war.

Umgeben von seinen Kardinälen und Sekretären, gesichert im wuchtigen heidnischen Mausoleum, das in die gut befestigte Engelsburg verwandelt worden war, sah der gewiefte Papst keinen Grund, dem Druck nachzugeben und der Einberufung einer ökumenischen Versammlung zuzustimmen. Eine solche Versammlung, in der sich die lang angestaute Feindseligkeit gegen Rom unausweichlich Luft verschafft hätte, konnte seine Position nur erschüttern. So spielte er auf Zeit, verzögerte, beschäftigte sich damit, Bündnisse zu knüpfen und wieder zu lösen, intrigierte gegen König Ladislaus von Neapel, seinen ehrgeizigen Feind im Süden, und suchte ansonsten die päpstlichen Schatullen zu füllen. Zudem waren zahllose Petitionen zu bedenken, Bullen zu erlassen, die päpstlichen Staaten zu verteidigen, zu verwalten und zu besteuern, Kirchenämter und Ablässe zu verkaufen. Poggio und die anderen Sekretäre, Skriptoren, Abbreviatoren und kleineren Hofbürokraten hatten genug zu tun.

Diese Pattsituation hätte endlos so weiterbestehen können, jedenfalls wird der Papst darauf spekuliert haben – wäre es nicht zu einer plötzlichen Wendung der Ereignisse gekommen. Im Juni 1413 durchbrach Ladislaus' Heer die Befestigung Roms und plünderte die Stadt, raubte Wohnhäuser und Kapellen aus, drang in die Paläste der Reichen ein und schleppte Schätze davon. Der Papst und sein Hofstaat flohen nach Florenz, wo sie auf begrenzten Schutz hoffen konnten: Florentiner und Neapolitaner waren verfeindet. Doch um sich auf dem Heiligen Stuhl halten zu können, brauchte Cossa nun unbedingt die Unterstützung Kaiser Sigismunds. Damit aber, das zeigten rasch eingeleitete Verhandlungen – der Kaiser residierte damals in Como –, war nur zu rechnen, wenn der Papst der Einberufung eines allgemeinen Konzils zustimmen würde.

Cossa, nun mit dem Rücken zur Wand, machte den Vorschlag, dieses Konzil in Italien abzuhalten, wo er seine wesentlichen Verbündeten hätte mobilisieren können, der Kaiser aber wandte ein, die Reise über die Alpen würde für die älteren Bischöfe wohl zu beschwerlich. Das Konzil, beschied er, solle in Konstanz stattfinden, in einer Stadt, die in seinen Territorien, zwischen der Schweiz und Deutschland, am Bodensee lag. Obwohl dieser Ort dem Papst kaum gefallen haben dürfte, waren seine Agenten – *exploratores* – im Herbst 1413 in der Stadt und erkundeten Unterkunft und Versorgung. Im Sommer darauf machten sich der Papst und sein Hof auf den Weg, ebenso mächtige Kirchenmänner aus ganz Europa und ihr Gefolge, alle mit dem Ziel der kleinen Stadt im Süden Deutschlands.

Ulrich von Richental, ein Bürger von Konstanz, war so fasziniert von dem, was um ihn herum vorging, dass er eine umständliche Chronik der Ereignisse verfasste.[6] Von ihm wissen wir, dass der Papst die Alpen mit einem gewaltigen Tross überquerte, um die sechshundert Mann begleiteten ihn. Diesem Gefolge, das wissen wir aus anderen Quellen, gehörten – zumindest zeitweise – die größten Humanisten der Zeit an: Poggio Bracciolini, Leonardo Bruni, Pier Paolo Vergerio, Cencio Rustici, Bartolomeo Aragazzi da Montepulciano, Zomino (Sozomeno) da Pistoia, Benedetto da Piglio, Biagio Guasconi, Cardinals Francesco Zabarella, Alamano Adimari, Branda da Castiglione, Bartolomeo della Capra, der Erzbischof von Mailand, und sein künftiger Nachfolger Francesco Pizzolpasso.[7] Der Papst war ein Schurke, aber einer mit Bildung, der die Gesellschaft ausgezeichneter Gelehrter zu schätzen wusste und hoffte, die Angelegenheiten des Hofes ließen sich in bestem humanistischem Stil regeln.

Eine Reise über die Alpen war damals zu keiner Jahreszeit einfach, auch im Spätsommer nicht. Einmal kippte die päpstliche Kutsche um und warf den Papst in den Schnee. Als er, im Oktober 1414, endlich auf Konstanz und den See herabblickte, wandte er sich an sein Gefolge – zu dem, natürlich, auch Poggio gehörte – und sagte: »Hier also fängt man Füchse.«

Hätte er es nur mit den rivalisierenden Fraktionen innerhalb der italienischen Kirche zu tun gehabt, hätte Cossa zuversichtlicher sein können, dass er dieser Fuchsfalle entrinnen würde, immerhin hatte er einige Jahre die Oberhand gehabt und sich zumindest halten können auf dem päpstlichen Thron in Rom. Nun aber strömten aus der gesamten christlichen Welt andere nach Konstanz, viele standen weder unter seiner Patronage, noch hatte er sie in Reichweite seines Giftes: um die dreißig Kardinäle, drei Patriarchen, dreiunddreißig Erzbischöfe, einhundert Äbte, fünfzig Provoste (kirchliche Beamte), dreihundert Doktoren der Theologie, fünftausend Mönche und Klosterbrüder und ungefähr achtzehntausend Priester. Auch der Kaiser kam mit großem Gefolge, und auf seine Einladung viele andere weltliche Herrscher und ihre Repräsentanten: die Kurfürsten Ludwig von der Pfalz und Rudolph von Sachsen, die Herzöge von Bayern, Österreich, Sachsen, Schleswig, Mecklenburg, Lothringen und Teck, der Markgraf von Brandenburg, Gesandte der Könige von Frankreich, England, Schottland, Dänemark, Polen, Neapel und der spanischen Reiche; dazu eine große Schar niederer Adliger, Barone, Ritter; außerdem noch Anwälte, Professoren und hohe Beamte. Und jeder dieser Herren ließ sich begleiten von Dienstleuten, Wachen, Dienern, Köchen und so weiter. Diese spektakuläre Versammlung nun zog ihrerseits zusätzliche Horden von Zuschauern, Händlern, Quacksalbern, Goldschmieden, Schuhmachern, Apothekern, Kürschnern, Krämern, Barbieren, Schreibern, Jongleuren, Akrobaten, Bänkelsängern samt Herumtreibern aller Art an. Chronist Richental schätzt, dass allein siebenhundert Huren in die Stadt kamen, »die selb hüser gemiet hattend und in den stälen lagen und was sy mochten … on (ohne) die heimlichen, die laß ich belieben (von denen rede ich hier nicht).«[8]

Die Ankunft dieser Besucher, alles in allem zwischen fünfzig- und hundertfünfzigtausend Menschen, waren eine große Belastung für die Stadt und führten natürlich zu allerhand Übergriffen. Stadtbeamte versuchten der Verbrechen auf übliche Weise – mit öffentlichen Hinrichtungen –[9] Herr zu werden; sie erließen zudem Vorschriften über Umfang und Qualität der Dienste, mit denen die Besucher rechnen konnten, zum Beispiel durfte ein Bett an höchstens zwei Schläfer vermietet werden, zu einem halben rheinischen Gulden den Monat: »Unt sollt aber der hußwirt linlachen (Leinenlaken) geben, pfulwen (Federbett), küssi (Kissen), allweg zum Monat nüw gewaschen.«[10] Die Ernährung der Besucher (und ihrer dreißigtausend Pferde) war ein permanentes Problem, doch war die Region gut versorgt, und die Flüsse ermöglichten es, die Vorräte heranzuschaffen. Bäcker hatten Öfen auf Karren montiert und zogen durch die Straßen, boten Brötchen, Bretzeln und Pasteten an, die mit gewürztem Huhn und anderem Fleisch gefüllt waren. In Gasthäusern und Garküchen, die in improvisierten Buden und Zelten eingerichtet wurden, bereiteten Köche das übliche Fleisch und Geflügel zu, dazu Drosseln und Amseln, wilden Eber, Wildbret, Dachs, Otter, Bieber und Hase. Wer Fisch vorzog, konnte wählen zwischen Aal, Hecht, Stör, Hornhecht, Brassen, Felchen, Gründlingen, Welsen, Groppen, Häslingen, gesalzenem Dorsch und Hering. Und Richental fügt hinzu: »Man hat och fail (viel) hoppatzker (Frösche) und schnecken, die koften die Walchen (Welschen = Italiener).«[11]

Sobald er und sein Hofstaat angemessen untergebracht waren, waren die praktischen Arrangements Cossas geringstes Problem. Gegen seinen Willen organisierte sich das Konzil selbst und beschloss, nach »Nationen« abzustimmen – Italiener, Franzosen, Deutsche, Spanier, Engländer jeweils als ein »Block« –, was Cossas Position und den Einfluss seiner wichtigsten Parteigänger schmälerte. Seine Macht schmolz also rapide dahin, und umso mehr achtete Cossa auf sein Prestige. Wenn er sich auch kaum auf moralisch überlegene Gründe berufen konnte, so wusste er seine zeremonielle Bedeutung sehr wohl zu nutzen. Er musste dieser ganzen gewaltigen Versammlung zeigen, dass er nicht nur der kleine neapolitanische Fuchs war, sondern Stellvertreter Christi, die Verkörperung spirituellen Glanzes und weltlicher Grandezza.

Ganz in Weiß gewandet, die weiße Mitra auf dem Kopf und hoch zu Ross, auf einem Schimmel, inszenierte Baldassare Cossa am 28. Oktober 1414 seinen Einzug nach Konstanz. Vier Bürger der Stadt trugen den goldenen Baldachin über seinem Kopf. Zwei Grafen, einer römisch, der andere deutsch, gingen an seiner Seite und hielten die Steigbügel. Hinter ihm ritt ein Mann auf einem großen Pferd, aus dessen Sattel ein langer Stab herauswuchs, der einen riesigen Schirm aus rotem und goldenem Tuch trug – Richental hielt ihn irrtümlich für einen Hut. An der Spitze dieses Schirms, der breit genug war, um sich über drei Pferden auszuspannen, steckte eine goldene Kugel, auf der wiederum ein goldener Engel stand, der ein Kreuz trug. Hinter diesem Schirm ritten neun Kardinäle, alle in langen roten Mänteln und roten Kapuzen, dazu trugen sie alle die breiten roten Kardinalshüte. Andere Kleriker und die Beamten der Kurie, unter ihnen Poggio, folgten mit Begleitern und Dienern. An der Spitze der Prozession zogen in langer Linie neun Schimmel mit roten Satteldecken. Acht von ihnen waren mit Gewändern beladen – die Garderobe des Papstes war das Zeichen dafür, dass er an seiner heiligen Identität festhielt. Der neunte Schimmel, über dessen Kopf eine kleine Glocke bimmelte, trug auf seinem Rücken einen versilberten Korb, der mit einem roten Tuch bedeckt war und zu dessen Seiten zwei silberne Leuchter mit brennenden Kerzen angebracht waren. In diesem Korb, juwelenbesetzte Kiste und Grab zugleich, befand sich das Heilige Sakrament, Blut und Leib Christi. Der Papst, Johannes XXIII., war angelangt.

Die wichtigste Aufgabe des Konzils war die Beendigung des Schismas, aber es war nicht seine einzige. Noch zwei weitere große Fragen standen an: die Reform der kirchlichen Hierarchie und Regierung – auch das verhieß nichts Gutes für Johannes XXIII. – sowie die Unterdrückung der Ketzerei. Diese Aufgabe konnte dem bedrängten Fuchs Entlastung verschaffen, die wohl einzige taktische Waffe, die ihm blieb. Die Korrespondenz, die die Sekretäre für ihren Papst kopierten, sollte die Aufmerksamkeit von Schisma und päpstlicher Korruption ablenken, hin auf jemanden, dessen Namen Poggio in den offiziellen Dokumenten von nun an wieder und wieder zu schreiben hatte.

Der vierundvierzigjährige Jan Hus, ein tschechischer Priester und religiöser Reformer, war bereits seit einigen Jahren ein Dorn im Fleisch der Kirche. Von seiner Kanzel herab und in seinen Schriften hatte er die Verfehlungen der Kleriker angegriffen, die weit verbreitete Gier, Scheinheiligkeit und sexuelle Unmoral verurteilt. Er verdammte den Handel mit Ablasszetteln als Schwindel, als schamlosen Versuch, von den Ängsten der Gläubigen zu profitieren. Seine Mitbrüder forderte er auf, ihren Glauben nicht auf die Jungfrau zu richten, nicht auf die Heiligenverehrung, nicht auf Kirche oder Papst, sondern auf Gott allein. Die höchste Autorität in allen Fragen der Lehre sei die Heilige Schrift.

Mutig befasste sich Hus nicht nur mit Fragen der Lehre, sondern auch mit der Politik der Kirche in einer Zeit wachsender nationaler Unruhe. Der Staat, so argumentierte er, habe das Recht und die Pflicht, die Kirche zu überwachen. Laien könnten ihre geistlichen Führer sehr wohl beurteilen und sollten dies auch tun. (Es sei, lehrte er, allemal besser, ein guter

Christ zu sein als ein sündiger Papst oder Prälat.) Ein Papst, der unmoralisch lebe, könne nicht gut Unfehlbarkeit für sich reklamieren. Zuletzt sei das Papsttum doch eine menschliche Einrichtung – nirgendwo in der Bibel finde man das Wort »Papst«. Moralische Rechtschaffenheit sei die Probe des wahren Priesters, und wenn man ihn sündig finde, dann sollte man daraus, »aus seinen Taten« erkennen, dass er »nicht gerecht, sondern ein Feind Christi« ist. Und ein solcher Feind könne nur des Amtes enthoben werden.[12]

Daran ist unschwer zu erkennen, warum Hus 1410 wegen seiner Schriften exkommuniziert worden war und warum die kirchlichen Würdenträger sich über seine Weigerung zu widerrufen erregten. Geschützt von mächtigen böhmischen Adligen aber konnte er weiterhin seine gefährlichen Ansichten vortragen, von denen man fürchten musste, dass sie sich über Böhmens Grenzen hinaus verbreiten würden. Und man sieht auch, warum sich Cossa in seiner Bedrängnis ausrechnete, es könnte für ihn von Vorteil und mehr als bloße Ablenkung sein, wenn er die Aufmerksamkeit des Konzils auf Hus lenkte. Denn der Böhme, den das Kirchenestablishment ebenso fürchtete wie hasste, verkündete als Prinzip genau das, was Cossas Feinde in eben dieser Kirchenhierarchie zu tun gedachten: einem Papst wegen des Vorwurfs der Korruption den Gehorsam zu verweigern und ihn aus dem Amt zu jagen. So hilft uns dieser unbequeme Spiegel die merkwürdige Anschuldigung zu verstehen, die in Konstanz gegen Hus die Runde machte: Er sei, hieß es, ein Magier mit außergewöhnlichen Kräften, der die Gedanken all jener lesen könne, die sich ihm bis zu einem gewissen Abstand näherten.[13]

Hus, der mehrfach um die Möglichkeit gebeten hatte, sich vor einem Kirchenkonzil zu erklären, war förmlich eingeladen worden, seine Ansichten persönlich vor den in Konstanz versammelten Prälaten, Theologen und Herrschern vorzustellen. Der tschechische Reformer hatte das verblendete Vertrauen eines Visionärs, dass seine Wahrheiten, bekäme er nur Gelegenheit, sie klar zu artikulieren, Unwissenheit und falschen Glauben hinwegfegen würden wie Spinnweben.

Nun war gegen ihn der Vorwurf der Ketzerei erhoben worden, also musste Hus verständlicherweise vorsichtig sein. Hatte er doch kurz zuvor erlebt, dass drei junge Männer, zwei davon seine Schüler, geköpft worden

I

Dieses Porträt des jungen Poggio Bracciolini findet sich im Vorwort zu seiner lateinischen Übersetzung der *Kyrupädie*, in der Xenophon die Erziehung eines idealen Herrschers darstellt.

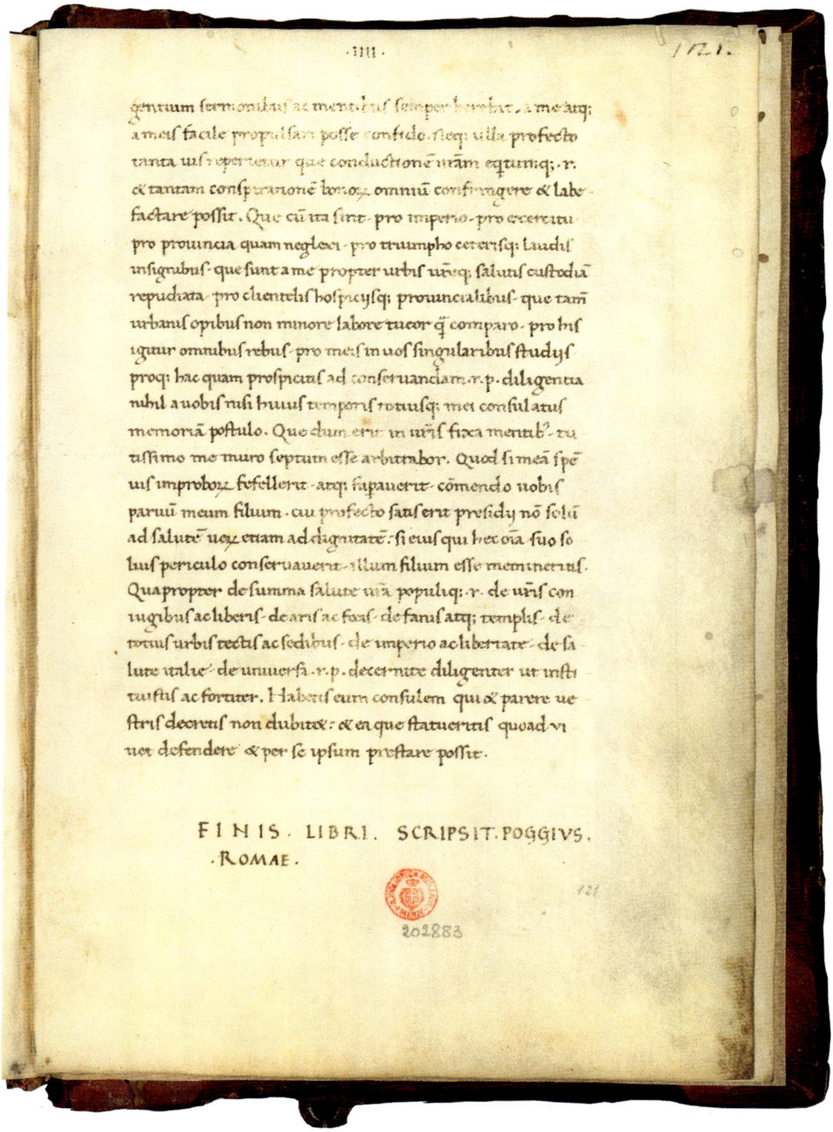

2

Mit dem stolzen Hinweis auf seine Stellung als Sekretär von Papst Martin V. signiert Poggio seine charakteristisch elegante Abschrift von Cicero, die 1425 entstand, und grüßt den Leser. Poggios Handschrift wurde schon zu seinen Lebzeiten gefeiert; sie war ein entscheidender Faktor für seinen Aufstieg.

3

Diese Bronzestatue eines sitzenden Hermes wurde 1758 zerbrochen in der Villa dei Papiri gefunden; geflügelte Sandalen offenbaren die Identität des Götterboten. Einem Epikureer könnte die Figur in ihrer eleganten Ruhepose durchaus bestätigt haben, dass die Götter den Menschen keine Botschaften zu übermitteln hatten.

4

Diese Porträtbüste Epikurs, deren Originalsockel den griechisch geschriebenen Namen des Philosophen trägt, war eine von dreien, die die Villa dei Papiri in Herculaneum schmückten. In seiner *Naturalis historia* (Kapitel 35) erwähnt Plinius der Ältere (23–79 u.Z.), dass es zu seiner Zeit Mode war, Porträtbüsten von Epikur aufzustellen.

5

Gegner des Epikur werden dessen Lehre sicher nicht mit der nachdenklichen Pose des sitzenden Hermes assoziiert haben, sondern mit diesem Silen, der sich besinnungslos trunken auf Weinschlauch und Löwenfell hinstreckt. Gefunden wurde diese Skulptur nahe der Hermesfigur in der Villa dei Papiri.

6

Der Ketzer Jan Hus, dem man einen Papierhut aufgesetzt hatte, auf dem seine Missetaten zu lesen waren, wird auf dem Scheiterhaufen verbrannt. Anschließend werden seine Knochen zerstampft und mitsamt der Asche in den Rhein gestreut, damit niemand eine Reliquie des Märtyrers aufsammeln konnte.

7

»Da nahm Pilatus Jesus und ließ ihn geißeln.« (Joh 19:1)
Der biblische Text inspirierte Gemälde wie dieses des Österreichers Michael Pacher; sie halfen nicht nur, Mitleid mit dem grausam misshandelten Messias und Wut auf die Peiniger zu erzeugen, sondern weckten auch den leidenschaftlichen Wunsch, seinem Leiden nachzueifern.

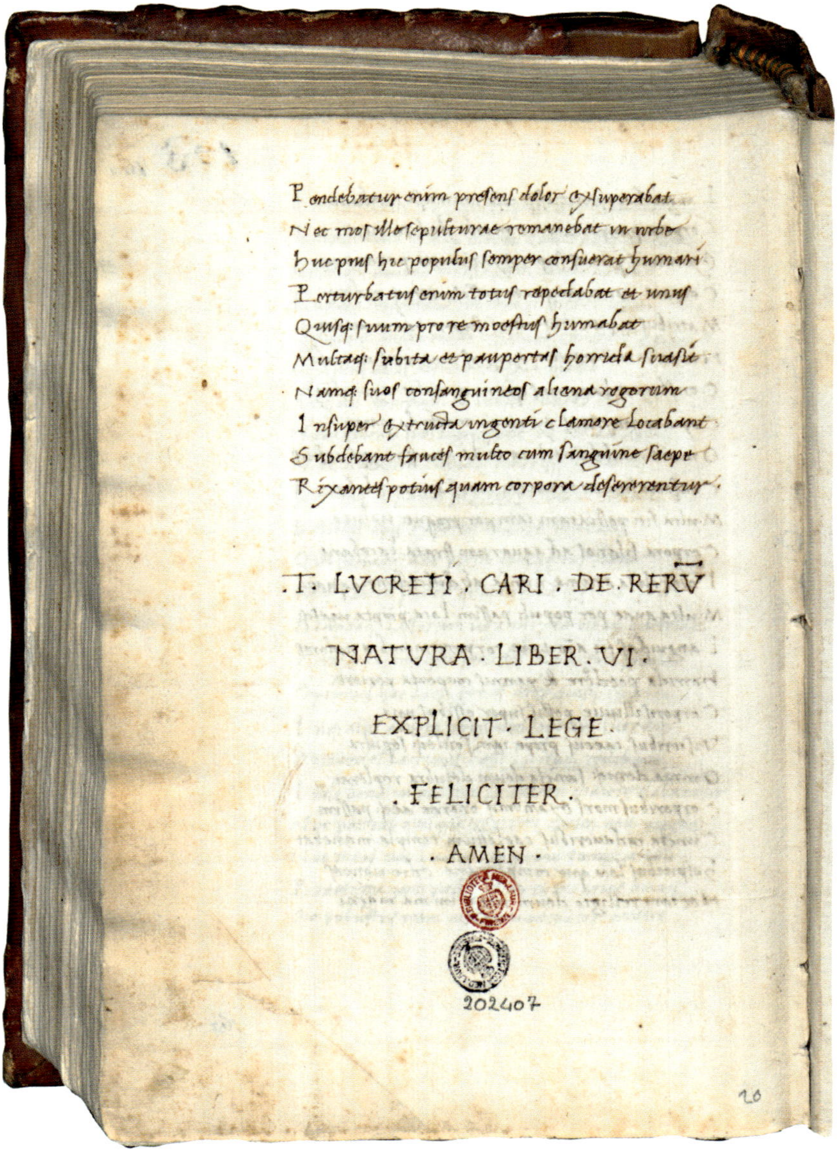

8

Hier bringt Poggios Freund Niccolò Niccoli die lange erwartete Abschrift von *De rerum natura* mit dem damals üblichen Wort »explicit« (»das Buch ist zu Ende« oder »abgerollt«) zum Abschluss. Er wünscht dem Leser eine glückliche Lektüre – »Lege feliciter« – und fügt ein frommes »Amen« hinzu – was dem Geist des Lukrez-Textes nicht ganz entspricht.

9

Dieses Porträt Poggios findet sich in der Handschrift seines Traktats *De varietate fortunae*. In diesem Text beschreibt der achtundsechzigjährige Poggio beredt die in Ruinen liegende Größe des antiken Rom.

10

In der Mitte von Botticellis Gemälde steht Venus, umgeben von den antiken Gottheiten des Frühlings. Die komplexe Choreographie der Figuren folgt Lukrez' Hymnus an Venus: »Frühling kommt und Venus, und ihnen voraus sind Venus' geflügelter Bote und Mutter Flora, auf den Fersen folgt ihnen Zephyr, und sie bereiten der Göttin den Weg, mit den Blumen verbreiten sie herrliche Farben und Wohlgerüche.« (*On the Nature of Things*, 5:737ff.)

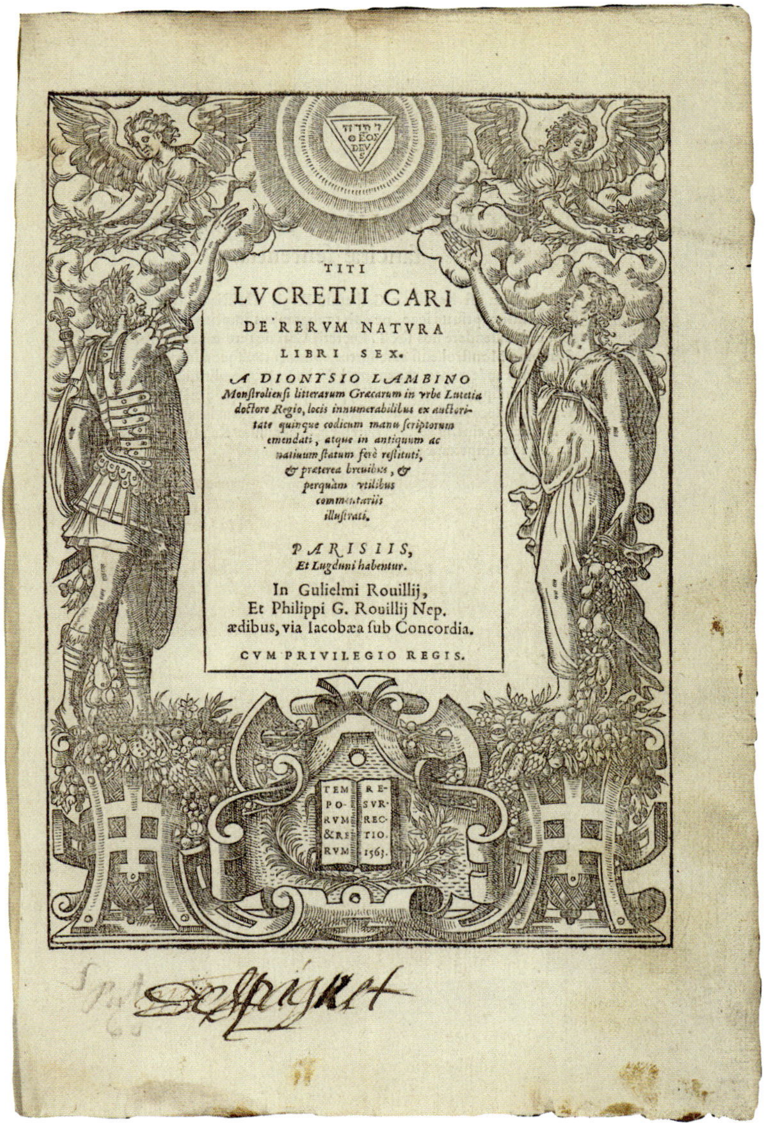

TITI
LVCRETII CARI
DE RERVM NATVRA
LIBRI SEX.
A DIONYSIO LAMBINO
Monstroliensi litterarum Græcarum in vrbe Lutetia doctore Regio, locis innumerabilibus ex auctoritate quinque codicum manu scriptorum emendati, atque in antiquum ac natiuum statum ferè restituti, & præterea breuibus, & perquàm vtilibus commentariis illustrati.

PARISIIS,
Et Lugduni habentur.
In Gulielmi Rouillij,
Et Philippi G. Rouillij Nep.
ædibus, via Iacobæa sub Concordia.

CVM PRIVILEGIO REGIS.

TEMPORVM & RERVM RESVRRECTIO. 1563.

Despagnet

11

Montaignes Signatur auf dem Titelblatt seines vielfach annotierten Lukrez – in der großartigen Edition, die Denis Lambin 1563 verlegt hat – wurde von einem nachfolgenden Besitzer namens »Despagnet« überschrieben. Erst im 20. Jahrhundert wurde der ursprüngliche Besitzer identifiziert.

12

Ettore Ferraris Bronzestandbild von Giordano Bruno
wurde 1889 auf dem Campo de' Fiori in Rom aufgestellt, dort,
wo er auf dem Scheiterhaufen verbrannt wurde.
Der Sockel des Denkmals trägt Plaketten mit Namen
weiterer Philosophen, die von der katholischen Kirche verfolgt wurden.
Ferrari lässt seinen überlebensgroßen Bruno grübelnd
Richtung Vatikan blicken.

waren. Bevor er die relative Sicherheit bei seinen Beschützern aufgab und Böhmen verließ, bat er den Großinquisitor der Diözese Prag um ein Zeugnis seiner Rechtgläubigkeit und bekam es auch, ebenso freies Geleit durch Kaiser Sigismund. Dieses Dokument mit dem kaiserlichen Siegel garantierte »Schutz und Geleit« und verfügte, Hus »frei und sicher … durchreisen, verweilen, anhalten oder umkehren« zu lassen. Die böhmischen Adligen, die ihn begleiteten, ritten voraus, um den Papst zu treffen und von diesem zu hören, ob Hus erlaubt werde, in Konstanz ohne das Risiko der Gewalt zu verweilen. »Und wenn er meinen Bruder getötet hätte«, so die Antwort des Papstes, »nicht ein Haar auf dem Kopf würde ihm gekrümmt, solange er in der Stadt weilt.« Mit dieser Versicherung erreichte der Reformer Konstanz, nicht lange nach dem bedrängten Papst.

Das war am 3. November 1410, und Hus' Ankunft muss, so wie dessen Dinge standen, für Johannes XXIII. ein Gottesgeschenk gewesen sein. Der Ketzer wurde von den Aufrechten in der Kirche ebenso gehasst wie von den Buckelnden. Hus und sein hauptsächlicher Bundesgenosse Hieronymus von Prag waren, wie allgemein bekannt, Anhänger des Engländers John Wycliffe, der im Jahrhundert zuvor als Ketzer verurteilt worden war, weil er die Übersetzung der Bibel in die Landessprachen befürwortet, den auf der Schrift gründenden Glauben über die Werke gestellt und den Reichtum der Kirche sowie den Ablasshandel verurteilt hatte. Wycliffe war an einem Schlaganfall gestorben, sehr zum Missvergnügen seiner innerkirchlichen Gegner; doch nun beschloss und verfügte das Konzil, dass seine Gebeine auszugraben und aus geweihter Erde zu entfernen seien. Das waren keine guten Zeichen für die Aufnahme von Jan Hus.

Trotz der Zusicherungen, die er von Papst, Konzil und Kaiser erhalten hatte, wurde der Böhme ziemlich rasch geschmäht, und man entzog ihm die Erlaubnis, öffentlich zu predigen. Am 28. November, kaum drei Wochen nach seiner Ankunft, wurde er auf Befehl der Kardinäle verhaftet und in einem am Rheinufer gelegenen Dominikanerkloster eingekerkert: in einer unterirdischen Zelle, durch die Abwässer und Abfälle entsorgt wurden. Als er daraufhin schwer erkrankte, bat er einen Advokaten zu benennen, der seine Sache vertreten solle; das wurde mit dem Argument abgelehnt, nach kanonischem Recht dürfe niemand zugunsten eines Mannes plädieren, der der Ketzerei angeklagt sei. Trotz der Proteste von Hus und seiner böhmischen Unterstützer über die offensichtliche Verletzung der Geleit-Zusage entschloss sich der Kaiser, nicht zu intervenieren. Er sei, so wurde kolportiert, unzufrieden damit, dass die Behandlung Hus' als Wortbruch seinerseits erscheinen müsse, doch habe er sich von einem englischen Kardinal versichern lassen, dass man einem Ketzer gegenüber nicht Wort halten müsse.

Wenn Cossa wirklich geglaubt hatte, dass die Verfolgung von Hus das Konzil von seiner Entschlossenheit, das Schisma zu beenden, ablenken oder seine Gegner zum Schweigen bringen würde, dann war dies ein schwerer Irrtum. Die Stimmung am päpstlichen Hof verfinsterte sich, doch der Papst hielt weiter an seinen spektakulären öffentlichen Auftritten fest. Richental beschreibt die Zeremonie:

> Und wenn er den segen wolt geben, so ging vor i(h)m her ain bischoff mit ainr infeln (Mitra), und trug vor im das crütz; und nach dem crütz komment zwen bischoff mit wißen inflen, die trügent zwo vast groß brinnend kertzen in ir henden (in ihren Henden) ... Darnach kommend vier cardinäl, och in wyßen inflen, ettwe (manchmal) auch sechs, ettwe minder, etwan kam och in den ärger (Erker) unser herr küng (der König). Und ettwen die cardinal und der küng staltend (stellten) sich in die bayen (Fensternischen). Und nach dem, so kam unßer hailger vater der bapst, angelait (angezogen) so er iemer kostlichost (köstlicher, kostbarer) mocht sin als ein priester. Und hatt ein wiß inflen uff sinem hopt, und hatt under dem messachel (Messgewand) ain rock me(h)r denn ain priester und hat zween hendschuch an sinen henden und ein großes fingerling (Ring) mit ainem großen edlen stain an dem mitteln finger der rechten hand. Und stellt sich in den mittlosen (mittleren) bayen, dass i(h)n menglich sach (alle sahen).
>
> Darnach comment sin senger (Sänger) all mit brinnenden kertzen, dass der ärger (Erker, Balkon) schein, als ob er brunne (brenne), und staltend sich hinder inn. Und gieng ain bischoff zu i(h)m und zoch i(h)m sein inflen ab. Und nach dem, do fieng der bapst an ze singen in gemacher stimm ... *Sit nomen domini benedicti.*[14]

Das gaffende Publikum hatte also zu staunen, doch wurde, was von diesem unbemerkt vor sich ging, immer beunruhigender. Weiterhin leitete der Papst die Konzilssitzungen, hatte aber jeden Einfluss auf die Tagesordnung verloren, und es zeigte sich, dass Kaiser Sigismund, der am 25. Dezember in Konstanz eingezogen war, nicht bereit war, ihn weiter zu stützen.

Noch hatte Cossa Verbündete. Während einer Sitzung am 11. März, als das Konzil darüber diskutierte, wie man zu einem einzigen Papst für die ganze Kirche finden könne, erhob sich der Erzbischof von Mainz und erklärte, er werde niemals einem anderen gehorchen als Papst Johannes XXIII. Doch kein Chor der Unterstützer, dessen Votum er wohl auslösen wollte, ließ sich vernehmen. Stattdessen rief der Patriarch von Konstantinopel aus: »Quis est iste ipse? Dignus est comburendus!« (»Wer ist denn er? Er verdient es, verbrannt zu werden!«) Der Erzbischof verließ die Versammlung, die daraufhin vertagt wurde.

Der Fuchs saß in der Falle, und jeden Augenblick konnte sie zuschnappen. Konstanz, sagte er sich, ist nicht länger sicher. Verlangte also, dass man das Konzil an einen anderen Ort verlege, an dem er sich besser fühle. Der König verweigerte das, und der Rat der Stadt beeilte sich, wie Richental berichtet, zu versichern: »Hett sin hailikait nit genug gelaitz (Sicherheit), so wöltend sy i(h)m gelait geben und i(h)n och behüten vor aller welt. Und solt es als hert werden (so hart, heftig zugehen), daz sy ire kind essen müßtind (ihre Kinder verzehren müssten), dannocht wültend sie i(h)n nit lassen (würden ihn dennoch nicht im Stich lassen).«[15] Das konnte Cossa, der Jan Hus ähnlich verstiegene Versprechungen gemacht hatte, wohl kaum beruhigen. Am 20. März 1415 gegen ein Uhr mittags machte er sich davon. In grauem Umhang und grauer Kapuze, die sein Gesicht verbarg, ritt er unerkannt durch das Stadttor, neben sich einen Armbrustschützen und zwei weitere Begleiter, auch sie vermummt. Am Abend und im Lauf der Nacht verließ auch das Gefolge des Papstes – seine Diener, Begleiter, Sekretäre – so unauffällig wie möglich die Stadt. Und bald schon war es herum: Johannes XXIII. hatte sich abgesetzt.[16]

In den folgenden Wochen verfassten Cossas Gegner, die ihn den Rhein hinab nach Schaffhausen verfolgt hatten, wo er in der Burg eines Verbündeten Zuflucht gefunden hatte, eine Anklageschrift gegen ihn. Als beunruhigende Gerüchte zu ihm drangen und auch die letzten Verbündeten einknickten, floh er erneut, wieder in Verkleidung. Seinen Hofstaat, und mit ihm vermutlich auch den apostolischen Sekretär Poggio, stürzte das in immer größere Verwirrung. Wie ein zeitgenössischer Chronist berichtet, folgten ihm die Mitglieder der Kurie in hastiger Eile und wildem Durcheinander, alle seien sie nun des Nachts auf der Flucht gewesen, allerdings »ohne Verfolger«.[17] Schließlich, unter großem Druck des Kaisers, lieferte Cossas wichtigster Beschützer den unwillkommenen Gast in Freiburg im Breisgau aus, und die Welt erlebte das erbauliche Schauspiel eines Papstes, der wie ein Verbrecher inhaftiert und im Heidelberger Schloss festgesetzt wurde.

Siebzig Anklagepunkte wurden förmlich gegen ihn verlesen.[18] Aus Furcht vor deren Wirkung auf die Meinung des Volkes entschied sich das Konzil, die sechzehn skandalösesten zu unterdrücken – sie wurden bis heute nicht veröffentlicht –, und warf dem Papst nur Simonie (Ämterschacher), Sodomie, Vergewaltigung, Inzest, Folter und Mord vor. Auch seinen Vorgänger samt dessen Arzt und anderen sollte er vergiftet haben. Am gravierendsten jedoch – zumindest unter den öffentlich gemachten Anklagepunkten – war jener, den seine Ankläger aus dem alten Arsenal des Kampfes gegen den Epikureismus hervorzerrten: Der Papst habe vor anerkannten Personen unbeirrt darauf beharrt, dass es kein zukünftiges Leben gebe und auch keine Auferstehung, die Seelen der Menschen, so habe er gesagt, verschwänden mit ihren Körpern, wie beim Vieh.

Am 29. Mai 1415 wurde Cossa förmlich des Amtes enthoben. Aus der Liste der offiziellen Päpste gestrichen, war der Name Johannes XXIII. erneut verfügbar, allerdings dauerte es über fünfhundert Jahre, bis 1958, ehe ein anderer Papst – der bemerkenswerte Angelo Roncalli – den Mut fand, den Namen anzunehmen.

Kurz vor seiner Absetzung war auch Cossa in der Burg von Gottlieben am Rhein inhaftiert gewesen, wo Hus, dem Hungertod nahe und in Ketten geschlagen, über zwei Monate verbringen musste. Es ist nicht bekannt, ob Papst und Ketzer, plötzlich und fast unglaublich in erbärmlichem Elend vereint, von ihren Wärtern zusammengebracht wurden. Zu diesem Zeitpunkt wird sich Poggio, sofern er seinem Herrn noch immer die Treue hielt – die Aufzeichnungen sind nicht klar in diesem Punkt –, endgültig von ihm verabschiedet haben.[19] Alle ehemaligen Bediensteten des Papstes wurden entlassen. Der Gefangene, bald an einen anderen Haftort verbracht, hatte von da an allein Deutsch sprechende Wärter um sich, mit denen er sich allenfalls gestikulierend unterhalten konnte. Von der Welt abgeschnitten, beschäftigte er sich mit dem Verfassen von Versen über die vergängliche Natur alles Irdischen.

Plötzlich standen die Männer des Papstes ohne ihren Herrn da. Manche bemühten sich sofort um eine Stelle bei einem der in Konstanz versammelten Prälaten oder Fürsten. Poggio dagegen blieb ohne Posten, ein Zuschauer der Ereignisse, in denen er nicht mehr Partei war. Er reiste auch nicht ab, wir wissen allerdings nicht, ob er in Konstanz miterlebt hat, wie Jan Hus schließlich vor das Konzil gebracht wurde – eine Gelegenheit, die der Reformator gesucht, für die er sogar sein Leben aufs Spiel gesetzt hatte. Doch als er anhob, zu den Versammelten zu sprechen, wurde er verspottet und niedergebrüllt. Er hätte abschwören können, dies jedoch verweigerte er. Also wurde Hus am 6. Juli 1415, in einer feierlichen Zeremonie im Konstanzer Münster, als Ketzer zum Feuertod verurteilt. Man nahm ihm den Priesterrock, setzte ihm eine fast fünfundvierzig Zentimeter hohe Papierkrone auf, auf der eine Seele zu sehen war, die von drei Teufeln ergriffen und zerrissen wird. Dann wurde er in Ketten aus dem Münster geführt, vorbei an einem Scheiterhaufen, auf dem seine Bücher brannten, hin zur Richtstätte am Bühl, wo man ihn verbrannte. Damit nichts mehr an ihn erinnere, wurden seine Knochen zerbrochen und mit der Asche in den Rhein gestreut.

Es gibt keinen direkten Bericht darüber, was Poggio von diesen Vorgängen hielt, an denen er in einer kleinen Rolle mitgewirkt hatte, in der eines Bürokraten, der mithalf, ein System in Gang zu halten, das er für unmoralisch und hoffnungslos verdorben hielt. Wenn ihm danach gewesen wäre und er tatsächlich gesagt hätte, was er dachte, hätte er sich in Gefahr gebracht; zudem stand er im Dienst des Papsttums, dessen Macht Hus in Frage gestellt hatte. (Ein Jahrhundert später sagte Luther, der einen erfolgreicheren Angriff auf die Kirche begonnen hatte: »Wir sind alle Hussitten, ohne es zu wissen.«) Als jedoch, einige Monate später, Hus' Amtskollege Hieronymus von Prag ebenfalls wegen Ketzerei vor Gericht gestellt wurde, vermochte Poggio nicht mehr zu schweigen.

Hieronymus, ein kraftvoller Reformer mit Doktorgraden der Universitäten von Paris, Oxford und Heidelberg, war ein berühmter Prediger und Redner, dessen Zeugnis vom 26. Mai 1416 Poggio sehr beeindruckt hat. »Ich muss gestehen«, schrieb er an seinen Freund Leonardo Bruni, »dass ich niemals jemanden sah, der in einem Prozess plädierte, dazu in einem Fall, von dem das eigene Leben abhing, der dem Niveau antiker Redegewandtheit, die wir so sehr bewundern, so nahe gekommen wäre.« Poggio muss gewusst haben, auf welch gefährlichen Grund er sich begab, doch päpstlicher Beamter oder nicht, er konnte die leidenschaftliche Bewunderung des Humanisten nicht völlig unterdrücken:

> Es war erstaunlich mitzuerleben, mit wie gewählten Worten, mit wie dichten Argumenten, mit welcher Zuversicht er seinen Gegnern antwortete. So beeindruckend war sein Auftreten, dass man sich doch sehr wundert, dass ein Mann von so edlem und ausgezeichnetem Geist sich in Ketzerei verirrt haben sollte. Ich kann mir nicht helfen, in diesem letzteren Punkt hege ich einige Zweifel. Doch es sei mir fern, hier, in einer so heiklen Angelegenheit, eine Entscheidung zu fällen. Ich sollte mich der Meinung jener fügen, die weiser sind als ich.[20]

Diese Versicherung Poggios, er wolle sich fügen, konnte Bruni, wie dessen Antwort zeigt, nicht beruhigen: »Ich muss dir raten, in Zukunft über solche Themen in einer bedachteren Weise zu schreiben.«

Was hatte Poggio, der normalerweise durchaus darauf achtete, sich keiner wirklichen Gefahr auszusetzen, bewegt, derart ungeschützt an seinen Freund zu schreiben? Vielleicht verweist diese Unbesonnenheit auf den Schrecken, den er gerade durchlebt hatte: Der Brief ist auf den 30. Mai 1416 datiert, den Tag, an dem Hieronymus hingerichtet wurde. Poggio schrieb also unter dem Nachhall eines, wie wir vom Chronisten Richental wissen, besonders schrecklichen Ereignisses, dessen Zeuge er wurde. Als der siebenunddreißigjährige Hieronymus aus der Stadt geführt wurde, an den Platz, an dem auch Hus verbrannt worden war und wo ihm nun das gleiche Ende drohte, sprach er wiederholt das Glaubensbekenntnis und sang die Litanei. Wie schon bei Hus wollte auch von ihm niemand das

Glaubensbekenntnis hören; dieses Sakrament stand einem Ketzer nicht zu. Hus hatte, als das Feuer entzündet wurde, aufgeschrieen und war rasch gestorben. Dieses Schicksal aber war, wie Richental berichtet, Hieronymus nicht vergönnt: »Und lebt in dem für (Feuer) vast lenger dann der Huss und schrayg vast grülich (schreit so gräulich), dann er war in vaißter starker man (ein feister starker Mann) mit ainem schwartzen diken und großen bart.«[21] Vielleicht erklären diese schrecklichen Schreie, warum Poggio nicht länger klug zu schweigen vermochte, sich vielmehr gezwungen sah, Hieronymus' Sprachgewalt zu bezeugen.

Kurz bevor ihn Hieronymus' Verfahren und Hinrichtung derart trafen, hatte sich Poggio, in der Hoffnung, den Rheumatismus zu lindern, der seine Hände befallen hatte – eine schwere Sorge für einen Schreiber –, entschlossen, die berühmten Heilquellen der Stadt Baden zu besuchen. Es war dies keine ganz einfache Reise von Konstanz aus, erst »sechs kleine Meilen« auf dem Rhein abwärts bis Schaffhausen, wohin der Papst geflohen war, dann, weil der Rhein hier schon unschiffbar um Felsen schäumt, »anderthalb Meilen zu Fuß« bis zu einer »Kaisersstul« genannten Burg. Von dort aus konnte Poggio den eigentlichen Rheinfall sehen, dessen Getöse ihn daran denken ließ, »was man von den Katarakten des Nils erzählet«.[22]

In den Badehäusern im schweizerischen Baden verwunderte Poggio, was er sah. Seinem Freund Niccoli in Florenz schreibt er:

> Lächerlich ist es anzusehen, wie beides, alte Mütterchen und junge Mädchen, vor den Augen Aller hinabsteigen und sich, nackt wie sie sind, den Blicken der Männer preisgeben.

Zwar gebe es zwischen den Badeabteilungen für Männer und für Frauen eine Art Gitterwerk, doch: »Gewisse Scheidungen von Brettern trennen sie zwar, allein es sind in denselben viele niedergelassene Fensterchen angebracht, durch welche man zusammen trinken und reden, von beyden Seiten sich sehen und berühren kann, wie dieses denn häufig geschieht.« Poggio weigerte sich, »ob man mir gleich sehr zusetzte«, selbst das Bad zu besuchen,

> und das nicht aus Scham, die man hier für Trägheit und Mangel an Lebensart hält, sondern weil ich der Sprache nicht mächtig war. Es kam mir abgeschmackt vor, daß ein der teutschen Sprache unkundiger Italiäner stumm und sprachlos, zwischen zarten Mädchens einen ganzen Tag im Bade blos mit Essen und Trinken zubringen sollte.

Doch er beobachtete das muntere Treiben von einer Galerie, die um das Bad herumlief, und beschrieb, was er sah, mit dem Erstaunen, mit dem ein Mann aus Saudi-Arabien den Badebetrieb am Strand von Nizza betrachten würde. Es gab, wie er feststellte, so etwas wie Badeanzüge, doch sie verdeckten wenig:

> An vielen Stelen gehen sogar Männer und Weiber durch einen Eingang ins Bad, und nicht selten trägt es sich zu, dass ein Mann einem nackten Frauenzimmer, das Frauenzimmer einer nackten Mannsperson begegnet. Doch binden die Männer eine Art von Schürze vor, und die Weiber sind mit einem leinenen Gewande bekleidet, welches aber von oben bis in die Mitte, oder an der Seite ganz offen ist, dass weder Hals, noch Brust, noch Arme, noch Schultern davon bedeckt sind.

Was in Poggios Italien für Aufruhr und möglicherweise Gewalttätigkeiten gesorgt hätte, schien in Baden das Normalste der Welt zu sein:

> Wunderbar ist das Zutrauen, mit welchem die Männer Fremde unter ihren oft saubern Weiberchens herumtändeln sahen. Sie wurden dadurch nicht beunruhigt, schienen nichts zu bemerken, nahmen alles auf das Beste. Nichts ist so schwer, das nach ihren Sitten nicht federleicht würde. Sie hätten sich vortrefflich in Platons Republik geschickt, deren Gesetze alles gemein machen.

Die Rituale des gesellschaftlichen Lebens in Baden hatten etwas Traumartiges für Poggio, als würden die versunkenen Welten von Jupiter und Danae heraufbeschworen. In einigen Bädern habe man gesungen und getanzt, und einige der jungen Frauen – »in voller Blüthe stehende Jungfrauen nackend im Wasser, mit dem schönsten Gesicht, der freiesten offensten Miene, an Gestalt und Sitten Göttinnen gleich« – schwebten auf dem Wasser, während die Musik erklang: »Ihr leichtes Gewand ist zurückgeworfen, und schwimmt auf dem Wasser, dass man so ein Mädchen für eine zweite Venus halten sollte.« Wenn Männer zu ihnen heruntersähen, hätten die Mädchen die Angewohnheit, sie »scherzweise um eine Gabe zu bitten«. Die Männer würfen Münzen herab, vor allem nach der Hübschesten, sowie Blumengebinde, und die Mädchen fingen diese auf, manchmal mit den Händen, manchmal in den Kleidern, die sich dann noch weiter öffneten. Da er nur zweimal im Bade gewesen sei, habe er die übrige Zeit mit »Besuchung anderer Bäder« zugebracht, wo er »oft Münzen herunterwarf und Kränze«, wie er gesteht.

Unbeschwert und vergnügt seien die Menschen: »Alle nämlich haben einerley Absicht, Traurigkeit zu verbannen, Vergnügen zu suchen, keinen Gedanken zu haben, als wie sie des Lebens und seiner Freuden genießen mögen.« Manchmal seien fast tausend Menschen in den Bädern, viele tränken heftig, und doch gebe es keinen Streit, kein Gezänk, kein Geschimpfe und Gefluche, und schon gar keine Eifersucht, für die den Menschen dort sogar »der Namen fehle«. In diesem einfachen, spielerischen und naiven Verhalten, das er beobachtete, meinte Poggio die Vergnügungen und die Zufriedenheit zu entdecken, die seine Kultur verloren habe.

> Öfters beneide ich die Gemütsruhe dieser Leute, und verfluche unsere verderbte Denkungsart … Wir erbeben vor künftigem Elend, werden vom immerwährenden Kummer, ewiger Angst umher getrieben; um nicht unglücklich zu werden, hören wir nie auf, unglücklich zu seyn, starren mit unverwandten Blicken das Gold an, und gönnen weder der Seele, noch dem Leibe eine Erholung. Diese Glücklichen hingegen, mit wenigem vergnügt, leben nur für heute, machen jeden Tag zu einem Feste.

Er beschreibe ihm die Badeszenen, teilt er dem Freund mit, damit dieser »aus einigen Beispielen verstehen möge, welch großartiges Zentrum der epikureischen Weise zu denken dies ist«.[23]

In diesen kontrastierenden Bildern ängstlicher, von der Arbeit besessener und überdisziplinierter Italiener und sorglos unbekümmerter Deutscher glaubte Poggio für einen Moment das epikureisch höchste Gut, das Streben nach Lust, erblickt zu haben. Er wusste nur zu gut, dass dieses Streben der christlichen Lehre zuwiderlief. Doch in Baden muss ihm gewesen sein, als finde er sich an der Schwelle zu einem Leben, in dem christliche Regeln nicht länger zählten. Lesend hatte Poggio häufig an dieser Schwelle gestanden. Er hat nie aufgehört, nach verlorenen antiken Texten zu suchen. Einer Bemerkung Niccolis zufolge hat er auch ein Stück seiner Konstanzer Zeit damit verbracht, Bibliothekssammlungen durchzusehen – im Kloster St. Markus hat er dann wohl auch einen antiken Vergil-Kommentar gefunden.[24] Anfang Sommer 1415, vermutlich kurz nachdem sein Herr abgesetzt worden war und er nun definitiv ohne Arbeit und Posten dastand, machte er sich auf den Weg ins französische Cluny, wo er einen Kodex mit sechs Reden Ciceros entdeckte, von denen zwei damals noch unbekannt waren. Er schickte diese kostbare Handschrift an seine Freunde nach Florenz, fertigte auch mit eigener Hand eine Kopie an, versehen mit einer Bemerkung, die seine Stimmung sehr genau erkennen lässt:

> Diese sieben Reden des Marcus Tullius waren durch die Schuld der Zeit in Italien verloren. Mit großer Sorgfalt und Umsicht, durch wiederholtes Suchen in den Bibliotheken in Frankreich und Deutschland ist es allein Poggius dem Florentiner gelungen, sie aus dem elenden Dreck, in dem sie verborgen lagen, zurück ans Tageslicht zu bringen, sie ihrer makellosen Würde und Ordnung zurückzugeben und den lateinischen Musen wieder anzuvertrauen.[25]

Als er diese Worte schrieb, fiel die Welt rund um Poggio in Scherben, doch auch diesmal kannte er nur eine Antwort auf Chaos und Furcht: Noch intensiver tauchte er ein in die Welt der Bücher. Im Zauberkreis seiner Bibliomanie konnte er immerhin das gefährdete Erbe einer glorreichen Vergangenheit vor den Barbaren retten und seinen rechtmäßigen Erben zurückerstatten.

Ein Jahr später, im Sommer 1416, nach der Hinrichtung des Hieronymus von Prag und kurz nach dem Zwischenspiel in Baden war Poggio erneut auf Bücherjagd, diesmal in Begleitung zweier italienischer Freunde. Gemeinsam besuchten sie das Kloster St. Gallen, gut vierzig Kilometer von Konstanz entfernt. Es war nicht die einzigartige Architektur der großen mittelalterlichen Abtei, die die Besucher anzog, es war die Bibliothek. Unglaubliches hatten Poggio und seine Freunde von ihr gehört. Und wurden nicht enttäuscht: Ein paar Monate später schrieb Poggio an einen in Italien gebliebenen Freund einen triumphierenden Brief mit der Meldung, er habe einen Schatz antiker Bücher gefunden. Dessen Krönung war der komplette Text von Quintilians *Institutio oratoria,* das bedeutendste römische Handbuch der Redekunst und Rhetorik. Poggio und sein Kreis kannten diesen Text bislang nur in Fragmenten. Die Entdeckung des Ganzen war etwas höchst Aufregendes – »Oh wunderbarer Schatz! Oh unerwartete Freude!«, brach es aus einem von ihnen heraus –, denn dieser Text brachte ihnen auch eine ganze Welt zurück: eine, die mittels öffentlicher Rede zu überzeugen war.

Es war ein Traum, eine Zuhörerschaft durch Redegewandtheit und die Macht öffentlicher Worte überzeugen zu können; dieser Traum hatte Hus und Hieronymus von Prag nach Konstanz gelockt. Hus war niedergebrüllt worden, doch Hieronymus, den man aus dem elenden Verlies, in dem er 350 Tage angekettet war, herausgeholt hatte, war es zumindest gelungen, sich Gehör zu verschaffen. Für einen modernen Leser dürfte Poggios Bewunderung für Hieronymus' »Wahl der Worte« und die Wirksamkeit seiner »Schlussworte« etwas nahezu Absurdes haben – als wäre es um nichts anderes als um das Latein des Gefangenen und dessen Qualität gegangen. Aber genau das, die Vollkommenheit, mit der dieser gequälte Mann sich des Lateinischen bedient hatte, hatte Poggio so durcheinandergebracht, dass er an der Gültigkeit der Vorwürfe zu zweifeln begann, die gegen den Ketzer erhoben wurden. Es gelang Poggio nicht, zumindest nicht in diesem höllischen Augenblick, weiter vor sich selbst zu verbergen, welche Spannung sich zwischen dem Bürokraten, der für den Finsterling Johannes XXIII. arbeitete, und dem Humanisten auftat, der sich nach der, wie sie ihm erschien, freieren und reineren Luft der antiken Römischen Republik sehnte. Poggio fand keinen gangbaren Weg, diese Spannung zu lindern, und also stürzte er sich in die Klosterbibliothek mit ihren vernachlässigten Schätzen.

Keine Frage, schrieb er, »dass dieser glorreiche Mann, so elegant, so rein, so voller moralischer und geistiger Kraft nicht länger hätte im Schmutz dieses Gefängnisses, dem Elend dieses Ortes und der wilden Grausamkeit seiner Wächter überdauern können«. Diese Worte waren kein weiterer Lapsus, kein Sprung in jene unüberlegte Bewunderung des wortgewaltigen und doch verdammten Hieronymus, die Leonardo Bruni so erschreckt hatte; hier geht es vielmehr um Poggios Beschreibung der Handschrift des Quintilian-Textes, den er in St. Gallen gefunden hatte:

> Er war traurig und in Trauer gehüllt, wie es Menschen sind, denen der Tod droht; sein Bart war verdreckt, sein Haar voller Schmutz, so dass sein Ausdruck und seine ganze Erscheinung deutlich machten, dass er zu einer unverdienten Strafe einbestellt war. Es schien, als strecke er die Hände aus und bitte um die Treue des römischen Volkes, dass es fordere, ihn vor dem ungerechten Urteil zu retten.[26]

Die Szene, die er im Mai miterlebt hatte, ist in der Vorstellung des Humanisten noch immer lebendig, als er die Bücher des Klosters durchsieht. Hieronymus hatte dagegen protestiert, dass er »in Schmutz und Fesseln« gehalten werde, »ohne jede Erleichterung«; der Quintilian wurde gefunden »verschmutzt mit Schimmel und Staub«. Hieronymus sei eingesperrt worden, schrieb Poggio an Leonardo Aretino, »in einem dunklen Verlies, wo es ihm unmöglich war zu lesen«. Der Quintilian, schrieb er empört über die Handschrift in der Klosterbibliothek, habe sich »in einer Art stinkendem und düsterem Verlies« befunden, in das man »nicht einmal Menschen, die eines Kapitalverbrechens überführt sind, wegsperren würde«. »Ein Mann, ewiger Erinnerung wert!« – unbedacht bricht das aus Poggio heraus, und nicht den kleinen Finger hatte er rühren können, um Hieronymus zu retten. Ein paar Monate später im Kloster St. Gallen war das anders, hier ließ sich etwas tun für einen Mann, der es allemal verdient hatte, aus dem Gefängnis von Barbaren befreit zu werden.

Es ist unklar, wie bewusst Poggio diese Verbindung zwischen eingekerkertem Ketzer und weggesperrtem Text gewesen ist. Moralisch hellwach und zugleich tief kompromittiert durch sein berufliches Leben, reagierte er auf Bücher, als seien sie lebendige, leidende Menschenwesen. »Beim

Himmel«, schrieb er zum Quintilian-Manuskript, »hätten wir nicht Hilfe gebracht, schon am nächsten Tag wäre er verschwunden gewesen.« Um nichts zu riskieren, setzte sich Poggio daran, das ganze lange Werk mit seiner schönen Handschrift zu kopieren. Vierundfünfzig Tage brauchte er, bis er diese Arbeit vollendet hatte. »Das einzigartige Leuchten des römischen Namens, neben dem es keinen anderen gab als Cicero, und auch er wäre gleichermaßen in Stücke geschnitten und verstreut worden«, schrieb er an Guarino von Verona, »er wurde durch unsere Mühen nicht nur aus dem Exil gerettet, sondern vor der beinahe vollständigen Vernichtung.«[27]

Die Expedition ins Kloster war kostspielig, und Poggio steckte chronisch in Geldnöten: die Konsequenz seiner Entscheidung, den einträglichen Weg der Priesterschaft auszuschlagen. Zurück in Konstanz, ohne Stellung und ohne klare Perspektiven, verschlimmerten sich seine Geldsorgen noch. Baldassare Cossa, sein abgesetzter Herr, verhandelte verzweifelt, um sich einen ruhigen Lebensabend zu sichern. Nach drei Jahren Gefangenschaft erkaufte er sich schließlich die Freiheit und wurde zum Kardinal in Florenz gemacht, wo er 1419 starb; sein elegantes Grab im Baptisterium des Doms ist ein Werk Donatellos. Auch Gregor XII., ebenfalls ein Papst, für den Poggio zuvor gearbeitet hatte, starb um diese Zeit. Seine letzten Worte waren: »Ich habe die Welt nicht verstanden, die Welt hat mich nicht verstanden.«

Es war höchste Zeit für einen klugen, bestens ausgebildeten Mann von fast vierzig Jahren, an sich selbst zu denken und sich nach einem sicheren Auskommen umzusehen. Poggio fand nichts Passendes. Stattdessen, nur wenige Wochen nach seiner Rückkehr aus St. Gallen, verließ er Konstanz erneut, dieses Mal offenbar ohne Begleitung. Sein wildes Bestreben, welche edlen eingesperrten Wesen auch immer zu entdecken und aus ihrer Gefangenschaft zu befreien, hatte sich offenbar verstärkt. Er hatte keine Vorstellung, was er finden würde; er wusste nur, dass dessen Rettung jeden Preis wert war, wenn es denn etwas Antikes war und in elegantem Latein verfasst. Die Mönche, denen er alles zutraute, sperrten unwissend und gleichgültig Spuren einer Kultur weg, die weitaus größer war als alles, was die Welt seit tausend Jahren gesehen hatte.

Es waren Stücke von Pergament, mehr nicht, was zu finden er hoffen konnte, und es waren noch nicht einmal sehr alte. Doch für ihn waren das keine Handschriften, es waren menschliche Stimmen. Was aus dem Dunkel einer Bibliothek hervortrat, war kein Glied in einer langen Kette von Texten, einer vom anderen abgeschrieben, sondern es war die Sache selbst in geborgten Kleidern, möglicherweise sogar der Autor selbst, in Leichentücher gehüllt ins Helle taumelnd.

»Wir akzeptieren, dass Äskulap zu den Göttern gehört, weil er neben anderen auch Hippolyt aus der Unterwelt zurückgeholt hat«, schrieb Francesco Barbaro an Poggio, als er von dessen Funden erfahren hatte:

> Wenn ihm einzelne Menschen, Nationen und Provinzen Heiligtümer geweiht haben, was müsste man, frage ich mich, für dich tun, wenn dieser Brauch nicht längst vergessen wäre? Du hast so viele berühmte und weise Männer wiederbelebt, Männer, die Ewigkeiten tot waren, durch deren Geist und Lehren nun nicht nur wir, sondern auch unsere Nachkommen gut und ehrenvoll werden leben können.[28]

Bücher, die nicht länger von Hand zu Hand gingen, die in deutschen Bibliotheken hockten, transfigurieren hier zu weisen Männern, die gestorben waren und deren Seelen in der Unterwelt gefangen saßen. Ein zynischer apostolischer Sekretär im Dienst des berühmt-berüchtigten Papstes – unter seinen Freunden aber galt Poggio als Held der Kultur, als magischer Heiler, der es verstand, den zerrissenen und geschundenen Leib der Antike zusammenzufügen und zu neuem Leben zu erwecken.

So kam es, dass sich Poggio im Januar 1417 erneut in einer Klosterbibliothek wiederfand, vermutlich in Fulda. Dort nahm er ein langes Gedicht aus dem Regal, an dessen Autor er sich vielleicht erinnerte, hatte er dessen Namen und den seines Werkes doch bei Quintilian oder in der Chronik gelesen, die der heilige Hieronymus zusammengetragen hatte: T. LUCRETI CARI DE RERUM NATURA.

KAPITEL ACHT

WIE DIE DINGE SIND

De rerum natura – Von der Natur ist keine leichte Lektüre. Das Poem umfasst siebzehntausendvierhundert Verse im Maß des Hexameters – der normale ungereimte sechshebige Vers, in den römische Dichter wie Vergil oder Ovid ihre Dichtungen gossen, Homers Griechisch imitierend. Das große Gedicht, unterteilt in sechs Bücher ohne Titel, verbindet Momente intensiver lyrischer Schönheit mit philosophischen Meditationen über Religion, Lust und Tod, mit komplexen Theorien zur natürlichen Welt, zur Entwicklung menschlicher Gesellschaften, zu Freuden und Gefahren der geschlechtlichen Liebe und zum Wesen der Krankheit. Die Sprache ist häufig verwickelt und schwierig, die Syntax komplex und der intellektuelle Anspruch insgesamt erstaunlich hoch.

Das waren Schwierigkeiten, die Poggio und seine gebildeten Freunde kaum schrecken konnten. Sie verfügten über ein wundervolles Latein, liebten es, komplexe Textprobleme zu lösen, und hatten sich häufig mit Interesse und Vergnügen in das noch undurchdringlichere Dickicht der patristischen Theologie begeben. Ein rascher Blick auf die ersten Seiten des Manuskripts genügte denn auch, um Poggio davon zu überzeugen, dass er einen bemerkenswerten Fund gemacht hatte.

Eines allerdings konnte er ohne sorgfältige Lektüre, ohne gründliche Aufnahme der Argumente gar nicht erfassen: Er war im Begriff, ein Werk in die Welt zu entlassen, das sein gesamtes geistiges Universum in Frage stellte. Und wenn er dieses Risiko erkannt hätte? Er hätte wohl auch dann nicht gezögert, das Gedicht in Umlauf zu bringen: Das Wiederentdecken verlorener Spuren der antiken Welt war sein oberster Lebenszweck, das wohl einzige Prinzip, das nicht vergiftet war von Desillusionierung und zynischem Gelächter. Und was er tat, hätte er durchaus mit den Worten kommentieren können, die Sigmund Freud zu C. G. Jung gesagt haben soll, als sie in den Hafen von New York einliefen, um die Lobeshymnen ihrer amerikanischen Bewunderer zu empfangen: »Sie wissen nicht, dass wir ihnen die Pest bringen.«[1]

Ein einfaches Wort für die Pest, die Lukrez brachte, ist Atheismus – ein Vorwurf, der oft gegen ihn erhoben wurde, nachdem sein Gedicht wieder gelesen wurde. Aber Lukrez war gar kein Atheist. Er glaubte an die Existenz von Göttern. Aber er glaubte auch, dass sie sich, wenn sie denn wirklich Götter waren, sich niemals um uns Menschen und das, was wir tun, kümmern würden. Göttlichkeit, dachte er, kann sich ihrem eigenen Wesen nach nur des ewigen Lebens und Friedens erfreuen, unberührt von jeglichem Leid und jeglicher Störung, völlig indifferent dem menschlichen Handeln gegenüber.

Wenn es uns gefällt, das Meer Neptun zu nennen und Korn und Wein Ceres und Bacchus, dann, so Lukrez, sind wir frei, dies zu tun, so wie wir die runde Erde auch Göttermutter nennen können. Und wenn uns, angesichts ihrer feierlichen Schönheit, danach ist, religiöse Heiligtümer zu besuchen, dann wird uns das keinen Schaden zufügen – vorausgesetzt, wir betrachten die Götterbildnisse mit »ruhigem, friedlichem Herzen«. (6:78) Nicht eine Minute jedoch sollten wir dem Glauben verfallen, dass wir eine dieser Gottheiten verärgern oder günstig stimmen könnten. Prozessionen, Tieropfer, ekstatische Tänze, Trommeln und Zimbeln und Pfeifen, Wolken verstreuter Rosenblätter, Eunuchenpriester, gemeißelte Bildnisse des Kindgottes – all diese Riten und Kulte sind, so unwiderstehlich und eindrucksvoll sie sein mögen, letzten Endes bedeutungslos, denn die Götter, die sie erreichen sollen, sind nicht von unserer Welt und völlig getrennt von ihr.

Natürlich ließe sich sagen, trotz seines Bekenntnisses zum religiösen Glauben sei Lukrez eine Art Atheist gewesen, als solcher sogar ausnehmend clever, denn zu fast allen Zeiten wäre es Gläubigen, ganz gleich welcher Religion sie angehörten, sinnlos erschienen, Götter zu verehren, hätte nicht zugleich die Hoffnung bestanden, ihren Zorn besänftigen beziehungsweise ihren Schutz, ihre Gunst erflehen zu können. Welchen Sinn hätte ein Gott, der keinerlei Interesse hat an Strafe oder Lohn? Wie Lukrez immer wieder betont, sind Ängste und Hoffnungen, die sich darauf richten, nichts anderes als eine giftige Form des Aberglaubens, in dem sich zu gleichen Teilen absurde Selbstüberschätzung und absurde Ängste verbinden. Sich vorzustellen, dass Götter sich tatsächlich um das Schicksal der Menschen oder um deren rituelle Praktiken bekümmerten, sei, wie er schrieb, eine ausgesprochen pöbelhafte Beleidigung der Götter – so, als seien sie für ihr Glücksempfinden angewiesen auf unsere gemurmelten Worte, unser Wohlverhalten. Doch diese Beleidigung wäre noch das geringste Problem: Sie könnte den Göttern nicht gleichgültiger sein. Nichts, was wir tun (oder nicht tun), könnte sie je interessieren. Das wirkliche Problem sieht Lukrez darin, dass derart falsche Vorstellungen und falscher Glauben unausweichlich zu menschlichem Unglück führen.

Solche Ansichten waren denen Poggios mit Sicherheit entgegengesetzt, und sie hätten jeden seiner Zeitgenossen, hätte er sie laut geäußert, in ernsteste Schwierigkeiten gebracht. Für sich genommen jedoch, und solange man sie im Zusammenhang eines heidnischen Textes beließ, gaben sie kaum Anlass, sich zu fürchten. Auch Poggio hätte sich, so wie dies spätere Leser des Gedichts getan haben, sagen können, der brillante antike Dichter habe schließlich nichts anderes getan, als die Leere des heidnischen Glaubens und damit auch die Absurdität von Opfern zu erfassen, die an Götter gerichtet werden, die gar nicht existieren. Letztlich habe Lukrez das Pech gehabt, kurz vor der Ankunft des Messias gelebt zu haben. Nur ein Jahrhundert später geboren, und er hätte die Chance gehabt, die Wahrheit zu erfahren. Immerhin aber habe er begriffen, dass die Praktiken seiner Zeitgenossen wertlos waren. Darum übertragen sogar viele moderne englische Übersetzungen des Lukrez'schen Gedichts, was im lateinischen Text einfach *religio* heißt, pejorativ mit »superstition«, Aberglauben.

Atheismus – genauer: die Gleichgültigkeit der Götter – war nicht das einzige Problem, das sich mit Lukrez' Gedicht stellte. Das Hauptproblem lag anderswo, nämlich in der materiellen Welt, die wir alle bewohnen. Auf sie bezogen, fanden sich die beunruhigendsten Behauptungen, Sätze und Ideen, die alle, die ihrer beträchtlichen Überzeugungskraft erlagen – Machiavelli, Bruno, Galileo und andere –, auf befremdliche Gedanken brachten. Auf Gedanken, denen man einst in eben dem Land begierig gefolgt war, in das sie nun, aufgrund von Poggios Entdeckung, zurückkehrten. Doch tausend Jahre fast vollständigen Schweigens hatten sie höchst gefährlich gemacht.

Uns erscheint vieles von dem, was in *De rerum natura* über das Universum gesagt wird, doch sehr vertraut, zumindest denen unter uns, von denen anzunehmen ist, dass sie dieses Gedicht mit Interesse lesen werden. Schließlich gehören viele seiner Hauptargumente zu den Grundlagen, auf denen das moderne Leben aufbaut.[2] Doch sollte man nicht vergessen, dass andere Argumente bis heute fremdartig geblieben sind, wieder andere heftig bestritten werden, und zwar häufig gerade von jenen, die sich nur zu gern auf die wissenschaftlichen Fortschritte berufen, die mit Vorstellungen wie den Lukrez'schen erst ermöglicht wurden. Unter Poggios Zeitgenossen gab es nur ganz wenige, die das, was Lukrez behauptete, nicht unverständlich, unglaubhaft und gottlos gefunden hätten – und für sie spielte es keine Rolle, dass er solche Gedanken in einem Gedicht von erregender, verführerischer Schönheit äußerte.

In einigen, keineswegs erschöpfenden Punkten möchte ich zusammenfassen, welche Zumutungen Lukrez' Gedicht enthielt.[3]

- **Alles Seiende ist aus unsichtbaren Teilchen zusammengesetzt.** Lukrez, dem wenig an einer nüchtern-sachlichen Sprache lag, hat den üblichen Fachbegriff, mit dem griechische Philosophen diese Grundbausteine bezeichnet haben – »Atom«, das Unteilbare –, bewusst vermieden. Stattdessen nutzte er eine Vielzahl gewöhnlicher lateinischer Worte: »Urelemente«, »Grundelemente«, »Körper des Stoffs«, »Keime der Dinge«. Alles, so schreibt er, ist aus diesen Keimen gebildet und kehrt, sich auflösend, zuletzt zu diesen zurück. Unveränderlich, unteilbar, unsichtbar und unendlich an der Zahl, sind sie unablässig in Bewegung, kollidieren und kommen zusammen, um neue Gestalten zu bilden, trennen sich, verbinden sich neu, endlos.
- **Diese elementaren Teilchen der Materie – die »Keime der Dinge« – sind ewig.** Zeit ist nicht endlich – keine abgrenzbare Substanz mit Anfang und Ende –, sondern endlos. Diese unsichtbaren Teilchen, aus denen das gesamte Universum aufgebaut ist, von den Sternen bis zum kleinsten Insekt, sind unzerstörbar und unsterblich, jedes einzelne Objekt im Universum aber ist vergänglich. Will sagen: Alle Formen, die wir beobachten können, selbst solche, die uns am dauerhaftesten erscheinen, sind nur flüchtig: über kurz oder lang werden sich die

Bausteine, aus denen sie zusammengesetzt sind, neu mischen. Nur die Bausteine selbst sind beständig, ebenso der endlose Prozess der Formung, Auflösung und Neuformung.

So bekommen weder Schöpfung noch Zerstörung je die Oberhand; die Gesamtsumme der Materie bleibt konstant, immer wieder neu stellt sich die Balance zwischen dem Lebenden und dem Toten ein:

Und so können die zerstörenden Kräfte niemals den endgültigen Sieg erringen, nie das Seiende auf immer vernichten; noch können die Bewegungen, die Leben erzeugen und Wachstum, die geschaffenen Dinge auf ewig erhalten. Es waltet Krieg seit Anbeginn der Zeiten, ein stets unentschiedener Kampf zwischen den Elementen, bald hier, bald da sind die lebenspendenden Kräfte im Vorteil, bald hier, bald da unterliegen sie auch, und Totenklage mischt sich in den Schrei der Neugeborenen, die eben erst das Licht der Welt erblickt; niemals folgt die Nacht dem Tag, und keine Morgendämmerung der Nacht, ohne dass sie nicht Kindergeschrei vernähmen, das vermischt ist mit dem Jammer, der schrilltönend Tod und schwarzes Begräbnis begleitet.

(*On the Nature of Things*, 2:569–580)

Der spanische Philosoph George Santayana, der in Harvard lehrte, nannte diese Vorstellung – den endlosen Wandel der Formen, die aus unzerstörbaren Substanzen zusammengesetzt sind – »den großartigsten Gedanken, auf den die Menschheit je gekommen ist«.[4]

- **Die elementaren Teilchen sind unendlich in ihrer Zahl, aber begrenzt in Gestalt und Größe.** Lukrez stellt sie sich vor wie Buchstaben eines Alphabets. Aus einer bestimmten Zahl von Grundelementen lassen sich unendlich viele Sätze oder Verse bilden (2:688ff.). Und die Verbindungen werden, wie in der Sprache so bei den »Keimen der Dinge«, nach »bestimmten Gesetzen« gebildet (2:700ff.). So wie sich nicht alle Buchstaben oder Wörter sinnvoll verbinden lassen, so auch nicht alle Elementarteilchen zu jeder möglichen Form. Einige der Keime verhaken sich regelmäßig und ohne Schwierigkeiten mit anderen; andere stoßen einander ab und meiden einander. Lukrez gibt nicht vor, die verborgenen Gesetze der Materie zu kennen. Doch es sei, so lehrt er, wichtig zu begreifen, dass es ein solches Gesetz gibt und dass es zumindest im Prinzip auch von menschlicher Wissenschaft aufgespürt und begriffen werden kann.

- **Alle Teilchen bewegen sich in einer unendlichen Leere.** Wie die Zeit, so ist auch der Raum grenzenlos. Er kennt keine fixen Punkte, keinen Anfang, keine Mitte, kein Ende und keine Grenzen. Die Materie ist nicht zu einer festen Masse zusammengepresst. Auch in den Dingen ist Leere; wäre diese nicht, könnten die Grundelemente sich nicht bewegen, nicht kollidieren, sich nicht verbinden, sich nicht wieder trennen. Zu den Beweisen für diese Leere gehören nicht nur die unaufhörliche Bewegung, die wir um uns wahrnehmen, sondern auch solche Phänomene wie das Wasser, das durch Höhlenwände dringt, die Nahrung, die vom Körper aufgenommen wird, Töne, die durch Wände geschlossener Räume dringen, die Kälte, die in die Knochen kriecht.

  Darum besteht das Universum aus Materie – aus den Urelementen und allen Formen, zu denen diese sich verbinden – und Raum, ungreifbar und leer. Nichts anderes existiert.
- **Das Universum hat keinen Schöpfer oder Designer.** Die Urelemente sind nicht geschaffen und können auch nicht zerstört werden. Die Muster von Ordnung und Unordnung in der Welt folgen keinem göttlichen Plan. Vorsehung ist reine Phantasie.

  Das, was ist, ist weder Manifestation eines übergeordneten Plans noch eines intelligenten Designs, das der Materie inhärent wäre. Kein oberster Choreograph hat deren Bewegungen geplant, und die Keime der Dinge hatten kein Treffen, in dem sie diskutiert und entschieden hätten, was zu wem würde.

Doch weil unzählige von ihnen seit ewigen Zeiten von Stößen durchs Universum hin und her geschleudert werden, sich dabei auf zahllose Weisen verändern, haben sie jede Art der Bewegung und Verbindung erprobt, sind so wohl auch zu jenen Gestaltungen gekommen, deren unser Universum zu seiner Entstehung bedurfte.

(*On the Nature of Things*, 1:1024ff.)[5]

Damit hat das Sein weder Ziel noch Zweck, es gibt nur endloses Werden und Vergehen, allein vom Zufall regiert.

- **Alle Dinge entstehen infolge geringer Abweichungen.** Würden die unzählig vielen Einzelpartikel in gerader Linie durch die Leere sausen, wie Regentropfen vom eigenen Gewicht gezogen, würde niemals etwas existieren. Doch die Teilchen bewegen sich nicht im Gleichschritt in eine vorherbestimmte Richtung. Vielmehr »weichen sie zu völlig unvorhersehbarer Zeit, an unvorhersehbarem Ort ein wenig ab von ihrem geraden Kurs, doch nur gerade so viel, dass man von einer geänderten Richtung sprechen kann« (2:218ff.). Insofern ist die Position der Elementarteilchen unbestimmbar.[6]

  Dieser kleine Ruck – Lukrez spricht abwechselnd von *declinatio, inclinatio oder clinamen* – ist die allerkleinste Bewegung, *nec plus quam minimum* (2:244). Doch er, diese allerkleinste, zufällige, abgelenkte Bewegung – Greenblatt wählt, auch für den Titel seines Buches, das englische Wort »swerve« (d.Ü.) – genügt, um eine endlose Kette von Kollisionen auszulösen. Was immer im Universum existiert, existiert wegen dieser zufälligen Kollisionen winziger Teilchen. Die endlosen Verbindungen und Wiederverbindungen, die aus diesen Kollisionen in einer endlosen Zeitspanne entstehen, bewirken, dass »das unersättliche Meer aus vollen Strömen gespeist, die Erde von Sonnenwärme belebt wird und ihre Geschöpfe erneuert, die Familie der Tiere entsteht und gedeiht und des Äthers umkreisende Feuer niemals erlöschen« (1:1031ff.).

- **Die zufällige Abweichung, der kleine Ruck ist Ursprung auch des freien Willens.** Im Leben aller fühlenden Geschöpfe, bei Menschen wie Tieren gleichermaßen, ist die zufällige Abweichung der Elementarteilchen verantwortlich dafür, dass es so etwas wie den freien Willen gibt. Denn wäre alle Bewegung eine einzige, lang vorherbestimmte Kette, könnte es so etwas wie Freiheit gar nicht geben.[7] Von Ewigkeit an folgte Ursache auf Ursache, wie das Schicksal es bestimmte. Tatsächlich aber entreißen wir dem Schicksal unseren freien Willen.

  Wo aber liegt der Beweis, dass dieser Wille existiert? Warum sollten wir uns nicht einfach vorstellen, dass die Materie in lebenden Geschöpfen sich wegen der gleichen blind zufälligen Stöße bewegt, die

die Stäubchen in ihrer Wolke bewegt? Lukrez' Bild dafür ist der Sekundenbruchteil, in dem auf der Rennbahn die Starttore sich öffnen und die stampfenden Pferde, wild auf Bewegung, ihren Körper nun tatsächlich vorwärtstreiben können. Dieser Sekundenbruchteil ist das erregende Schauspiel eines mentalen Aktes, der eine Masse in Bewegung setzt. Und weil dieses Bild seinen Zweck doch nicht ganz erfüllt – schließlich sind Rennpferde Geschöpfe, die durch die Peitsche ihres Reiters angetrieben werden –, ergänzt Lukrez sein Argument durch die Feststellung, dass ein Mensch zwar von einer äußeren Kraft getrieben sein könne, stets aber auch in der Lage sei, sich dieser bewusst zu widersetzen.[8]

- **Die Natur experimentiert unaufhörlich.** Es gibt keinen einzelnen Augenblick des Uranfangs, keine mythische Schöpfungsszene. Alle Lebewesen, von den Pflanzen und Insekten bis zu den höheren Säugetieren und Menschen haben sich in einem langen, komplexen Prozess von Versuch und Irrtum entwickelt. In diesem Prozess gab es viele Fehlstarts und Sackgassen, es kam zu Missgestalten und Wunderwesen, zu Fehlentwicklungen, will sagen zu Lebewesen, die nicht mit allen Eigenschaften ausgestattet waren, die sie zum Kampf um Ressourcen und zum Hervorbringen von Nachkommen gebraucht hätten. Wesen dagegen, denen es die Kombination ihrer Organe ermöglicht, sich anzupassen und die eigene Art zu reproduzieren, können sich zumindest so lange selbst erhalten, bis ihr Überleben an veränderten Lebensumständen scheitert.[9]

Erfolgreiche Anpassung und Fehlschläge sind das Ergebnis einer unglaublichen Zahl von Verbindungen, die in einer unbegrenzten Zeitspanne hervorgebracht (reproduziert und wieder eliminiert) werden. Es sei, räumt Lukrez ein, schwer, sich das begreiflich zu machen, aber »es schafft sich das Geschaffene seine Funktion erst selbst« (4:835). Lukrez erläutert: »Ehe das Augenpaar geschaffen war, gab es kein Sehen, und auch kein Sprechen, bevor nicht die Zunge da war.« (4:836f.) Diese Organe wurden nicht geschaffen, um einen bestimmten Zweck zu erfüllen, sondern indem sie sich bildeten, ermöglichten sie den Geschöpfen allmählich, zu überleben und ihre Art zu erhalten.

- **Das Universum wurde weder wegen noch für die Menschen erschaffen.** Die Erde – mit ihren Meeren und Wüsten, feindlichen Klimazonen, wilden Tieren, Krankheiten – wurde ganz offensichtlich nicht dazu geschaffen, es unserer Art behaglich zu machen. Anders als viele andere Tiere, die von Geburt an mit dem ausgestattet sind, was sie zum Überleben brauchen, kommen Menschenkinder nahezu schutzlos auf die Welt. Man bedenke, schreibt Lukrez in einer berühmten Passage, dass ein Kleinkind nicht anders als ein schiffbrüchiger Seemann von wütenden Wellen ans Ufer geworfen wird:

> Sobald die Natur ihn mit dem Stoß der Wehen aus dem Leib der Mutter ans Ufer des Lichts gebracht, liegt der Säugling am Boden, sprachlos, nackt und völlig ausgeliefert.
>
> (5:223f.)[10]

- **Nicht das Schicksal der Gattung (geschweige denn das des Einzelnen) ist der Pol, um den sich alles dreht.** Und es gibt keinen Grund zu der Annahme, dass die Menschen als Gattung ewig weiterleben werden. Im Gegenteil, es steht fest, dass über eine unendliche Zeitspanne hinweg manche Arten entstehen, andere verschwinden: hervorgebracht und vernichtet in einem endlosen Prozess der Veränderung. Es gab andere Formen des Lebens vor uns, die längst vergangen sind, und es werden Formen des Lebens nach uns existieren, wenn unsere Art untergegangen ist.
- **Menschen sind nicht einzigartig,** vielmehr Teil des sehr viel umfassenderen materiellen Prozesses, der sie nicht nur mit allen Formen des Lebens verbindet, sondern auch mit der anorganischen Materie. Die unsichtbaren Partikel, aus denen lebende Dinge, die Menschen eingeschlossen, zusammengesetzt sind, sind empfindungslos, sie stammen auch nicht aus irgendeiner mysteriösen Quelle. Wir sind aus dem gleichen Stoff, aus dem auch alles andere sich zusammensetzt.

Die Menschen besetzen beileibe nicht den privilegierten Platz im Sein, auf dem sie sich so gerne sehen: Auch wenn sie dies häufig eher verleugnen, so teilen sie doch viele ihrer so hoch geschätzten Eigenschaften mit anderen Tieren. Gewiss, jedes Individuum ist einzigartig, wegen der Überfülle des Stoffes aber gilt das auch für praktisch alle anderen Kreaturen: Wie anders wäre sonst zu erklären, dass ein Kalb sein Muttertier erkennt und umgekehrt die Kuh ihr Kalb?[11] Wir müssen die Welt um uns herum nur genauer betrachten, und schon begreifen wir, dass viele der intensivsten und schmerzlichsten Erfahrungen unseres Lebens nicht allein unserer Art vorbehalten sind.

- **Die menschliche Gesellschaft hat nicht mit einem Goldenen Zeitalter der Ruhe und der Fülle begonnen, sondern als urtümlicher Kampf ums Überleben** (5:925ff.).

Es gab keine ursprünglich paradiesischen Zeiten, von denen manche träumen; nicht die Zeit glückseliger Männer und Frauen, die in Geborgenheit und Muße lebten, die Früchte des natürlichen Überflusses genießend. Die frühen Menschen, denen das Feuer fehlte und die die Landwirtschaft nicht kannten, so wenig wie andere Mittel, um eine schonungslos harte Existenz zu mildern, diese Urmenschen kämpften um ihre Nahrung und darum, nicht selbst gefressen zu werden.

Es mag, im Interesse des Überlebens, immer schon rudimentäre Fähigkeiten gesellschaftlicher Kooperation gegeben haben, doch die Fähigkeit, Bindungen zu schaffen und durch Sitten bestimmt in Gemeinschaften zu leben, hat sich erst langsam entwickelt. Am Anfang gab es nur zufällige Paarung – aus wechselseitigem Begehren oder durch Tausch und Raub – sowie das Jagen und Sammeln von Nahrung. Die Sterblichkeit war groß, aber, wie Lukrez ironisch anmerkt, nicht so hoch wie zu seiner Zeit, wo sie angestiegen sei durch Kriege, Schiffshavarien und Völlerei.

Auch die Vorstellung, dass die Sprache irgendwie als wundersame Erfindung auf die Menschen gekommen sei, hält Lukrez für absurd. Vielmehr seien die Menschen, die wie andere Tiere in diversen Situationen unartikulierte Schreie und Gesten zur Verständigung nutzten, langsam dazu gekommen, die gleichen Dinge durch gemeinsame Laute zu bezeichnen. So hätten die Menschen auch, lange bevor sie in der Lage waren, gemeinsam melodiöse Lieder zu singen, das Trillern der Vögel, den Laut einer sanften Brise im Schilf nachgeahmt und auf diese Weise die Fähigkeit entwickelt, Musik zu machen (5:1028ff.).

Die Künste der Zivilisation – den Menschen nicht durch einen göttlichen Gesetzgeber geschenkt, sondern gewissenhaft herausgebildet durch die gemeinsam angewendeten Talente und die Geisteskraft der Spezies – sind lobenswerte Errungenschaften, doch keine ungetrübten Segnungen. Sie entwickelten sich zusammen mit der Furcht vor den Göttern, der Gier nach Reichtum, dem Streben nach Ruhm und Macht. Und dies alles entsprang dem Wunsch nach Sicherheit, einem Begehren, das in die frühesten Erfahrungen des Menschengeschlechts zurückreicht, bis zu den Kämpfen gegen natürliche Feinde. Diese gewaltsamen Auseinandersetzungen – Kämpfe vor allem gegen wilde Tiere, die das menschliche Überleben bedrohten – waren weitgehend erfolgreich, doch die ängstlichen, aggressiven, auf Besitz gerichteten Impulse haben sich vervielfältigt und ausgebreitet. Infolgedessen haben die Menschen Waffen ersonnen, die sich gegen Ihresgleichen richten (5:1105ff.).

- **Die Seele ist sterblich;** sie besteht nämlich aus dem gleichen Stoff wie der menschliche Körper (3:117ff.). Dass wir die Seele nicht in einem bestimmten Organ lokalisieren können, bedeutet nur, dass auch sie aus unendlich kleinen Teilchen besteht, die durch Venen, Fleisch und Sehnen verbunden sind. Unsere Instrumente sind nicht fein genug, um die Seele zu wiegen: Im Augenblick des Todes löst sie sich auf, »verflüchtigt sich wie die Blume des Weins oder die Düfte eines Salböls, die sich in die Lüfte entwinden« (3:221f.). Trotz solcher Bilder gehen wir nicht davon aus, dass Wein oder Parfüm eine geheimnisvolle Seele hätten, sondern meinen nur, dass Düfte aus sehr feinen stofflichen Elementen bestehen, die sich nicht messen lassen. Nicht anders der menschliche Geist: Er besteht aus kleinsten Elementen, die in den tiefsten Tiefen des Körpers verborgen sind. Wenn der Körper stirbt – die Materie sich also auflöst –, stirbt auch die Seele, denn sie ist Teil des Körpers.
- **Es gibt kein Leben nach dem Tod.** Die Menschen haben sich mit Gedanken an das, was sie nach dem Tod erwartet, sowohl getröstet wie gequält. Entweder sammeln sie Blumen in einem Paradiesgarten, wo niemals ein kühles Lüftchen weht, oder sie werden vor einen gestrengen Richter geführt, der sie für ihre Sünden zu nie endendem Leid verdammt (ein Leiden, das, mysteriös genug, voraussetzt, dass wir

auch nach dem Tod eine hitzeempfindliche Haut haben, eine Abneigung gegen Kälte, körperlichen Hunger und Durst und dergleichen mehr). Sobald man sich aber klarmacht, dass die Seele mit dem Körper stirbt, versteht man auch, dass es postume Strafen oder Belohnungen gar nicht geben kann. Das irdische Leben ist alles, was die Menschen haben (3:713ff.).

- **Der Tod berührt uns nicht (3:830ff.).** Wenn ein Mensch tot ist – wenn sich die Partikel, die miteinander verbunden waren, um uns zu formen und zu erhalten, voneinander gelöst haben –, dann gibt es für ihn weder Lust noch Leid, weder Begehren noch Furcht. Trauernde, sagt Lukrez, ringen stets ihre Hände in Verzweiflung und klagen: »Nimmermehr wird dich dein Heim willkommen heißen, nimmermehr dir dein treffliches Weib und die lieblichen Kinder mit Küssen entgegeneilen und dein Herz mit Wonne füllen.« (3:895ff.) Aber keiner füge bislang hinzu: »Und du selber, du bist jetzt aller Sehnsucht ledig nach dergleichen Freuden.«
- **Alle organisierten Religionen sind abergläubische Täuschungen,** Wahnvorstellungen, die tief in unserem Begehren, in Ängsten und Unwissen wurzeln. Die Menschen projizieren Bilder der Macht und der Schönheit und der vollkommenen Sicherheit, die sie gerne besäßen. Und wenn sie ihre Götter entsprechend bilden, machen sie sich zu Sklaven ihrer eigenen Träume (5:1161ff.).

  Jede und jeder ist den Gefühlen unterworfen, die solche Träume hervorbringen: Sie überwältigen uns, wenn wir den Blick zu den Sternen erheben und uns Wesen unermesslicher Macht vorstellen; wenn wir uns fragen, ob denn das Universum Grenzen hat; wenn wir staunen über die vollkommene Ordnung der Dinge; oder, weniger angenehm, wenn uns eine unheimliche Kette von Missgeschicken ereilt und wir uns fragen, ob wir damit bestraft werden;[12] wenn die Natur ihre zerstörerischen Seiten zeigt. Es gibt vollkommen natürliche Erklärungen für Phänomene wie Blitze oder Erdbeben – Lukrez stellt sie dar –, doch die erschreckten Menschen reagieren eher instinktiv, mit religiöser Furcht, und beginnen zu beten.
- **Religionen sind allesamt grausam.** Stets versprechen sie Hoffnung und Liebe, ihr tieferes, alles begründendes Gefüge aber ist Grausam-

keit. Darum fühlen sie sich hingezogen zu Phantasien der Rache und Vergeltung, darum wecken sie unweigerlich Angst unter ihren Anhängern. Das charakteristische Urbild für Religionen – und nichts zeigt deutlicher, welche Perversion ihnen zugrunde liegt – ist das Opfer eines Kindes durch die Eltern.

Fast alle Religionen kennen eine Erzählung eines solchen Opfers, und einige kennen es sogar real. Lukrez dachte dabei an das Opfer der Iphigenie durch ihren Vater Agamemnon, vielleicht kannte er auch die jüdische Erzählung von Abraham und Isaak und vergleichbare Geschichten aus dem Orient, an denen die Römer seiner Zeit immer mehr Geschmack fanden. Er schrieb um 50 v.u.Z., den großen Opfermythos konnte er also nicht antizipieren, der die abendländische Welt künftig beherrschen sollte, doch er hätte ihn wohl kaum überrascht, ebenso wenig die endlos wiederholten, stets prominent zur Schau gestellten Bilder des blutig ermordeten Sohnes.

- **Es gibt keine Engel, keine Dämonen und Geister.** Immaterielle Wesen dieser Art existieren nicht. Die Kreaturen, mit denen Griechen und Römer die Welt bevölkerten – Parzen, Harpyien, Dämonen, Genien, Nymphen, Satyrn, Dryaden, himmlische Boten, die Geister der Toten – sind vollkommen irreal; Lukrez rät, sie einfach zu vergessen.
- **Das höchste Ziel des menschlichen Lebens ist Steigerung des Genusses und Verringerung des Leidens.** Das Leben sollte so organisiert sein, dass es dem Streben nach Glück dient. Es gibt keinen ethischen Zweck, der höher stünde als die Förderung dieses Strebens für das eigene Selbst wie für die Mitgeschöpfe. Alle anderen Forderungen – der Dienst am Staat, das Lob der Götter oder des Herrschers, das eifrige Streben nach Tugend durch Selbstopfer – sind sekundär, fehlgeleitet oder betrügerisch.

Militarismus oder Freude an gewaltsamen Sportarten, die seine Kultur prägten, erschienen Lukrez als zutiefst pervers und widernatürlich. Die natürlichen Bedürfnisse des Menschen sind einfach. Wenn sie versäumen, die Grenzen dieser Bedürfnisse zu erkennen, führt dies die Menschen in einen vergeblichen und nutzlosen Kampf um immer mehr.

Mit ihrem Verstand erfassen die meisten Menschen, dass die Luxusdinge, nach denen sie sich sehnen, größtenteils sinnlos sind, wenig oder gar nichts zu ihrem Wohlbefinden beitragen: »Auch die hitzigen Fieber verlassen den Körper nicht rascher, ob du auf gesticktem Brokat dich wälzest oder dich strecken musst auf gewöhnlichem Tuch.« (2:34ff.) Doch so schwer es ist, der Götterfurcht und der Angst vor dem Jenseits zu widerstehen, so schwer ist es, sich der zwingenden Vorstellung zu entziehen, dass wir die Sicherheit unserer selbst und unserer Gemeinschaft irgend vergrößern könnten, wenn wir leidenschaftlich nach Besitz und Eroberung streben. Solche Heldentaten verringern nur die Möglichkeiten des Glücks und setzen alle, die sich daran beteiligen, dem Risiko des Schiffsbruchs aus. Das Ziel, schreibt Lukrez in einer so berühmten wie aufwühlenden Passage, kann nur die Flucht aus solchen verrückten Unternehmungen sein, die man am besten von einer sicheren Warte aus beobachtet:

> Wenn Winde die Wasser der weiten See hochpeitschen, wie tröstlich ist es, vom Land aus zuzusehen, wie ein anderer sich plagt und müht: Nicht, als ob es uns freute, andere in Bedrängnis zu sehen, doch es tröstet zu sehen, welche Nöte dir selbst erspart bleiben. Tröstlich auch, ohne eigene Gefahr den mächtigen Zusammenstoß der Krieger auf dem Feld zu verfolgen. Nichts aber ist köstlicher, als die Höhen zu besetzen, die die Lehren der Weisen bereitet und gesichert haben, ruhige Heiligtümer, von denen man herabblicken kann auf andere und sehen, wie sie schweifen und irren, den Pfad des Lebens zu finden, wie sie wetteifern mit ihrem Geist, sich streiten um Ansehen und Ehre, Tag und Nacht sich mühen im unermüdlichen Ringen, sich des Gipfels von Reichtum und Macht zu versichern.
>
> (2:1–13)[13]

- **Nicht Leid ist das größte Hindernis auf dem Weg zur Lust, sondern Täuschung.** Die eigentlichen Gegenspieler menschlichen Glücks sind übermäßiges Begehren – die Phantasie, etwas erreichen zu können, das übersteigt, was die endliche, sterbliche Welt hergibt – und nagende

Furcht. Selbst die gefürchtete Pest ist, in Lukrez' Darstellung – sein großes Gedicht endet mit einer sehr plastischen Schilderung der katastrophalen Epidemie, die Athen heimgesucht hat –, entsetzlich nicht allein wegen des Leidens und Sterbens, die sie bringt, sondern mehr noch wegen der »Unruhe und Panik«, die sie auslöst.

Der Versuch, Leid zu vermeiden, ist vollkommen vernünftig: Dieses Streben ist eine der Säulen von Lukrez' gesamtem ethischem Gedankengebäude. Aber wie kann man erfolgreich verhindern, dass natürliche Aversion nicht umschlägt in Panik, die dann nur zum Sieg des Leidens führen kann? Allgemeiner gefragt: Warum sind die Menschen so unglücklich?

Das, so denkt Lukrez, hat mit der Macht der Vorstellungskraft zu tun. Die Menschen sind endlich und sterblich, geraten aber in den Griff von Illusionen des Unendlichen, träumen von nie endender Lust, fürchten nie endenden Schmerz. Diese Phantasie unendlichen Leidens lässt uns verstehen, warum Menschen so anfällig sind für Religionen: Im fehlgeleiteten Glauben an die Unsterblichkeit der Seele und insofern an ein möglicherweise ewiges Leiden stellen sie sich vor, sie könnten mit den Göttern über ein besseres Ende verhandeln, über ewige Freuden im Paradies. Aus dieser Vorstellung wiederum wird deutlich, warum sie zur romantischen Liebe neigen: In der fehlgeleiteten Vorstellung, ihr Glück hänge ab vom vollständigen Besitz eines einzelnen Objekts grenzenloser Begierde, werden die Menschen überwältigt von fieberndem, unstillbarem Hunger und Durst, die nur zur Qual werden können und niemals zum Glück führen.

Die Suche nach geschlechtlicher Lust ist nicht unvernünftig, schließlich ist sie eine der natürlichen Freuden des Körpers. Der Fehler, so lehrt Lukrez, liegt darin, diese Freude mit einer Täuschung zu verwechseln, nämlich dem wahnhaften Streben, zu besitzen – gleichzeitig einzudringen und zu verzehren –, was doch nur ein Traum ist. Natürlich ist der oder die abwesende Geliebte nur ein inneres Bild und in dieser Hinsicht einem Traum ähnlich. Doch in Passagen bemerkenswerter Offenheit kommt Lukrez zu der Einsicht, dass Liebende noch im vollzogenen Liebesakt von einem verwirrten Begehren beherrscht werden, das nicht zu erfüllen ist:

> Selbst im Akt der Umarmung schwankt die Leidenschaft der Liebenden, wendet sich hierhin und dahin: Sie können sich nicht entscheiden, was zuerst sie mit Händen und Augen genießen sollen. Fest umklammern sie das Objekt ihrer Begierde, verursachen körperlichen Schmerz, schlagen oftmals die Zähne in die Lippen des anderen und pressen Mund auf Mund. Sie leitet nicht reiner Genusstrieb, sondern ein heimlicher Stachel …
>
> (4:1076ff.)

Mit dieser Passage – W. B. Yeats nannte sie die »schönste Beschreibung der geschlechtlichen Liebe, die je geschrieben wurde«[14] – will Lukrez nicht zu einer schicklicheren, laueren Form des Liebemachens raten, sondern auf das ungestillte Verlangen hinweisen, das noch in der Erfüllung der Begierde nicht nachlässt.[15] Die Unstillbarkeit des sexuellen Verlangens ist, nach Lukrez' Ansicht, eine der durchtriebenen Strategien der Liebesgöttin Venus; und wir verstehen daraus, warum nach kurzen Pausen der gleiche Liebesakt wieder und wieder vollzogen wird. Lukrez will nicht bestreiten, dass die wiederholten Umarmungen zutiefst befriedigend sind, ihn beunruhigt diese List jedoch, das Aufpeitschen aggressiver Impulse, das ungute Gefühl, das auf den Akt folgt, und vor allem das Gefühl, dass noch der Augenblick der Ekstase etwas zu begehren übrig lässt. 1685 hat der große Dichter John Dryden Lukrez' bemerkenswerte Vision brillant erfasst:

> … when the youthful pair more closely join,
> When hands in hands they lock, and thighs in thighs they twine;
> Just in the raging foam of full desire,
> When both press on, both murmur, both expire,
> They grip, they squeeze, their humid tongues they dart,
> As each would force their way to th' others heart.
> In vain; they only cruise about the coast.
> For bodies cannot pierce, nor be in bodies lost,
> As sure they strive to be, when both engage
> In that tumultuous momentary rage.
> So tangled in the nets of love they lie,
> Till man dissolves in that excess of joy.
>
> (4:1105–1114)[16]

- **Das Verstehen der Dinge und ihrer Natur weckt großes Staunen.** Die Erkenntnis, dass das Universum aus kleinsten Partikeln und Leere besteht und aus nichts anderem, dass die Welt nicht von einem sorgenden Schöpfer für uns geschaffen wurde, dass wir nicht der Mittelpunkt des Universums sind, dass unser Gefühlsleben nicht unterschieden ist von unserem körperlichen Leben, unsere Seelen ebenso stofflich und sterblich sind wie unsere Leiber – all diese Erkenntnis ist kein Grund zu verzweifeln. Im Gegenteil, wer die Dinge erkennt, wie sie wirklich sind, hat bereits einen entscheidenden Schritt hin zur Möglichkeit des Glücks getan. Die Unscheinbarkeit der Menschen – die Tatsache, dass sich nicht alles um uns und unser Schicksal dreht – ist, darauf besteht Lukrez, eine gute Nachricht.

  Es ist den Menschen durchaus möglich, ein glückliches Leben zu führen – aber nicht weil sie denken, sie seien der Mittelpunkt des Universums, nicht weil sie die Götter fürchten oder sich selbst edelmütig aufopfern für Werte, die ihre endliche Existenz angeblich übersteigen. Unstillbares Begehren und die Angst vor dem Tod sind die Haupthindernisse für menschliches Glück, doch durch Gebrauch der Vernunft lassen sie sich ausräumen.

  Und der ist nicht nur Spezialisten möglich, jeder und jede ist dazu in der Lage. Notwendig ist allein, die Lügen zurückzuweisen, die uns Priester und Märchenerzähler auftischen, und stattdessen offen und ruhig auf die wahre Natur der Dinge zu schauen. Alles Denken – Wissenschaft, Moral, alle Versuche, ein lebenswertes Leben zu entwerfen – muss mit der Vorstellung der unsichtbaren »Keime der Dinge« beginnen und enden: mit den Atomen, der Leere und mit nichts anderem.

Es mag im ersten Moment so scheinen, als führe diese Vorstellung unweigerlich zu einem Gefühl kalter Leere, als werde das Universum jedes Zaubers entkleidet. Doch die Befreiung von schädlichen Täuschungen ist nicht das Gleiche wie Desillusionierung. Der Ursprung des Philosophierens, so wurde in der Antike oft gesagt, ist das Staunen: Überraschung und Verwirrung führen zum Wunsch nach Wissen, und Wissen wiederum beruhigt die Verwunderung. Nach Lukrez aber verläuft der Prozess eher umgekehrt: Das Wissen, wie die Dinge wirklich sind, weckt das tiefste Staunen.

De rerum natura ist dergestalt etwas äußerst Seltenes: ein großes Werk der Philosophie und zugleich ein großartiges Gedicht. Stellt man, wie zuvor in diesem Kapitel, eine Liste von Behauptungen zusammen, gerät Lukrez' erstaunliche poetische Kraft unvermeidlich in den Hintergrund; eine Kraft, die er selbst heruntergespielt hat, als er seine Verse mit dem Honig verglich, den man auf den Rand einer Tasse mit bitterer Medizin schmiert, weil das kranke Kind sie sonst vielleicht nicht trinken würde. Dieses Herunterspielen ist im Grunde nicht unverständlich: Epikur, sein philosophischer Meister und Führer, misstraute der Redegewandtheit, die Wahrheit, dachte er, müsse in nüchterner, schmuckloser Prosa präsentiert werden.

Doch die großartige Poesie des Lukrez'schen Werkes ist seinem visionären Vorhaben nicht äußerlich, seinem Versuch, den Lügenerzählern die Wahrheit zu entreißen. Warum, so fragte er, sollen die Geschichtenerzähler das Monopol auf die Mittel behalten, die Menschen ersonnen haben, um die Schönheit und das Vergnügen an der Welt auszudrücken? Ohne diese Mittel sähe die Welt leicht unwirtlich aus, und die Menschen würden, im Interesse ihres Wohlbefindens, Zuflucht zu Phantasien nehmen, selbst wenn diese zerstörerisch sind. Mit Hilfe der Poesie jedoch kann in seiner wirklichen Pracht dargestellt werden, was die Dinge wirklich sind – eine unendliche Zahl unzerstörbarer Partikel, die mit zufälligem Ruck und kleiner Abweichung aufeinanderstürzen, sich verhaken, zum Leben gelangen, sich wieder trennen, sich reproduzieren, sterben, sich wiedererschaffen und auf diese Weise ein staunenswertes, ein unaufhörlich sich wandelndes Universum schaffen.

Menschliche Wesen, so Lukrez' Überlegung, müssen die giftige Vorstellung nicht schlucken, nach der ihre Seelen nur flüchtige Gäste in dieser Welt seien und eigentlich anderswohin strebten. Dieser Glaube würde sie in ein destruktives Verhältnis zu der Umgebung setzen, in der sie ihr Leben leben, und sie haben kein anderes. Ihr Leben ist, wie alle anderen im Universum existierenden Formen, kontingent und verletzlich; alle Dinge, auch die Erde selbst, werden sich irgendwann in die unsichtbaren Partikel auflösen, aus denen alles Seiende aufgebaut ist, aus denen sich dann im nie endenden Tanz der Materie wieder andere Dinge bilden können. Solange wir aber leben, sollte uns das mit tiefer Lust erfüllen, sind wir doch ein kleiner Teil des weltschaffenden Prozesses, den Lukrez als zutiefst erotisch feiert.

So kommt es, dass Lukrez, als Dichter und Schöpfer von Metaphern, etwas Seltsames tun konnte. Im Grunde scheint es seiner Überzeugung, dass die Götter taub sind für menschliche Bitten, zuwiderzulaufen. Doch *De rerum natura* beginnt mit einem Gebet an Venus. Hören wir nochmals Dryden, der Lukrez' Glut wohl am besten ins Englische übertragen hat:

Delight of humankind and gods above,
Parent of Rome, propitious Queen of Love,
Whose vital power, air, earth, and sea supplies,
And breeds whate'er is born beneath the rolling skies;
For every kind, by thy prolific might,
Springs and beholds the regions of the light:
Thee, Goddess, thee, the clouds and tempests fear,
And at thy pleasing presence disappear;
For thee the land in fragrant flowers is dressed,
For thee the ocean smiles and smooths her wavy breast,
And heaven itself with more serene and purer light is blessed.
(1:1–9)

So fließt der Hymnus fort, voller Staunen und Dankbarkeit, glänzend im Licht. So als schaute der ekstatische Dichter die Göttin der Liebe, sähe den Himmel sich klären in ihrer strahlenden Gegenwart, die erwachende Erde sich füllen mit Blüten. Sie ist die Verkörperung des Begehrens, und ihre Wiederkehr in den frischen Böen des westlichen Windes erfüllt alle lebenden Wesen mit Lust und sexuellem Begehren:

For when the rising spring adorns the mead,
And a new scene of nature stands displayed,
When teeming buds and cheerful greens appear,
And western gales unlock the lazy year,
The joyous birds thy welcome first express
Whose native songs thy genial ire confess.

Then savage beasts bound o'er their slighted food,
Struck with thy darts, and tempt the raging flood.
All nature is thy gift: earth, air, and sea;
Of all that breathes, the various progeny,
Stung with delight, is goaded on by thee.
O'er barren mountains, o'er the flowery plain,
The leafy forest, and the liquid main
Extends thy uncontrolled and boundless reign.
Through all the living regions dost thou move
And scatterest, where thou goest, the kindly seeds of Love.
(1:9–20)[17]

Wir wissen nicht, wie die deutschen Mönche, als sie die lateinischen Verse kopiert und vor dem Zerfall bewahrt haben, auf diese reagierten; wissen nicht, was Poggio Bracciolini, der zumindest einen Blick auf diese Verse geworfen hat, die er vor dem Vergessen bewahrte, von ihrer Bedeutung erfasst hat. So ziemlich jedes der Schlüsselprinzipien des Gedichts war einem rechtgläubigen Christen, der kirchlichen Orthodoxie ein Gräuel. Die Dichtung aber war bezwingend, von verführerischer Schönheit. Und in halluzinatorischer Lebendigkeit können wir betrachten, was zumindest ein Italiener, später im 15. Jahrhundert, aus ihr gemacht hat: Wir müssen nur einen Blick auf Botticellis großartiges Gemälde der Venus werfen, wie sie, hinreißend schön, der rastlosen Materie des Meeres entsteigt.

KAPITEL NEUN

DIE RÜCKKEHR

Lukrez ist noch nicht wieder zu mir zurückgekommen«, schrieb Poggio an Francesco Barbaro, seinen venezianischen Freund und adligen Humanisten, »obwohl er kopiert wurde.« Offenbar war es Poggio nicht erlaubt worden, die uralte Handschrift auszuleihen (auch von ihr spricht er, als sei sie der Dichter selbst) und mit nach Konstanz zu nehmen. Die Mönche waren wohl zu misstrauisch, und er hat wohl jemanden finden müssen, der eine Kopie anfertigte. Er erwartete nicht, dass dieser Schreiber das Ergebnis, so bedeutsam es war, persönlich ablieferte: »Der Ort ist ziemlich weit weg, und nicht viele Leute kommen von dort«, heißt es weiter im Brief, »und so habe ich zu warten, bis irgendwer hier auftaucht und ihn bringt.« Und wie lange war er bereit zu warten? »Wenn niemand auftaucht«, versicherte er dem Freund, »werde ich keine öffentlichen Pflichten vor private Bedürfnisse setzen.«[1] Eine etwas rätselhafte Bemerkung, denn was bedeutet da öffentlich, was privat? Poggio wollte Barbaro vielleicht nur sagen, er solle sich keine Sorgen machen: Offizielle Pflichten in Konstanz (worin immer sie bestanden haben könnten) würden nicht verhindern, dass Lukrez in seine Hand gelangte.

Als die Abschrift schließlich bei ihm eintraf, schickte Poggio *De rerum natura* sofort an Niccolò Niccoli nach Florenz. Entweder weil die Kopie des Schreibers sehr grob verfertigt war oder weil er schlicht ein Exemplar für sich selbst haben wollte, nahm es Poggios Freund auf sich, das Gedicht ein weiteres Mal abzuschreiben. Die Transkription in Niccolis eleganter Handschrift sowie die Kopie des deutschen Schreibers brachten Dutzende weiterer Abschriften hervor – über fünfzig Kopien haben sich erhalten –, und diese wurden schließlich zu den Quellen aller gedruckten Lukrez-Ausgaben des 15. und frühen 16. Jahrhunderts.[2] So diente Poggios Entdeckung als Verbindungskanal, durch den das antike Gedicht, nach eintausendjährigem Schlaf, wieder in der Welt verbreitet wurde. In der kühlen, in Grau und Weiß gehaltenen Biblioteca Medicea Laurenziana, die Michelangelo für die Medici entworfen hat, wird Niccolis Kopie der Abschrift aufbewahrt, die der deutsche Schreiber angefertigt hat: nach einer Kopie des Gedichts aus dem neunten Jahrhundert – Codex Laurentianus 35.30. Das Buch, eine der Hauptquellen der Neuzeit, präsentiert sich als bescheidener Band, gebunden in das inzwischen verblasste, ramponierte rote Leder mit Metalleinlagen, das die Medici für ihre Handschriften ausgewählt hatten; am unteren Rand des hinteren Buchdeckels ist die Kette befestigt, mit der die Handschriften an den Lesepulten festgemacht waren. Es gibt nur wenige Merkmale, nach denen sich diese Kopie von anderen Manuskripten der Sammlung unterscheiden ließe. Der heutige Leser erhält ein Paar Latexhandschuhe, die er tragen muss, wenn ihm das Buch an den Tisch gebracht wird.

Die Kopie des deutschen Schreibers, die Poggio von Konstanz nach Florenz geschickt hatte, ist verloren. Vermutlich hat sie Niccoli, nachdem er seine Abschrift fertiggestellt hatte, an Poggio zurückgesandt; eine Kopie des Textes in seiner exzellenten Handschrift gibt es nicht. Vielleicht haben Poggio oder dessen Erben auf Niccolis Fertigkeiten vertraut, die Kopie des Schreibers nicht für bewahrenswert gehalten, sie möglicherweise weggeworfen. Verloren ist auch die Handschrift, nach der der Schreiber kopiert hat; vermutlich verblieb sie in der Klosterbibliothek. Wurde sie durch ein Feuer vernichtet? Hat man die Tinte sorgfältig vom Pergament geschabt, um Platz zu machen für einen anderen Text? Wurde der Band derart vernachlässigt, dass er schließlich zerfiel? Oder hat ein frommer Leser irgendwann die subversiven Inhalte dieser Handschrift erkannt und beschlossen, sie zu vernichten? Jedenfalls sind keinerlei Hinweise auf diese Abschrift aufgetaucht. Zwei Handschriften, die ebenfalls im neunten Jahrhundert nach *De rerum natura* entstanden sind, von denen Poggio und seine humanistischen Zeitgenossen aber keine Kenntnis hatten, haben es geschafft, die nahezu undurchdringliche Barriere der Zeit zu überwinden. Nach ihren Formaten Oblongus und Quadratus genannt, wurden diese Manuskripte in der Sammlung von Isaac Voss, einem holländischen Gelehrten und Sammler des 17. Jahrhunderts, katalogisiert und befinden sich seit

1689 in der Bibliothek der Universität Leiden. Außerdem haben sich Fragmente einer weiteren Handschrift aus dem neunten Jahrhundert erhalten, die etwa 45 Prozent des Lukrez-Gedichts umfassen und heute in Sammlungen in Kopenhagen und Wien aufbewahrt werden. Doch als diese Manuskripte auftauchten, hatte Lukrez' Gedicht dank Poggios Entdeckung schon seit längerer Zeit dazu beigetragen, die Welt zu beunruhigen und zu verändern.

Es ist gut möglich, dass Poggio seine Kopie des Gedichts an Niccoli schickte, ohne zuvor viel mehr als einen kurzen Blick darauf zu werfen. Er hatte damals den Kopf nicht frei genug. Sein Dienstherr Baldassare Cossa hatte, wie wir wissen, die Papstwürde verloren und schmachtete im Gefängnis. Der zweite Prätendent auf den Stuhl des heiligen Petrus, Angelo Correr, der gezwungen worden war, seinen Titel als Gregor XII. abzugeben, starb im Oktober 1417. Und der dritte, Pedro de Luna, verbarrikadierte sich zunächst in der Festung von Perpignan und später auf dem unzugänglichen Felsen von Peniscola an der spanischen Küste bei Valencia; er nannte sich immer noch Benedikt XIII., aber so wie wohl den meisten seiner Zeitgenossen war auch Poggio klar, dass Papa Lunas Anspruch kaum ernst zu nehmen war. So war der Heilige Stuhl vakant, und das Konzil – wie das aktuelle Europa zerrissen von den Spannungen zwischen Engländern, Franzosen, Deutschen, Italienern und Spaniern und ihren Delegationen – stritt über die Bedingungen, die erfüllt sein müssten, bevor ein neuer Papst gewählt werden könne.

In der langen Zeit, die verstrich, bis eine Einigung erreicht war, hatten viele Mitglieder der Kurie Wege zu neuer Beschäftigung gefunden; einige, wie Poggios Freund Bruni, waren nach Italien zurückgekehrt. Poggios eigene Versuche blieben ohne Erfolg. Der apostolische Sekretär eines aus dem Amt vertriebenen Papstes hatte Feinde, und er weigerte sich, sie dadurch zu besänftigen, dass er sich von seinem früheren Dienstherrn distanzierte. Andere Beamte des päpstlichen Hofes sagten gegen den inhaftierten Cossa aus; Poggios Name dagegen taucht in den Zeugenlisten der Anklage nicht auf. Poggio konnte eigentlich nur hoffen, dass Kardinal Zabarella, einer von Cossas wichtigsten Verbündeten, zum Papst gemacht würde, doch der Kardinal starb 1417. Als schließlich im Herbst 1418 das geheime Konklave zusammentrat, wählten die Kardinäle einen, der kein Interesse daran hatte, sich mit humanistischen Gelehrten zu umgeben, den römischen Aristokraten Oddo Colonna, der als Martin V. den Heiligen Stuhl bestieg. Den Posten des apostolischen Sekretärs bekam Poggio nicht angeboten, hätte aber im niederen Rang eines Skriptors in der Kurie bleiben können. Doch er lehnte ab, entschloss sich stattdessen zu einem überraschenden und riskanten Karriereschritt.

1419 nahm Poggio den Posten eines Sekretärs bei Henry Beaufort an, dem Bischof von Winchester. Beaufort, der Onkel Heinrichs V. (Shakespeares heroischer Feldherr, der Sieger von Azincourt), leitete die englische Delegation auf dem Konstanzer Konzil, wo er den italienischen Humanisten getroffen haben muss, der ihn wohl beeindruckt hat. Für den reichen und mächtigen englischen Bischof repräsentierte Poggio den fortgeschrittensten und hochgebildeten Typus eines Sekretärs, der sich in der römischen Kurienbürokratie ebenso auskannte wie in den renommierten humanistischen Studien. Dem italienischen Sekretär wiederum war Beaufort Rettung seiner Würde. Poggio empfand es als Genugtuung, dass er die Rückkehr an die römische Kurie, die einer Degradierung gleichgekommen wäre, ablehnen konnte. Aber er sprach kein Englisch, und selbst wenn das für den Dienst bei einem aristokratischen Kleriker, dessen Muttersprache Französisch war und der fließend Latein und Italienisch sprach, keine große Rolle spielte, so bedeutete es doch, dass Poggio nicht hoffen konnte, sich in England je wirklich heimisch zu fühlen.

So übersiedelte er, kurz bevor er sein vierzigstes Jahr erreichte, in ein Land, in dem er weder Familie noch Freunde oder sonst Rückhalt hatte. Seine Entscheidung wird noch andere Gründe gehabt haben, nicht nur den Groll über seine Behandlung. Die Aussicht auf einen Aufenthalt in einem weit entfernten Reich – England war damals abgelegener und exotischer, als einem heutigen Römer Tasmanien erschiene – reizte den Bücherjäger in Poggio. Ihm waren in der Schweiz und in Deutschland spektakuläre Funde gelungen, die ihm in Kreisen der Humanisten einen Namen verschafft hatten. Warum sollten in Bibliotheken englischer Klöster nicht weitere Entdeckungen auf ihn warten? Jedenfalls waren sie bislang nicht von Humanisten durchforstet worden, die über so gründliche Leseerfahrungen mit klassischen Texten verfügten wie er, der es mit enzyklopädischen Kenntnissen und bemerkenswertem philologischem Scharfsinn verstand, Hinweise auf fehlende Texte zu erkennen und zu deuten. Wegen seiner Fähigkeiten zur Wiedererweckung toter Autoren hatte man ihn bereits zum Halbgott erhoben, wie aber würde man ihn in Humanistenkreisen erst für das loben, was er nun ans Tageslicht würde fördern können?

Fast vier Jahre blieb Poggio schließlich in England, doch diese Zeit erwies sich als zutiefst enttäuschend. Bischof Beaufort war nicht die Goldmine, von der Poggio, stets in Geldnöten, geträumt hatte; der Mann war zwar reich, aber notorisch geizig. Zudem war er die meiste Zeit auf Reisen – »nomadisch wie ein Skythe« – und ließ seinen Sekretär ohne wirkliche Beschäftigung zurück. Mit Ausnahme Niccolis schienen ihn seine italienischen Freunde vergessen zu haben: »Ich wurde in die Vergessenheit verbannt, so als sei ich bereits tot.« Die Engländer, die er kennen lernte, schienen ihm fast ausnahmslos unmöglich: »Viele der Männer der Völlerei und Lust ergeben, sehr wenige Liebhaber der Literatur und diese wenigen Barbaren eher in nichtigen Debatten und Wortklaubereien geschult als in wirklichem Studium.«[3]

Seine Briefe in die Heimat sind wahre Klagelieder. Da wütete die Pest, war das Wetter elend, Mutter und Bruder schrieben nur, um ihn um Geld anzugehen, das er nicht hatte; und zu alledem litt er an Hämorrhoiden. Die fürchterlichste Erfahrung aber waren die Bibliotheken; zumindest die, die Poggio besuchte, waren aus seiner Sicht völlig uninteressant. An Niccoli in Florenz schreibt er:

> Ich sah viele Klöster, alle voller neuer Doktoren, und bei keinem hättest du es der Mühe wert gefunden, ihm auch nur zuzuhören. Es gab nur wenige Bände antiker Schriften, und die haben wir in besseren Fassungen zuhause. Nahezu alle Klöster der Insel sind während der letzten vierhundert Jahre gebaut worden, und das war nun keine Zeit, gelehrte Männer oder Bücher hervorzubringen, wie wir sie suchen; diese Bücher sind, ohne Spuren zu hinterlassen, untergegangen.[4]

Es könnte, räumt Poggio ein, dies oder jenes in Oxford zu finden sein, doch dahin plante sein Dienstherr nun gerade keine Reise, und seine eigenen Mittel waren, wie immer, äußerst beschränkt. Es war Zeit, dass seine humanistischen Freunde ihre Träume von stupenden Entdeckungen begruben: »Du gibst die Hoffnung auf Bücher aus England besser auf, denn sie machen sich hier sehr wenig daraus.«[5]

Poggio fand, wie er schrieb, einigen Trost im Studium patristischer Texte, mit dem er begonnen hatte – an theologischen Büchern herrschte in England kein Mangel –, doch schmerzlich spürte und klagte er, wie sehr ihm die geliebten klassischen Texte fehlten:

> Während meiner vier Jahre hier habe ich keine Aufmerksamkeit auf humanistische Studien verwendet und nicht ein einziges Buch gelesen, das irgend mit Stil zu tun gehabt hätte. Du kannst das an meinen Briefen sehen, denn sie sind nicht mehr das, was sie zu sein pflegten.[6]

1422, nach endlosem Lamentieren, Intrigieren und Schmeicheln, konnte er sich schließlich einen neuen Sekretärsposten im Vatikan sichern. Damit allerdings stellte sich das Problem, genügend Geld für die Rückreise zusammenzubekommen – »Ich jage überall herum, um Mittel aufzutreiben, dieses Land hier auf Kosten anderer zu verlassen«[7] –, doch schließlich brachte er das Erforderliche zusammen. Ohne eine einzige bibliographische Kostbarkeit entdeckt zu haben, kehrte er nach Italien zurück; und auch im geistigen Leben Englands hat er keinen spürbaren Eindruck hinterlassen.

Am 14. Mai 1425 erinnerte er Niccoli in einem Brief, dass er den Text sehen wollte, den er diesem acht Jahre zuvor gesandt hatte: »Ich wollte den Lukrez für zwei Wochen und nicht länger, doch du wolltest diesen und dazu Silius Italicus, Nonius Marcellus und Ciceros *Orationes* in einem Zug kopieren. Doch du redest von allem und bringst nichts zustande.«[8] Einen Monat später, am 14. Juni, nahm er einen neuen Anlauf; nicht er alleine, schrieb er, sei begierig, das Gedicht zu lesen: »Wenn du mir den Lukrez schickst, tust du damit vielen Leuten einen Gefallen. Ich verspreche dir, das Buch nicht länger als einen Monat zu behalten, dann wird es zu dir zurückkommen.«[9] Doch verging ein weiteres Jahr, ohne dass sich etwas tat; der reiche Sammler hielt offenbar sein eigenes Regal für den besten Platz, und so blieb *De rerum natura* fürs Erste neben den antiken Kameen, den Fragmenten alter Statuen und den wertvollen Gläsern – der Text wurde, vermutlich ungelesen, zu einer Trophäe; so als sei das Gedicht erneut beerdigt worden, diesmal nicht in einem Kloster, sondern in den Prachträumen des Humanisten.

In einem Brief vom 12. September 1426 versuchte Poggio noch immer, das Buch erneut in die Hand zu bekommen: »Schicke mir auch den Lukrez, den ich so gerne für eine kleine Weile sehen möchte. Ich werde ihn dir zurückschicken.«[10] Drei Jahre später dann war Poggios Geduldsfaden verständlicherweise ziemlich dünn geworden: »Du hast den Lukrez nun seit zwölf Jahren bei dir«, schrieb er am 13. Dezember 1429, »es scheint mir, dass eher dein Grab bereitet ist, als dieses Buch kopiert.«[11] Und im Brief, den er zwei Wochen später folgen ließ, ist die Ungeduld offensichtlich in Ärger umgeschlagen, und in einer bezeichnenden Fehlleistung seiner Feder übertreibt er die Zahl der Jahre, die er gewartet hat:

> Du hast den Lukrez nun vierzehn Jahre und den Asconius Pedianus auch. … Erscheint es dir gerecht, dass ich, wenn ich einen dieser Autoren einmal lesen will, dies wegen deiner Bummelei nicht tun kann? … Ich möchte Lukrez lesen, doch ich bin seiner Gegenwart beraubt; willst du ihn etwa weitere zehn Jahre behalten?

Und in eher schmeichelndem Ton:

> Ich bitte dich dringend, mir entweder den Lukrez oder Asconius zu schicken, die ich so rasch wie möglich kopieren lassen und dir zurückschicken werde, damit du sie behalten kannst, solange du willst.[12]

Irgendwann – das genaue Datum lässt sich nicht rekonstruieren – war es dann soweit. Aus der Gefangenschaft in Niccolis Räumen befreit, machte sich *De rerum natura* langsam auf den Weg in die Hände von Lesern, etwa tausend Jahre nachdem das Gedicht in der Versenkung verschwunden war.[13] Von Poggios Reaktion auf das Gedicht, das er wieder in Umlauf brachte, hat sich keine Spur erhalten, auch kein Hinweis darauf, was Niccoli davon hielt; aber es gibt – in Handschriften, Kopien, kurzen Erwähnungen, Anspielungen, kleinen Zeichen des Einflusses – Hinweise darauf, dass es in aller Stille zu zirkulieren begann, zuerst in Florenz, dann darüber hinaus.

In Rom angekommen, nahm Poggio sein gewohntes Leben am Hof der Kurie wieder auf: Er tätigte häufig lukrative Geschäfte, tauschte in der »Lügenschmiede« Sottisen und zynische Geschichten mit seinen Sekretärskollegen, korrespondierte mit Humanistenfreunden über die Handschriften, auf die alle so versessen waren, stritt erbittert mit Rivalen und Gegnern. Trotz eines unsteten Lebens – der Hof blieb selten länger an einem Ort – fand er doch Zeit genug, antike Texte aus dem Griechischen ins Lateinische zu übertragen, alte Handschriften zu kopieren und Essays zu moralischen Fragen zu verfassen, philosophische Reflexionen, rhetorische Abhandlungen, Diatriben, auch Grabreden auf verstorbene Freunde – auf Niccolò Niccoli, Lorenzo de' Medici, Kardinal Niccolò Albergati, Leonardo Bruni und Kardinal Giuliano Cesarini.

Auch Kinder zeugte er, viele Kinder, mit seiner Geliebten Lucia Pannelli: Wenn denn zeitgenössische Berichte stimmen, hatten die beiden zwölf Söhne und zwei Töchter. Es wäre unbesonnen, den Klatschgeschichten der damaligen Zeit zu vertrauen, doch Poggio selbst hat die Existenz unehelicher Kinder anerkannt. Als ihn ein Kardinal, mit dem er sich gut verstand, wegen seiner ungeordneten Lebensverhältnisse schalt, gab Poggio seine Schuld zu, fügte aber bitter hinzu: »Begegnen uns nicht jeden Tag und in allen Ländern Priester, Mönche, Äbte, Bischöfe und noch höhere Würdenträger, die Familien von Kindern mit verheirateten Frauen, Witwen und sogar von Jungfrauen haben, die sich dem Dienst Gottes geweiht haben?«

Poggio kam allmählich zu Geld – Steuerlisten zeigen, dass ihm dies seit seiner Rückkehr aus England mit wachsendem Erfolg gelang –, und damit änderte sich auch sein Leben. Weiterhin interessierte er sich brennend für die Entdeckung antiker Texte, doch die Zeit eigener Entdeckungsreisen lag hinter ihm. Stattdessen ahmte er seinen reichen Freund Niccoli nach und begann seinerseits Antiquitäten zu sammeln. »Ich habe ein Zimmer voller Marmorköpfe«, rühmte er sich 1427. Im gleichen Jahr erwarb er ein Haus in Terranuova, der kleinen Stadt in der Toskana, in der er geboren war, und den Grundbesitz dort wird er in den nächsten Jahren nach und nach vergrößern. Das zu solchen Erwerbungen notwendige Geld verschaffte er sich, so wird berichtet, vor allem, indem er ein Manuskript nach Livius kopierte und für die fürstliche Summe von 120 Goldflorin verkaufte.

Poggios von Schuldnern verfolgter Vater hatte einst aus der Stadt fliehen müssen; sein Sohn Poggio konnte nun darüber nachdenken, dort zu gründen, was er seine »Akademie« nannte; außerdem träumte er davon, sich eines Tages dorthin zurückziehen und stilvoll leben zu können. »Ich habe eine Marmorbüste einer Frau aufgefischt, völlig unbeschädigt, die ich sehr liebe«, schrieb er ein paar Jahre später. »Gefunden wurde sie eines Tages, als die Fundamente eines Hauses ausgehoben wurden. Ich sorgte dafür, dass sie zu mir und dann in meinen kleinen Garten in Terra Nova gebracht wurde, den ich mit antiken Stücken schmücken werde.« Über eine andere Statuensammlung, die er erworben hatte, schreibt er: »Wenn sie hier eintrifft, werde ich sie in meinem kleinen Gymnasium aufstellen.« Akademie, Garten, Gymnasium: Poggio bildete, zumindest in seiner Phantasie, die Welt der antiken griechischen Philosophen nach. Und er tat alles, um sie mit einigem ästhetischen Glanz zu versehen. Der Bildhauer Donatello habe eine der Statuen gesehen und sie »in hohen Tönen gelobt«.[14]

Vollkommen gesichert war Poggios Leben gleichwohl nicht. Irgendwann 1433, er diente damals als apostolischer Sekretär unter Papst Eugen IV. (dem Nachfolger von Martin V.), erhob sich das Volk in Rom gewaltsam gegen den päpstlichen Hof. Seine Anhänger sich selbst überlassend, floh der Papst als Mönch verkleidet in einem kleinen Boot den Tiber hinunter in die Hafenstadt Ostia, wo ein Schiff seiner Florentiner Verbündeten auf ihn wartete. Eine aufständische Menge erkannte ihn vom Flussufer aus und bedachte das Boot mit einem Steinhagel, der Papst aber konnte entkommen. Poggio hatte weniger Glück: Auf der Flucht aus der Stadt fiel er einer der papstfeindlichen Banden in die Hände. Verhandlungen über seine Befreiung scheiterten, und er war gezwungen, das beträchtliche Lösegeld aus eigenen Mitteln aufzubringen.

Doch irgendwann nach diesen gewaltsamen Unruhen renkten sich die Verhältnisse in seiner Welt auch wieder ein, und Poggio konnte zu seinen Büchern und Statuen, zu seinen Übersetzungen zurückkehren und den Streit unter Gelehrten wieder aufnehmen, ebenso die Vermehrung seines Reichtums. Die schrittweisen Veränderungen seines Lebens kulminierten in einer folgenreichen Entscheidung: Am 19. Januar 1436 heiratet er Vaggia di Gino Buondelmonti. Poggio war damals sechsundfünfzig Jahre alt, seine Braut achtzehn. Die Heirat wurde nicht aus Geldgründen arrangiert, es ging vielmehr um anderes, um kulturelles Kapital.[15] Die Buondelmonti waren ein altes Florentiner Adelsgeschlecht, ein Umstand, gegen den Poggio – der doch wortgewaltig gegen den Stolz auf adlige Abstammung angeschrieben hatte – offensichtlich nichts einzuwenden hatte. Natürlich erntete er Spott für seine Entscheidung, und gegen die Spötter wehrte er sich mit dem Dialog *An seni sit uxor ducenda (Ob ein Greis heiraten soll)*. Vorgetragen werden die vorhersehbaren Argumente, die meisten mit einer guten Portion Mysogynie versetzt; sie finden ebenso erwartbare, oft nicht minder dubiose Erwiderungen. Es sei – so der wider die Ehe streitende Gesprächspartner, dessen Rolle niemand anderer als Niccolò Niccoli erhält – eine Dummheit, wenn ein älterer Mann seinen eingespielten Lebensstil aufgebe für ein Leben, das ihm unausweichlich fremd und riskant sei, und das gelte umso mehr, wenn ein Gelehrter heirate. Seine Braut könne sich als mürrisch, übellaunig, unbeherrscht, schlampig, faul erweisen. Sei sie Witwe, werde sie sich unausweichlich über die glücklichen Zeiten verbreiten, die sie mit ihrem verstorbenen Mann verbracht habe; eine junge Frau wiederum werde ziemlich sicher von ihrem Temperament her nicht zum gesetzten Ernst ihres alternden Mannes passen. Und wenn das Paar Kinder habe, dann werde dem Ehemann der Kummer darüber nicht erspart bleiben, dass er sie verlassen werde, bevor sie herangereift seien.

Nein, hält ihm der für die Ehe plädierende Gesprächspartner entgegen, ein Mann in reiferen Jahren könne Unerfahrenheit und Unwissenheit einer jungen Frau ausgleichen; wie Wachs könne er sie nach seinem Willen formen. Er werde ihre impulsive Sinnlichkeit mit weiser Zurückhaltung mäßigen, und wenn sie mit Kindern gesegnet würden, werde er die Ehrfurcht genießen, die diese seinem Alter entgegenbrächten. Warum sollte er fürchten, dass sein Leben zu kurz sein könne? Und ganz abgesehen davon, wie viele Jahre ihm noch blieben, werde er die unaussprechliche Freude erleben, sein Leben mit einem geliebten Menschen teilen zu können, mit einem zweiten Selbst. Das vielleicht überzeugendste Argument fällt, wenn Poggio mit eigener Stimme spricht, schlicht und einfach sagt, er fühle sich sehr glücklich, und den Dialog-Niccoli damit zum Eingeständnis bewegt, es könne ja Ausnahmen von seinen pessimistischen Regeln geben.

Wie sich herausstellt, blühte Poggio in dieser Ehe auf, und das in einer Zeit mit einer nach unseren Maßstäben sehr geringen Lebenserwartung. Und wie es aussieht, haben er und Vaggia eine glückliche Ehe geführt, fast ein Vierteljahrhundert lang lebten sie zusammen. Vaggia bringt fünf Söhne – Pietro Paolo, Giovanni Battista, Jacopo, Giovanni Francesco und Filippo – sowie eine Tochter, Lucretia, zur Welt; alle Kinder erreichen das Erwachsenenalter. Vier der Söhne wählen eine kirchliche Laufbahn, der fünfte, Jacopo, wird zum anerkannten Gelehrten. (Allerdings hatte er das Pech, sich als Mitglied der Pazzi-Verschwörung zur Ermordung von Lorenzo und Giuliano de' Medici erwischen zu lassen, und wurde 1478 in Florenz gehenkt.)

Das Schicksal von Poggios Geliebter und ihren vierzehn Kindern ist unbekannt. Seine Freunde beglückwünschten den frisch verheirateten Poggio zu seinem Glück und seiner moralischen Geradlinigkeit; seine Gegner setzten Geschichten über die Gleichgültigkeit in Umlauf, mit der er jene behandelt habe, die er verstoßen hatte. Bei Valla etwa ist zu lesen, wie herzlos und ungerührt Poggio die Prozedur hat rückgängig machen lassen, mit der er zuvor vier der Söhne, die seine Geliebte geboren hat, legitimiert hatte. Dieser Vorwurf kann boshafter Klatsch sein, wie ihn die Humanisten so liebten, doch gibt es auch keine Anzeichen dafür, dass Poggio die von ihm Verlassenen mit besonderer Freundlichkeit oder Großherzigkeit behandelt hätte.

Als Laie war Poggio nach seiner Heirat nicht gezwungen, den päpstlichen Hof zu verlassen; er blieb in den Diensten von Papst Eugen IV., auch während der langen Jahre der bitteren Auseinandersetzungen zwischen Papst und Kirchenkonzilien, fiebriger diplomatischer Manöver, Anklagen gegen Ketzer, überstürzten Fluchten aus Rom und offener Kriege. Auch nach Eugens Tod im Jahr 1447, unter dessen Nachfolger Nikolaus V., blieb Poggio weiterhin als apostolischer Sekretär im Dienst.

Nikolaus war dann der achte Papst, dem Poggio in dieser Funktion diente, und nun, weit über sechzig, wird er seines Amtes wohl doch überdrüssig geworden sein; jedenfalls fühlte er sich hin und her gerissen. Seine Schriftstellerei nahm einen immer größeren Teil seiner Zeit in Anspruch, und er hatte sich um die wachsende Familie zu kümmern. Zudem verstärkten die tiefen familiären Bindungen seiner Frau an Florenz auch die Verbindungen, die er zu seiner Geburtsstadt, wie er sie nannte, stets sorgfältig gepflegt hatte; mindestens einmal im Jahr reiste er nun nach Florenz.

Doch muss der Dienst für den neuen Papst in vielerlei Hinsicht auch befriedigend gewesen sein, denn vor seiner Wahl hatte sich Nikolaus V. – sein weltlicher Name war Tommaso da Sarzana – als gebildeter Humanist hervorgetan. Er verkörperte die Art von Erziehung und Ausbildung in klassischer Lehre, damit auch den Geschmack, deren Pflege sich Petrarca, Salutati und andere Humanisten verschrieben hatten.

Poggio, der den zukünftigen Papst in Bologna näher kennen gelernt hatte, widmete ihm 1440 eines seiner Werke, den Dialog *Über das Fürstenunglück*. In seinem Glückwunschschreiben gleich nach der Wahl beeilte er sich jedoch, dem neuen Papst zu versichern, nicht alle Fürsten müssten unglücklich sein. Natürlich könne er sich in seiner herausgehobenen Position nicht länger den Freuden der Freundschaft und der Literatur widmen, immerhin aber könne er »zum Beschützer der Männer von Geist« werden und den freien Künsten helfen, »den herabgesunkenen Kopf« wieder zu heben. »Lasst mich, mein Heiliger Vater, nun darum bitten, nicht eure alten Freunde zu vergessen, zu deren Zahl zu gehören auch ich mich bekenne.«[16]

So erfreulich sich die Herrschaft Nikolaus' V. erwies, ganz so ruhig und idyllisch, wie sie sich der apostolische Sekretär erträumt hatte, ist sie dann wohl doch nicht gewesen. In diese Zeit fiel Poggios groteske Rauferei mit Georg von Trapezunt, mit Geschrei und Schlägen und allem, was sonst dazugehört. Auch muss ihn verärgert haben, dass der Papst, so als wolle er Ernst machen mit seiner Ausrufung zum Schutzpatron der Gebildeten, ausgerechnet Poggios bitteren Feind Lorenzo Valla zum zweiten apostolischen Sekretär berief. Sofort und in aller Öffentlichkeit begannen die beiden einen hasserfüllten Streit, in dem sie abfällige Kommentare über die Fehler im Latein des jeweils anderen mit noch boshafteren Bemerkungen zu Körperpflege, Geschlechtsleben und Familie des je anderen mischten.

Die Hässlichkeit dieser Streitereien muss den Traum vom Rückzug aus den Ämtern noch verstärkt haben, dem Poggio nachhing, seit er das Haus in Terranuova erworben und mit seiner Sammlung antiker Fragmente begonnen hatte. Und dies war nicht nur ein persönlicher Traum, zu diesem Zeitpunkt seines Lebens war er bereits berühmt genug als Bücherjäger, Gelehrter, Autor und päpstlicher Beamter, dass er auch die Aufmerksamkeit eines breiteren Publikums genoss. Sorgfältig hatte er seine Freundschaften in Florenz gepflegt, hatte in eine bedeutende Familie eingeheiratet, sich mit den Interessen der Medici verbunden. Auch wenn er den größten Teil seines Lebens in Rom gelebt und gearbeitet hatte, schätzten sich die Florentiner glücklich, ihn als einen der Ihren reklamieren zu können. Die toskanische Regierung hatte denn auch einen Steuererlass zu seinen Gunsten veröffentlicht. Er habe, heißt es darin, die Absicht bekundet, sich schließlich in seinem Geburtsland zur Ruhe zu setzen und den Rest seiner Erdentage seinen Studien zu widmen. Insofern ihn seine literarische Betätigung nicht zu dem Reichtum führen werde, der denen zufalle, die im Handel tätig seien, verfügte die Steuerbehörde, dass er und seine Nachkommen fürderhin von der Zahlung aller öffentlichen Steuern befreit seien.

Im April 1453 starb Carlo Marsuppini, der Kanzler der Republik Florenz, ein ausgewiesener Humanist, der zur Zeit seines Todes dabei war, Homers *Ilias* ins Lateinische zu übersetzen. Das Amt stand damals nicht mehr im Zentrum der Staatsmacht, die Medici hatten ihre Position so weit ausgebaut, dass das Kanzleramt politisch an Bedeutung verloren hatte. Schon seit vielen Jahren galten rhetorische Fertigkeiten nicht mehr, wie damals zu Salutatis Zeiten, als entscheidend für die Geschicke der Republik. Das Muster aber war geblieben, noch immer wurde der Posten von einem ausgewiesenen Gelehrten besetzt; auch Poggios alter Freund, der hochbegabte Historiker Leonardo Bruni, hatte die Kanzlerschaft zwei Amtszeiten lang inne.

Die Honorierung war generös, das Prestige hoch. Florenz widmete seinen humanistischen Kanzlern alle Zeichen der Hochachtung und Ehre, welche die lebensfrohe, stolze Stadt auch sich selbst zuerkannte. Kanzler, die im Amt starben, erhielten pompöse Staatsbegräbnisse, deren Aufwand den bei anderen Bürgern der Republik weit übertraf. Als man dem dreiundsiebzigjährigen Poggio das vakant gewordene Amt antrug, willigte er ein. Über fünfzig Jahre hatte er am Hof eines absoluten Herrschers gearbeitet; nun würde er als nominelles Oberhaupt in eine Stadt zurückkehren, die sich viel auf ihre bürgerlichen Freiheiten zugute hielt.

Fünf Jahre lang versah Poggio das Amt des Kanzlers von Florenz. Es lief nicht alles reibungslos unter seiner Kanzlerschaft, die kleineren Pflichten seines Amtes hat er wohl vernachlässigt. Aber die symbolische Rolle füllte er aus und nahm sich ansonsten Zeit für die literarischen Vorhaben, auf die er sich selbst verpflichtet hatte. Im ersten davon, dem zweibändigen Dialog *De miseria humanae conditionis (Vom Elend des Menschendaseins)* bewegt sich das Gespräch von einer fürchterlichen Katastrophe – der Eroberung Konstantinopels durch die Türken – zu einem allgemeinen Überblick über die Katastrophen, die praktisch alle Männer und Frauen befallen können, gleich welcher Klasse und welchen Standes und gleich zu welcher Zeit. Einem der Gesprächspartner, Cosimo de' Medici, legt Poggio die Bemerkung in den Mund, man müsse eine Ausnahme machen für Päpste und Kirchenfürsten, die doch ganz offensichtlich ein Leben in außerordentlichem Luxus und voller Annehmlichkeiten führten. Mit eigener Stimme sprechend, erwidert Poggio: »Ich bin Zeuge (und habe fünfzig Jahre mit ihnen gelebt), und ich habe niemanden getroffen, der sich selbst auf irgendeine Weise für glücklich hielt, keinen, der nicht darüber jammerte, dass das Leben gefährlich, beunruhigend, beängstigend und mit vielen Sorgen beladen sei.«[17]

Angesichts der Düsternis, die den gesamten Dialog durchzieht, könnte es scheinen, als sei Poggio völlig der Melancholie des Lebensabends erlegen, doch präsentiert sich die zweite Schrift dieser Periode, ebenfalls Cosimo de' Medici zugeeignet, ganz anders. Über ein halbes Jahrhundert zuvor hatte er Griechisch gelernt, nun übertrug Poggio Lukian von Samosatas reichlich komischen Roman *Lucius oder der Esel* ins Lateinische, eine magische Erzählung von Hexerei und Verwandlung. Und mit seinem dritten Vorhaben, das wiederum in eine andere Richtung zeigt, machte er sich durchaus parteiisch daran, die Geschichte der Stadt Florenz von der Mitte der 14. Jahrhunderts bis in seine Zeit zu erzählen. Die bemerkenswerte Bandbreite dieser drei Vorhaben – das erste passt zu einem mittelalterlichen Asketen, das zweite zu einem Renaissancehumanisten, das dritte zu einem patriotischen Stadthistoriker – spricht für die Vielseitigkeit sowohl von Poggios Charakter wie dem der Stadt, die er vertrat. Für die Florentiner Bürger des 15. Jahrhunderts lagen diese Stränge offenbar eng beieinander, waren Teile eines einzigen, komplexen kulturellen Ganzen.

Im April 1458, kurz nach seinem achtundsiebzigsten Geburtstag, legte Poggio sein Amt nieder. Er wolle sich, so erklärte er, seinen Studien widmen und als Privatbürger schreiben. Achtzehn Monate später, am 30. Oktober 1459, ist Poggio gestorben. Weil er zuvor aus dem Amt geschieden war, konnte ihm die Stadt kein großes Staatsbegräbnis ausrichten, doch beerdigten sie ihn mit einer würdigen Zeremonie in der Kirche Santa Croce. Ein von Antonio Pollaiuolo gemaltes Porträt wurde in einer der öffentlichen Hallen der Stadt aufgehängt; auch eine Statue gab die Stadtregierung in Auftrag, die vor der Kathedrale Santa Maria del Fiore aufgestellt wurde. Als die Domfassade 1560, ein Jahrhundert später, erneuert wurde, bekam das Standbild einen anderen Platz im Gebäude; es dient noch heute als eine Figur aus einer Gruppe der zwölf Apostel. Es ist sicher eine Ehre für einen frommen Christen, wenn sein Abbild diese Funktion übernehmen darf, dennoch bezweifle ich, ob Poggio das wirklich gefallen hätte. Er war stets darauf bedacht, eine angemessene öffentliche Bestätigung zu finden.

Ein Großteil dieser Anerkennung ist heute verschwunden. Sein Grab in Santa Croce wurde ersetzt durch Gräber anderer Berühmtheiten. Seine Geburtsstadt allerdings wurde umbenannt in Terranuova Bracciolini, zu Ehren ihres berühmten Sohnes, und 1959, an seinem fünfhundertsten Todestag, wurde auf dem grünen Stadtplatz seine Statue aufgestellt. Doch nur wenige, die auf dem Weg in die nahen Mode-Outlets hier vorüberkommen, werden noch eine Vorstellung von dem Mann haben, der dort geehrt wird.

Dennoch ist Poggio mit seinen Bücherjagden zu Beginn des 15. Jahrhunderts etwas Erstaunliches gelungen. Die Texte, die er wieder in Umlauf brachte, sichern ihm einen Ehrenplatz unter seinen berühmteren Florentiner Zeitgenossen Filippo Brunelleschi, Lorenzo Ghiberti, Donatello, Fra Angelico, Paolo Uccello, Luca della Robbia, Masaccio, Leon Battista Alberti, Filippo Lippi, Piero della Francesca. Lukrez' Gedicht bestimmt nicht die Stadtsilhouette, das hat Brunelleschis mächtige Kuppel übernommen, die größte, die seit dem Altertum errichtet wurde. Nicht die Stadt, dafür aber die Landschaft der Welt hat sich mit Poggios Entdeckung gewaltig verändert.

KAPITEL ZEHN

WENDUNGEN

Über fünfzig Handschriften von *De rerum natura* aus dem 15. Jahrhundert haben sich bis heute erhalten – eine erstaunlich große Zahl, und es wird gewiss sehr viel mehr gegeben haben. Sobald sich Gutenbergs sinnreiche Erfindung kommerziell durchgesetzt hatte, folgten rasch gedruckte Ausgaben. Fast alle dieser Bände enthielten im Vorwort Warnungen und Widerlegungen.

Als sich das 15. Jahrhundert seinem Ende zuneigte, herrschte der Dominikanermönch Girolamo Savonarola über Florenz, das für einige Jahre zur strikt »christlichen Republik« wurde. Savonarolas leidenschaftliches, charismatisches Predigen hatte die Florentiner in großen Scharen, die Eliten ebenso wie den Pöbel, in eine kurzlebige, aber fiebernd-intensive Stimmung von Reue und Buße versetzt. Sodomie wurde als Kapitalverbrechen verfolgt; Bankiers und Handelsherren wegen ihres extravagant luxuriösen Lebens und ihrer Gleichgültigkeit gegen die Armen angegriffen; Glücksspiele, mit Tanzen und Singen auch andere Formen weltlicher Vergnügungen verboten. Unvergesslich blieb das große »Feuer der Eitelkeiten« auf der Piazza della Signoria, in dem Savonarolas jugendliche Anhänger alles verbrannten, was sie durch die Straßen ziehend bei den Leuten an sündigen Gegenständen eingesammelt, was die Leute aus Angst vor jenen Banden oder aus wirklicher Reue abgeliefert hatten: Spiegel, Schminktiegel, aufreizende Kleidungsstücke, Liederbücher und Noten, Musikinstrumente, Spielkarten und Würfel, Skulpturen und Gemälde mit heidnischem Inhalt, Werke antiker Poeten und so weiter.

Nach einer Weile hatte die Stadtgemeinde genug von dieser puritanischen Eiferei, und am 23. Mai 1498 wurde Savonarola mit zwei seiner maßgeblichen Mitbrüder gehenkt und anschließend an genau der Stelle verbrannt, an der er zuvor seinen kulturkämpferischen Scheiterhaufen hatte entzünden lassen. Doch als er sich im Zenit seiner Macht befand und seine Worte die Bürgerschaft mit frommer Furcht und Reue erfüllten, widmete er einige seiner Fastenpredigten dem Angriff auf antike Philosophen, wobei er eine Gruppe unter ihnen mit besonderem Spott bedachte. »So hört, ihr Frauen«, predigte er der Menge, »sie sagen, diese Welt sei aus Atomen gemacht, aus solchen winzigen Teilchen also, die durch die Luft fliegen.« Ohne Zweifel genoss er diese Absurditäten und ermutigte seine Zuhörer zu ihrerseits lautem Spott: »Nun lacht, ihr Frauen, über die Studien dieser gelehrten Männer.«[1]

In den 1490er Jahren, sechzig, siebzig Jahre nachdem Lukrez' Gedicht wieder in Umlauf gesetzt worden war, war der Atomismus in Florenz hinreichend bekannt, um ihn zum Gegenstand spöttischen Gelächters zu machen. Die Lehre war bekannt, aber das hieß natürlich nicht, dass man sie offen für wahr erklärt hätte. Kein kluger Mensch wäre vorgetreten und hätte gesagt: »Ich denke, dass die Welt nur aus Atomen und Leere besteht, dass wir, in Leib und Seele, nur phantastisch komplexe Gebilde aus Atomen sind, die eine Zeitlang miteinander verbunden und dazu bestimmt sind, sich eines Tages auch wieder aufzulösen.« Kein respektabler Bürger hätte sagen können: »Die Seele stirbt mit dem Körper. Es gibt nach dem Tod kein Jüngstes Gericht. Das Universum wurde nicht aus göttlicher Macht für uns geschaffen, die ganze Vorstellung eines Lebens nach dem Tod ist eine abergläubische Phantasie.« Niemand, wenn er denn gerne in Frieden leben wollte, hätte sich leisten können, öffentlich zu erklären: »Die Prediger, die uns sagen, wir sollten in Furcht und Zittern leben, lügen. Gott interessiert sich nicht für unsere Taten, und auch wenn die Natur schön und verwickelt ist, so gibt es keinen Hinweis auf ein ihr zugrunde liegendes intelligentes Design. Was uns interessieren sollte, ist das Streben nach Lust, denn Lust ist das höchste Ziel des Daseins.« Niemand sagte: »Der Tod berührt uns nicht und geht uns nichts an.« Dennoch, solche subversiven, lukrezischen Gedanken waren eingesickert ins kulturelle Leben und tauchten überall dort auf, wo die Vorstellungskraft der Renaissancezeit am lebendigsten und mächtigsten war.

Zur gleichen Zeit, in der Savonarola seine Zuhörer dazu drängte, die dämlichen Atomisten auszulachen, kopierte sich ein junger Florentiner stillvergnügt den gesamten Text von *De rerum natura*. Später wird man dem Einfluss dieses Textes in den berühmten Büchern nachspüren, die dieser Mann geschrieben hat, doch nicht einmal hat er das Gedicht oder seinen Autor direkt erwähnt. Dazu war er zu schlau. Die Handschrift der Kopie allerdings wurde 1961 eindeutig identifiziert: Es war die von Niccolò Machiavelli selbst, er hatte die Kopie gefertigt. Sie wird in der Bibliothek des Vatikan aufbewahrt: MS Rossi 884.[2] Gibt es einen besseren Platz für diese Frucht Poggio Bracciolinis, des apostolischen Sekretärs? Seit der Amtszeit von Poggios Freund, dem humanistischen Papst Nikolaus V., haben klassische Texte einen Ehrenplatz in der Bibliothek des Vatikans.

Dennoch, die Warnungen Savonarolas beruhten damals auf realen Ängsten: Die Überzeugungen und deren Zusammenhang, die Lukrez in seinem Gedicht mit so poetischer Kraft darstellt, kann man durchaus als Lehrbuch, wenn nicht als Definition des Atheismus bezeichnen, die in dieser Vollständigkeit auch ein Inquisitor verfasst haben könnte. Der Text, der in das intellektuelle Leben der Renaissance hineinplatzte, hat eine Reihe ängstlicher Reaktionen ausgelöst, und zwar gerade bei jenen, die er besonders zu beeindrucken vermochte. Eine dieser Reaktionen war die des großen Marsilio Ficino, des Humanisten, der Mitte des 15. Jahrhunderts in Florenz lebte. Er war Mitte zwanzig, als er *De rerum natura* las und von diesem Text so tief beeindruckt war, dass er einen Kommentar zu dessen Autor verfasste, den er »unseren brillanten Lucretius« nannte.[3] Doch als er wieder zu Sinnen kam – will sagen, zu seinem Glauben zurückfand –, warf er seinen Kommentar ins Feuer. Nun attackierte er jene, die er »Lucretiani« nannte und verbrachte viel Lebenszeit mit seinen Platon-Studien, aus denen er schließlich eine geniale Verteidigung des Christentums entwickelte.

Eine andere Reaktion war, Lukrez' poetischen Stil von seinen Ideen zu trennen. Das scheint auch Poggios Verfahrensweise gewesen zu sein: Er war auf die Entdeckung dieses Textes nicht weniger stolz als auf die der anderen, die er dem Vergessen entreißen konnte, doch schloss er sich dem Lukrez'schen Denken niemals an, beschäftigte sich auch nicht offen damit. In ihren lateinischen Kompositionen konnten Poggio und enge Freunde wie Niccoli elegante Ausdrucksweisen und Wendungen aus einem weiten Spektrum heidnischer Texte übernehmen, sich gleichzeitig aber vor deren gefährlichen Gedanken hüten. Tatsächlich hat Poggio in seinem späteren

Leben nicht gezögert, seinen erbitterten Rivalen Lorenzo Valla zu bezichtigen, ketzerisch Lukrez' Lehrmeister anzuhängen, dem Materialisten Epikur.[4] Es sei, schrieb er, eine Sache, sich an Wein zu erfreuen, eine andere, dessen Lob zu singen, wie dies Valla im Dienst des Epikureismus tue. Valla gehe, indem er die Jungfrauenschaft attackiere und die Prostitution preise, sogar noch über Epikur hinaus. Die Flecken seiner frevlerischen Rede, setzt Poggio, den Gegner direkt ansprechend, dunkel drohend hinzu, »werden nicht mit Hilfe von Worten, sondern mit Feuer getilgt werden, dem du, so hoffe ich, nicht entgehen wirst.«[5]

Nun könnte man erwarten, Valla würde einfach den Spieß umdrehen und darauf verweisen, es sei schließlich Poggio gewesen, der Lukrez wieder in Umlauf gebracht habe. Wenn Valla eben das nicht tat, können wir daraus schließen, dass es Poggio tatsächlich gelungen ist, von den Implikationen seiner Entdeckung diskret Abstand zu halten. Ebenso lässt sich dem wohl auch entnehmen, wie begrenzt der Kreis war, in dem *De rerum natura* zunächst zirkulierte. Als Valla Anfang der 1430er Jahre in einer Schrift, die er *De voluptate (Von der Lust)* nannte, das Lob des Trinkens und der geschlechtlichen Liebe formulierte, das Poggio so schockierend gefunden haben will, befand sich die Handschrift noch in sicherer Obhut bei Niccoli.[6] Allein das Faktum ihrer Existenz, die im Briefwechsel zwischen den Humanisten so frohgemut verkündet wurde, hat wohl dazu beigetragen, dass sich das Interesse an Epikur wieder belebte, doch musste sich Valla vermutlich auf andere Quellen und seine eigene fruchtbare Vorstellungskraft stützen, um sein Lob der Lust zu formulieren.

Interesse an einer heidnischen Philosophie zu zeigen, die derart quer stand zu fundamentalen Prinzipien des Christentums, war nicht ohne Risiko; nicht zuletzt Poggios Angriff auf Valla macht das deutlich. Dessen Replik lässt uns einen dritten Weg erkennen, wie man auf das epikureische Ferment im 15. Jahrhundert reagieren konnte. Diese Strategie könnte man als dialogische Widerlegung bezeichnen. Die Ideen, die Poggio verdamme, seien, wie Valla einräumt, in seinem Text *De voluptate* durchaus enthalten, aber doch nicht als seine, Vallas eigene Ideen, sondern als die eines anderen, des Teilnehmers, der in diesem literarischen Dialog den Epikureismus vertrete. Und zuletzt trage auch nicht der Epikureer den Sieg davon, sondern eindeutig die christliche Orthodoxie, der der Mönch Antonio da Rho seine Stimme leihe: »Als Antonio so geendigt hatte, erhoben wir uns nicht sofort. Ungeheure Bewunderung für so fromme religiöse Vortragsweise hielt uns fest.«[7]

Lassen wir das auf sich beruhen. Fest steht, dass Valla in der Mitte seines Dialogs eine bemerkenswert heftige, äußerst nachdrückliche Verteidigung epikureischer Grundprinzipien konstruiert: Gefeiert werden die Weisheit des Rückzugs aus Rivalität und Streit in den ruhigen Garten der Philosophie (»Vom sicheren Ufer wirst du über die Wellen lachen und mehr noch über die, die von ihnen umhergeworfen werden«); der Vorrang der körperlichen Lust; die Vorzüge der Mäßigung; die Widernatürlichkeit sexueller Enthaltsamkeit; die Leugnung des Lebens nach dem Tod. Es liege doch auf der Hand, so Vallas Epikureer, dass es »keine Belohnung für die Toten und gewiss auch keine Strafen« gebe. Und damit diese Formulierung auf keinen Fall missverstanden, die Seele also keineswegs von den anderen erschaffenen Dingen unterschieden wird, wiederholt er das Argument, das beide gleichsetzt:

> Mein Epikur jedenfalls lehrt, dass nach der Auflösung eines Lebewesens nichts übrig bleibe. Ein Lebewesen nennt er dabei nicht nur den Menschen, sondern auch Löwe, Wolf, Hund und alle anderen, die atmen. So kommt's auch mir vor. Jene essen, wir essen, jene trinken, wir trinken, jene schlafen, wir ebenfalls. Und nicht anders als wir pflanzen sie sich fort, empfangen und gebären, ernähren sich. Sie verfügen über eine gewisse Portion Verstand und Gedächtnis, die einen mehr, die anderen weniger, und wir ein wenig mehr als sie alle. Fast in allem sind wir ihnen gleich, und zu allerletzt sterben sie und sterben wir, sie zur Gänze, wir zur Gänze.[8]

Und wenn wir uns dieses Ende wirklich klarmachen – »und zuallerletzt sterben sie und sterben wir, sie zur Gänze, wir zur Gänze« –, dann sollte uns die Schlussfolgerung für unser Handeln ebenso klar sein:

> Lassen wir uns folglich diese Lüste des Körpers, die unanfechtbar sind und niemals in einem anderen Leben wiedererlangt werden können, so lang wie möglich (o mög's doch noch länger sein!) nicht entgleiten![9]

Nun könnte man argumentieren, Valla lasse den Protagonisten diese Worte nur sagen, um seinem Mönch da Rho Gelegenheit zu geben, sie restlos zu zerpflücken:

> Erblicktest du eines einzigen Engels Angesicht neben deinem Liebchen, flugs käme dir deine Freundin so häßlich und abstoßend vor, daß du dich wie vom Gesicht einer Leiche abkehrtest und hinwendetest zur ganzen Schönheit des Engels, einer Schönheit, wohlgemerkt, welche die Begierde nicht entfachte, sondern auslöschte und an ihrer Statt die allerheiligste Frömmigkeit einflößte.[10]

Wäre dies die tatsächliche Intention, behielte also der Mönch das letzte Wort, dann hätte man *De voluptate* als Versuch zu lesen, Subversion einzudämmen. Im Bewusstsein, dass er und seine Zeitgenossen dem verführerischen Gift des Lukrez bereits ausgesetzt waren, entschied sich Valla dafür, diese Kontamination nicht zu unterdrücken, sondern das Geschwür zu öffnen und die epikureischen Argumente der reinigenden Luft des christlichen Glaubens auszusetzen.

Vallas Gegner Poggio aber kam zum umgekehrten Schluss: Er sah im christlichen Rahmen und in der Dialogform von *De voluptate* nur ein für Valla bequemes Mittel, das es ihm erlaube, seine skandalösen und gefährlichen Angriffe auf die christliche Lehre zu kaschieren. Selbst wenn dieses Argument darum fragwürdig erscheinen mag, weil es Poggios giftigem Hass entsprang, so sollte man doch daran erinnern, dass Vallas berühmter Nachweis, wonach die sogenannte Konstantinische Schenkung eine Fälschung war, ihn nicht gerade als zuverlässig orthodoxen Denker ausgewiesen hat. Aus dieser Perspektive wäre *De voluptate* ein vergleichsweise radikaler, subversiver Text, dem sein Autor, ein Priester, der um den Posten eines apostolischen Sekretärs rangelte und diesen schließlich auch erhielt, ein Feigenblatt umband, um einigermaßen geschützt zu sein.

Eindämmung oder Subversion – wie ließe sich der Widerstreit zwischen diesen beiden einander so scharf entgegengesetzten Argumenten auflösen?[11] Es ist äußerst unwahrscheinlich, dass irgendwer aus unserem großen Abstand Beweise entdecken wird, mit denen sich diese Frage definitiv entscheiden ließe – wenn solche Beweise denn je existiert haben. Diese Frage sucht zudem nach programmatischer Gewissheit und Klarheit, die mit der realen Situation von Intellektuellen im 15. oder 16. Jahrhundert wahrscheinlich wenig zu tun hat.[12] Nur ganz wenige Menschen werden den radikalen Epikureismus akzeptiert haben, sofern sie ihn in seiner Tragweite überhaupt begriffen haben. So etwa wurde dem Florentiner Dichter Luigi Pulci 1484 ein christliches Begräbnis verweigert, weil er Wunder geleugnet und gesagt hatte, die Seele sei »nicht mehr denn ein Pinienkern in einem heißen Brot«.[13] Doch viele der mutigsten Geister der Renaissance nahmen die Ideen, die ab 1417 mit der Wiederentdeckung von Lukrez' Gedicht auftauchten, nicht als ausformuliertes philosophisches oder ideologisches System wahr; das Gleiche gilt für Epikur, an dessen Denken das Interesse gerade wieder erwacht war. Allerdings waren die Lukrez'schen Ansichten zur Natur der Dinge, die in durch ihre Schönheit so verführerische Verse verpackt waren, eine tiefe geistige und schöpferische Herausforderung.

Was zählte, war nicht Festhalten, sondern Beweglichkeit – und für Bewegung sorgte dieses Gedicht, das über viele Jahrhunderte unberührt in einer, höchstens zwei Klosterbibliotheken gelegen hatte. Die geschmeidigen Argumente Epikurs waren zunächst von Heiden, die nichts davon wissen wollten, dann von ebenso ablehnenden Christen unterdrückt worden. Und nun entwickelten sie die Beweglichkeit von Tagträumen, halbgaren Spekulationen, geflüsterten Zweifeln, gefährlichen Gedanken.

Poggio mochte sich distanziert haben von dem, was *De rerum natura* inhaltlich bedeutete, den entscheidenden Schritt hat er gleichwohl getan, indem er das Gedicht aus dem Regal zog, es kopieren ließ und seinen Freunden in Florenz die Kopie zuschickte. Sobald es wieder zu zirkulieren begann, bestanden die Schwierigkeiten nicht in der Lektüre (vorausgesetzt, man verfügte über genügend Latein), sondern sie begannen, wenn man das Gelesene offen diskutieren, die Inhalte ernst nehmen wollte. Valla hat einen Weg gefunden, indem er ein zentrales epikureisches Argument – das Preisen der Lust als oberstes Gut – in einem Dialog zustimmend artikulieren ließ. Er hat es zu diesem Zweck herausgelöst aus dem philosophischen Gesamtgebäude, das ihm ursprünglich Gewicht verlieh, und so konnte es dann auch zurückgewiesen werden. Doch der Epikureer aus Vallas Dialog verteidigt die Lust derart energisch, subtil und überzeugend, wie man dies seit einem Jahrtausend nicht hatte lesen können.

Im Dezember 1516 – fast ein Jahrhundert nach Poggios Entdeckung – hat die Synode von Florenz, eine einflussreiche Gruppe hoher Kleriker, verboten, Lukrez in den Schulen zu lesen. Es mochte Lukrez' ausgezeichnetes Latein gewesen sein, das Schullehrer dazu veranlasst hatte, Schülern diesen Text vorzulegen; verboten jedoch wurde er, wie die Kleriker verfügten, als »laszives, verderbtes Werk, dem jedes Mittel recht ist, die Sterblichkeit der Seele zu beweisen«. Denen, die dem Edikt zuwiderhandelten, drohten ewige Verdammnis und eine Strafe von zehn Florin.

Dieses Verbot wird die Zirkulation des Buches erschwert haben, es hat auch die weitere Drucklegung des Werks in Italien gestoppt, doch es kam zu spät, die Tür war nicht mehr zuzudrücken. Eine Ausgabe war bereits in Bologna erschienen, eine zweite in Paris, eine dritte in Aldus Manutius' berühmter Presse in Venedig. Auch in Florenz kam eine Ausgabe heraus, beim renommierten Verleger Filippo Giunti, herausgegeben von Pier Candido, den Poggio aus seiner Zeit am Hof Nikolaus' V. gut kannte.

Die Giunti-Ausgabe enthielt Emendationen, die der bemerkenswerte Michele Tarchaniota Marullo, Soldat, Gelehrter und Dichter griechischer Herkunft, besorgt hatte. Botticelli hat ein Porträt des Mannes gemalt, der in italienischen Humanistenkreisen wohl bekannt war. Marullo hat im Lauf seiner unruhigen Karriere wundervolle heidnische Hymnen verfasst, inspiriert von Lukrez, mit dessen Werk er sich mit bemerkenswerter Intensität beschäftigt hat. 1500 ließ er sich die Schwierigkeiten des Textes von *De rerum natura* durch den Kopf gehen, als er von Volterra aus in voller Rüstung gegen die Truppen ins Feld ritt, die Cesare Borgia an der Küste bei Piombino sammelte. Es regnete heftig, und die Bauern rieten ihm, nicht durch die angeschwollene Cecina zu reiten. Eine Zigeunerin, so soll er ihnen geantwortet haben, habe ihm als Kind geweissagt, er müsse sich nicht vor Neptun, wohl aber vor Mars in Acht nehmen. Mitten im Fluss glitt sein Pferd aus und begrub ihn unter sich. Mit einem Fluch auf die Götter soll er gestorben sein; in seiner Tasche fand man ein Exemplar von Lukrez' Gedicht.

Die Todesumstände Marullos konnte man als warnende Geschichte verbreiten – selbst der alles andere als engstirnige Erasmus fand, Marullo schreibe, als sei er ein Heide –, das Interesse an Lukrez aber ließ sich mit solchen Mitteln nicht eindämmen. Selbst die Autoritäten der Kirche, von denen viele mit den Humanisten sympathisierten, waren sich, was die Gefährlichkeit seines Textes anging, nicht einig. 1549 wurde vorgeschlagen, *De rerum natura* auf den Index zu setzen – auf jene Liste von Büchern, die zu lesen guten Katholiken verboten ist –, doch auf Drängen des mächtigen Kardinals Marcello Cervini wurde der Vorschlag nicht weiter verfolgt. (Cervini wurde ein paar Jahre später zum Papst gewählt, regierte allerdings nur kurz, nicht einmal einen Monat lang, nämlich vom 9. April bis zum 1. Mai 1555.) Auch Großinquisitor Michele Ghislieri widerstand der mehrfachen Forderung, *De rerum natura* zu verbieten. Er ließ Lukrez auf die Liste der Autoren setzen, die man lesen dürfe, aber nur, wenn man ihre Texte als Fabeln begreife. Ghislieri, der 1566 zum Papst gewählt wurde, widmete sein Pontifikat – von seiner Inthronisation als Pius V. bis zu seinem Tod 1572 – dem Kampf gegen Häretiker und Juden, die Gefahren aber, die von heidnischen Dichtern ausgingen, verfolgte er nicht weiter.

In Gestalt von Fabeln allerdings konnten sich katholische Intellektuelle mit lukrezischen Ideen beschäftigen, und sie taten das auch. Selbst Erasmus – der, wie wir hörten, geklagt hatte, Marullo klinge »wie ein Heide« – schrieb einen Dialog mit dem Titel *Der Epikureer.* Hedonius, einen der beiden fiktiven Gesprächspartner, lässt er sagen: »Aufrichtig, niemand ist mehr Epikureer als die Christen, die fromm leben.« Natürlich wendet Gesprächspartner Spudaeus ein, niemandes Leben sei doch »von den Genüssen« weiter entfernt als das derjenigen, die »sich mit Fastenübungen quälen, ihre Missetaten beweinen« und so weiter. Gleichwohl, erwidert Hedonius, versuchten sie ein anständiges Leben zu führen, und »nichts ist glücklicher als ein gutes Gewissen«.[14]

So löst Erasmus das Paradox – auf eine Weise, die wie ein rhetorischer Taschenspielertrick wirkt; Erasmus' Freund Thomas Morus dagegen hat die Auseinandersetzung mit dem Epikureismus in seinem berühmtesten Werk *Utopia* (1516) sehr viel weiter getrieben. Morus war ein gebildeter Mann, bestens vertraut mit den heidnischen, griechischen und lateinischen Texten, die Poggio und seine Zeitgenossen wieder in Umlauf gebracht hatten, zugleich aber auch ein frommer christlicher Asket, der unter seinen Gewändern ein härenes Gewand trug und sich geißelte, bis das Blut floss. Sein denkerischer Wagemut und seine niemals müde Intelligenz erlaubten ihm, die Kraft dessen zu begreifen, was da aus antiken Zeiten wieder heranwogte, doch gleichzeitig ließen ihn katholische Überzeugungen und seine religiöse Inbrunst auch die Grenzen ziehen, über die hinauszugehen er für sich wie für alle anderen zu gefährlich fand. Will sagen, er erforschte die verborgenen Spannungen in Selbstverständnis und Identität, die er sich selbst als »christlicher Humanist« zuschrieb, sehr genau.

Utopia setzt ein mit einer ätzenden Verurteilung Englands als eines Landes, in dem die Adligen müßig von der Arbeit anderer lebten und ihre Pächter bis aufs Blut auspressten, indem sie kontinuierlich die Pacht erhöhten; wo die Einhegung des Grundes als Schafsweiden unzählige tausend Menschen in ein Leben in Hunger und Verbrechen treibe; wo die Städte umgeben seien von Galgenfeldern, auf denen Diebe massenweise gehenkt würden, ohne dass es den kleinsten Hinweis darauf gebe, dass diese drakonischen Strafen irgendjemanden davon abhielten, die gleichen Verbrechen zu begehen.

Dieser Beschreibung einer schaurigen Wirklichkeit – Holinshed, der Chronist des 16. Jahrhunderts, berichtet, dass unter der Herrschaft Heinrichs VIII. um die zweiundsiebzigtausend Diebe gehenkt worden seien – setzt Morus die Schilderung einer fiktiven Insel entgegen, Utopia genannt – *u-topos* heißt griechisch »kein Ort« –, deren Einwohner überzeugt sind, »daß alle unsere Handlungen und damit die Tugenden selber, ausschließlich das Vergnügen und die Glückseligkeit zum Endziel haben«. (*Utopia,* 2. Buch, Vom Reisen der Utopier, S. 103)[15] Dieser epikureische Grundsatz macht den wesentlichen Unterschied aus zwischen der guten Gesellschaft der Utopier und der verdorbenen, lasterhaften im England zu Morus' Zeit. Dieser hat also erfasst, dass das Lustprinzip – das Prinzip, das seinen kraftvollsten Ausdruck in Lukrez' großartiger Hymne an Venus gefunden hat – nicht nur eine verschönernde Bereicherung der alltäglichen Existenz ist, sondern eine radikale Idee, die, nähme man sie ernst, das ganze Leben umstürzen und verändern würde.

Morus hat sein Utopia in entfernte Weltgegenden verlegt. Sein Entdecker, heißt es zu Beginn des Werks,

> schloß sich, um Land und Leute zu studieren, dem Amerigo Vespucci an und hat von jenen vier Seereisen, die man heutzutage bereits dort und da gedruckt lesen kann, drei als sein ständiger Begleiter mitge-

> macht, ist aber von der letzten nicht mit ihm zurückgekehrt. Er erreichte mit bringenden Bitten von Amerigo, daß er unter den Vierundzwanzig war, die bis ans Ende der letzten Fahrt in einem Kastell zurückgelassen wurden. (1. Buch, S. 28)

Morus, der Amerigo Vespuccis Reisebriefe gelesen hatte, bezieht sich auf die neu entdeckten Länder, die zu dessen Ehre »Amerika« genannt wurden, und dabei insbesondere auf eine Beobachtung, die Vespucci bei den Völkern machte, auf die er dort stieß: »Insofern ihr Leben so sehr dem Vergnügen gewidmet ist«, hatte er geschrieben, »sollte ich es epikureisch nennen«.[16] Morus muss schlagartig klargeworden sein, dass er die erstaunlichen geographischen Entdeckungen nutzen konnte, um einige der beunruhigenden Ideen zu erkunden, die mit Lukrez' *De rerum natura* wieder in Umlauf gekommen waren. Diese Verknüpfung ist nicht rundum überraschend. Der Florentiner Vespucci gehörte selbst zum Kreis der Humanisten, in dem *De rerum natura* von Hand zu Hand ging. Die Utopier, schrieb Morus, hielten nur das Vergnügen für nicht erlaubt, »welches Schmerz im Gefolge hat« (S. 101). Und ihr Verhalten sei nicht nur eine Sache der Sitte, es folge einem philosophischen Standpunkt. In der Frage, »worin, ob in einem Dinge oder in mehreren, die Glückseligkeit der Menschen bestehe … schlagen sie sich wohl allzusehr auf Seiten derjenigen Partei, welche das menschliche Glück entweder überhaupt oder doch den wesentlichsten Theil desselben im Vergnügen sieht« (S. 100). Diese Partei oder »Schule«, wie es im englischen Text heißt, ist die des Epikur und des Lukrez.

Indem er, was er schildert, in den entferntesten Winkel der Welt verlegt, konnte er etwas zum Ausdruck bringen, was seinen Zeitgenossen zu sagen äußerst schwerfiel: Die von den Humanisten wiederentdeckten heidnischen Texte waren zwingend und lebensbejahend und zugleich vollkommen abseitig und verrückt. Nach Jahrhunderten fast völliger Vergessenheit waren sie dem Kreislauf des europäischen Denkens wieder eingeflößt worden und repräsentierten darum keine Kontinuität, waren auch keine einfache Rückerstattung, sondern bewirkten vielmehr tiefe Beunruhigung.[17] Tatsächlich klangen diese Texte wie Stimmen aus einer anderen Welt – einer Welt, die von der zeitgenössischen ebenso verschieden war wie Vespuccis Brasilien von England. Ihre Wirkmacht bezogen sie ebenso sehr aus ihrer Fremdheit wie aus ihrer luziden Beredsamkeit.

Dass er die Neue Welt heraufbeschwor, erlaubte es Morus, eine zweite wesentliche Reaktion auf die Texte zu artikulieren, die die Humanisten so begeisterten. Er bestand darauf, dass man sie nicht als isolierte philosophische Ideen begriff, sondern als Ausdruck einer ganzen Lebensweise, eines Lebens, das unter besonderen physischen, historischen, kulturellen und gesellschaftlichen Umständen geführt wurde. Die Beschreibung des Epikureismus der Utopier war für Morus nur sinnvoll, insofern er sie in den Zusammenhang einer ganzheitlichen Existenz und Lebensform stellte.

Diese aber, so Morus, gebühre allen Menschen, und das müsse auch so sein. Insofern macht Morus ernst mit der Einsicht, die sich in *De rerum natura* so leidenschaftlich Bahn bricht: Verhielten die Menschen sich Epikurs Philosophie entsprechend, wäre die gesamte Menschheit aus ihrem erbärmlichen Elend zu befreien. Anders gesagt: Morus macht Ernst mit der Universalität, dem Ursinn des griechischen Wortes *katholikos*. Einem Epikureer würde es nicht genügen, eine kleine Elite in ihrem umhegten Garten zu erleuchten und aufzuklären, der Epikureismus gilt der Gesellschaft als Ganzer. Utopia ist ein visionärer Masterplan, detailliert und stets mit Blick auf seine Umsetzung ausgeleuchtet, er reicht vom öffentlichen Wohnungsbau bis zur umfassenden Krankenversorgung, von Kinderkrippen bis zur religiösen Toleranz und zum Sechs-Stunden-Tag. Worum es Morus mit seiner berühmten Fabel geht, ist die Imagination der Bedingungen, die es einer ganzen Gesellschaft ermöglichen würden, das Streben nach Glück zum praktischen Ziel aller zu machen.

Den ersten Schritt dorthin sieht Morus in der Abschaffung des Privateigentums. Andernfalls würde die Besessenheit der Menschen von »Adel, Pracht, Glanz und Majestät« unausweichlich zu jener ungleichen Verteilung des Reichtums führen, die einen großen Teil der Bevölkerung zu einem Leben in Armut, Verachtung und Verbrechen zwingt. Doch Kommunismus alleine erscheint Morus nicht ausreichend, auch gewisse Ideen wären zu verbieten. Das gilt insbesondere für die Leugnung der göttlichen Vorsehung und eines Lebens nach dem Tod: Morus lässt sie in Utopia unter strenge Strafen stellen, härteste Sklaverei eingeschlossen.[18]

Die Leugnung von göttlicher Vorsehung und Jenseits waren die beiden tragenden Säulen von Lukrez' gesamtem Gedicht. Insofern akzeptiert Thomas Morus den Epikureismus – auf die intelligenteste und nachdrücklichste Weise, seit Poggio *De rerum natura* ein Jahrhundert zuvor wiederentdeckt hatte – und operierte ihm zugleich mit aller Sorgfalt das Herzstück heraus. Alle Bürger Utopias, heißt es bei Morus, werden ermutigt, ihrer Lust zu folgen, diejenigen aber, die denken, dass die Seele mit dem Körper stirbt, und glauben, der Zufall regiere das Universum, werden verhaftet und versklavt.

Anders als mit diesem harten Vorgehen hätte Morus das Streben nach Glück nicht darstellen können, wenn dieser Weg nicht nur einer kleinen Gruppe von Philosophen, die sich aus dem öffentlichen Leben zurückgezogen haben, sondern nach Möglichkeit allen Menschen offenstehen sollte. Die Menschen mussten zum Allermindesten davon überzeugt sein, dass es einen alles umfassenden providentiellen Plan gebe – nicht nur im Staat, sondern in der Grundstruktur des Universums selbst –, und sie mussten gewiss davon ausgehen, dass die Normen, mit denen sie ihr Streben nach Lust regulierten und ihr Verhalten entsprechend disziplinierten, durch diesen übergeordneten, alles regelnden Plan gestützt und verstärkt waren. Und diese Verstärkung wird bewirkt vom Glauben an Lohn und Strafe im Jenseits. Auf andere Weise, glaubte Morus, sei es unmöglich, die fürchterlichen Strafen und verschwenderischen Belohnungen zu reduzieren, die seine eigene ungerechte Gesellschaft zusammenhielten.[19]

Gemessen an den Standards von Morus' Zeit, erscheinen die Utopier erstaunlich tolerant: In ihrem Staat wird keine offizielle Religion und Lehre vorgeschrieben, es werden auch denen keine Daumenschrauben angelegt, die ihr nicht anhängen wollen. Die Bürger dürfen den Gott verehren, den sie verehren möchten, können ihren Glauben auch mit anderen teilen, können Gemeinden oder Sekten bilden, vorausgesetzt, sie tun dies auf ruhige und besonnene Weise. Keine Toleranz allerdings kennt man in Utopia gegenüber denen, die glauben, dass sich ihre Seele nach dem Tod mit dem Körper auflöst, oder die daran zweifeln, dass die Götter, wenn es für sie überhaupt welche gibt, sich für die menschlichen Angelegenheiten interessieren. Diese Menschen stellen eine Bedrohung dar, denn was sollte sie daran hindern, alles zu tun, wonach ihnen gelüstet? Was sie daran hindern könnte, wäre nach Morus allein der Glaube,

> daß die Laster nach diesem Leben bestraft werden, für die Tugend aber Belohnungen ausgesetzt sind; den, der das Gegentheil glaubt, erachten sie gar nicht für ein menschliches Wesen, als Einen, der die erhabene Natur seiner Seele bis zur Stufe eines bloß thierischen Körpers erniedrigt hat, und sie versagen ihm noch mehr Rang und Stellung eines Bürgers unter ihnen, deren Einrichtungen und Gebräuche er (wenn ihm denn die Furcht darin nicht Schranken setzte) nur »wie Luft« behandeln würde.
>
> (Von den Religionen der Utopier, S. 146)

Furcht muss Schranken setzen – und solche Furcht erscheint verzichtbar allein im Garten der Philosophen, unter einer kleinen aufgeklärten Elite. Für das Gros der Gesellschaft aber ist sie unerlässlich, wenn man denn davon ausgeht, dass diese Gesellschaft von Menschen der Art bewohnt wird, wie sie tatsächlich in der Welt existieren, wie man sie seit jeher kennt. Trotz all der sozialisierenden Kraft Utopias würden, davon ist Morus überzeugt, die Menschen von ihrer Natur dazu gebracht, zu Verrat und Gewalt zu greifen, um zu erlangen, was sie begehren. Morus war in seinen Überzeugungen ohne Zweifel von seinem glühenden Katholizismus geprägt, doch auch Machiavelli, der gewiss weniger gläubig und fromm war als der heilige Morus, kam zu eben dieser Zeit zu nämlichen Schlüssen. Gesetze und Sitten seien, wie der Autor von *Der Fürst* ausführt, wertlos, wenn sie nicht mit Furcht bewehrt seien.

Morus versuchte sich vorzustellen, was man tun müsse, wenn es nicht nur darum geht, bestimmten Individuen ein aufgeklärtes Leben zu ermöglichen, wenn man vielmehr eine ganze Gesellschaft dazu bringen will, Grausamkeit und Unordnung zu überwinden, die Güter des Lebens gleichmäßig zu verteilen, sich um das Prinzip des Glücksstrebens zu organisieren und die Galgen niederzureißen. Diese, so sah es Morus, könnte man bis auf einige wenige abschlagen, aber nur dann, wenn man die Menschen dazu brächte, an Galgen (und Belohnungen) im Jenseits zu glauben. Ohne solch imaginäre Ergänzungen würde die soziale Ordnung unweigerlich zusammenbrechen, weil dann jeder Einzelne nur seine Wünsche erfüllen würde:

Denn wem kann ein Zweifel darüber bleiben, daß ein Solcher die öffentlichen vaterländischen Gesetze entweder hinterlistig heimlich umgehen, oder sie gewaltsam übertreten wird, da er nur seinen persönlichen Lüsten dient, wenn er über die Gesetze hinaus nichts fürchtet und keine Hoffnung weiter hegt, als für seinen Körper. (S. 146)

Morus war durchaus bereit, die öffentliche Hinrichtung eines jeden zu billigen, der etwas anderes lehrte oder dachte.

Morus' imaginäre Utopier haben ein praktisches, funktionales Motiv, den Glauben an die Vorsehung und an ein Leben nach dem Tod durchzusetzen: Sie glauben, keinem trauen zu können, der diesen Glauben nicht teilt. Doch Morus selbst, der tiefgläubige Christ, hatte ein anderes Motiv: Worte Jesu selbst. »Verkauft man nicht zwei Spatzen für ein paar Pfennig? Und doch fällt keiner von ihnen zur Erde ohne den Willen eures Vaters.« (Mt 10:29f.) Es waltet, nach Hamlets Paraphrase dieser Verse, »eine besondere Vorsehung über den Fall eines Sperlings« (*Hamlet,* V:2). Welcher Christ würde wagen, dies zu bestreiten?

Einen gab es, den ehemaligen Dominikanermönch Giordano Bruno. Mitte der 1580er Jahre befand sich Bruno, der aus seinem Kloster in Neapel geflohen und rastlos durch Italien und Frankreich gewandert war, in London. Brillant, verwegen, von bezauberndem Charisma und zugleich unerträglich streitsüchtig, fristete er sein Leben, indem er die Unterstützung von Gönnern zusammenstoppelte, *ars memoria* lehrte, die Gedächtniskunst, Vorlesungen hielt zu verschiedenen Aspekten dessen, was er die »Philosophie des Nolaners« nannte – seine Philosophie also, denn er nannte sich selbst nach der kleinen Stadt bei Neapel, aus der er stammte. Diese Philosophie, eine wirre, überschäumende, häufig verblüffende Mixtur, hatte mehrere Wurzeln, eine davon war der Epikureismus. Offenbar, dafür gibt es viele Hinweise, hat *De rerum natura* Brunos ganze Welt durcheinandergebracht und verwandelt.

Während seiner Zeit in England schrieb und veröffentlichte Bruno eine Flut seltsamer Werke. Um sich einen Eindruck von der außerordentlichen Kühnheit dieser Arbeiten zu verschaffen, genügt es, sich die Implikationen nur einer Passage aus einer dieser Schriften vor Augen zu führen, aus *Spaccio de la bestia trionfante* (1584, dt. *Die Vertreibung der triumphie-*

renden Bestie). Diese Passage ist lang, doch ist deren Ausführlichkeit schon Teil dessen, was zuletzt bewiesen werden soll. Merkur, der Götterbote, zählt Sofia (der »Weisheit«) auf, was Zeus ihm zu besorgen aufgetragen habe:

> Er hat verfügt, daß heute Mittag von den Melonen im Melonengarten des Franzino zwei Melonen vollständig reif werden, daß sie aber nicht eher als drei Tage später, wenn sie schon nicht mehr gut zu essen sind, gepflückt werden dürfen. Er will, daß zur selben Zeit in dem Weinberge, der sich am Fuße des Berges Cicala im Hofe des Gioan Bruno befindet, 30 Trauben vollständig ausreifen, 17 überreif zu Boden fallen, 15 von Würmern angenagt werden; daß Basta, die Frau des Albenzio, beim Brennen ihrer Haarlöckchen an den Schläfen, weil sie die Brennschere zu heiß gemacht hat, sich 57 Haare versengt, ohne sich jedoch die Kopfhaut zu brennen, daß sie aber für diesmal, wenn sie den schnöggenden Geruch merkt, nicht fluche, sondern sich geduldig darein ergebe; ferner daß in dem Miste der Rinder des Albenzio 250 Mistkäfer entstehen, von denen 14 unter den Füßen des lbenzio totgetreten, 20 mittels Übergießens mit kochendem Wasser getötet werden, 32 in einer Höhlung weiter leben, 80 sich auf Wanderschaft durch das Gehöft begeben, 42, um weiter zu leben, sich unter den Stein in der Nähe des Tores zurückziehen, 16 sich zwischen den Misthaufen herumtreiben sollen, wo es ihnen am besten behagt, und der Rest soll auf gut Glück auseinander laufen.

Und das ist beileibe noch nicht alles, wofür Merkur zu sorgen hat:

> Der Laurenza sollen, wenn sie sich kämmt, sieben Haare ausfallen, 13 sollen ihr abbrechen, und von diesen sollen zehn in drei Tagen wieder wachsen, sieben aber nicht wiederkommen. Die Hündin des Antonio Savolino soll fünf Hündchen empfangen, von denen drei zu ihrer Zeit am Leben bleiben, zwei aber ersäuft werden sollen; von denen drei zum Leben bestimmten soll eins der Mutter ähnlich werden, das zweite verschieden, das dritte soll teils dem Vater, teils dem Hunde

> des Polidoro ähnlich sein. Zur selben Zeit soll sich der Kuckuck beim Hause hören lassen, und soll nicht weniger als zwölf Mal »Kuckuck« rufen, und dann soll er für elf Minuten fortfliegen nach der Burgruine von Cicala, und was dann weiter geschehen soll, werden wir alsdann bestimmen.

Merkurs Arbeit in diesem kleinen Winkel, einer kleinen Ecke der Campagna, ist auch damit immer noch nicht getan.

> Den Unterrock, den Meister Danese auf seiner Bank näht, soll er verpfuschen; aus dem Bettgestell des Konstantino sollen 12 Wanzen hervorkommen und auf das Kopfkissen kriechen; sieben ganz große, vier ganz kleine und eine mittelgroße, und was die eine angeht, die bis zum abendlichen Kerzenlicht überlebt, werden wir sehen. Ferner hat er verordnet, daß der Alten Fiurulo infolge einer Zungenbewegung binnen 15 Minuten in der selben Stunde der dritte Backenzahn im rechten Unterkiefer herausfallen soll, und zwar ohne Blutung und Schmerz; denn dieser Zahn hat das Ende seiner Fallbahn erreicht, welche genau siebzehn jährliche Mondumläufe gedauert hat. Ambrosio soll mit dem 112ten Stoße das Geschäft mit seiner Frau zu Ende bringen, für diesmal soll er sie aber nicht befruchten, das soll erst geschehen von dem Samen, in welchen der gekochte Lauch, den er jetzt mit Mus und Hirsebrot ißt, sich verwandeln wird. Dem Sohne des Martinello sollen die Barthaare und die Haare an der Brust zu wachsen beginnen und allmählich soll sich seine Stimme brechen. Dem Paolino soll, wenn er sich bückt, um eine gebrochene Nadel vom Boden aufzuheben, infolge der Anstrengung einer seiner roten Hosenträger reißen, und wenn er deswegen fluchen wird, so soll ihm heute Abend die Suppe versalzen werden …[20]

Indem er in halluzinatorischen Details das Dörfchen heraufbeschwört, in dem er geboren wurde, inszeniert Bruno eine philosophische Farce, die keinen anderen Zweck verfolgt als zu demonstrieren, dass göttliche Vorsehung ein Unding ist. Alle Einzelheiten sind bewusst trivial, und dennoch spielt Bruno mit hohem Einsatz. Allein der Spott über den Satz

Jesu, die Haare auf dem Kopf eines Menschen seien bis zum letzten gezählt, hätte unangenehmen Besuch der Gedankenpolizei provozieren können. Religion, das war keine Angelegenheit, mit der einer seinen Spaß treiben konnte, zumindest nicht in den Augen der Behörden, die zum Schutz der Orthodoxie eingesetzt waren. Nicht einmal triviale Späße nahmen sie leicht. So war in Frankreich ein Dorfbewohner namens Isambard verhaftet worden, weil er die Ankündigung eines Mönchs, er werde nun ein paar Worte über Gott sagen, mit dem Ausruf quittiert hatte: »Je weniger, desto besser!«[21] In Spanien hatte der Schneider Garcia Lopez, der gerade aus der Kirche kam, in der der Priester die lange Liste der Gottesdienste der kommenden Woche verlesen hatte, gespottet: »Wenn wir Juden wären, würde uns schon ein Passahfest im Jahr zu Tode langweilen, und jetzt soll doch tatsächlich jeden Tag Passah und Festtag sein!« Prompt wurde der Mann bei der Inquisition denunziert.[22]

Doch Bruno befand sich in England. Dort gab es keine Inquisition, trotz der unermüdlichen Versuche, die Morus während seiner Kanzlerschaft in diese Richtung unternahm. Gleichwohl konnte man sich auch dort durch unbedachte Reden in gewaltige Schwierigkeiten bringen, Bruno aber hat sich wohl frei genug gefühlt zu sagen, was er dachte, beziehungsweise sich, wie in diesem Fall, in sardonischem Gelächter zu ergehen, dem allerdings eine philosophische Pointe zugrunde lag: Sobald man die Behauptung ernst nimmt, dass selbst der Sturz eines Sperlings oder die Zahl der Haare auf unserem Kopf Angelegenheiten göttlicher Vorsehung seien, gibt es überhaupt keine Grenze mehr, dann gehören in der Sonne tanzende Stäubchen ebenso ins Aufgabenfeld der Vorsehung wie die Konjunktionen der Planeten oben am Himmel. »O Merkur«, sagt Sofia mitleidig, »du hast wirklich eine Menge zu tun, wenn du mir alle Akte der Vorsehung, welche Vater Zeus ausführt, herzählen willst.«

Abermillionen Zungen brauchte es, wie Sofia erkennt, um all das zu beschreiben, was in einem einzigen Moment in nur einem einzigen winzigen Flecken in der Campagna geschieht. Allein darum ist Zeus nicht zu beneiden. Doch kann, wie Merkur vorführt, die ganze Angelegenheit auf diese Weise überhaupt nicht funktionieren: Denn es gibt gar keinen Schöpfer oder Werkmeistergott, der außerhalb des Universums stünde und dort, Kommandos brüllend, Lohn und Strafe austeilend, alles bestimmt und regelt. Die ganze Vorstellung sei schlicht absurd. Natürlich gibt es eine Ordnung im Universum, aber sie ist eingebaut in die Natur der Dinge, in die Materie, aus der sich alles Seiende, von den Sternen über die Menschen bis zu den Bettwanzen, zusammensetzt. Natur ist keine abstrakte Fähigkeit (dies oder das zu sein), sondern eine schöpferische Mutter, die alles hervorbringt, was ist. Mit anderen Worten: Wir befinden uns mitten in Lukrez' Universum.

Für Bruno war dies kein Ort melancholischer Desillusionierung und Entzauberung. Im Gegenteil, er fand die Erkenntnis aufregend, dass die Welt in Raum und Zeit grenzenlos ist, dass die größten Dinge aus den kleinsten gemacht sind, den Atomen, dass die Bausteine all dessen, was ist, das Eine und das Unendliche miteinander verbinden. Die Welt, schreibt er, ist gut, wie sie ist. Und wie Spinnweben wischt er die unzähligen Lügengespinste beiseite, die auf Kummer, Schuld und Buße beruhen. Sinnlos sei es, das Göttliche im blutunterlaufenen und zerschlagenen Leib des Sohnes zu suchen, sinnlos auch, darauf zu hoffen, man werde in irgendeinem entfernten Himmel Gottvater begegnen.

> So sind wir befähigt, die unendliche Wirkung der unendlichen Ursache zu entdecken, die wahre und lebendige Spur der lebendigen Kraft. Wir brauchen die Gottheit nicht in der Ferne zu suchen, denn sie ist uns nahe und sogar tiefer in uns als wir selbst.[23]

Mit philosophischer Heiterkeit nahm er auch sein alltägliches Leben. Er sei, so ein Florentiner Gefährte, »ein wunderbarer Tischgenosse, ganz dem epikureischen Leben hingegeben«.[24]

Wie Lukrez warnte auch Bruno, niemand solle seine ganze Fähigkeit des Liebens und Sehnens auf ein einziges Objekt obsessiven Verlangens richten. Es sei vollkommen in Ordnung und gut, ein körperliches sexuelles Verlangen zu erfüllen, jedoch absurd, dieses Verlangen mit dem nach letzten Wahrheiten zu vermengen, nach Wahrheiten, die nur die Philosophie – die nolanische natürlich – verschaffen könne. Nicht, dass deren Wahrheiten abstrakt und unkörperlich seien, im Gegenteil. Bruno war vielleicht der Erste nach mehr als einem Jahrtausend, der die volle, die zugleich philosophische wie erotische Kraft des Lukrez'schen Hymnus an

Venus erfasst hat. Das Universum in seinem endlosen Prozess des Schaffens und wieder Zerstörens ist in sich sexuell.

Bruno empfand den militanten Protestantismus, dem er in England und anderswo begegnete, als ebenso bigott und engstirnig wie den Katholizismus der Gegenreformation, vor dem er geflohen war. Sektiererischer Hass in allen seinen Spielarten erfüllte ihn mit Abscheu. Was er schätzte, war der Mut, sich für die Wahrheit zu erheben, sich gegen die aggressiv Engstirnigen zu stellen, die allzeit bereit sind niederzubrüllen, was sie nicht verstehen können. Diesen Mut fand er in herausragender Weise bei Kopernikus, dem Astronomen, der, wie Bruno formulierte,

> von den Göttern dazu bestimmt (war), wie die Morgenröte der aufgehenden Sonne der wahren alten Philosophie vorauszugehen, die so viele Jahrhunderte in den finsteren Höhlen der blinden, boshaften, dreisten und neidischen Unwissenheit verborgen lag.[25]

Kopernikus' Behauptung, die Erde stehe nicht fixiert im Mittelpunkt des Universums, sondern bewege sich als Planet in einer Umlaufbahn um die Sonne, war, als Bruno sie feierte, noch eine skandalöse Angelegenheit, Anathema sowohl für die Kirche wie für das akademische Establishment. Und Bruno gelang es, den Skandal der kopernikanischen Lehre noch weiter zu treiben: Es gehe gar nicht nur um Erde oder Sonne, das Universum insgesamt kenne keinen Mittelpunkt. Denn es gebe multiple Welten, schrieb er, Lukrez paraphrasierend, und auch in diesen verbänden sich, in ihrer unendlichen Zahl, die Keime der Dinge, um andere Menschenrassen und Tiere zu schaffen.[26] Jeder am Himmel zu beobachtende Fixstern sei eine Sonne, unzählige gebe es, verstreut im grenzenlosen Raum. Viele von ihnen seien begleitet von Trabanten, die sie umkreisten, so wie die Erde die Sonne umkreise. Also könne sich das Universum gar nicht um uns drehen, nicht um unser Verhalten und auch nicht um unser Schicksal. Denn damit sind wir nur ein winziges Teilchen eines unbegreiflich größeren Ganzen. Kein Grund jedoch, vor Angst zu erschauern: Wir sollten und wir können die Welt mit Bewunderung, Dankbarkeit und Ehrfurcht erfassen und annehmen. Gefährlichere Ansichten konnte man damals kaum äußern, und das galt für jede einzelne dieser Behauptungen. Es machte die Dinge gewiss nicht besser, dass Bruno, als man ihn drängte, seine Kosmologie mit der Bibel in Einklang zu bringen, schrieb, die Bibel tauge besser als Leitfaden für ein moralisches Leben denn als Anweisung zur Vermessung des Himmels. Viele Zeitgenossen hätten dem vielleicht sogar zugestimmt, aber es wäre alles andere als klug gewesen, so etwas öffentlich zu äußern, schon gar nicht in gedruckter Form.

Bruno war gewiss nicht der einzige brillante wissenschaftliche Kopf im Europa dieser Zeit, der die Natur der Dinge neu durchdenken wollte. In London wird er aller Wahrscheinlichkeit nach Thomas Harriot (1560 bis 1621) getroffen haben, der das größte Teleskop auf der Insel gebaut, die Sonnenflecken entdeckt und untersucht, die Trabanten der Planeten beobachtet und erklärt hatte, dass sich die Planeten nicht in vollkommenen Kreisbahnen bewegten, sondern auf elliptischen Umlaufbahnen. Er befasste sich mit mathematischer Kartographie, entdeckte das Sinusgesetz der Lichtbrechung, und auch auf dem Gebiet der Algebra gelang ihm Bahnbrechendes. Viele dieser Entdeckungen nahmen vorweg, wofür später Galileo Galilei, Descartes und andere berühmt wurden; keine dieser Errungenschaften wurde Harriot zugeschrieben. Allerdings wurden alle diese Ideen und Entdeckungen erst in der Masse unveröffentlichter Papiere gefunden, die er hinterlassen hat. Unter ihnen war auch eine Liste, in der Harriot, selbst Atomist, penibel die Angriffe festgehalten hat, die Zeitgenossen wegen mutmaßlichem Atheismus gegen ihn gerichtet hatten. Diese Angriffe, das wusste er, konnten sich nur verstärken, würde er auch nur eine seiner Entdeckungen veröffentlichen, und das Leben stand ihm näher als der Ruhm – was man ihm wohl kaum vorwerfen kann.[27]

Bruno dagegen vermochte nicht zu schweigen. Über sich selbst, den Nolaner, schrieb er:

> So hat er für jeden, der Sinn und Verstand besitzt, mit dem Schlüssel unermüdlicher Nachforschung diejenigen Hallen der Wahrheit geöffnet, die sich überhaupt von uns öffnen lassen. Er hat die bedeckte, und verschleierte Natur entblößt, den Maulwürfen Augen verliehen, und die Blinden erleuchtet ... Den Stummen hat er die Zunge gelöst, die nicht in der Lage waren und es nicht wagten, ihren verworrenen Gedanken Ausdruck zu verleihen.[28]

Als Kind, so erinnert er sich in *De Immenso et Innumerabilibus* (1591, *Das Unermessliche und Unzählbare),* einem lateinischen Gedicht, das Lukrez nachgebildet ist, als Kind habe er geglaubt, dass jenseits des Vesuvs nichts mehr sei, denn sein Auge habe nicht hinter den Vulkan schauen können. Nun aber wisse er, dass er Teil einer unendlichen Welt sei, und er könne sich und seinen Geist nicht noch einmal in die kleine Zelle sperren lassen, von der seine Kultur behaupte, dass er sie bewohne.[29]

Wenn er in England geblieben wäre – oder in Frankfurt, in Zürich, Prag oder Wittenberg, wohin überall er gewandert war –, hätte er vielleicht einen Weg gefunden, in Freiheit zu bleiben, leicht wäre es aber auch in diesen Städten nicht gewesen. Doch 1591 traf er die verhängnisvolle Entscheidung, nach Italien zurückzukehren, nach Padua und Venedig, in Städte, die, wie er dachte, zu Recht für ihre Unabhängigkeit gerühmt wurden. Das erwies sich als Illusion: Von seinem Gastgeber in Venedig, den er in der Gedächtniskunst unterweisen sollte, wurde er an die Inquisition verraten, noch in Venedig verhaftet und schließlich auch nach Rom ausgeliefert – er war eben ein entflohener Mönch. Das Heilige Offizium setzte ihn in der Engelsburg gefangen.

Insgesamt acht Jahre dauerten Brunos Verhöre und der Prozess in Rom, endlos musste er den Vorwürfen der Ketzerei entgegnen, sein philosophisches Weltbild erläutern, wilde Anschuldigungen zurückweisen. Dabei konnte er sich auf sein phänomenales Gedächtnis verlassen, konnte seine genauen Überzeugungen wieder und wieder auch mit Literatur stützen, aber nichts half. Von der Folter bedroht, sprach er den Inquisitoren das Recht ab, zu bestimmen, was Ketzerei sei, was er zu denken habe, was der rechte Glauben sei. Dieser Vorwurf war sein letzter Strohhalm, doch das Heilige Offizium anerkannte keine Grenzen seiner Rechtsprechung – keine räumlichen und auch, von Papst und den Kardinälen abgesehen, keine persönlichen. Es war der oberste Richter über den wahren Glauben.

Vor Zuschauern wurde Bruno auf die Knie gezwungen, um sein Urteil zu empfangen: Verurteilt wurde er als »ein verstockter, bösartiger und hartnäckiger Ketzer«. Er war kein Stoiker, natürlich graute ihm vor dem grässlichen Schicksal, das ihn erwartete. Doch einer der Zuschauer, ein deutscher Katholik, notierte den einen, erstaunlichen Satz, den Bruno nach

Verurteilung und Exkommunizierung zu seinen Richtern sagte: »Mit größerer Furcht verkündet Ihr vielleicht das Urteil gegen mich, als ich es entgegennehme.«

Am 17. Februar 1600 wurde der aus dem Priesteramt gestoßene Dominikaner mit geschorenem Haupt auf einen Esel gesetzt und zum Scheiterhaufen geführt, den weltliche Schergen (die Urteile der Inquisition auszuführen oblag weltlichen Behörden) auf dem Campo dei Fiori errichtet hatten. Während der unzähligen Stunden, in denen er von Mönchskollegien in die Mangel genommen worden war, hatte er sich standhaft geweigert zu widerrufen; und auch jetzt widerrief er nicht, verfiel aber auch nicht einfach in Schweigen. Was er sagte, ist nicht überliefert, doch muss es die Behörden so irritiert haben, dass angeordnet wurde, ihm die Zunge zu zügeln. Das nahmen die Henkersknechte wörtlich. So wurde ihm, wie ein Bericht besagt, ein Stift durch die eine Wange weiter durch die Zunge und durch die andere Wange wieder nach draußen getrieben. Ein weiterer Stift versiegelte seine Lippen – ein Kreuz machte ihn stumm. Als man ihm ein Kruzifix vor die Augen hielt, drehte er den Kopf zur Seite. Das Feuer wurde entzündet und tat sein Werk. Nachdem man ihn bei lebendigem Leibe verbrannt hatte, wurden seine Knochen zerschlagen und samt seiner Asche verstreut – als winzige Partikel, die, wie er glaubte, wieder in den großen unendlichen, den freudigen Kreislauf der Materie eingehen würden.

KAPITEL ELF

NACHWEHEN

Bruno zum Schweigen zu bringen erwies sich als weitaus leichter, als *De rerum natura* wieder ins Dunkel zurückzustoßen. Denn, wie sich zeigte, kaum war Lukrez' Gedicht der Welt zurückgegeben, begannen die Worte des visionären Poeten der menschlichen Existenz in den Werken von Schriftstellern und bildenden Künstlern der Renaissance kraftvoll widerzuhallen, von denen viele sich als gläubige Christen verstanden. Dieses Echo – die Spur einer Begegnung in der Malerei oder in epischer Dichtung – war für die Autoritäten nicht so unmittelbar beunruhigend wie der Widerhall in den Schriften von Naturforschern oder Philosophen. Die Gedankenpolizei der Kirche wurde nur selten gerufen, um Kunstwerke auf ihre ketzerischen Implikationen zu untersuchen.[1] So wie Lukrez' dichterische Gaben dazu beitrugen, dass sich seine radikalen Ideen verbreiteten, so wurden sie auch auf kaum nachzuvollziehenden Wegen von Künstlern übermittelt, die in direktem oder indirektem Kontakt mit den Kreisen italienischer Humanisten standen: Maler wie Sandro Botticelli, Piero di Cosimo und Leonardo da Vinci; Dichter wie Matteo Boiardo, Ludovico Ariosto und Torquato Tasso. Und es dauerte nicht lange, da tauchten diese Ideen auch anderswo auf, weit entfernt von Rom oder Florenz.

Auf einer Londoner Bühne, Mitte der 1590er Jahre, piesackt Mercutio seinen Freund Romeo mit einer phantastischen Beschreibung der Frau Mab, die den Menschen die Träume bringt:

Sie ist der Feenwelt Entbinderin.
Sie kömmt, nicht größer als der Edelstein
Am Zeigefinger eines Aldermanns,

Und fährt mit einem Spann von Sonnenstäubchen
Den Schlafenden quer auf der Nase hin.
(*Romeo und Julia*, I.4:55–59)

Mit einem »Spann von Sonnenstäubchen« übersetzt Schlegel; Shakespeare hatte geschrieben: »a team of little atomi« – und erwartete wohl, dass sein Zuschauervolk auf der Stelle verstünde, dass Mercutio auf diese etwas neckische Weise auf unvorstellbar kleine Teilchen anspielt. Das ist schon für sich verwunderlich, noch mehr aber im Kontext einer Tragödie, die sich mit der zwingenden Macht des Verlangens in einer Welt befasst, deren Bewohner auffallend häufig jede Aussicht auf ein Leben nach dem Tod verneinen:

Und will aus diesem Palast dichter Nacht
Nie wieder weichen. Hier, hier will ich bleiben
Mit Würmern, die dir Dienerinnen sind.
O, hier bau' ich die ew'ge Ruhstatt mir …
(V.3:107–110)

Brunos Jahre in England waren nicht umsonst gewesen, nicht spurlos verhallt. Der Autor von *Romeo und Julia* teilte sein Interesse am Lukrez'schen Materialismus mit Edmund Spenser, John Donne, Francis Bacon und anderen. Selbst wenn Shakespeare weder Oxford noch Cambridge besucht hatte, sein Latein war wohl gut genug, dass er Lukrez' Gedicht für sich alleine hat lesen können. In jedem Fall aber kannte er John Florio, einen Freund Giordano Brunos; außerdem war da auch noch sein Dramatikerkollege Ben Jonson, mit dem er hätte Lukrez diskutieren können. Jonsons mit Namen versehenes Exemplar von *De rerum natura* blieb erhalten und befindet sich heute in der Houghton Library in Harvard.[2]

Ganz sicher ist Shakespeare Lukrez in einem seiner Lieblingsbücher begegnet: in den *Essais* von Michel de Montaigne. Diese, in Frankreich 1580 zum ersten Mal erschienen und 1603 ins Englische übersetzt, enthalten fast einhundert direkte Zitate aus *De rerum natura*. Doch ist Affinität keine Frage der Zitate alleine, sie ist tief zwischen Lukrez und Montaigne und geht über den Wortlaut einzelner Passagen weit hinaus.

Wie Lukrez verachtet auch Montaigne eine Moral, die man glaubte, mit Albträumen vom Jenseits herbeizwingen zu müssen; er wusste, was er an seinen Sinnen hatte und am Augenschein der materiellen Welt; asketische Selbstbestrafung und Gewalt gegen das Fleisch waren ihm, der die innere Freiheit und Zufriedenheit schätzte, zuwider. In seiner Beschäftigung mit der Todesfurcht war er von den Stoikern beeinflusst, doch auch vom Lukrez'schen Materialismus, und es ist Letzterer, der sich als der eigentliche Führer erweist; er ist es, der Montaigne zum Lobpreis körperlicher Lust führt.

Montaigne hatte sich vorgenommen, die Rätsel und Wendungen seiner körperlichen und geistigen Existenz in all ihrer partikulären Besonderheit zu erfassen:

> Ich bin weder auf Salate noch auf Obst sonderlich erpicht, außer auf Melonen. Meinem Vater waren alle Arten von Soßen zuwider; ich mag sie alle. … In uns gibt es ständig unregelmäßige und unergründliche Veränderungen. Rettiche zum Beispiel fand ich anfangs bekömmlich, dann unbekömmlich, und jetzt bekommen sie mir wieder.
> (»Über die Erfahrung«, III.13, S. 557)[3]

Für diesen großen Versuch war Lukrez' unpersönliche philosophische Epik ein weniger geeigneter Führer. Gleichwohl ist Montaignes leicht exzentrischer Versuch, ein ganzes Selbst in einen Text zu fassen, auf der Vision des materiellen Kosmos aufgebaut, die Poggio 1417 aus ihrem langen Schlaf erweckte. So heißt es zu Beginn des Kapitels »Über das Bereuen«:

> Die Welt ist nichts als ein ewiges Auf und Ab. Alles darin wankt und schwankt ohne Unterlass: Die Erde, die Felsen des Kaukasus und die Pyramiden Ägyptens schaukeln mit dem Ganzen und in sich. Selbst die Beständigkeit ist bloß ein verlangsamtes Schaukeln.
> (III.2, S. 398)

Und Menschen, so sehr sie der Meinung sind, sie seien es, die entschieden, ob sie sich bewegen oder ob sie stillstehen, bilden da keine Ausnahme. Im Essay »Über die Wechselhaftigkeit unseres Handelns« überlegt Montaigne:

> Unser übliches Verhalten besteht darin, den augenblicklichen Neigungen unserer Begierde zu folgen: nach links, nach rechts, bergauf, bergab, wie der Wind der Gelegenheiten uns treibt.
>
> (II.1, S. 166)

Und als räume diese Darstellung der Dinge den Menschen immer noch zuviel Herrschaft ein, betont er im Folgenden, auch hier mit Hilfe eines Lukrez-Zitats, die völlig zufällige Natur menschlicher Abweichungen (»swerves«):

> Wir gehen nicht, wir werden geschoben wie Treibholz,
> bald sanft, bald heftig, je nachdem, ob das Wasser aufgewühlt
> oder ruhig dahinfließt.
> »Denn keiner weiß, wohin er will, und fort und fort
> versuchen wir uns zu entfliehn, von Ort zu Ort.«
>
> (II.1, S. 166; Lukrez 3:1058f.)

Mit dem unstet sprunghaften Leben des Geistes, an dem Montaignes Essays (und Essaykunst) teilhaben, verhält es sich nicht anders: »Aus einem Gegenstand machen wir tausend und geraten durch solch fortwährendes Vervielfältigen und Unterteilen in die Unendlichkeit von Epikurs Atomen.« (III.13, »Über die Erfahrung«, S. 538) Besser als irgendwer sonst, Lukrez eingeschlossen, macht Montaigne (be)greifbar, wie es sich, und zwar von innen her, anfühlt, zu denken, zu schreiben, in einem epikureischen Universum zu leben.

Und indem er das tat, kam Montaigne darauf, dass er einen Traum würde aufgeben müssen, der zu Lukrez' liebsten gehörte: den Traum, in ruhiger Sicherheit am Ufer stehend zuschauen zu können, wie andere in wildem Wasser Schiffbruch erleiden. Es gibt, begriff Montaigne, diese beständige Klippe nicht, auf der man stehen könnte; er war bereits an Bord des Schiffes. Montaigne teilte den epikureischen Skeptizismus vollkommen, mit dem Lukrez das rastlos eitle Streben nach Ruhm und Macht und Reichtum betrachtete, und er feierte seinen eigenen Rückzug aus der Welt in die Privatheit seines Arbeitszimmers, rings von Büchern umgeben im Turm seines Schlosses. Doch gerade der Rückzug scheint seinen Sinn für die unaufhörlichen Bewegungen nur geschärft zu haben, seine Wahrnehmung der Flüchtigkeit der Formen, der Pluralität der Welten, der zufälligen Wendungen, denen er, wie jeder andere auch, völlig ausgeliefert war.

Montaignes skeptisches Temperament bewahrte ihn vor der dogmatischen Gewissheit des Epikureismus. Seine intensive Beschäftigung mit *De rerum natura*, mit dem Stil des Gedichts ebenso wie mit dessen Ideen, half ihm dabei, sich Rechenschaft zu geben über die Erfahrung des gelebten Lebens und diese Erfahrung dann, zusammen mit den Früchten seiner Lektüren und Reflexionen, zu beschreiben, so getreu wie es ihm nur möglich war. Die Vertiefung in dieses Gedicht half ihm, den rechten Ausdruck zu finden für die Zurückweisung der frommen Furcht, für die Konzentration auf diese Welt und nicht auf ein Leben nach dem Tod, für die Verachtung jedes religiösen Fanatismus, für seine Begeisterung über angeblich primitive Gesellschaften, seine Bewunderung für das Einfache und Natürliche, seine Abscheu vor Grausamkeit, sein tiefes Verständnis der animalischen Natur des Menschen und das mit dieser Einsicht korrespondierende Mitgefühl mit anderen Spezies der Tierwelt.

Es lag im Geist des Lukrez, wenn Montaigne im Essay »Über die Grausamkeit« schrieb, dass er »bereitwillig der Königsherrschaft, die man uns fälschlicherweise über die andern Geschöpfe zuschreibt«, entsage, auch könne er kaum zusehen, wenn einem jungen Huhn der Hals umgedreht werde, und bekannte, dass »ich meinem Hunde das Herumtollen kaum verweigern kann, das er mir meist im unpassendsten Augenblick anbietet oder abzubetteln sucht«. (II.11, S. 216) In eben diesem Sinn spottet er in der »Apologie für Raymond Sebond« über die Phantasie, nach der die Menschen Mittelpunkt des Universums seien:

> Warum also sollte ein Gänseküken nicht folgendermaßen daherquaken: »Alle Dinge des Weltalls sind meinetwegen da. Zu meinen Diensten stehen die Erde, auf ihr zu watscheln, die Sonne, mir zu leuchten, und die Sterne, mich mit ihrem Einfluss zu durchdringen; die Winde gereichen mir zu diesem, die Gewässer zu jenem Vorteil; auf niemand blickt das Himmelsgewölbe so freundlich hernieder wie auf mich – ich bin der Liebling der Natur.
>
> (II.12, S. 266)

Auch wo Montaigne über das würdige Ende des Sokrates nachdenkt, tat er dies im Geist des Lukrez, denn er beschäftigte sich – wie im Essay »Über die Grausamkeit« – mit dem unplausibelsten, aber höchst epikureischen Detail, nämlich mit dem »Lustschauer, der ihn überlief, als er sich nach Abnahme der Ketten das Bein kratzte« (II.11, S. 212).

Vor allem aber finden sich Lukrez' Fingerabdrücke überall dort, wo Montaigne über seine beiden Lieblingssujets nachsinnt, die geschlechtliche Liebe und den Tod. Als ihm einfällt, dass die Kurtisane Flora gesagt hat, »nie habe sie mit Pompeius geschlafen, ohne dass er hinterher mit den Abdrücken ihrer Bisse habe herumlaufen müssen«, denkt Montaigne sofort auch an Verse von Lukrez: »Den sie heiß begehren, drücken sie und beißen / seine Lippen blutig, seinem Körper reißen / Wunden sie« (»Schwierigkeiten steigern unser Verlangen«, II.15, S. 304; Lukrez 4:1079f.). Montaigne drängt jene, deren sexuelle Leidenschaft zu mächtig ist, als dass sie sich zerstreuen ließe, und zitiert dazu Lukrez' heiklen Rat – »Den Samen, klopft im Glied euch das erhitzte Blut / spritzt irgendeinem Leib ein, denn das kühlt die Glut« – und fügt seinerseits hinzu: »und man rät es uns zu Recht, denn ich habe das oft erfolgreich ausprobiert«. (»Über die Ablenkung«, III.4, S. 416) Und bei seinem Versuch, alle Verlegenheit und Scham überwindend, die wirkliche Erfahrung des Geschlechtsakts einzufangen, hält er fest, dass keine Beschreibung, die je in Worte gefasst wurde, großartiger sei als Lukrez' Verse über Venus und Mars, die er in »Über einige Verse des Vergil« zitiert:

> … quonium belli fera moenera Mavors
> armipotens regit, in gremium qui saepe tuum se
> reiicit aeterno devictus vulnere armoris,
> atque ita suspiciens tevete cervici reposta
> pascit amore avidos inhians in te, dea, visus,
> eque tuo pendet resupini spiritus ore. hunc tu,
> diva, tuo recubantem corpore sancto
> circumfusa super, suavis ex ore loquellas
>
> (Lukrez, 1:33ff.)

> Er, der die wildtobenden Dinge des Krieges lenkt, der waffengewaltige Mars, lehnt oft sich sanft an deinen Busen; von der Wunde ewiger Liebe bezwungen, verzehrt er mit begehrendem Blick deine Gestalt, den Kopf zurückgeworfen, schaut er begehrend zu dir empor, mit ganzer Seele hängt er an deinen geöffneten Lippen. So umarme ihn, Göttin, lass' ihn, wie er bei dir liegt, sich mischen mit deinem heiligen Leib; lass' süße Worte deinem Mund entströmen.[4]

Montaigne zitiert die lateinischen Verse, macht erst gar nicht den Versuch, diese Beschreibung in sein Französisch zu übertragen, hält nur inne und bewundert ihre Vollkommenheit – »Nicht mit einer bloß schönrednerischen Eloquenz, einer Eloquenz ohne Biss haben wir es also zu tun; sie ist vielmehr muskulös und markig, weniger gefällig als packend und mitreißend, und am stärksten reißt sie die stärksten Geister mit.« (III.5, S. 436)

Es gibt – allerdings sind sie selten und mächtig – Augenblicke, in denen ein Autor, der längst vom Erdboden verschwunden ist, direkt vor uns zu stehen, uns direkt anzusprechen scheint, als habe er eine Botschaft, die vor allen anderen an uns gerichtet ist. Eine derart intime Verbindung zu Lukrez muss Montaigne gespürt haben, eine Verbindung, die ihm half, mit dem Gedanken umzugehen, dass auch er eines Tages verschwunden und ausgelöscht sein würde. Einmal sah er, wie er sich erinnerte, einen Mann sterben, der sich in seinen letzten Augenblicken bitter beklagte, dass das Schicksal ihn daran hindere, das Buch zu vollenden, an dem er gerade schrieb. Wie absurd dieses Bedauern ist, sieht Montaigne treffend eingefangen in Lukrez' Versen:

> Illud in his rebus non addunt, nec tibi earum
> Iam desiderium rerum super inside tuna.
>
> … doch fügt man nicht hinzu: Und du selber, du bist jetzt
> aller Sehnsucht ledig nach all dergleichen Genüssen.
>
> (Lukrez, 3:900f.)

Was ihn selbst angehe, so schreibt Montaigne:

> Ich will, dass der Tod mich beim Kohlpflanzen antreffe – aber derart, dass ich mich weder über ihn noch gar über meinen noch unfertigen Garten gräme.
>
> (»Philosophieren heißt sterben lernen«, I.20, S. 49.)

Unbesorgt um den Tod zu sterben war, wie Montaigne begriff, ein weitaus schwieriger zu erreichendes Ziel, als man denken möchte. Er musste alle Kräfte seines weit ausgreifenden Geistes zusammennehmen, um zu vernehmen und zu befolgen, was er als Stimme der Natur hörte und empfand. Und diese Stimme sprach, wie er sich vorstellte, vor allem anderen in den Worten von Lukrez:

> Wie auch immer – die Natur zwingt uns zu sterben. Verlasst diese Welt, sagt sie, wie ihr in sie eingetreten seid. Denselben Weg, den ihr ohne Furcht und Schrecken vom Tod zum Leben gegangen seid, geht ihn zurück nun vom Leben zum Tod! Euer Tod ist ein Teil der Ordnung des Alls, er ist ein Teil des Lebens der Welt.
> »Unter allen, die da sterblich sind, kreist doch das Leben,
> weil sie sich, den Läufern gleich, die Fackel weitergeben.«
>
> (I.20, S. 50; Lukrez 2:78f.)

So sah Montaigne in Lukrez den sichersten Führer zum Verständnis dessen, wie die Dinge sind; mit ihm ließ sich das Selbst so weit bringen, dass es ein Leben voller Lust leben und dem Tod mit Würde begegnen konnte.

Auf einer Auktion im Jahr 1989 konnte Paul Quarrie, damals Bibliothekar des Eton College, für £250 eine Ausgabe der prächtigen Edition von *De rerum natura* erwerben, die Denys Lambin 1563 herausgebracht hatte. Der Katalog vermerkte, der Vorsatz dieses Exemplars sei mit Notizen bedeckt, zudem enthalte es viele Marginalien in Englisch und Französisch, nur der Name des Besitzers sei verloren. Wissenschaftler konnten rasch bestätigen, was Quarrie vermutet hatte, sobald er das Buch in der Hand hielt: Es war Montaignes persönliche Ausgabe, die alle Zeichen der leidenschaftlichen Beschäftigung des Essayisten mit dem Lukrez-Gedicht enthielt. Montaignes Name war überschrieben worden, darum hatte es so lange gedauert, bis erkannt wurde, wem das Buch gehörte. Dabei hatte er mit einem mächtig heterodoxen Kommentar, in Latein auf das dritte Leerblatt geschrieben, doch einen merkwürdigen Hinweis darauf hinterlassen, dass dies nur sein Buch gewesen sein konnte: »Sofern die Bewegungen der Atome so vielfältig sind, ist es nicht unvorstellbar, dass die Atome einmal auf diese Weise zusammenkamen oder dass sie in der Zukunft noch einmal so zusammenkommen werden und einen anderen Montaigne das Licht der Welt erblicken lassen.«[5]

Montaigne machte sich die Mühe, die vielen Passagen des Gedichts zu markieren, die ihm »gegen Religion« gerichtet schienen, indem sie die fundamentalen christlichen Lehrsätze der *creatio ex nihilo,* der göttlichen Vorsehung und des Jüngsten Gerichts bestreiten. Angst vor dem Tod, schrieb er in einer der Randnotizen, ist der Grund all unserer Laster. Vor allem aber, und das hält er immer wieder fest, macht Lukrez keinen Wesensunterschied zwischen Körper und Seele: »Die Seele ist körperlich« (296); »Seele und Körper sind aufs Engste verbunden« (302); »Die Seele ist sterblich« (306); »Die Seele ist, wie der Fuß, Teil des Körpers« (310); »Körper und Seele sind untrennbar verbunden« (311). Das sind Anmerkungen beim Lesen, nicht unbedingt seine eigenen Überzeugungen. Doch sie zeigen, wie fasziniert Montaigne von den radikalen Schlüssen war, die man aus Lukrez' Materialismus ziehen muss. Und so klug es war, diese Faszination verborgen zu halten, wissen wir doch, dass Montaigne mit seinen Reaktionen seinerzeit bei weitem nicht alleine stand.

Selbst in Spanien, wo die Inquisition besonders wachsam war, wurde Lukrez' Gedicht gelesen, in gedruckten Ausgaben aus Italien und Frankreich, die über die Grenze gebracht wurden, in Handschriften, die heimlich von Hand zu Hand gingen. Anfang des 17. Jahrhunderts besaß Alonso de Olivera, Leibarzt von Prinzessin Isabel de Borbón, eine französische Ausgabe von 1565. 1625 erwarb der spanische Dichter Francisco de Quevedo bei einem Buchverkauf eine handschriftliche Kopie des Werkes für nur einen Real.[6] Der Schriftsteller und Antiquar Rodrigo Caro aus Sevilla besaß zwei Ausgaben, gedruckt 1566 in Antwerpen, wie aus dem 1647 aufgestellten Inventar seiner Bibliothek hervorgeht. Und im Kloster von Guadalupe hatte Padre Zamora, wie es scheint, eine 1663 in Amsterdam gedruckte Lukrez-Ausgabe in seiner Zelle. Es war – das musste auch Thomas Morus bei seinen fieberhaften Versuchen, protestantische Bibelübersetzungen aufzuspüren und verbrennen zu lassen, erfahren – mit Erfindung des Buchdrucks wahnsinnig schwer geworden, ein Buch zu töten. Und noch schwerer war es offenbar, Gedanken zu unterdrücken, die entscheidend wichtig waren, um der Physik und der Astronomie wissenschaftliche Fortschritte zu ermöglichen.

Nicht, dass es an Versuchen gemangelt hätte. Hier zum Beispiel wollen die Jesuiten im 17. Jahrhundert vollenden, was mit dem Mord an Bruno nicht gelungen ist:

> Nichts geht von den Atomen aus
>
> Alle Körper der Welt leuchten in der Schönheit ihrer Formen.
> Ohne sie wäre der Kosmos ein immenses Chaos.
>
> Am Anfang schuf Gott die Dinge, damit sie etwas hervorbrächten.
> Betrachte als nichtig das, aus dem nichts hervorgehen kann.
> Du, o Demokrit, du gestaltest nichts Neues, wenn du bei den Atomen beginnst.
> Nichts erzeugen die Atome, folglich sind die Atome nichts.[7]

Dies sind die Worte eines lateinischen Gebets: Junge Jesuiten an der Universität von Pisa hatten es jeden Tag zu sprechen, um abzuwehren, was ihre Oberen als besonders gefährliche Versuchung betrachteten. Das Gebet war ein Exorzismus, gerichtet gegen den Geist des Atomismus; es sollte bekräftigen, dass Gestalt, Form und Schönheit der Dinge allein Gottes Werk waren. Die Atomisten bestaunten, wie die Dinge waren, und erfreuten sich daran: Lukrez betrachtete das Universum als unaufhörliche, intensiv erotische Hymne an Venus. Der gehorsame junge Jesuit aber sollte sich jeden Tag klarmachen, dass die einzige Alternative zu der göttlichen Ordnung, deren Feier er in der Üppigkeit der Barockkunst überall um sich herum miterleben konnte, die kalte, sterile und chaotische Welt nichtiger, bedeutungsloser Atome war.

Warum diese Mühe? Wie Morus' *Utopia* gezeigt hatte, konnte es über den Glauben an die göttliche Vorsehung sowie an Strafe und Lohn der Seele im Jenseits keine Verhandlungen geben, nicht einmal in spielerischen Phantasien über nichtchristliche Völker irgendwo am Rand der bekannten

Welt. Doch Morus' Utopier gründeten ihre doktrinäre Beharrlichkeit nicht auf ihrem Wissen über die physikalische Welt. Warum aber haben sich dann die Jesuiten, der militanteste und zugleich intellektuell anspruchsvollste Orden dieser Zeit, der undankbaren Aufgabe gewidmet, die Atome auszumerzen? Nicht einmal während des Mittelalters war die Idee unsichtbarer Keime vollständig verschwunden. Die zentrale Vorstellung von Grundbausteinen des Universums – den Atomen – hatte den Verlust der antiken Texte überlebt. Man konnte sogar, ohne sich ernsthaft in Gefahr zu bringen, über Atome sprechen – vorausgesetzt, man hielt daran fest, dass es die göttliche Vorsehung war, die sie in Bewegung setzte und ihre Ordnung stiftete. Selbst in den höchsten Rängen der katholischen Kirchenhierarchie gab es immer wagemutige, spekulative Geister, die begierig waren, sich mit der neuen Wissenschaft auseinanderzusetzen. Wie also kam es, dass Atome in der Hochrenaissance, zumindest in einigen Kreisen, plötzlich für derart gefährlich gehalten wurden?

Die knappe Antwort: Auch das war eine Reaktion auf die Wiederentdeckung von Lukrez' *De rerum natura*. Dass sich das Gedicht wieder im Umlauf befand, hatte bewirkt, dass die Idee der Atome als dem letzten Substrat alles Seienden mit einem ganzen Bündel anderer, höchst gefährlicher Behauptungen verbunden wurde. Löst man sie aus allen anderen Zusammenhängen, erscheint die Vorstellung, alle Dinge bestünden womöglich aus unzähligen unsichtbaren Partikeln, nicht sonderlich aufregend. Aus irgendetwas muss die Welt ja bestehen. Doch Lukrez' Gedicht gab der Atomvorstellung den verlorenen Kontext zurück, und das hatte zutiefst verstörende Folgen auf allen Gebieten, moralisch, politisch, ethisch, theologisch.

Allerdings wurden sie nicht jedem auf Anhieb klar. Ein Savonarola mochte spotten über die neunmalklugen Denker, die da glaubten, die Welt bestünde aus unsichtbaren Teilchen; er aber wollte damit nur Gelächter auslösen, noch keine Autodafés entzünden. Katholiken wie Erasmus und Morus konnten, wie wir sahen, ernsthaft darüber nachdenken, ob und wie sich Elemente des Epikureismus mit dem christlichen Glauben verbinden ließen. Und als Raphael 1509 seine *Schule von Athen* malte – diese prächtige Vergegenwärtigung der griechischen Philosophie –, schien er zuversichtlich davon auszugehen, dass das gesamte klassische Erbe, nicht nur das Werk einiger Auserwählter, in Harmonie mit der christlichen Lehre würde leben können, ernsthaft diskutiert von den Theologen, die er an der gegenüberliegenden Wand darstellte. Platon und Aristoteles nehmen stolzen Raum ein in Raphaels Szene erleuchteter Geister, doch unter den weiten Bögen blieb Platz genug, alle namhaften Denker darzustellen, sogar – wenn die traditionellen Zuordnungen zutreffend sind – Hypatia von Alexandrien und Epikur.

Doch Mitte des Jahrhunderts bestand für solche Zuversicht kein Raum mehr. 1551 haben die Theologen des Konzils von Trient, zumindest zu ihrer eigenen Zufriedenheit, die Debatten ein für alle mal abgewürgt, die um das zentrale christliche Mysterium und sein wahres Wesen waberten. Nun waren die subtilen Gedanken zum unverrückbaren Dogma der Kirche geworden, mit denen Thomas von Aquin im 13. Jahrhundert, gestützt auf Aristoteles, hatte beweisen wollen, dass die Transsubstantiation – die Verwandlung von Brot und Wein in Leib und Blut Christi – mit den Gesetzen der Physik übereinstimme. Ohne die aristotelische Unterscheidung von Akzidenz und Substanz der Materie zu verletzen, ließ sich erklären, wie etwas, das aussah und roch und schmeckte wie ein Stück Brot, tatsächlich (und nicht nur symbolisch) Christi Fleisch sein konnte. Was die Menschen mit ihren Sinnen wahrnehmen konnten, waren allein die Akzidentien des Brotes, die Substanz der heiligen Hostie aber wurde durch das vom Priester angestoßene, von Gott bewirkte Wandlungswunder zur Substanz des göttlichen Leibes.[8]

Politisch geschickt präsentierten die Theologen von Trient diese erfindungsreichen Argumente nicht als disputable Theorie, sondern als unbezweifelbare Wahrheit, und diese war mit Epikur und Lukrez völlig unvereinbar. Das Problem, das Kirche und Theologie mit diesen Denkern hatten, war nicht, dass sie Heiden waren – das galt schließlich auch für Aristoteles –, sondern es bestand in ihrer Naturlehre. Dem Atomismus zufolge können Akzidentien (die Eigenschaften) und die zugehörige Substanz nicht unabhängig voneinander existieren, darum bedroht er das prächtige, auf aristotelischen Fundamenten errichtete Denkgebäude. Dass diese Bedrohung ausgerechnet jetzt so deutlich wahrgenommen wurde, lag daran, dass just zur gleichen Zeit die Protestanten mit ihren Angriffen auf die Fundamente der katholischen Lehre begonnen hatten. Diese basierten zwar nicht auf dem Atomismus – Luther, Zwingli und Calvin waren alles andere als Epikureer, so wenig wie zuvor Wycliffe oder Hus –, doch für die militanten, hochgerüsteten gegenreformatorischen Kräfte in der katholischen Kirche sah es so aus, als eröffne das Wiederauftauchen des antiken Materialismus eine bedrohliche zweite Front. Tatsächlich konnte es den Anschein haben, als gebe der Atomismus den Reformatoren so etwas wie eine geistige Massenvernichtungswaffe an die Hand. Und die Kirche war entschlossen, dafür zu sorgen, dass niemand diese Waffe in die Hand bekam: Ihr gedankenpolizeilicher Arm, die Inquisition, war gerüstet und bereit, jedes tatsächliche oder angebliche Zeichen der Proliferation dieser Waffe aufzudecken und zu ahnden.

So erklärte ein Sprecher der Jesuiten 1624: »Der Glaube muss den ersten Platz unter allen anderen Gesetzen der Philosophie einnehmen, damit das, was mit gesicherter Autorität Gottes Wort ist, nicht der Falschheit ausgesetzt wird.« Eine unmissverständliche Aufforderung, sich jeder inakzeptablen Spekulation zu enthalten: »Damit er die Wahrheit, die eine und einfach ist, erkennen kann, ist für den Philosophen einzig nötig, dem entgegenzutreten, was gegen den Glauben ist, und das anzunehmen, was im Glauben enthalten ist.[9] Der Jesuit nannte keinen spezifischen Adressaten dieser Aufforderung, doch Zeitgenossen werden ohne weiteres verstanden haben, gegen wen sich diese Worte richteten: nämlich gegen den Autor einer 1623 gedruckten Schrift. Ihr Titel war *Il saggiatore* (»Der Prüfer mit der Goldwaage«), der Verfasser Galileo Galilei.

Galilei steckte bereits in Schwierigkeiten, weil er mit Hilfe seiner astronomischen Beobachtungen die kopernikanische Behauptung stützte, wonach sich die Erde auf einer Umlaufbahn um die Sonne bewege. Von der Inquisition heftig bedrängt, hatte er geschworen, diese Behauptung nicht weiter zu befördern. Doch wie *Il saggiatore* zeigte, bewegte sich der Wissenschaftler weiterhin auf äußerst gefährlichem Terrain. Wie Lukrez argumentierte auch Galilei für die Einheit der irdischen und der himmlischen Welt: Es gebe, schrieb er, keinen wesentlichen Unterschied zwischen der Natur der Sonne und der Planeten und der Natur der Erde und ihrer Bewohner. Wie Lukrez glaubte er, alles im Universum könne und solle allein durch den geordneten Gebrauch von Beobachtung und Vernunft verstanden werden. Wie Lukrez bestand er auf dem Zeugnis der Sinne, und das, wenn es sein musste, auch gegen die orthodoxen Behauptungen der Lehrautoritäten. Wie Lukrez versuchte er, von diesem Zeugnis zu einem rationalen Verständnis der verborgenen Strukturen aller Dinge zu gelangen. Und schließlich war er, ebenfalls wie Lukrez, davon überzeugt, dass diese Strukturen von der Natur durch das, was er »minimi« – kleinste Partikel – nannte, konstituiert würden; mit anderen Worten: von einem begrenzten Repertoire von Atomen, die sich auf immer neue, unzählige Weisen verbänden.

Galilei hatte Freunde an höchster Stelle: *Il saggiatore* war niemand anderem als Urban VIII. gewidmet, der 1623 zum Papst gewählt wurde und zuvor, noch als Kardinal Maffeo Barberini, die Studien Galileis gefördert hatte. Solange auch der Papst bereit oder in der Lage war, ihn zu schützen, konnte Galilei hoffen, dass er seine Ansichten unbeschadet darstellen und auch mit seinen Beobachtungen fortfahren konnte, aus denen er jene entwickelte. Doch der Papst geriet unter wachsenden Druck, sich gegen das zu wenden, was viele Kleriker, allen voran die Jesuiten, als besonders gefährliche Ketzereien betrachteten. Am 1. August 1632 setzte die Societas Jesu Verdammung und striktes Verbot der Atomlehre durch. Dieses Verbot aber konnte nicht der Auslöser gewesen sein für ein weiteres Vorgehen gegen Galilei, insofern *Il saggiatore* acht Jahre zuvor zum Druck freigegeben worden war. Doch eine andere Schrift Galileis, der ebenfalls 1632 erschienene *Dialogo sopra i due massimi sistemi (Dialog über die beiden hauptsächlichen Weltsysteme),* bot seinen Gegnern die Gelegenheit, auf die sie gewartet hatten: Prompt wurde Galilei beim Heiligen Offizium, der römischen Inquisition, denunziert.

Am 22. Juni 1633 verkündete das Inquisitionstribunal sein Urteil: »Wir sagen, urteilen und erklären, daß du dich, obengenannter Galileo, durch die im Prozeß hergeleiteten und von dir, wie oben angegeben, gestandenen Dinge diesem Hl. Offizium der Ketzerei dringend verdächtig gemacht hast.« Noch immer geschützt von mächtigen, einflussreichen Freunden, blieben Galilei Folter und Hinrichtung erspart, das Urteil lautete auf lebenslange Haft, und aus der Kerkerhaft wurde bald Hausarrest. Die Häresie bestand dem Urteil zufolge darin, »dass du die falsche und den Heiligen und göttlichen Schriften widersprechende Lehre für gültig gehalten und geglaubt hast, wonach die Sonne der Mittelpunkt der Welt sei und sich nicht von Ost nach West bewege und die Erde sich bewege und nicht der Mittelpunkt der Welt sei«.[10]

Doch 1982 hat der italienische Historiker Pietro Redondi in den Archiven des Heiligen Offizium ein Dokument entdeckt, das dieses Bild verändert.[11] Es handelt sich dabei um ein Memorandum, in dem die Häresien aufgelistet werden, die sich in *Il saggiatore* finden lassen. Insbesondere diskutiert der Inquisitor Implikationen des Atomismus, auf den sich Galilei berufe. Dieser sei unvereinbar mit dem zweiten Kanon der dreizehnten Session des Tridentinischen Konzils, der Session, in der es um das Dogma der Eucharistie ging. Denn wenn man die Theorien des Signore Galileo Galilei akzeptiere, dann

> können die Akzidentien, die im Hlg. Sakrament von der Substanz getrennt sind, wohl schwerlich existieren. Denn dort kommen die Begriffe und Gegenstände des taktilen Empfindens, des Gesichtssinns, des Geschmacksinns usw. vor; nach jener Theorie wird man sagen, daß hier die kleinsten Teilchen, die unsere Sinne aktivieren, verbleiben, … dann folgt daraus, daß im Sakrament substantielle Teile von Brot und Wein sind, und das ist ein Irrglaube.[12]

Auch dreiunddreißig Jahre nach der Hinrichtung Giordano Brunos war der Atomismus noch immer eine Überzeugung, die die wachsamen Kräfte der Orthodoxie unbedingt unterdrücken wollten. Und wo sich völlige Unterdrückung als unmöglich erwies, konnten die Gegner von Lukrez und Epikur immerhin einigen Trost darin finden, dass die meisten gedruckten Ausgaben des Gedichts Gegenerklärungen enthielten. Eine der interessantesten davon findet sich in der Ausgabe, die Montaigne benutzt hat, in der 1563 von Denys Lambin kommentierten Edition. Es sei wahr, räumt dieser ein, dass Lukrez die Unsterblichkeit der Seele leugne, die göttliche Vorsehung ablehne und behaupte, Lust sei das oberste Gut. Doch selbst »wenn dieses Gedicht unserer Religion fremd ist«, so Lambin weiter, »dann ist es nicht weniger ein Gedicht«. Sobald die Trennungslinie zwischen den Überzeugungen des Werkes und seinen künstlerischen Verdiensten gezogen ist, lässt sich die Poesie in all ihrer Kraft unbeschadet anerkennen: »Nur ein Gedicht? Nein, ein elegantes Gedicht, ein prachtvolles Gedicht, ein Gedicht, das alle weisen Männer hochschätzen, anerkennen und preisen.« Was aber ist mit den Inhalten dieses Gedichts, den »verrückten und wahnsinnigen Ideen eines Epikur, diesen Absurditäten über die zufällige Konjunktion von Atomen, über unzählige Welten und so weiter?« Gute Christen, so beruhigt Lambin, die sicher seien in ihrem Glauben, müssten sich keine Sorgen machen: »Weder ist es schwierig für uns, jene zurückzuweisen, noch ist dies wirklich notwendig, wo diese doch gewisslich von der Stimme der Wahrheit selbst widerlegt werden, oder von jedem, der sie mit Schweigen übergeht.«[13] Verleugnung changiert in Beruhigung, die ganz subtil mit einer Warnung verbunden wird: Singe das Lob dieses Gedichts, doch schweige über seine Vorstellungen.

Wer die Schönheit von Lukrez' Versen genießen wollte, musste die lateinische Sprache sehr gut beherrschen. Darum beschränkte sich die Zirkulation des Gedichts auf eine relativ kleine Elite. Jedem in dieser Gruppe war klar, dass Versuche, es einem breiteren lesenden Publikum zugänglich zu machen, tiefsten Verdacht und Feindseligkeit der Behörden wecken würden. 1417 hatte Poggio das Gedicht entdeckt, über zweihundert Jahre gingen danach ins Land, bevor dieser Versuch ernsthaft unternommen wurde.

Im 17. Jahrhundert wurden der Druck der neuen Wissenschaften, eines weiter ausgreifenden Denkens, und damit die Verführungskraft des großen Gedichts so groß, dass es sich nicht länger unter Verschluss halten ließ. Pierre Gassendi (1592–1655), der brillante französische Astronom, Philosoph und Priester, unternahm einen gewagten Versuch, Epikureismus und Christentum miteinander zu versöhnen, und einer seiner bemerkenswertesten Schüler, der Theaterschriftsteller Molière (1622–1673), bemühte sich um eine in Versen gefasste Übertragung von *De rerum natura* ins Französische, die sich leider nicht erhalten hat. Eine Prosaausgabe lag da schon vor, verfasst von Abbé Michel de Marolles (1600–1681). Nicht lange danach begann eine handschriftliche italienische Übersetzung des Mathematikers Alessandro Marchetti (1633–1714) zu zirkulieren, sehr zum Unmut der römischen Kirche, die deren Drucklegung noch Jahrzehnte erfolgreich verhindern konnte. In England übersetzte der wohlhabende Tagebuchautor John Evelyn (1620–1706) das erste Buch des Gedichts; eine vollständige Version in heroischen Couplets (Reimpaare in fünffüßigen Jamben) legte 1682 der junge, in Oxford ausgebildete Gelehrte Thomas Creech vor.

Dessen Lukrez wurde, als das Buch im Druck erschien, als erstaunliche Leistung gefeiert, allerdings zirkulierte zur Zeit seines Erscheinens, in allerdings sehr kleinem Kreis, bereits eine englische Übersetzung fast des gesamten Gedichts, ebenfalls in Couplets, die aus einer unerwarteten Quelle stammte. Übersetzerin war die Puritanerin Lucy Hutchinson, die Ehefrau des Colonel John Hutchinson, eines Parlamentariers, Mitstreiters von Oliver Cromwell und Mitunterzeichners des Todesurteils gegen König Karl I. Vielleicht am bemerkenswertesten an dieser Übersetzung ist, dass die gebildete Lady, die ihre Arbeit am 11. Juni 1675 Arthur Annesley, dem ersten Earl of Anglesey, widmete, in dieser Widmung erklärte, sie lehne das Gedicht in seinen wesentlichen Prinzipien ab und hoffe, dass es vom Erdboden verschwinden werde.

Sie hätte, so steht es im handschriftlichen Widmungsbrief, die Verse gewiss dem Kaminfeuer übergeben, »wären sie ihr nicht durch ein Missgeschick in einer verlorenen Ausgabe abhanden gekommen«.[14] Das klingt zunächst vertraut: eine Geste weiblicher Bescheidenheit. Lucy Hutchinson verstärkt diesen Eindruck noch, weil sie sich weigerte, auch die mehreren hundert Verse des vierten Buches zu übersetzen, die sehr offen über sexuelle Dinge sprechen. Sie notierte am Rand: »Viel wurde hier einer Hebamme zu übersetzen überlassen, denn deren indezenter Kunst würde das besser anstehen als einer feinen Feder.« (»Much here was left out for a midwife to translate whose obscene art it would better become than a nicer pen.«) Tatsächlich aber hat sich Lucy Hutchinson nicht für das gerechtfertigt, was sie ihre »inspirierende Muse« nennt;[15] verabscheut hat sie allerdings »alles Atheistische und Gotteslästerliche« in Lukrez' Werk.

Der, wie Hutchinson schreibt, »wahnsinnige« Lukrez sei nicht besser als jene anderen heidnischen Philosophen und Dichter, die Schülern von ihren Tutoren regelmäßig empfohlen würden; diese erzieherische Praxis sei

> eines der großen Mittel, um die gebildete Welt zu verderben, sie zumindest in solcher Verderbnis und Schwelgerei der Seele zu bestätigen, in welche ihre erste Sünde sie führt, sie zudem noch auch an der Besserung zu hindern, indem sie alle Ströme der Wahrheit, die aus göttlicher Gnade auf sie herunterrinnen, mit heidnischem Schmutz eintrübt.[16]

Ein Jammer und ein Schrecken sei es, dass nun, in diesen Tagen des Heils, die Menschen Lukrez läsen und seinen »lächerlichen, gotteslästerlichen, verdammungswürdigen Lehren« anhingen, die »den verrückten, ungeordneten Tanz der Atome wieder beleben«.[17]

Warum aber, wenn sie denn wirklich lieber gesehen hätte, dass diese Verruchtheit verschwinden würde, warum hat sie derart penibel an einer Übersetzung in Versform gearbeitet, warum einen professionellen Schreiber dafür bezahlt, dass er die ersten fünf Bücher ins Reine schrieb, warum sorgfältig Buch sechs kopiert und mit Argumenten und Marginalien eigener Hand versehen?

Ihre Antwort ist bezeichnend. Anfänglich, so schreibt sie, habe sie gar nicht realisiert, wie gefährlich dieser Lukrez sei, aus »jugendlicher Neugier« habe sie die Übersetzung begonnen, »um Dinge zu verstehen, von denen ich so viel aus zweiter Hand gehört habe«.[18] Diese Bemerkung erlaubt uns einen Einblick in jene geräuscharmen Konversationen, die nicht in der Lesehalle stattfanden, auch von der Kanzel war nichts dergleichen zu hören, abseits der gespitzten Ohren der Behörden wurden Lukrez' Ideen debattiert und erwogen. Und diese talentierte, gebildete Frau wollte selbst herausfinden, worüber die Männer ihrer Welt diskutierten.

Als ihre religiösen Überzeugungen gereift seien, schreibt Hutchinson weiter, sie in »Licht und Liebe« gewachsen sei, da seien ihr Neugierde wie auch der Stolz, den sie in gewissem Sinn noch immer empfunden habe, je weiter sie vorangekommen sei, immer saurer geworden:

> Das bisschen Ruhm, das ich unter einigen meiner intimsten Freunde dafür genoss, dass ich diesen schwierig zu lesenden Dichter verstehe, wurde zu Scham, und ich kam darauf, dass ich ihn niemals verstanden habe, bevor ich ihn nicht zu verabscheuen lernte und ein mutwilliges Spiel mit gotteslästerlichen Büchern fürchtete.[19]

Nochmals fragt man sich, wenn dem tatsächlich so war, warum wollte sie dieses mutwillige Spiel anderen zugänglich machen? Sie selbst sagt, sie habe einfach nur Angleseys Bitte entsprechen wollen, er wollte in dieses Buch schauen dürfen, das zu verstecken sie ihn nun anflehte. Verstecken, nicht zerstören. Irgendetwas hielt sie davon ab, ihn zu drängen, es dem Feuer zu überantworten, und das hatte gewiss nicht nur etwas mit dem Exemplar zu tun, das sie ohnehin schon aus der Hand gegeben hatte – warum hätte sie das hindern sollen? Es war wohl auch mehr im Spiel als der Stolz auf ihre Leistung. Nein, die überzeugte Puritanerin antwortete auf Miltons prinzipielle Ablehnung der Zensur. Und schließlich habe sie auch »einigen Gewinn daraus gezogen, denn es zeigte mir, dass unsinniger Aberglaube fleischliche Motive in den Atheismus treibt«.[20] Mit anderen Worten, sie hatte an Lukrez gelernt, dass kindische Fabeln, gedacht, die Frömmigkeit zu stärken, nur dazu führen, dass vernünftige Intelligenz in Unglauben umschlägt.

Vielleicht fiel es Hutchinson auch besonders schwer, gerade dieses Manuskript zu zerstören; sie schreibt:

> Ich übertrug es in einem Raum ins Englische, in dem meine Kinder sich in den Eigenschaften übten, die ihnen von ihren Hauslehrern beigebracht wurden, und ich zählte die Silben meiner Übersetzung mithilfe der Fäden des Leinwandstramin, und schrieb sie nieder mit einer Feder und Tinte, die neben mir standen.[21]

Lukrez hat darauf bestanden, dass Dinge, die vollkommen losgelöst erscheinen von der materiellen Welt – Gedanken, Ideen, Phantasien, auch die Seele –, gleichwohl untrennbar seien von den Atomen, die sie bilden: in diesem Fall die Feder, die Tinte, die Fäden von Hutchinsons Handarbeit, an denen sie die Silben ihrer Verse zu zählen pflegte. Nach seiner Theorie hängen sogar Visionen, innere Bilder von feinsten Schichten aus Atomen ab, die sich als leichter Film unaufhörlich von den Dingen lösen und als Bilder oder Simulacra durch die Leere fluten, bis sie auf das wahrnehmende Auge treffen. So komme es auch, erläutert er, dass Menschen, die sehen, was sie für Geister halten, sich fälschlicherweise von der Existenz des Jenseits überzeugen ließen. Solche Erscheinungen seien aber nicht die Seelen der Toten, sondern Atome, die auch nach Tod und Auflösung der Person, von der sie ausgingen, als feiner Film noch immer durch die Welt schwebten. Irgendwann würden auch diese Filme sich auflösen, bis dahin aber könnten sie die Lebenden in Staunen und Schrecken versetzen.

Diese Theorien mögen uns heute rührend oder lächerlich erscheinen, doch als Bild für das merkwürdige Nachleben des Lukrez'schen Gedichts könnten sie durchaus dienen – eines Gedichts, das fast auf immer verschwunden wäre, aufgelöst in zufällige Atome, das dann aber doch noch irgendwie überlebte. Aber nur, weil eine Folge von Menschen, an einer Reihe von Orten und zu verschiedenen Zeiten, aus Gründen, die weitgehend zufällig erscheinen, dem materiellen Objekt begegnet sind – Papyrus oder Pergament oder Papier mit Tintenzeichen darauf, Zeichen, die Titus Lucretius Carus zugeschrieben werden – und sich dann daransetzten, eine eigene materielle Kopie zu erstellen. Wie sie mit ihren Kindern in einem Zimmer sitzt, an den Fäden des Stramin ihrer Stickerei Silben abzählt, so diente die puritanische Lucy Hutchinson den winzigen Atompartikeln, die Lukrez in Bewegung gesetzt hatte, Aberhunderte von Jahren zuvor, als einer der Transmitter.

Als Lady Hutchinson ihre Übersetzung widerstrebend an Anglesey sandte, war die Vorstellung dessen, was sie »den verrückten, ungeordneten Tanz der Atome« nannte, längst wieder in die geistige Imagination Englands eingedrungen. Edmund Spenser hatte einen ekstatischen, unübersehbar lukrezischen Hymnus an Venus geschrieben; Bacon hatte herausgefunden, dass »in der Natur nichts wahrhaft wirklich [ist] als nur die einzelnen Körper mit ihren reinen und gesetzmäßigen Wirksamkeiten«;[22] Thomas Hobbes hatte ironisch über das Verhältnis von Furcht und religiösen Illusionen nachgedacht.

In England hatte es sich wie anderswo in Europa auch als einigermaßen schwierig, aber nicht unmöglich herausgestellt, den Glauben an Gott aufrechtzuerhalten, den man ja als Schöpfer der Atome betrachten konnte.[23] In diesem Sinn nannte sich auch Isaac Newton einen Atomisten – in einer Schrift, die als eine der einflussreichsten in der Wissenschaftsgeschichte gilt. Und er tat dies mit einer Wendung, die man als direkte Anspielung auf den Titel des Lukrez-Gedichts verstehen kann:

> Solange die Theilchen als Ganzes bestehen bleiben, können sie zu allen Zeiten Körper einer und derselben Natur und Bauart zusammensetzen, sollten sie aber abgenutzt werden oder zerbrechen, so würde sich die Natur der von ihnen abhängigen Körper verändern (the Nature of Things depending on them, would be changed).

Gleichzeitig achtete Newton sehr genau darauf, einen göttlichen Schöpfer anzurufen. Ebenfalls in seiner *Optik* (1718) heißt es:

> Nach allen diesen Betrachtungen ist es mir wahrscheinlich, dass Gott im Anfange der Dinge die Materie in massiven, harten, undurchdringlichen und beweglichen Partikeln erschuf, von solcher Größe und Gestalt, mit solchen Eigenschaften und solchen Verhältniss zum Raume, wie sie zu dem Endzwecke führten, für den er sie gebildet hatte, dass ferner diese primitiven Theilchen, weil sie fest sind, unvergleichlich härter sind, als irgendwelche aus ihnen zusammengesetzte poröse Körper, ja so hart, dass sie nimmer verderben oder zerbrechen können, denn keine Macht von gewöhnlicher Art würde im Stande sein, das zu zertheilen, was Gott selbst bei der ersten Schöpfung als Ganzes schuf.[24]

Vom 17. Jahrhundert an bis in unsere Zeit erschien es für Newton wie für andere Wissenschaftler möglich, den Atomismus mit dem christlichen Glauben zu vereinbaren. Dennoch waren Hutchinsons Befürchtungen keineswegs gegenstandslos. Lukrez' Materialismus trug dazu bei, den Skeptizismus von Denkern wie Dryden oder Voltaire hervorzutreiben und zu untermauern, ebenso den vernichtenden Unglauben, wie er bei Diderot, Hume und vielen anderen Aufklärern zum Ausdruck kam.

Was noch jenseits des Horizonts dieser so weitsichtigen Geister lag, waren die erstaunlichen empirischen Beobachtungen und experimentellen Beweise, mit denen die Prinzipien des antiken Atomismus auf eine ganz andere Ebene gehoben wurden. Als sich Charles Darwin im 19. Jahrhundert daranmachte, das Rätsel des Ursprungs der menschlichen Spezies zu lösen, musste er sich nicht auf Lukrez' Vorstellung eines vollständig natürlichen, ungeplanten Prozesses von Entstehung und Zerstörung beziehen, der sich durch die sexuelle Reproduktion unablässig erneuert. Diese Vorstellungen hatten die Evolutionstheorien von Erasmus Darwin beeinflusst; dessen Enkel Charles konnte seine Argumentation auf seine Forschungen auf den Galapagosinseln und anderswo gründen. Auch als Albert Einstein über Atome schrieb, stützen sich seine Überlegungen auf experimentelle und mathematische Wissenschaft, nicht auf die antike philosophische Spekulation. Diese aber, und Einstein wusste und anerkannte das, hatte den Grund gelegt, die Bühne bereitet für die empirischen Beweise, auf denen der moderne Atomismus beruht. Dass das antike Gedicht nun ohne Schaden ungelesen bleiben konnte, dass das Drama von Verlust und Wiederentdeckung in Vergessenheit geraten, dass das Gleiche bis zum fast vollständigen Verschwinden mit Poggio Bracciolini geschehen konnte – das alles sind Zeichen dafür, dass Lukrez in den Hauptstrom des modernen Denkens aufgenommen worden ist.

Zu denen, für die Lukrez, noch bevor diese Absorption vollständig stattgefunden hatte, ein äußerst bedeutsamer Führer war, gehörte ein wohlhabender Pflanzer aus Virginia, ein Mann von skeptischer Intelligenz und mit wissenschaftlichen Neigungen – Thomas Jefferson. Er besaß mindestens fünf Ausgaben von *De rerum natura*, daneben Übersetzungen des Gedichts ins Englische, Italienische und Französische. Es war eines seiner Lieblingsbücher, bestätigte es ihn doch in seiner Überzeugung, dass die Welt nichts anderes ist als Natur und dass diese allein aus Materie besteht. Mehr noch, Lukrez bestärkte Jefferson auch in seiner Zuversicht, dass Unwissenheit und Angst keine notwendigen Elemente der menschlichen Existenz sind.

Jefferson gab diesem antiken Erbe eine Richtung, die Lukrez noch nicht antizipieren konnte, von der Thomas Morus aber damals, zu Anfang des 16. Jahrhunderts, durchaus schon träumte. Jefferson hatte sich nicht, wie es der Dichter von *De rerum natura* dringend empfahl, aus den heftigen und unerfreulichen Konflikten des öffentlichen Lebens zurückgezogen. Vielmehr hatte er, zur Zeit der Gründung einer neuen Republik, einem nicht nur politisch sehr folgenreichen Dokument eine ausgesprochen lukrezische Wendung gegeben. Eine Wendung nämlich zu einer Herrschaftsform, deren Ziel nicht nur die Sicherung von Leib und Leben seiner Bürger war, sondern die auch deren »Streben nach Glückseligkeit« sichern sollte. So haben die Atome des Lukrez in der amerikanischen Unabhängigkeitserklärung von 1776 ihre Spuren hinterlassen.

Am 15. August 1820 schrieb der siebenundsiebzigjährige Jefferson an einen anderen ehemaligen Präsidenten, seinen Freund John Adams. Dieser war fünfundachtzig Jahre alt, und die beiden alten Männer hatten nun, da sie das Leben entschwinden fühlten, die Angewohnheit entwickelt, sich auszutauschen über ihre Ansichten zu dessen Sinn; Jefferson schrieb:

> Ich muss auf mein Lebenselixier zurückkommen: »Ich fühle, also bin ich.« Ich fühle Körper, die nicht ich selbst bin: Es muss also andere Existenzen geben. Ich nenne sie Materie. Ich fühle, wie sie den Ort wechseln. Das gibt mir Bewegung. Wo Abwesenheit von Materie ist, nenne ich das Leere oder Nichts oder *immateriellen Raum.* Auf der Basis von Sinneseindrücken, von Materie und Bewegung können wir den Bau aller Gewissheiten aufrichten, die wir haben können oder benötigen.[25]

Eben das waren die Gedanken und Empfindungen, mit denen vor allem anderen Lukrez seine Leser erfüllen wollte. Einem Briefpartner, der ihn nach seiner Lebensphilosophie gefragt hatte, antwortete Jefferson: »Ich bin Epikureer.«[26]

ANHANG

DANK

Der antike Philosoph, dessen Werk Anlass der Geschichte ist, die ich auf diesen Seiten verfolgt habe, war überzeugt, dass Lust das höchste Ziel im Leben sei, und eine besondere Lust war ihm die Gemeinschaft seiner Freunde. Insofern passt es trefflich, wenn ich hier das reiche und hilfreiche Netzwerk von Freunden und Kollegen nenne, die das Schreiben an diesem Buch befördert haben. Gerne denke ich an die vielen angenehmen Stunden, die ich im Lauf meines Jahres am Wissenschaftskolleg zu Berlin mit dem inzwischen verstorbenen Bernard Williams in Diskussionen über Lukrez zugebracht habe. Seine wunderbare Intelligenz brachte zum Strahlen, was sie berührte. Einige Jahre später habe ich, ebenfalls an dieser großartigen Berliner Institution, an einer Lukrez-Lesegruppe teilgenommen, die mir den kritischen Impuls gab, den ich brauchte. Großzügig von den beiden Philosophen Christoph Horn und Christof Rapp geleitet, hat sich diese Gruppe, an der neben gelegentlichen Besuchern auch Horst Bredekamp, Susan James, Reinhard Meyer-Kalkus, Quentin Skinner und Ramie Targoff teilnahmen, mit beispielhafter Sorgfalt und streitbarer Diskussionsfreude durch dieses Gedicht hindurchgearbeitet.

Eine zweite großartige Institution – die American Academy in Rom – bot den vollkommenen Rahmen für die Niederschrift des größten Teils dieses Buches: Nirgendwo sonst habe ich bislang erlebt, wie perfekt sich die Möglichkeit ruhigen und ungestörten Arbeitens mit epikureischem Vergnügen verbinden lässt. Der Leiterin der Akademie, Carmela Vircillo Franklin, und ihren kompetenten Mitarbeitern, ebenso den vielen Fellows und Besuchern bin ich zu tiefstem Dank verpflichtet. Meine Agentin Jill Kneerim und meine Lektorin Alane Salierno Mason waren äußerst hilfreiche, großzügige und genaue Leserinnen. Von den vielen Menschen, die mich mit Rat und Hilfe unterstützt haben, möchte ich eigens nennen: Albert Ascoli, Homi Bhabha, Alison Brown, Gene Brucker, Joseph Connors, Brian Cummings, Trevor Dadson, James H. Dee, Kenneth Gouwens, Jeffrey Hamburger, James Hankins, Philip Hardie, Bernard Jussen, David Kaminski, Joseph Koerner, Thomas Laqueur, George Logan, David Norbrook, William O'Connell, Robert Pinsky, Oliver Primavesi, Steven Shapin, Marcello Simonetta, James Simpson, Pippa Skotnes, Timothy True, Nick Wilding und David Wootton.

Meine Studenten und Kollegen in Harvard waren mir eine Quelle konstanter intellektueller Anregung und Herausforderung, die enormen bibliothekarischen Ressourcen dieser Universität haben mich immer wieder in Erstaunen versetzt. Besonderen Dank für ihre Hilfe bei den Recherchen schulde ich Christine Barrett, Rebecca Cook, Shawon Kinew, Ada Palmer und Benjamin Woodring.

Mein größter Dank – für klugen Rat und unerschöpfliches Vergnügen – geht an meine Frau Ramie Targoff.

ANMERKUNGEN

Vollständige bibliographische Angaben im Literaturverzeichnis.

VORWORT

1 Lucretius, *On the Nature of Things*, 1:12–20; zit. nach der Übersetzung von Martin Ferguson Smith. Ich habe für meine Studie auch die modernen englischen Übersetzungen von H. A. J. Munro (1914), W. H. D. Rouse, rev. Martin Ferguson Smith (1975, 1992), Frank O. Copley (1977), Ronald Melville (1997), A. E. Stallings (2007) und David Slavitt (2008) herangezogen. Unter den älteren englischen Übersetzungen habe ich die von John Evelyn (1620–1706), Lucy Hutchinson (1620–1681), John Dryden (1631–1700) und Thomas Creech (1659–1700) genauer unter die Lupe genommen. Von diesen ist Drydens die beste, doch (abgesehen davon, dass er nur einen sehr kleinen Teil des Gedichts, mit 615 Versen etwa ein Zehntel, übersetzt hat) macht Drydens Sprache es für moderne Leser schwer, Lukrez wirklich zu verstehen.
So benutze ich im Folgenden, um des leichteren Zugangs willen, die 2001 erschienene Prosa-Übersetzung von Martin Ferguson Smith; die Verse des lateinischen Originals zitiere ich aus der leicht greifbaren Loeb Edition, Cambridge, MA, 1975.
Ergänzung des Übersetzers: Auch die deutsche Übersetzung folgt – wenn nicht anders vermerkt – der Prosaversion von Martin Ferguson Smith (zit. als *On the Nature of Things*), ebenfalls aus Gründen der Verständlichkeit, und weil mir schien, dass sie, der Zwänge des Versmaßes ledig, dem Lukrez'schen Text direkter, zupackender folgen kann. Vgl. den Anfang des Gedichts in der schon klassischen Übersetzung von Hermann Diels (1923/24):

> »Denn sobald sich erschlossen des Frühlings strahlende Pforte
> Und aus dem Kerker befreit der fruchtbare West sich erhoben,
> Künden zuerst, o Göttin, dich an die Bewohner der Lüfte,
> Und dein Nahen entzündet ihr Herz mit Zaubergewalten.
> Jetzt durchstürmet das Vieh wildrasend die sprossenden Wiesen
> Und durchschwimmt den geschwollenen Strom. Ja, jegliches folgt dir
> Gierig, wohin du es lenkest; … So erweckst du …
> Zärtlichen Liebestrieb in dem Herzblut aller Geschöpfe,
> Daß sie begierig Geschlecht um Geschlecht sich mehren und mehren.«

Zu weiteren aktuellen Übersetzungen vgl. die Bibliographie. – Die historisch erste deutsche Übersetzung erschien, wohl auf Anregung Goethes, 1821 in der Göschen'schen Verlagsbuchhandlung, Leipzig; der damals anonym gebliebene Übersetzer war Karl Ludwig von Knebel.

2 A.d.Ü.: Vgl. das Stichwort »Clinamen« unter <de.wikipedia.org/wiki/Clinamen>.

3 Venus' geflügelter Botenknabe ist Cupido, den Botticelli mit verbundenen Augen und mit seinem geflügelten Pfeil zielend gemalt hat; Flora, die römische Göttin der Blumen, streut Blüten, die sie in den Falten ihres wunderschönen Kleids gesammelt hat; und Zephyr, der Gott des Fruchtbarkeit bringenden Westwinds, greift nach der Nymphe Chloris. Zu Lukrez' Einfluss auf Botticelli, den der Humanist Poliziano vermittelt hat, vgl. Charles Dempsey, *The Portrayal of Love: Botticelli's »Primavera« …*, bes. S. 36–49; Horst Bredekamp, *Botticelli: Primavera. Florenz als Garten der Venus*; Aby Warburgs grundlegenden Aufsatz »Sandro Botticellis ›Geburt der Venus‹ und ›Frühling‹ …«

4 Insgesamt 558 Briefe Poggios, adressiert an 172 unterschiedliche Briefpartner, sind überliefert. In einem Brief, der im Juli 1417 geschrieben wurde und in dem Francesco Barbaro seinem Freund Poggio zu seinen Funden gratuliert, bezieht er sich auf einen Brief über die Entdeckungsreise, den Poggio an »unseren feinen und gebildeten Freund Guarinus von Verona« geschickt hatte. – Phyllis Walter Goodhart Gordan (Hg. u. Übers.), *Two Renaissance Book Hunters: The Letters of Poggius Bracciolini to Nicolaus de Nicolis*, S. 201. Zu Poggios Briefen vgl. Poggio Bracciolini, *Lettere*, hg. von Helene Harth, 3 Bde., Florenz 1984, oder Ernst Walser, *Poggius Florentinus. Leben und Werke*, der die Lebensgeschichte aus den Quellen rekonstruiert und Dokumente und Briefe im lateinischen Original versammelt.

KAPITEL EINS

DER BÜCHERJÄGER

1 Zu Poggios Erscheinung vgl. *Poggio Bracciolini 1380–1980: Nel VI centenario della nascità*, Instituto Nazionale di Studi Sul Rinascimento, Bd. 7 und: *Un Toscano del ' 400 Poggio Bracciolini, 1380–1459*, hg. von Patrizia Castelli (Terranuova Bracciolini: Administrazione comunale 1980). Die wichtigste biographische Quelle ist Ernst Walser, *Poggius Florentinus. Leben und Werke.*

2 Zur Neugier, die als Sünde galt, und zum komplexen Prozess ihrer Rehabilitierung vgl. Hans Blumenberg, *Die Legitimität der Neuzeit*, S. 201–432.

3 Eustace J. Kitts, *In the Days of the Councils: A Sketch of the Life and Times of Baldassare Cossa*, S. 359.

4 Peter Partner, *The Pope's Men …*, S. 54.

5 Lauro Martines, *The Social World of the Florentine Humanists, 1390–1460*, S. 123ff.

6 Offenbar hat er 1416 mit anderen in der Kurie versucht, sich ein Benefizium zu sichern, doch dessen Gewährung war umstritten, und es wurde schließlich nicht gezahlt. Anscheinend hätte er unter dem neuen Papst Martin V. auch einen Posten

als Skriptor übernehmen können, den aber schlug er aus, weil das gegenüber seiner Stellung als Sekretär ein Abstieg gewesen wäre; vgl. Walser, *Poggius Florentinus*, S. 42ff.

KAPITEL ZWEI

DER MOMENT DER ENTDECKUNG

1 Vgl. Nicholas Mann, »The Origins of Humanism«, in: Jill Kraye (Hg.), *The Cambridge Companion to Renaissance Humanism*, S. 11. Zu Poggios Reaktion auf Petrarca vgl. Riccardo Fubini, *Humanism and Secularization: From Petrarch to Valla*. Zur Geschichte des italienischen Humanismus vgl. John Addington Symonds, *The Revival of Learning*; Wallace K. Ferguson, *The Renaissance in Historical Thought: Five Centuries of Interpretation*; Paul Oskar Kristeller, »The Impact of Early Italian Humanism on Thought and Learning«; Charles Trinkaus, *The Scope of Renaissance Humanism*; Anthony Grafton und Lisa Jardine, *From Humanism to the Humanities: Education and the Liberal Arts in Fifteenth- and Sixteenth-Century Europe*; Peter Burke, »The Spread of Italian Humanism«; Ronald G. Witt, *»In the Footsteps of the Ancients«*; Riccardo Fubini, *L'umanesimo italiano e i suoi storici*.

2 Helmut Rahn (Hg.), *Marcus Fabius Quintilianus, Institutio oratoria/Ausbildung des Redners. Zwölf Bücher*, Darmstadt 1995, X.1:85ff. Eine (fast) vollständige Ausgabe von Quintilians Werk wurde erst 1416 gefunden – von Poggio Bracciolini. Das 10. Buch mit einer Liste griechischer und römischer Autoren zirkulierte bereits während des gesamten Mittelalters. Zu Macer und Lukrez heißt es bei Quintilian: »So erlesen sie jeweils in ihren Themen sind, der eine [Macer] ist im Ausdruck niedrig, der andere schwierig.« X.1:87, S. 464.

3 Vgl. Robert A. Kaster, *Guardians of Language: The Grammarian and Society in Late Antiquity*. Schätzungen zum Alphabetisierungsgrad früher Gesellschaften sind bekanntlich unzuverlässig. Kaster zitiert Untersuchungen von Richard Duncan-Jones und kommt zu dem Schluss: »Die große Mehrheit der Einwohner des Imperiums konnte die klassischen Sprachen nicht lesen und schreiben.« Die Zahlen für die ersten drei Jahrhunderte christlicher Zeitrechnung verweisen auf über 70 Prozent Analphabeten, allerdings mit vielen regionalen Schwankungen. Ähnliche Zahlen präsentiert Kim Haines-Eitzen in *Guardians of Letters: Literacy, Power, and the Transmitters of Early Christian Literature*, geht aber von noch niedrigeren Alphabetisierungsraten (um 10 Prozent) aus. Vgl. auch Robin Lane Fox, »Literacy and Power in Early Christianity«, in: Alan K. Bowman und Greg Woolf (Hg.), *Literacy and Power in the Ancient World*.

4 Um 320 gründete der ägyptische Mönch Pachomius das wohl bedeutendste Kloster der jungen Kirche in Tabenessi am Ufer des Nils. Von dieser Keimzelle aus entstanden zahlreiche weitere. Zit. nach: Pachomius, *Klosterregeln*, S. 109.

5 *Die Benediktusregel*, 48:17–18, zit. nach der Website des Klosters Melk <www.stift-melk.at>. Die Regel enthält auch eine Vorschrift, was mit denen zu tun sei, die das

Stillsitzen und Lesen nicht aushalten: »Ist aber einer so nachlässig und träge, daß er nicht willens oder fähig ist, etwas zu lernen oder zu lesen, trage man ihm eine Tätigkeit auf, damit er nicht müßig ist.« (48:23).

6 Johannes Cassian, *Von den Einrichtungen der Klöster*, 10. Buch, 2. Abschnitt: »Wie die Lauheit in das Herz des Mönchs sich einschleicht und mit welchen Zerstörungen sie seinen Geist bestürmt«. Nach: *Bibliothek der Kirchenväter*, Internetressource <www.unifr.ch/bkv/kapitel3296-1.htm>.

7 Benediktusregel, 48:19–20.

8 Ebd., 38:1–2.

9 Ebd., 38:5–8.

10 Ebd., 38:9.

11 Leila Avrin, *Scribes, Script and Books: The Book Arts from Antiquity to the Renaissance*, S. 324. Die mit dem zitierten Fluch belegte Handschrift befindet sich in Barcelona.

12 Zu Poggios Handschrift und dem weiteren Kontext vgl. Berthold L. Ullman, *The Origin and Development of Humanistic Script*. Eine nützliche Einführung bietet auch Martin Davies, »Humanism in Script and Print in the Fifteenth Century«, in: *The Cambridge Companion to Renaissance Humanism*, S. 47–62.

13 Bartolomeo diente 1414 als Sekretär; Poggio seit dem Jahr darauf. Vgl. Partner, *The Pope's Men*, S. 218, 222.

14 Brief an Ambrogio Traversari, zit. nach Gordan, *Two Renaissance Book Hunters*, S. 208f.

15 Ebd., S. 210.

16 Eustace J. Kitts, *In the Days of the Councils: A Sketch of the Life and Times of Baldassare Cossa*, S. 69.

17 Zit. nach W. M. Shepherd, *The Life of Poggio Bracciolini*, S. 168.

18 Vgl. Avrin, *Scribes, Script and Books*, S. 224. Dabei hatte der zuerst zitierte Mönch Vellum zu beschreiben, eigentlich hochwertiger als gewöhnliches Pergament, das hier wohl von besonders schlechter Qualität gewesen sein muss.

19 Ebd.

20 Zit. nach George Haven Putnam, *Books and Their Makers During the Middle Ages*, Bd. 1, S. 61.

21 Das große Kloster Bobbio in Norditalien besaß eine berühmte Bibliothek. Sie enthielt, wie ein im neunten Jahrhundert erstellter Katalog zeigt, viele seltene antike Texte, darunter auch eine Lukrez-Kopie. Die meisten davon sind jedoch verschwunden, vermutlich abgeschabt worden, um Platz zu schaffen für die Evangelien und Psalmen, die der Klostergemeinschaft dienten. Dazu Bernhard Bischoff: »Viele antike Texte gingen unter, als deren Kodexseiten in Bobbio abgeschabt wurden, wo man von der Regel des Kolumbanus zu der des heiligen Bernhard übergegangen war. Einem Katalog vom Ende des neunten Jahrhunderts können wir entnehmen, dass das Kloster Bobbio zu dieser Zeit eine der umfassendsten Bibliotheken im westlichen Abendland besaß, die auch viele Abhandlungen zur Grammatik und seltene poetische Werke enthielt. Die einzige Kopie von Septimius Serenus' *De runalibus*, einem kunstvollen Gedicht aus der Zeit Hadrians, ist verloren. Auch Kopien von Lukrez und Valerius Flaccus

scheinen verloren gegangen zu sein, ohne dass in Italien Kopien davon hergestellt worden wären. Poggio konnte diese Werke schließlich in Deutschland aufspüren.« *Manuscripts and Libraries in the Age of Charlemagne*, S. 151.

22 Ein anderes Ziel, für das vieles spricht, könnte das Kloster von Murbach im südlichen Elsass gewesen sein. 727 gegründet, wurde Murbach Mitte des neunten Jahrhunderts zu einem bedeutenden Zentrum der Gelehrsamkeit, auch eine Kopie des Lukrez-Gedichts soll es besessen haben. Doch ganz gleich, in welche Klosterbibliothek Poggio gereist ist, in jeder hätte er vor den gleichen Problemen gestanden.

23 Der für den Zusammenhang dieses Buchs spannendste Kommentar stammt aus Rabanus' Prosavorwort zu seiner faszinierenden Sammlung akrostischer Gedichte zum Lob des Kreuzes, zusammengestellt um 810. Die Gedichte, schreibt Rabanus, enthielten als rhetorische Figur das *synalepha*, das Zusammenziehen von zwei Silben in eine; eine Figur, »die sich nicht selten bei Lukrez findet« – *quod et Titus Lucretius non raro fecisse invenitur*. Zit. nach David Ganz, »Lucretius in the Carolingian Age: The Leiden Manuscripts and Their Carolingian Readers«, in: Claudine A. Chavannes-Mazel und Margaret M. Smith (Hg.), *Medieval Manuscripts of the Latin Classics* …, S. 99.

24 Plinius der Jüngere, *Sämtliche Briefe*, 3. Buch, Nr. 7.

25 Die Humanisten werden vielleicht hier und da rätselhafte Hinweise auf das Weiterleben dieses Gedichts gefunden haben. So zitiert Macrobius Anfang des fünften Jahrhunderts ein paar Verse aus Lukrez' Saturnalien (vgl. George Hadzsits, *Lucretius and His Influence*), ebenso Isidor von Sevilla in seiner gewaltigen, zwanzig Bände umfassenden *Etymologiae* von 623. Es wird noch von weiteren Stellen die Rede sein, an denen das Werk kurz auftauchte, doch jeder hätte sich blamiert, der Anfang des 15. Jahrhunderts behauptet hätte, das vollständige Gedicht ließe sich noch auffinden.

KAPITEL DREI

AUF DER SUCHE NACH LUKREZ

1 »Schickt mir etwas von Lukrez oder Ennius«, schrieb der hoch gebildete Kaiser Antoninus Pius (86–161 u.Z.) an einen Freund, »etwas Harmonisches, Kraftvolles, das den Zustand des Geistes zum Ausdruck bringt.« (Von Ennius, dem großen Dichter der römischen Frühzeit, ist außer einigen Fragmenten nichts überliefert.)

2 »Lucreti poemata, ut scribis, ita sunt, multis luminibus ingenii, multae tamen artis« – Cicero, *An Bruder Quintus*, 2. Buch, Brief 10 (S. 97).

3 »Felix, qui potuit rerum cognoscere causas, atque metus omnis et inexorabile fatum subiecit pedibus strepitumque Acherontis avari.« (*Georgica*, 2:490–492, übers. von Heinrich Voss)
Acheron, der Fluss der Unterwelt, wird von Vergil und Lukrez als Symbol des gesamten Reiches des Jenseits verwendet. Zu Lukrez' Auftauchen in den *Georgica* vgl. Monica Gale, *Virgil on the* Nature of Things*: The Georgics, Lucretius, and the Didactic Tradition.*

4 Vergil, der Verfasser der *Aeneis*, zeigt sich mit seinem düsteren Gespür für die Last kaiserlicher Herrschaft und für die strenge Notwendigkeit, dem Vergnügen abzu-

schwören, eindeutig skeptischer als zu der Zeit, da er die *Georgica* schrieb – er zweifelte, ob wirklich jedermann die Fähigkeit besitze, die verborgenen Kräfte des Universums in ihrer heiteren Klarheit zu begreifen. Lukrez' Vision und robuste Eleganz allerdings bleiben im Epos des Vergil durchgängig präsent, und sei es im Aufblitzen einer realisierten Sicherheit, die dem Dichter und seinem Helden nun und für immer versagt bleiben wird. – Zur Präsenz von Lukrez in der *Aeneis* (und in anderen Schriften Vergils, wie auch bei Ovid und Horaz), vgl. Philip Hardie, *Lucretian Receptions*.

5 »Carmina sublimis tunc sunt peritura Lucreti,/exito terras cum dabit una dies.« Ovid, *Amores/Liebesgedichte*, 1:15.23f. Vgl. auch Philip Hardie, *Ovid's Poetics of Illusion*, bes. S. 143–163, 173–207.

6 Memmius war zeitweise Schwiegersohn des gnadenlosen patrizischen Diktators Sulla. Seine politische Karriere kam 54 v.u.Z. zu einem Ende, als er während seiner Kandidatur um das Amt des Konsuls gezwungen war, seine Verwicklung in einen Finanzskandal zu offenbaren, was ihn die entscheidende Unterstützung Julius Caesars kostete. Als Redner war Memmius, zumindest nach Ciceros Urteil, faul. Aber er war, was auch Cicero einräumte, sehr belesen, in griechischer Literatur noch mehr als in lateinischer. Vielleicht hilft diese Vertiefung ins Griechische zu erklären, warum Memmius, als sein politischer Stern gesunken war, nach Athen ging, wo er offenbar das Grundstück erwarb, auf dem die Ruine des Hauses von Epikur stand, der über zweihundert Jahre zuvor gestorben war. 51 v.u.Z. schrieb Cicero einen Brief an Memmius, in dem er ihn um den persönlichen Gefallen bat, die Ruinen an »Patro den Epikuräer« zu übertragen. (Offenbar waren die Ruinen von Memmius' Plänen bedroht, der an dieser Stelle neu bauen lassen wollte.) Patro, so erklärt Cicero, mache »einen Ehrenpunct draus, das Testament ihres [der Epikuräer] Ordensstifters zu verfechten ... und [glaubt] verpflichtet zu seyn, Epikurs Ansehn und Überreste von seinem und seiner Nachfolger altem Wohnsitz, und die in ihn eingedrückten Fußstapfen so vieler trefflicher Männer, unversehrt zu erhalten.« – Brief an Memmius, in *Wielands Gesammelte Schriften*, II, Bd. 10 »Übersetzungen«, M. Tullio Ciceros Sämtliche Briefe, S. 72. Mit Epikur schließt sich für uns ein Kreis zu Lukrez, denn dieser war der leidenschaftlichste, intelligenteste und kreativste Schüler des Materialisten und Atomisten Epikur.

7 [Hieronymus], *Die Chronik des Hieronymus*, S. 149.

8 Zur Enstehung dieser Legende vgl. bes. Luciano Canfora, *Vita di Lucrezio*. Bewegend beschworen wird sie in Alfred Tennysons Gedicht *Lucretius*. (Als Internetressource <en.wikisource.org/wiki/Littell's_Living_Age/Volume_97/Issue_1256/Lucretius>.

9 Canforas faszinierende *Vita di Lucrezio* ist keine Biographie im herkömmlichen Sinn, sondern eher ein brillanter Versuch, die mythische Erzählung, die Hieronymus in die Welt gesetzt hat, zu demontieren. Ada Palmer zeigt in einer im Entstehen begriffenen Arbeit, dass die Renaissance-Gelehrten zusammengetragen haben, was sie für Hinweise auf Lukrez' Leben hielten, doch, wie Palmer eruiert hat, beziehen sich die meisten dieser Hinweise auf andere, unbeteiligte Personen.

10 Johann Joachim Winkelmann, *Sendschreiben von den herculaneischen Entdeckungen. An*

den Hochgebohrenen Herrn, Herrn Reichsgrafen von Bruehl, Dresden 1762, S. 19. (Reprint: hg. von Stephanie-Gerrit Buer und Max Kunze, Mainz: Zabern 1997) (Greenblatt zitiert nach David Sider, *The Library of the Villa dei Papiri at Herculaneum*.)

11 Camillo Paderni, Direktor des Museo Herculanense im königlichen Palast von Portici, in einem Brief vom 25. Februar 1755, zit. nach Sider, *The Library*, S. 22.

12 Avrin, *Scribes, Script and Books*, S. 83ff.

13 Zum Glück wurde die Grabung zu diesem Zeitpunkt bereits von Karl Weber geleitet, einem Schweizer Armee-Ingenieur, der mehr und vor allem wissenschaftliches Interesse an dem hatte, was dort im Untergrund begraben lag.

14 Dieses Selbstbild hatte eine lange Geschichte. Als Scipio im Jahr 146 v.u.Z. Karthago plündern ließ, fiel ihm auch die Bibliothek dieser großen nordafrikanischen Stadt in die Hand, zusammen mit vielem anderen Beutegut. Er schrieb an den Senat und fragte, was mit den Büchern geschehen solle, die nun in seinem Besitz waren. Die Antwort lautete, ein einziges Buch, eine Abhandlung zur Landwirtschaft, sei der Mühe wert, nach Rom gebracht und übersetzt zu werden; alle anderen Bücher solle Scipio unter die afrikanischen Vasallenkönige verteilen. Vgl. Plinius d. Ältere, *Naturgeschichte*, 18:5.

15 Der Raub griechischer Bibliotheken wurde zur üblichen Praxis, selten aber waren Bücher das einzige Beutegut eines Eroberers. Lucullus jedoch, ein Verbündeter Sullas, brachte 67 v.u.Z. von seinen Eroberungszügen im Osten eine besonders wertvolle Bibliothek mit nach Hause, und nachdem er sich zur Ruhe gesetzt hatte, widmete er sich dem Studium griechischer Literatur und Philosophie. Als generöser Gönner beherbergte Lucullus griechische Intellektuelle und Dichter in seinen Villen und Gärten in Rom sowie in Tusculum bei Neapel; in Ciceros Dialog *Academica* fungiert er als einer der Hauptgesprächspartner.

16 Pollio, von Marc Anton mit der Verwaltung von Gallia Transpadana (Norditalien zwischen Po und Alpen) beauftragt, nutzte seinen Einfluss, um Vergils Eigentum bei einer Landverteilung vor der Beschlagnahmung zu retten.

17 Die beiden von Augustus gegründeten Bibliotheken hießen die Octavianische und Palatinische. Erstere, die er zu Ehren seiner Schwester Oktavia gründete (33 u.Z.), war im Porticus Octaviae untergebracht, das Erdgeschoss nahm eine großartige Promenade ein, Lesesaal und Büchersammlung befanden sich im Obergeschoss. Die andere Bibliothek, angefügt an den Apollo-Tempel auf dem Palatin, hatte offenbar zwei gesondert verwaltete Abteilungen, die griechische und die lateinische. Beide Bibliotheken wurden durch Brände zerstört. Augustus' Nachfolger setzten die Tradition der Bibliotheksgründungen fort: Tiberius gründete die Tiberianische Bibliothek in seinem Wohnsitz auf dem Palatin. (Sueton zufolge sorgte er dafür, dass Texte und Porträts der von ihm favorisierten griechischen Dichter in öffentlichen Bibliotheken aufgestellt wurden.) Vespasian gründete eine Bibliothek im Friedenstempel, der nach Roms Brand unter Nero errichtet wurde. Domitian musste seine Bibliotheken und ihre Sammlungen nach dem gleichen Brand wieder aufbauen, seine Bitten um Kopien schickte er bis nach Alexandria. Die bedeutendste der kaiserlichen Bibliotheken war die *Bibliotheca Ulpia*, die Kaiser Trajan (Marcus Ulpius Traianus) zunächst auf dem Trajansforum errichten ließ;

später wurde sie in die Thermen des Diokletian verlegt. Vgl. Lionel Casson, *Bibliotheken in der Antike.*

18 Darunter Athen, Cyprus, Comum (Como), Mediolanum (Mailand), Smyrna, Patras, Tibur – hier konnten Bücher sogar ausgeliehen werden. Dagegen verkündet die Inschrift, die man auf der Athener Agora, an der Wand der Bibliothek des Pantainos (200 u.Z.), fand: »Kein Buch soll entfernt werden, denn so haben wir geschworen. Öffnungszeiten sind vom Morgen bis zum Mittag.« Zit. nach: Sider, *The Library of the Villa dei Papiri at Herculaneum*, S. 43.

19 Clarence E. Boyd, *Public Libraries and Literary Culture in Ancient Rome*, S. 23f.

20 Vgl. Arnaldo Momigliano, *Alien Wisdom: The Limits of Hellenization.*

21 Vgl. Erich Auerbach, *Literatursprache und Publikum in der lateinischen Spätantike und im Mittelalter.*

22 Knut Kleve, »Lucretius in Herculaneum«, in: *Cronache Ercolanesi* 19 (1989), S. 5.

23 Cicero, *In Pisonem*, 23 *(Sämtliche Reden*, Bd. VI, S. 158).

24 Zit. nach *The Epigrams of Philodemos*, S. 152.

25 Kurz zuvor hatte die Erde stärker gebebt, der letzte große Ausbruch des Vesuv aber hatte etwa 1200 v.u.Z. stattgefunden. Die Quelle der Beunruhigung, wenn es denn eine gab, war nicht der Vulkan.

26 Cicero, *De natura deorum/Über das Wesen der Götter*, 1:15, S. 21.

27 Ebd., 3:95, S. 369.

28 Cicero, *De officiis/Vom pflichtgemäßen Handeln*, 1:37, S. 117.

29 Gustave Flaubert, Brief an Madame de Genette (1861?), in: ders., *Briefe*, hg. und übers. von Helmut Scheffel, Zürich 1989, S. 436.

30 Worauf ich noch näher eingehen werde: Das Wort, das im Englischen mit »superstition« übersetzt wurde, heißt im lateinischen Original *religio*, also Religion.

31 Nach Diogenes Laertius, *Leben und Lehren der Philosophen*, Buch 10, »Epikur«.

32 Von Epikurs *epilogismos* sprach man häufig, wenn man ein Denken charakterisieren wollte, »das auf empirischen Wahrnehmungen beruht«. Doch nach Michael Schofield umfasst dieser Begriff auch »unsere alltäglichen Verfahren der Bewertung und der Wertschätzung«: vgl. Schofield, in: Michael Frede und Gisele Striker (Hg.), *Rationality in Greek Thought.* Schofield sieht diese Verfahren im Zusammenhang mit einer berühmten Epikur-Passage zum Begriff der Zeit: »Wir müssen keine besonderen Begriffe für sie finden und annehmen, dies sei eine Verbesserung; wir müssen nur die vorhandenen nutzen.« (S. 222) Das Denken, zu dem Epikur seine Anhänger führen will, sei »eine vollkommen einfache Art des Tuns, die jedermann zugänglich ist, nicht eine besondere intellektuelle Leistung, die nur, zum Beispiel, Mathematikern und Dialektikern vorbehalten ist«. (S. 235).

33 Cicero, *Tusculanae disputationes/Gespräche in Tusculum*, 1:6.

34 Ebd., 1:21.

35 Vorgebracht hat das »Timocrates, der Bruder des Metrodorus, der sein [Epikurs] Schüler war und die Schule dann verließ«. Nach Diogenes Laertius, *Leben und Lehren …*, Buch 10:6 (S. 458).

36 Seneca, *Ad Lucilium Epistulae Morales*, 1:146.

37 Epikur, Brief an Menoicus, in: Diogenes Laertius, *Leben und Lehren* …, Buch 10:122ff.

38 Philodemus, zit. nach *On Choices and Avoidances*, übers. von Giovanni Indelli und Voula Tsouna-McKirahan, *La Scuola di Epicuro*, 15 (Neapel 1995), S. 104ff.

39 Ben Jonson, *The Alchemist*, II.2:41f.; 72–87:

> »My meat shall all come in in Indian shells,
> Dishes of agate, set in gold, and studded,
> With emeralds, sapphires, hyacinths, and rubies. …
> My foot-boy shall eat pheasants, calvered salmons,
> Knots, godwits, lampreys. I myself will have
> The beards of barbels served instead of salads;
> Oiled mushrooms; and the swelling unctuous paps
> Of a fat pregnant sow, newly cut off,
> Drest with an exquisite and poignant sauce;
> For which, I'll say unto my cook, »There's gold,
> Go forth and be a knight.«

Jonson hat Teil an der Tradition, in der Epikur als der Schutzpatron von Kneipen und Bordellen rangiert, eine Tradition, zu der auch Chaucers wohlgenährter Franklin gehört, der in den *Canterbury Tales* als »Epicurus owene sone« (Epikurs leiblicher Sohn) auftaucht.

40 »Hauptlehrsatz« Nr. 7, nach Diogenes Laertius, *Leben und Lehren* …, Buch 10:141, S. 505.

41 *Gnomologium Vaticanum*, Nr. 31, zit. nach A. A. Long und D. N. Sedley, *The Hellenistic Philosophers*, Bd. 1, S. 150.

KAPITEL VIER

DER ZAHN DER ZEIT

1 Vgl. Moritz W. Schmidt (Hg.), *De Didymo Chalcentero* (Oels 1851) und *Didymi Chalcenteri fragmenta* (Leipzig 1854).

2 Vgl. David Diringer, *The Book Before Printing*, S. 241ff.

3 »Epikur hat sehr viel geschrieben und stellte mit der Anzahl seiner Bücher alle in den Schatten; denn es gibt an die 300 Rollen. Zitate von anderen Autoren kommen darin nicht vor, es sind immer nur seine eigenen Worte.« – Diogenes Laertius, *Leben und Lehren* …, Buch 10:26, S. 465. Diogenes Laertius listet anschließend siebenunddreißig Buchtitel auf – sie sind allesamt verloren.

4 Vgl. Andrew M. T. Moore, »Diogenes's Inscription at Oenoanda«, in: Dane R. Gordon und David B. Suits (Hg.), *Epicurus: His Continuing Influence and Contemporary Relevance*, S. 209–214. Vgl. auch Martin Ferguson Smith (Hg. u. Übers.), *The Epicurean Inscription [of Diogenes of Oinoanda]*. Vgl. im Web <www.anchist.mq.edu.au/272/Diogenes of Oenoanda.html>.

5 Aristoteles, *Historia animalium/Tierkunde* (übers. von Paul Gohlke, Paderborn 1957; Die *Lehrschriften*, Bd. 8.1) 557b 8–10 (S. 239).

6 Robert Hooke, *Micrographia: or some physiological descriptions of minute bodies made by magnifying glases with observations and inquiries thereupon* (London 1665), zit. nach William Blades, *The Enemies of Books*, S. 66f.

7 Ovid, *Epistulae ex ponto/Briefe aus der Verbannung*, I.1:72–76.

8 Horaz, *Epistulae* 1.20.12.; übers. von Johann Heinrich Voß, Text im Projekt Gutenberg <gutenberg.spiegel.de/buch/5537/21>.

9 Evenus von Ascalon (vermutl. zwischen 50 v.u.Z. und 50 u.Z.); zit. nach *Greek Anthology*, übers. von W. R. Paton, Loeb Classical Library, 84 (Cambridge, MA, 1917), 9:251.

10 Kim Haines-Eitzen, *Guardians of Letters: Literacy, Power, and the Transmitters of Early Christian Literature*, S. 4.

11 Cicero an Atticus, nach: Lionel Casson, *Bibliotheken in der Antike*, S. 108.

12 Leila Avrin, *Scribes, Script and Books*, S. 171 sowie 149ff.

13 Zu weiblichen Kopisten vgl. Haines-Eitzen, *Guardians of Letters*.

14 Man schätzt, dass die Zahl der Bücher, die in der Welt vor 1450 nach und nach geschrieben wurden, der Zahl derjenigen entsprach, die zwischen 1450 und 1500 entstanden sind; dass die gleiche Zahl dann bereits in der Dekade nach 1500 erreicht wurde und sich die Zahl der Bücher, die Pressen und Buchbindereien verließen, bereits in der nächsten Dekade verdoppelt hatte.

15 Zu den Schreibern vgl. L. D. Reynolds und N. G. Wilson, *Scribes and Scholars*; Avrin, *Scribes, Script and Books*; Rosamond McKitterick, *Books, Scribes and Learning in the Frankish Kingdoms*; M. B. Parkes, *Scribes, Scripts, and Readers*. Zur symbolischen Bedeutung des Schreibers vgl. Giorgio Agamben, *Potentialities*, S. 246ff. Avicenna etwa nimmt den Schreiber in dem Augenblick, in dem er seine Kunst gerade nicht ausübt, zum Sinnbild für seinen Begriff »perfekter Potentialität«.

16 Unzählige Barken brachten das Getreide, das in den vom Fluss befruchteten Feldern des Niltals geerntet wurde, in die riesigen Kornspeicher im Süden Alexandrias. Die eingehenden Ladungen wurden von luchsäugigen Beamten geprüft, sie hatten sicherzustellen, dass das Korn »unverfälscht (war), ohne Beimischung von Erde oder Gerste, unzertreten und gesiebt«. – Christopher Haas, *Alexandria in Late Antiquity: Topography and Social Conflict*, S. 42. In Tausende Säcke gefüllt, wurde das Getreide über einen Kanal weiter zum Hafen transportiert, wo die Getreideflotte schon wartete. Von dort schwärmten die schwer beladenen Schiffe aus zu den Städten, deren Bevölkerung so sehr gewachsen war, dass sie vom umliegenden Land allein nicht mehr ernährt werden konnte. Alexandria war einer der Hauptkontrollpunkte für Brot der antiken Welt und damit der Stabilität und also der Macht. Getreide war nicht die einzige Ware, deren Handel sich in Alexandria konzentrierte; die Kaufleute der Stadt waren bekannt für ihren Wein, Leinenstoffe, Teppiche, Glas und – Papyrus. Die riesigen Sümpfe nahe der Stadt eigneten sich besonders gut zum Anbau des Schilfs, aus dem sich der beste Schreibgrund fertigen ließ. Während der Antike und Spätantike, von den Zeiten Caesars bis zur Herrschaft der Frankenkönige, war »alexandrinischer Papyrus das bevorzugte

Medium, auf dem Beamte, Philosophen, Dichter, Priester, Kaufleute, Kaiser und Gelehrte Anweisungen gaben, Schulden aufrechneten und ihre Gedanken niederschrieben«.

17 Ptolemaios III. (246–221 v.u.Z.) soll an alle Herrscher der damals bekannten Welt Botschaften mit der Bitte gesandt haben, ihm Bücher zum Kopieren zu überlassen. Beamte hatten Weisung, auf vorbeifahrenden Schiffen alle Bücher zu konfiszieren, die an Bord waren. Kopien dieser Bücher wurden angefertigt und zurückgegeben, die Originale aber wanderten in die große Bibliothek (in deren Katalogen sie mit der Bemerkung »Von den Schiffen« auftauchten). Agenten des Königs schwärmten aus in den Mittelmeerraum, um immer weitere und neue Bücher zu kaufen oder auszuleihen. Die Besitzer dieser Werke wurden zunehmend vorsichtig – verliehene Bücher hatten die Angewohnheit, nicht zurückzukommen – und verlangten hohe Pfandzahlungen. Als sich die Stadtväter Athens, nach langem Hin und Her, entschlossen, kostbare autoritative Texte von Aischylos, Sophokles und Euripides an Alexandria auszuleihen – Texte, die eifersüchtig gehütet wurden im Archiv der Stadt –, bestand man auf der Hinterlegung der enormen Summe von fünfzehn Talenten Gold. Ptolemaios unterzeichnete die Pfandverschreibung, erhielt die Texte – und schickte Kopien zurück nach Athen. Das Pfand verfiel, dafür aber standen die Originale jetzt im Museion.

18 Ammianus Marcellinus, *Das Römische Weltreich vor dem Untergang*, 22. Buch, 16:12 (S. 382). Vgl. auch Rufinus: »Das ganze Bauwerk ist auf Bögen errichtet, und über jedem befindet sich ein riesiges Fenster. Die verborgenen Räume im Inneren sind voneinander abgeschlossen und dienen der Durchführung verschiedener ritueller Akte und geheimen Ritualen. Höfe zum Sitzen und kleine Kapellen mit Bildnissen der Götter bilden die Begrenzung der obersten Ebene. Stolze Häuser erheben sich dort oben, in denen Priester ... zu leben gewohnt sind. Hinter diesen Gebäuden erhebt sich auf Säulen ein freistehender Portikus, der nach innen gerichtet um die Peripherie herumläuft. In der Mitte steht der Tempel, gebaut in großem und feierlichem Maßstab, mit einem Äußeren aus Marmor und kostbaren Säulen. Die Statue des Serapis im Innern war so riesig, dass die rechte Hand die eine Wand berührte, die linke die andere.« – Zit. nach Christopher Haas, *Alexandria in Late Antiquity*, S. 148.

19 Alexandria war, wie beschrieben, eine strategisch wichtige Stadt, aus den Konflikten, die fortgesetzt am Gewebe der römischen Gesellschaft zerrten, also nicht herauszuhalten. 48 v.u.Z. verfolgte Julius Caesar seinen Rivalen Pompeius nach Alexandria Auf Befehl des ägyptischen Königs wurde Pompeius sofort ermordet – seinen Kopf präsentierte man Caesar, der bekannte, dieser Anblick erfülle ihn mit tiefer Trauer. Obwohl er über nicht mehr als 4000 Soldaten verfügte, entschloss er sich, Rom die Herrschaft über die Stadt zu sichern. Er blieb also, und daraus entwickelte sich ein neunmonatiger Kampf, in dessen Verlauf sich die zahlenmäßig schwer unterlegenen Römer plötzlich von der königlichen Flotte bedroht sahen, die in den Hafen eingelaufen war. Mit Fackeln aus Pinienholz, Harz und Schwefel setzten Caesars Truppen die feindlichen Schiffe in Brand. Die Schiffsrümpfe waren mit leicht entzündlichem Pech und die

Decks mit Wachs abgedichtet, sodass sich eine immense Feuersbrunst entwickelte. (Einzelheiten über das Abfackeln antiker Flotten liefert Lukan in seiner Schilderung des Bürgerkriegs zwischen Caesar und Pompeius; vgl. Lukan, *De bello civili/Der Bürgerkrieg*, III:680–689.) Das Feuer sprang von den Schiffen ans Ufer über und breitete sich entlang der Werften bis zur Bibliothek aus, zumindest bis zu den Speichern, die einen Teil der Sammlungen enthielten. Auch wenn die Bücher selbst nicht Ziel des Angriffs waren, brannten sie wie Zunder. Caesar gab die eroberte Stadt in die Hand von Kleopatra, der glanzvollen und reichen Schwester des Königs. Ein Teil der Verluste der Bibliothek wurde, so heißt es, rasch ergänzt – ein paar Jahre später soll der vernarrte Marcus Antonius seiner Geliebten Kleopatra 200 000 Bücher zum Geschenk gemacht haben, die er in Pergamon erbeutet hatte. (Säulen der Bibliothek von Pergamon sind noch auszumachen unter den eindrucksvollen Ruinen der einst großen Stadt an der türkischen Mittelmeerküste.) Doch Bücher, die willkürlich aus der einen Bibliothek entwendet und in eine andere verfrachtet werden, können den Verlust nicht wettmachen, der entsteht, wenn eine überlegt und planmäßig aufgebaute Bibliothek verwüstet wird. Ohne Zweifel werden die Bibliothekare fieberhaft daran gearbeitet haben, die Verluste auszugleichen, und die Institution mit ihren Gelehrten und den enormen Ressourcen blieb berühmt. Eines aber wird den Beteiligten leidvoll klar geworden sein: Mars ist ein Feind von Büchern.

20 Im Jahr 407 erhielten auch die Bischöfe im Reich das Recht und die Macht, Tempel zu schließen und zerstören zu lassen. – Haas, *Alexandria in Late Antiquity*, S. 160.

21 Rufinus, zit. nach ebd., S. 161f.

22 Palladas, in: *Griechische Anthologie*, Buch X, Nr. 82 (Bd. 2, S. 498).

23 Brief, zit. nach *The Letters of Synesius of Cyrene*, übers. von Augustine Fitzgerald (Oxford 1926), S. 253. Es muss etwas an Hypatias Erscheinung und Auftreten gewesen sein, das ihr nicht nur unter Gelehrten tiefen Respekt eintrug, sondern auch bei der großen Masse ihrer Mitbürger in der Stadt. Ein junger Mann, der von Damaskus nach Alexandria gekommen war, um dort Philosophie zu studieren, hörte noch zwei Generationen später in den Erzählungen, welche Bewunderung Hypatia in der Stadt geweckt hatte: »Die ganze Stadt liebte sie und schätzte sie außerordentlich, ihr zuerst zollten die Mächtigen Respekt.« – Damaskios, *The Philosophical History*, übers. von Polymnia Athanassiadi (Athen 1999), S. 131. Vgl. auch das Gedicht, mit dem Palladas Hypatia pries: »Darf ich dich sehen, hören, huldige ich kniend, / das Sternenhaus vor Augen, wo die Jungfrau wohnt. / Denn auf zum Himmel weist dein Handeln und die Kunst / mit der du sprichst, erhabene Hypatia, / du strahlendes Gestirn geistreicher Wissenschaft.« Zit. nach *Griechische Anthologie*, Buch IX, 400, Bd. 2. S. 371.

24 Sokrates Scholastikos, *Ecclesiastical History*, S. 482.

25 Vgl. die Chronik des Johannes von Nikiu (um 690 u.Z.): *The Chronicle of John, Bishop of Nikiu*, die Hypatia betreffenden Abschnitte sind 84:87–103. Gleich zu Beginn des Berichts (der Kyrills Partei ergreift) heißt es: »Sie widmete sich zu allen Zeiten der Magie, den Astrolabien und den Instrumenten der Musik, sie betörte viele Menschen durch satanische Listen. Und der Präfekt der Stadt verehrte sie außerordentlich; denn

sie hatte auch ihn betört durch ihre Magie.« Der englische Text im Internet unter www.cosmopolis.com/alexandria/hypatia-bio-john.html

26 Gut zweihundert Jahre später eroberten die Araber Alexandria. Offensichtlich haben sie Bücher in den Regalen gefunden, zumeist allerdings Werke der christlichen Theologie; heidnische Schriften zu Philosophie, Mathematik und Astronomie waren kaum noch vorhanden. Als die Eroberer bei ihrem Kalifen Omar anfragten, was sie mit diesen Überresten der Bibliothek tun sollten, schickte er die kühle Anweisung: »Wenn der Inhalt in Einklang steht mit dem Buch Allahs, können wir ohne sie auskommen, denn in diesem Fall ist das Buch Allahs mehr als genug. Wenn sie andererseits etwas enthalten, das nicht in Übereinstimmung steht mit dem Buch Allahs, besteht keine Notwendigkeit, sie aufzubewahren. Folgt dem und zerstört sie.« Zit. nach Roy MacLeod (Hg.), *The Library of Alexandria: Centre of Learning in the Ancient World*, S. 10. Papyrusrollen, Pergamente und Kodices wurden, wenn die Geschichte glaubwürdig ist, an die öffentlichen Thermen verteilt und dort in den Öfen verbrannt, mit denen das Wasser geheizt wurde. Wie es die Legende will, reichte der Brennstoff für rund sechs Monate. Vgl. auch Luciano Canfora, *Die verschwundene Bibliothek*; sowie Casson, *Bibliotheken in der Antike*, S. 49–71. Zu Hypatia vgl. Maria Dzielska, *Hypatia of Alexandria*.

27 Ammianus Marcellinus, *Römische Geschichte*, 14. Buch, 6:18 (S. 77).

28 Hieronymus, *Aszetische Briefe*, An Eustochium, Nr. 30; zit. nach *Bibliothek der Kirchenväter*, Hieronymus, Briefe, rtf-Version der Internetressource <www.unifr.ch/bkv/awerk.htm#Hieronymus>.

29 Hieronymus, Brief 125, An den Mönch Rusticus, Nr. 12 (a.a.O.). Der ganze Abschnitt lautet: »Als mich in meinen jungen Jahren die Einsamkeit der Wüste schützend umgab, da konnte ich den Anreiz zum Laster und die in der Natur begründete Glut der Sinne nicht mehr ertragen. Obwohl ich sie durch häufiges Fasten gebrochen hatte, brodelte es in meiner Phantasie noch immer von bösen Vorstellungen. Um sie zu überwinden, ging ich zu einem Bruder, der aus dem Judentum Christ geworden war, in die Lehre. Nachdem ich mich früher mit den scharfsinnigen Werken Quintilians, den Schriften des redegewandten Cicero, des ernsten Fronto [M. Cornelius Fronto] und des schlichten Plinius [wahrscheinlich der ältere Plinius] beschäftigt hatte, lernte ich jetzt das Alphabet und studierte die hebräischen Vokabeln mit ihren Zisch- und Kehllauten. Was für eine Anstrengung dies kostete, welche Schwierigkeiten zu überwinden waren, wie oft ich verzweifelte, wie oft ich die Sache drangab und voller Lernbegierde wieder aufnahm, das weiß nur ich, der ich es durchgemacht habe, und jene, welche mit mir zusammenlebten. Und heute danke ich Gott, daß ich aus dieser bitteren Buchstabensaat so herrliche Früchte einheimsen kann.« Im gleichen Brief, Nr. 11, gibt Hieronymus einem Mönch den folgenden Rat: »Stricke Netze für den Fischfang! Schreibe Bücher ab, eine Beschäftigung, bei welcher die Hand für Nahrung sorgt, während sich der Geist an der Lesung sättigt. Der Müßiggänger gibt sich seinen schlechten Begierden hin.« Das Kopieren von Texten in klösterlichen Gemeinschaften trug, wie wir bereits sahen, entscheidend zum Überleben von Texten Lukrez' und anderer Heiden bei.

30 Hieronymus, Brief 22, An Eustochium, Nr. 30 (a.a.O.).

31 Ebd.

32 In Brief 66, einem Lob auf Pammachius, schreibt er: »Es ist keine geringe Sache für einen vornehmen Mann, für einen Mann, der fließend reden kann, für einen reichen Mann, auf der Straße die Begegnung mit den Mächtigen zu vermeiden, sich unter die Menge zu mischen, sich mit den Bauern zu verbinden.« In der *Bibliothek der Kirchenväter* nicht enthalten; zit. nach Robert A. Kaster, *Guardians of Language: The Grammarian and Society in Late Antiquity*, S. 81.

33 Hieronymus, Brief 22, An Eustochium, Nr. 29 (a.a.O.).

34 Gregor der Große, *Vier Bücher Dialoge*, Zweites Buch: »Leben und Wunder des hl. Benedikt«, in: *Bibliothek der Kirchenväter* <www.unifr.ch/bkv/>.

35 Nicht alle waren der Ansicht, dass beides sich vereinbaren ließ, vgl. etwa Tertullian, *Einreden gegen die Häretiker*, Kap. 7: »Denn [die Philosophie] ist eben das Feld, auf dem die Weisheit der Welt sich bewegt, sie, die voreilige Erklärerin der Natur und der Ratschlüsse Gottes. Auch die Häresien selbst empfangen durch die Philosophie ihre Ausrüstung. … Was hat also Athen mit Jerusalem zu schaffen, was die Akademie mit der Kirche, was die Häretiker mit den Christen? Unsere Lehre stammt aus der Säulenhalle Salomos, der selbst gelehrt hatte, man müsse den Herrn in der Einfalt seines Herzens suchen. Mögen sie meinethalben, wenn es ihnen so gefällt, ein stoisches und platonisches und dialektisches Christentum aufbringen! Wir indes bedürfen seit Jesus Christus des Forschens nicht mehr, auch nicht des Untersuchens, seitdem das Evangelium verkündet worden. Wenn wir glauben, so wünschen wir über das Glauben hinaus weiter nichts mehr. Denn das ist das erste, was wir glauben: Es gebe nichts mehr, was wir über den Glauben hinaus noch zu glauben haben.« Zit. nach *Bibliothek der Kirchenväter* (www.unifr.ch/bkv/). Umstritten waren, wie wir sehen werden, auch die Versuche, die im 15. Jahrhundert und später unternommen wurden, einen modifizierten Epikureismus mit dem Christentum zu versöhnen.

36 Minucius Felix, *Octavius*, zit. nach *Loeb Classical Library*, 250 (Cambridge, MA, 1931), S. 345 (Spott über die Christen), S. 385 (Spott über die Heiden). Vgl. auch Tertullians *Apologetikum*, 14. Kapitel: »Aber indem ich mich zu eurer Literatur wende, wodurch ihr euch zur Wissenschaft und zu höheren Berufsarten heranbildet, wieviel Verächtliches finde ich da! Die Götter sollen wegen der Trojaner und Achiver, wie Gladiatorenpaare kämpfend, aneinandergeraten, Venus soll von einem menschlichen Pfeile verwundet worden sein, als sie ihren Sohn Äneas dem Untergang entreißen wollte; Mars sei, dreizehn Monate lang gefesselt, beinahe umgekommen« etc. Zit. nach: *Bibliothek der Kirchenväter* <www.unifr.ch/bkv/>.

37 Tertullian, *Über die Auferstehung des Fleisches*, Kapitel 60, zit. nach *Bibliothek der Kirchenväter* <www.unifr.ch/bkv/>.

38 Ebd., Kapitel 1.

39 Tertullian, *Apologetikum*, Kapitel 20, a.a.O.

40 Vgl. dazu James Campbell, »The Angry God: Epicureans, Lactantius, and Warfare«, in: Gordon und Suits (Hg.), *Epicurus: His Continuing Influence and Contemporary*

Relevance. Das Umschwenken des Christentums zu einem strafenden Gott sei, so Campbell, erst im vierten Jahrhundert erfolgt, mit der Zunahme seiner Macht und seiner Bedeutung in der römischen Welt. Zuvor stand das Christentum der epikureischen Haltung näher und war für Epikurs Lehren offener. »Tatsächlich fanden Tertullian, Clemens von Alexandrien und Athenagoras so viel Bewundernswertes am Epikureismus, dass Richard Jungkuntz warnend darauf verwiesen hat, ›dass jede Verallgemeinerung der patristischen Ablehnung des Epikureismus tatsächlich sehr genauer Qualifikation bedarf, bevor sie als gültig gelten kann‹. Die epikureische Praxis gesellschaftlicher Tugenden, die Betonung von Vergebung und wechselseitiger Hilfsbereitschaft, das Misstrauen gegen weltliche Werte ist ähnlichen christlichen Haltungen so nahe, dass es, wie … de Witt festgestellt hat, ›für einen Epikureer ohne weiteres möglich gewesen wäre, ein Christ zu werden‹ – und, so möchte man ergänzen, umgekehrt auch für einen Christen, Epikureer zu werden.« (S. 47).

41 Julian schrieb weiter: »Doch in der Tat haben die Götter in ihrer Weisheit ihre Werke bereits zerstört, sodass die meisten ihrer Bücher gar nicht mehr zu erhalten sind.« Zit. nach Luciano Floridi, *Sextus Empiricus*, S. 13. Neben den Epikueern wollte Julian auch die Phyrhoniker, philosophische Skeptiker, totgeschwiegen sehen.

42 Streng genommen, ist dieser Terminus nicht gleichbedeutend mit Atheist. Ein *apikoros* sei, erläutert Maimonides, ein Mensch, der die Auferstehung leugne und behaupte, Gott nehme kein Interesse an den Angelegenheiten der Menschen.

43 Tertullian, *Apologetikum*, Kapitel 45, a.a.O.

44 Vgl. Laktanz, *De ira dei/Vom Zorne Gottes*, zit. nach *Bibliothek der Kirchenväter* <www.unifr.ch/bkv/>.

45 Vgl. Laktanz, *Divininae institutiones/Göttliche Unterweisungen*, Kap. 24–28; zit. nach *Bibliothek der Kirchenväter* <www.unifr.ch/bkv/>.

46 Laktanz, *De ira dei*, Kap. 6: »… daß Gott folgerichtig auch zürnt, nachdem er von Gnade bewegt wird. Diesen Gedanken haben die Philosophen weder je aufgegriffen noch jemals verteidigt. An uns ist es, diese Anschauung zur Anerkennung und Geltung zu bringen; denn hierin liegt Wesen und Kern der ganzen Religion und Frömmigkeit. Man kann ja Gott keine Ehre schulden, wenn er für die Verehrung nichts gewährt; man braucht vor Gott keine Furcht zu haben, wenn er wegen Verweigerung der Ehre nicht zürnt.« Zit. nach *Bibliothek der Kirchenväter*, a.a.O.

47 Papst Gregor I., *Dialogi de vita et miraculis partum Italicorum* (Vier Bücher Dialoge), 2. Buch, Kap. 2, zit. nach *Bibliothek der Kirchenväter* <www.unifr.ch/bkv/>.

48 Geißelung und Auspeitschen waren während der gesamten Antike weitverbreitete Strafen, nicht nur in Rom: »Falls der Schuldige zu einer Prügelstrafe verurteilt wurde«, soll der Richter anordnen, »dass er sich hinlegt und in seiner Gegenwart eine bestimmte Anzahl von Schlägen erhält, wie es seiner Schuld entspricht.« (5 Mose 25:2) Zur Geschichte der Prügelstrafe vgl. Niklaus Largier, *Lob der Peitsche.*

49 Öffentliche Bestrafungen gab es natürlich auch später noch, als Heidentum und Antike längst untergegangen waren. Wie Molinet berichtet, haben die Bewohner von Mons für viel Geld einen Banditen gekauft, weil sie das Vergnügen haben wollten, bei

seiner Vierteilung zuzuschauen: »… bei welcher die Menschen glücklicher waren, als wäre der Körper eines Heiligen wiederbelebt worden« – zit. nach Jean Delumeau, *Sin and Fear: The Emergence of a Western Guilt Culture*, S. 107. Der Schweizer Arzt und Sammler Felix Platter (1536–1614) notierte in seinem Tagebuch ein Erlebnis, das ihn sein ganzes Leben nicht losließ: Ein Betrunkener, der eine 70jährige Frau vom Pferd gerissen und vergewaltigt hatte, wird als »die sach offenbar worden, ergriffen und gon (gen) Basel gefiert. Der ward durch meister Niclaus den nachrichter (Meister Nikolaus, Scharfrichter von Basel) … mit feurigen zangen auf dem kreutzstraßen gepfetzt, gab altzeit en mechtigen rauch, alß ich gesechen, wardt i(h)m) ein (Stück) Brust so zimlich groß, dann er feist war, vom leib bei der Rheinbricken, daß sy (das Stück) herfir hieng, gerissen. Darnach fürt man i(h)n hinus zum hochgricht. Da wardt er gar schwach und vuller gerunnenes bluts auf den henden, also das er stets sank, enthauptet, darnach in ein Grab darselbst geworfen und i(h)m ein pfol durch den leib geschlagen, wie ich selbs gesechen hab, dan mein vatter mich an der handt hinausfürte.« *Tagebuch*, hg. von Valentin Lötscher, Basel, Stuttgart 1976, S. 98.

50 Eine dieser Ausnahmen war der heilige Antonius, der, seinem Hagiographen Athanasius zufolge, in hohem Grad über Unempfindlichkeit verfügt habe, über Selbstbeherrschung und Freiheit von Leidenschaften. Vgl. *Life of Anthony*, Abt. 67, zit. nach: Peter Brown, »Asceticism: Pagan and Christian«, in: Averil Cameron und Peter Garnsey (Hg.), *Cambridge Ancient History: Late Empire*, Cambridge 2008, 13: 616.

51 Vgl. Peter Brown, *The Rise of Western Christendom: Triumph and Diversity*, S. 221; R. A. Markus, *The End of Ancient Christianity*; Marilyn Dunn, *The Emergence of Monasticism: From the Desert Fathers to the Early Middle Ages.*

52 Nichts in der Geschichte ist jemals (völlig) neu. Die aktive Suche nach Schmerz in Emulation oder Imitation der Leiden eines Gottes hat Vorläufer in den Kulten der Isis, des Attis und anderer.

53 Zit. nach Largier, *Lob der Peitsche*, S. 71, 155; dort sind viele weitere Einzelheiten zu finden.

54 Ebd., S. 30. Aus Largiers Buch (S. 36ff.) stammen auch die folgenden Beispiele.

KAPITEL FÜNF

GEBURT UND WIEDERGEBURT

1 Vgl. Ernst Walser, *Poggius Florentinu.: Leben und Werke.*

2 Vgl. Iris Origo, *»Im Namen Gottes und des Geschäfts«. Lebensbild eines toskanischen Kaufmanns der Frührenaissance*, S. 183ff.

3 Nach Lauro Martines, *The Social World of the Florentine Humanists, 1390–1460*, S. 22.

4 »Im ausgehenden 14. Jh. gab es in der Toskana kaum ein wohlhabendes Haus, das nicht zumindest einen Sklaven hielt. Bräute brachten sie als Teil ihrer Mitgift in die Ehe, Ärzte akzeptierten sie als Honorar von ihren Patienten, und nicht selten standen sie im Dienst von Priestern«, Origo, *»Im Namen Gottes und des Geschäfts«*, S. 87.

5 Ebd., S. 9.

6 Feine Wolle wurde eingekauft auf Majorka, in Katalonien, der Provence und den englischen Cotswolds (von dort bezog man die teuerste und hochwertigste Wolle), dann über Grenzen und durch das Gewirr räuberischer Zollbehörden gelotst. Nun musste sie gefärbt werden. Das und die Endbearbeitung von Wolle erforderte weitere Einfuhren: Alaun vom Schwarzen Meer, um Beize zur Fixierung der Farben herzustellen; Eichengalle, die tiefschwarze Tinkturen ergab; Färberwaid aus der Toskana für Blautöne; Krapppflanzen aus den Niederlanden für hellrote Tinkturen, oder, gemischt mit Waid, für dunkelrote oder purpurfarbene. Das waren die gängigen Importe. Seltenere Farbstoffe, deren Töne stolz mit den Gewändern gezeigt wurden, in denen sich Adlige dieser Zeit porträtieren ließen, das Scharlachrot etwa, das aus Purpurschnecken des östlichen Mittelmeerraums gewonnen wurde, Zinnoberrot aus kristallinen Substanzen, die an den Ufern des Schwarzen Meeres gefunden wurden, zuletzt das sündhaft teure, dafür aber hoch gepriesene Karminrot aus winzigen Kermesschildläusen aus Armenien.

7 Nach Martin Davis, »Humanism in Script and Print«, in: Jill Kraye (Hg.), *Cambridge Companion to Renaissance Humanism*, S. 48. Man habe, so Petrarca, eher den Eindruck als blicke man auf ein Gemälde als in ein Buch.

8 Fromme Christen waren gezwungen, Impulse der Neugier zu unterdrücken und ihre – angeblich – giftigen Früchte zu verschmähen. Auch wenn Dante in der *Göttlichen Komödie* Odysseus' Entschlossenheit, über die Säulen des Herkules hinauszusegeln, glorreiche Würde verliehen hat, mit dem *Inferno* macht er klar, dass sich in dieser Entschlossenheit eine gefallene Seele zu erkennen gibt, dazu verdammt, auf alle Ewigkeit im inneren Kreis der Hölle zu hausen.

9 Vgl. dazu vor allem Charles Trinkaus, *»In Our Image and Likeness«: Humanity and Divinity in Italian Humanist Thought.*

10 »Aurum, argentum, gemmae, purpurea vestis, marmorea domus, cultus ager, pietae tabulae, phaleratus sonipes, caeteraque id genus mutam habent et superficiariam voluptatem: libri medullitus delectant, colloquuntur, consulunt, et viva quadam nobis atque arguta familiaritate junguntur.« Greenblatt zitiert und übersetzt nach: John Addington Symonds, *The Renaissance in Italy*, 7 Bde., orig. 1875–1886, 2:53; die Übersetzung folgt dem.

11 »In ganz einziger Weise betrieb ich das Studium des Altertums, weil mir meine eigene Zeit immer so sehr mißfiel, daß – wäre nicht die Liebe zu den mir Teuren gewesen – ich wünschte, in jedem anderen Zeitalter geboren zu sein; und um die Gegenwart zu vergessen, suchte ich, im Geiste mich in andere Zeiten zu versetzen.« Petrarca, *Brief an die Nachwelt*, in: *Petrarca. Dichtungen. Briefe. Schriften*, S. 27.

12 Um zum *Doctor utriusque juris* (in kanonischem und zivilem Recht) zu werden, brauchte man zehn Jahre.

13 Zit. nach Witt, *In the Footsteps*, S. 263.

14 Petrarca, An Giovanni von Certaldo (Boccaccio), um den 8. Okt. 1459, *Familiaria* 22.2 (Bd. 2, S. 514).

15 Zit. nach Martines, *Social World*, S. 25.

16 Für Petrarca gab es Werte, die bloßen Stil überstiegen: »Würde es dann etwa helfen, tief

in die ciceronischen Quellen unterzutauchen, auch das griechische und das unsere Schrifttum [das lateinisch-römische] gut zu beachten? Gewiß: schön, heiter, schmeichlerisch und hochtönend wäre dann die Rede, doch gehaltvoll, ernsthaft, weise und (was gar am wichtigsten ist) folgerichtig wäre sie trotzdem nicht.« An Tommaso Caloiro, am 1. Mai 1338, Fassung von 1350 oder 1351, *Familiaria* 1.9 (Bd. 1. S. 50).

17 Salutati war ein komlexerer Charakter, als es sich hier darstellen lässt. Anfang der 1380er Jahre schrieb er, auf Drängen eines Freundes, eine wuchtige Verteidigung des klösterlichen Lebens, und er war auch bereit, mitten aus dem Lob eines aktiven Lebens heraus, einen Rückzug in ein kontemplatives Leben als das, zumindest im Prinzip, Überlegene anzuerkennen.

18 Vgl. Salutati an Gaspare Squaro de' Broaspini in Verona, 17. November 1377: »In dieser vornehmen Stadt, der Blüte der Toskana und dem Spiegel Italiens, dem Ebenbild des ruhmvollsten Rom, von dem sie abstammt und dessen uralten Schatten sie folgt im Kampf um die Rettung Italiens und die Freiheit aller, hier in Florenz habe ich eine Mühe auf mich genommen, die unbegrenzt ist, für die ich jedoch außerordentlich dankbar bin.« Zit. nach Eugenio Garin, *La cultura filosofica del rinascimento Italiano: ricerche e documenti*, bes. S. 3–27.

19 Nach Witt, *In the Footsteps*, S. 308.

20 Zit. nach Symonds, *Renaissance in Italy*, S. 80f.

21 »Stellt euch vor«, schrieb Niccoli gegen Ende seines Lebens an die Steuerbeamten, »welche Art Steuer meine wenigen Güter tragen können, mit all den Schulden und drückenden Ausgaben, die ich habe. Aus diesem Grund bete ich, um eure Menschlichkeit und Nachsicht flehend, dass es euch gefallen möge, mich in einer solchen Weise zu behandeln, dass mich die laufenden Steuern in meinem hohen Alter nicht doch noch zwingen werden, fern von meiner Geburtsstätte zu sterben, wo ich alles ausgegeben habe, das ich besaß.« Zit. nach Martines, *Social World*, S. 116.

22 Leon Battista Alberti, *Vom Hauswesen (= Della famiglia)*, 2. Buch »Liebe und Freundschaft«, S. 112. Manchmal wird behauptet, die Vorstellung einer partnerschaftlichen Ehe sei erst mit dem Protestantismus entstanden, doch es gibt viele deutlich ältere Belege dafür.

23 Origo, *»Im Namen Gottes und des Geschäfts«*, S. 153f.

24 Vespasiano da Bisticci, *Große Männer und Frauen der Renaissance*, vgl. das Kapitel: »Es folgt das Leben des Florentiners Niccolò Niccolini«, S. 347–356, hier S. 354.

25 Vgl. ebd., S. 350f.: »Eines Tages, Niccolò war außer Haus gegangen, sah er einen Knaben, der einen Chalzedon um den Hals trug, in den eine sehr eindrucksvolle Figur – von der Hand des Polyklet – geschnitten war. Er fragte ihn, wessen Sohn er sei; als er des Vaters Namen erfahren hatte, schickte er nach diesem, um zu erfahren, ob er den Chalzedon verkaufe. Der war einverstanden, da er von dergleichen Dingen nichts verstand und sie auch für nichts schätzte. Er gab ihm fünf Fiorini dafür. Dabei schien es dem guten Mann, dem der Chalzedon gehört hatte, daß er für das Stück über das Doppelte des eigentlichen Werts erhalten habe.« – Ob dem so war oder nicht, in jedem Fall erwies sich diese Ausgabe als gute Investition: »Zur Zeit Papst Eugens war der

Patriarch von Aquilea – er hieß Maestro Luigi – in Florenz, der großen Gefallen an solchen Dingen fand. So schickte er nach Niccolò, um ihm die Bitte zu übermitteln, dass dieser ihn den Chalzedon sehen ließe. Niccolò ließ ihn dem Patriarchen bringen; der Chalzedon gefiel ihm so außerordentlich, dass er ihn behielt und Niccolò 200 Golddukaten dafür schickte: Er drängte ihn so sehr, dass Niccolò sich damit abfinden musste. Da er nicht besonders begütert war, war er's zufrieden, dass der Patriarch den Chalzedon behielt. Nach dessen Tod gelangte er in die Hände Papst Pauls, und dann hatte ihn Lorenzo de' Medici.« Eine weitere bemerkenswerte Verfolgung der Spuren einer einzelnen antiken Kamee liefert Luca Giuliani, *Ein Geschenk für den Kaiser. Das Geheimnis des großen Kameo.*

26 Tatsächlich überstiegen diese visionären Pläne Niccolis Mittel: Er starb hoch verschuldet. Doch wurden die Schulden von seinem Freund Cosimo de' Medici annulliert, der sich im Gegenzug das Recht sicherte, über die Sammlung zu verfügen. Die Hälfte der Handschriften wanderte in die neue Bibliothek San Marco, wo sie in Michelozzis großartigem Bau Platz fand; die andere Hälfte bildete die Keimzelle der großen städtischen Biblioteca Medicea Laurenziana. Auch wenn er ihre Gründung veranlasst hatte, die Idee einer öffentlichen Bibliothek stammte nicht von Niccoli allein; auch Salutati hatte eine solche Einrichtung gefordert. Vgl. Berthold L. Ullman und Philip A. Stadter: *The Public Library of Renaissance Florence: Niccolo Niccoli, Cosimo de' Medici, and the Library of San Marco*, S. 6.

27 Cino Rinuccini, *Invettiva contro a cierti calunniatori di Dante e di messer Francesco Petrarcha e di messer Giovanni Boccacio*, zit. nach Witt, *In the Footsteps*, S. 270. Vgl. auch Ronald Witt, »Cino Rinuccini's risponsiva alla invetirra di messer Antonio Lusco«, in: *Renaissance Quarterly* 23 (1970), S. 133–149.

28 Bruni, *Dialogus I*, zit. nach Martines, *Social World*, S. 235.

29 Ebd.

30 Vgl. die deutsche Ausgabe: Aretino Leonardo Bruni, *Humanistisch-philosophische Schriften*.

31 Martines, *Social World*, S. 241.

32 Vespasiano, *Große Männer und Frauen der Renaissance*, darin: »Leben des Messer Poggio, eines Florentiners«, S. 269–277, hier S. 273.

33 Martines, *Social World*, S. 265.

KAPITEL SECHS

IN DER LÜGENSCHMIEDE

1 Poggio an Niccoli, Brief von 12. Februar 1421: »Denn ich bin keiner dieser vollkommenen Menschen, die sich berufen fühlen, Vater und Mutter zu verlassen und alles zu verkaufen und es den Armen zu geben; diese Kraft ist nur wenigen Menschen eigen und auch nur vor langem, in einem früheren Zeitalter.« – Nach: Gordan, *Two Renaissance Book Hunters*, S. 49.

2 Nach William Shepherd, *Life of Poggio Bracciolini*, S. 185.

3 Nach Gordan, *Two Renaissance Book Hunters*, S. 58.

4 Nach Peter Partner, *The Pope's Men: The Papal Civil Service in the Renaissance*, S. 115.

5 Lapo da Castiglionchio, *On the Excellence and Dignity of the Roman Court*, in: Christopher Celenza, *Renaissance Humanism and the Papal Curia: Lapo da Castiglionchio the Younger's* De curiae commodis, S. 111.

6 Ebd., S. 127.

7 Ebd., S. 155.

8 Ebd., S. 205.

9 Vgl. Celenza, *Renaissance Humanism and the Papal Curia*, S. 25f.

10 Lapo da Castiglionchio, *On the Excellence and Dignity of the Roman Court*, S. 177.

11 Poggio, *Die Facezien des Florentiners Poggio*, »Schluss«, S. 238. Die Handschrift der *Facezien* erschien erst 1457, zwei Jahre vor Poggios Tod, doch die Geschichten zirkulierten, wie er selbst gesagt hat, schon viele Jahre zuvor unter den Schreibern und Sekretären. Vgl. Lionello Sozzi, »Le ›Facezie‹ e la loro fortuna Europea«, in: *Poggio Bracciolini 1380–1980: Nel VI centenario della nascità* (Florenz 1982), S. 235–259.

12 Poggio, *Die Facezien*, Nr. 16.

13 Ebd., Nr. 50.

14 Diese und die folgenden Geschichten: Ebd., Nr. 5, Nr. 45, Nr. 23, Nr. 133.

15 Ebd., Nr. 161.

16 Jesus Martinez de Bujanda, *Index des Livres Interdits* (11 Bde., Sherbrooke, Quebec; Genf; Montreal 1984–2002), II (Rom): 33.

17 Poggio, *Facezien*, Nr. 23.

18 Ebd., Nr. 113.

19 Ebd., Nr. 187.

20 Nach John Monfasani, *George of Trebizond*, S. 110.

21 Symonds, *The Revival of Learning*, S. 176. »Im fünfzehnten Jahrhundert machte Gelehrsamkeit alles wett.« (S. 177)

22 Ein Gesamtverzeichnis von Poggios Schriften enthält Ernst Walser, *Poggius Florentinus: Leben und Werke*.

23 »Aspira ad virtutem recta, non hac tortuosa ac fallaci via; fac, ut mens conveniat verbis, opera sint ostentationi similia; enitere ut spiritus paupertas vestium pauper-tatem excedat, tunc fugies simulatoris crimen; tunc tibi et reliquis proderis vera virtute. Sed dum te quantunvis hominem humilem et abiectum videro Curiam frequentaNtem, non solum hypocritam, sed pessimum hypocritam iudicabo.« Greenblatt übersetzt nach Poggio Bracciolini, *Opera omnia*.

24 Nach Gordan, *Two Renaissance Book Hunters*, S. 156, 158.

25 Ebd., S. 54.

26 Ebd., S. 75.

27 Ebd., S. 66.

28 Ebd., S. 68.

29 Ebd., S. 22ff.

30 Ebd., S. 146.

31 Ebd.

32 Ebd., S. 148.

33 Ebd., S. 164.

34 Ebd., S. 166.

35 Ebd., S. 173.

36 Ebd., S. 150.

37 Das genaue Datum von Poggios Berufung zum apostolischen Sekretär ist unklar. 1411 wird er als Schreiber und enger Vertrauter (*familiaris*) des Papstes geführt. Doch ist eine päpstliche Bulle vom Juni 1412 von Poggio als *Secretarius* unterzeichnet (so wie eine spätere Bulle aus der Zeit des Konstanzer Konzils), und Poggio nennt sich in dieser Zeit selbst *Poggius Secretarius apostolicus*. Vgl. Walser, *Poggius Florentinus*, S. 25, Anm. 4.

KAPITEL SIEBEN

SO FÄNGT MAN FÜCHSE

1 Die längste Zeit des 14. Jahrhunderts hatten die Päpste in Avignon residiert; erst 1377 kehrte der in Frankreich geborene Papst Gregor XI., angeblich bestärkt durch die bewegenden Worte der heiligen Katharina von Siena, mit seinem Hofstaat nach Rom zurück. Als er im Jahr darauf starb, umlagerten römische Volksmassen das Konklave der Kardinäle, weil man fürchtete, einen abermals französischen Papst werde es ziemlich sicher zurück nach Avignon ziehen, wo das Leben kultivierter, vergnüglicher und sicherer war. Lautstark forderte das Volk die Wahl eines Italieners. So wurde dann der Neapolitaner Bartolomeo Prignano gewählt, der den Papstnamen Urban VI. annahm. Mit der Begründung, sie seien von einem heulenden Mob erpresst worden und die Wahl darum ungültig, hielt die französische Fraktion der Kardinäle fünf Monate später ein neues Konklave ab. Dort wurde Robert von Genf gewählt, der sich in Avignon niederließ und Clemens VII. nannte. Um 1410 rivalisierten also zwei Päpste um Macht und Einfluss.

Die Zeiten waren hart, die französischen Kardinäle hatten sich einen harten Mann gewählt: im Jahr zuvor hatte sich Robert von Genf als ein solcher empfohlen. Als päpstlicher Legat hatte er an der Spitze einer Kompanie bretonischer Soldaten gestanden, die das rebellierende Cesena belagerten, und der Bevölkerung Amnestie versprochen, wenn sie die Tore öffnete, dann aber, als dies geschehen war, ein Massaker unter den Bürgern befohlen. »Tötet sie alle«, soll er gerufen haben.

Urban VI. in Rom zog unterdes Geld ein, stellte eine Söldnertruppe auf, stürzte sich in die italienische Politik mit ihren überaus komplizierten Bündnissen und Seitenwechseln, bereicherte seine Familie, entkam den Fallen, die man ihm stellte, befahl Folter und Hinrichtung seiner Feinde, floh wiederholt aus Rom und kehrte wieder zurück. Seinen französischen Rivalen nannte Urban den Antipapst, der konterte mit dem Titel des Antichrist. Die schmutzigen Details gehören hier nicht direkt zur Sache – als Poggio die Szene betrat, waren Robert von Genf und Urban VI. beide tot und durch ähnlich problematische Anwärter auf den Heiligen Stuhl abgelöst.

2 Vgl. Poggios melancholische Beobachtungen in *De varietate fortunae*: »Schaue über die Hügel der Stadt … der leere Raum ist unterbrochen allein von Ruinen und Gärten.« – zit. nach Edward Gibbon, *The History of the Decline and Fall of the Roman Empire*, Kapitel 71; in der dt. Ausgabe, *Verfall und Untergang des römischen Imperiums* (6 Bände, München 2003) nicht enthalten; sie reicht nur bis zum Ende des weströmischen Reiches.

3 Ebd., Bd. 6, S. 302. Gibbon macht diese Passage zum Höhepunkt seines umfangreichen *opus magnum*, sie dient ihm als summierende Artikulation der Katastrophe, die Rom mit dem Niedergang auch des oströmischen Reiches endgültig befallen hat.

4 Eustace J. Kitts, *In the Days of the Councils: A Sketch of the Life and Times of Baldassare Cossa*, S. 152.

5 Ebd., S. 163f.

6 Ulrich Richental, *Chronik des Konstanzer Konzils 1414–1418* (Greenblatt zitiert nach: »Richental's Chronicle of the Council of Constance«, in: *The Council of Constance: The Unification of the Church*, hg. von John Hine Mundy und Kennedy M. Woody, übers. von Louise Ropes Loomis, New York 1961, S. 84–199). Aktuelle deutsche Ausgabe: Thomas Martin Buck (Hg.), *Chronik des Konstanzer Konzils 1414–1418 von Ulrich Richental*, Ostfildern 2010.

7 Vgl. z.B. Remigio Sabbadini, *Le scoperte dei codici latini e greci ne secoli XIVe XV.*

8 Richental, *Chronik des Konstanzer Konzils*, S. 206. (Dem voran steht seitenlang die Liste aller Herren und Gruppen, die nach Konstanz gekommen waren.)

9 Ebd. Allerdings nimmt Richental seine Heimatstadt in Schutz: »Es war ein gemeiner Lümd (Gerücht), wie vil lüt (Leute) von dem nachrichter (Scharfrichter) getödet wurden ze Constentz, die wil das concilium da was. Das konnt ich aber nit erfahren noch innen werden, das nit mehr lüt umb ir Leben kommen sind mit kainem unrechten tod dann maister Hanns Huß und Jeronymus unnt sunst 15 mann, die den tod wol verschuldt hatten, unnt 2, die wurden erstochen, und 5, die sint zu tod gefallen.« (S. 137, und Anm. 921)

10 Ebd., S. 25.

11 Ebd., S. 26f., Anm. 172.

12 Nach Gordon Leff, *Heresy, Philosophy and Religion in the Medieval West*, S. 122.

13 Kitts, *In the Days of the Councils*, S. 335.

14 Richental, *Chronik*, S. 44.

15 Ebd., S. 46.

16 So Richentals Bericht. Ein anderer zeitgenössischer Beobachter, Kardinal Guillaume Fillastre, gibt eine abweichende Version des Geschehens: Der Papst habe, als er seine Situation erkannte, die Stadt in der Nacht vom 21. März »über den Fluß« verlassen, gedeckt von Männern des Herzogs Friedrich von Bayern. Vgl. *Acta Concilii constanciensis*, Hg von Heinrich Finke, 4. Bde. (Repr. Münster 1928), Bd. 2: Konzilstagebücher; Sermones; Reform- und Verfassungsakten.

17 Fillastre, in ebd.

18 E. H. Gillett, *The Life and Times of John Huss*, 2 Bde. Bd. 1, S.508.

19 Kitts, *In the Days of the Councils*, S. 199f.

20 Poggios langer Brief über Hieronymus' und Brunis erschrockene Anwort finden sich in: William Shepherd, *The Life of Poggio Bracciolini*, S. 78–90.

21 Richental, *Chronik*. Poggio jedoch, der, wie er berichtete, »Zeuge seines Endes« gewesen sei und »jede Einzelheit seines Prozesses verfolgt« habe, schreibt weiter an Bruni: »Weder hat Mutius das Verbrennen seiner Hand so geduldig ertragen wie Hieronymus das Verbrennen seines ganzen Leibes, noch hat Sokrates den Schierling so gelassen getrunken, wie Hieronymus sich dem Feuer ergab.« Zit. nach: Shepherd, *The Life of Poggio Bracciolini*, S. 88. Poggio spielt an auf Mucius Scaevola, den legendären römischen Helden, der stoisch seine Hand in die Flammen hielt und damit Roms Feind, den Etrusker Porsenna, tief beeindruckte.

22 Dies und das Folgende: Brief an Niccolò Niccoli, 18. Mai 1416, in: *Beschreibung der Bäder zu Baden. Eine Beschreibung derselben aus dem fünfzehnten Jahrhundert, Gedruckt für beyderley Geschlecht* [Aus einem Briefe Poggios vom 28. März 1416 an seinen vertrautesten Freund Niccolo Niccòli zu Florenz], 1780, Digitalisat der Bayerischen Staatsbibliothek, siehe <https://opacplus.bsb-muenchen.de/>.

23 A.d.Ü.: Greenblatt zitiert den Brief nach Gordan, *Two Renaissance Book Hunters*, S. 26–30. In der deutschen Ausgabe von 1780 kommt das Wort »Epikur« oder »epikureisch« nicht vor – möglicherweise eine Bestätigung von Greenblatts These des aktiven Vergessens und Verdrängens dieser Lehre. Nur unbenannt findet sie in der deutschen Übersetzung dann doch Erwähnung, nicht nur in der bereits zitierten Stelle S. 24, sondern deutlicher noch im letzten Satz des deutschen Textes: »Begegnet ihnen [den Leuten aus Baden] etwas widriges, so tragen sie's mit Gelassenheit, und ihr ganzer Schatz ist der Wahlspruch: Der lebte, der seines Lebens genoss.« (S. 28)

24 L. D. Reynolds, *Texts and Transmission: A Survey of the Latin Classics*, S. 158. Der Kommentar stammt vom römischen Grammatiker (d.i. Lehrer) Donatus aus dem vierten Jahrhundert.

25 Poggios Abschrift der Reden Ciceros wurde 1948 von A. Campana in der vatikanischen Bibliothek [Vatican. lat. h458 (X)] entdeckt, mit folgender Indexierung: »Has septem M. Tulii orationes, que antea culpa temporum apud Italos deperdite erant, Poggius Florentinus, perquisitis plurimis Gallie Germanieque summo cum studio ac diligentia biblyothecis, cum latenetes comperisset in squalore et sordibus, in lucem solus extulit ac in pristinam dignitatem decoremque restituens Latinis musis dicavit.« (S. 91)

26 Im Text, der auf diese Beschreibung der ramponierten Handschrift folgt, phantasiert Poggio, wie bedeutsam und einflussreich Quintilians *Institutiones* zur Rettung der Römischen Republik gewesen waren. So stellt er sich vor, dass der eingesperrte Quintilian es als »Schande« empfinde, »dass er, der einst mit seinem Einfluss und seiner Eloquenz die Sicherheit einer ganzen Bevölkerung bewahrte, nicht einen einzigen Fürsprecher finden sollte, der sein Missgeschick bedauern und einige Mühen auf sich nehmen würde, um für sein Wohlergehen zu sorgen und abzuwenden, dass er weggeschleppt würde zu einer unverdienten Strafe.« Brief an Niccoli, 15. Dezember 1425,

nach: Gordan, *Two Renaissance Book Hunters*, S. 105. In diesen Worten spürt man vielleicht den Stich seines Gewissens, das sich schuldig fühlte, als er Hieronymus' Verurteilung und Hinrichtung verfolgte. Oder anders: Die Rettung des Manuskripts steht für eine versäumte Menschenrettung. Konnte er den Mönchen einen Text aus den Klauen reißen, dann war dies eine Rettung, die Poggio im Fall des wortgewaltigen, aber verurteilten Hieronymus niemals hätte bewerkstelligen können.

27 Ebd., Brief IV, S. 194.

28 Ebd., Brief IV, S. 197.

KAPITEL ACHT

WIE DIE DINGE SIND

1 Jacques Lacan will diese Geschichte von C.G. Jung gehört haben. Vgl. Elisabeth Roudinesco und Michel Plon, *Wörterbuch der Psychoanalyse*, Stichwort »Pest«, S. 781. A.d.Ü.

2 Die bedeutende Rolle, die Lukrez für die neuzeitliche Philosophie und Naturwissenschaft gespielt hat, hat Catherine Wilson scharfsinnig herausgearbeitet: *Epicureanism at the Origins of Modernity*. Vgl. auch W. R. Johnson, *Lucretius and the Modern World*; Dane R. Gordon und David B. Suits, *Epicurus: His Continuing Influence and Contemporary Relevance*; Stuart Gillespie und Donald Mackenzie, »Lucretius and the Moderns«, in: Stuart Gillespie und Philip Hardie (Hg.), *The Cambridge Companion to Lucretius*, S. 306–324.

3 A.d.Ü.: Um diese Punkte am Text nachvollziehen zu können, sind zur Orientierung die von Hermann Diels in seine Übersetzung eingefügten Zwischenüberschriften hilfreich, die in einem Inhaltsverzeichnis zusammengestellt sind: vgl. *Von der Natur*, S. 376ff.

4 George Santayana, *Three Philosophical Poets: Lucretius, Dante, and Goethe* (Cambridge, MA, 1947), S. 23.

5 Das ist eine der zahllosen Stellen, an denen Lukrez' betörende Sprachkunst in jeder Übersetzung unwiderruflich verloren geht. Hier, in der Beschreibung der unzähligen Verbindungen, spielt er mit einander ähnlichen Worten, die sich aneinanderreiben: »*Sed quia multa modis multis mutata per omne.*«

6 In *Logik des Sinns* (1969; dt. 1989) erkundet Gilles Deleuze die Beziehung zwischen dieser minimalen, unbestimmbaren Bewegung der Atome und der modernen Physik.

7 »Wären alle Bewegungen unaufhebbar miteinander verknüpft, würde neue Bewegung in unabänderlicher Folge allein aus alter entstehen, gäbe es die winzige Abweichung in der uranfänglichen Bewegung [declinando … primordia motus] nicht, woher dann, frage ich, entspränge jene Bewegung, die die Bande des Schicksals zerreißt, verhindert, dass die Kette der Ursachen sich schließt? Woher anders der freie Wille, wie ihn die lebenden Geschöpfe der Erde alle besitzen? Woher diese Kraft, die uns allen ermöglicht, uns, dem Schicksal entwunden, dorthin zu wenden, wohin die Lust uns führt?« (*On the Nature of Things*, 2:251ff.)

8 Man kann sich selbst entweder dazu bestimmen, voranzugehen, oder aber dazu, auf der Stelle zu verharren; und beides ist uns nur möglich, weil eben nicht alles strikt determiniert ist. Anders gesagt, wir verdanken diese Freiheit allein der winzigen, unvorhersehbaren, freien Bewegung der Materie. Was den Geist davor bewahrt, von immanenter Notwendigkeit zerdrückt zu werden, ist allein »der winzige Ruck [*clinamen principiorum*] der Atome, dessen Ort und Zeit unvorhersehbar sind«. (*On the Nature …*, 2:293f.)

9 So wie sich in der verschlungenen Entwicklungsgeschichte keine göttliche Gnade zeigt, so gibt es auch keine vollkommene oder letzte Form. Auch die Geschöpfe, die gut gedeihen, sind nicht ohne Mängel, ein Zeichen, dass ihr »Design« nicht das Produkt einer erhabenen Intelligenz, sondern dem Zufall entsprungen ist. Lukrez hat damit formuliert, was Menschenmänner verdrießlich das Prostata-Prinzip nennen könnten.

10 In Drydens Übersetzung lauten diese Verse:

»Thus like a sailor by the tempest hurled
Ashore, the babe is shipwrecked on the world:
Naked he lies, and ready to expire;
Helpless of all that human wants require:
Exposed upon unhospitable earth,
From the first moment of his hapless birth.

John Dryden, *Complete Poems*, hg. von James Kinsley, 4 Bde. (Oxford 1958), 1:421. (Greenblatt hat Schreibweise und Interprunktion hier wie in den anderen Zitaten modernisiert.)

Nicht ganz so drastisch heißt es bei Diels:

»Ferner das Kind! Wie der Schiffer, den wütende Wellen ans Ufer
Werfen, so liegt am Boden der Säugling, nackt und zum Leben
Jeglicher Hilfe entbehrend …«

11 »So wird vor dem festlich geschmückten Tempel, am weihrauchduftenden Altar oftmals ein Kalb geschlachtet, und mit seinem letzten Atem entströmt das heiße Blut seiner Brust. Die Mutter aber, verwaist, durchwandert derweil die grünenden Täler, sucht am Boden den Abdruck des gespaltenen Fußes. Jeden Winkel erforschen ihre Blicke, ob sie nicht irgendwo doch ihr verlorenes Junges entdeckt. Nun hält sie inne und füllt mit jammerndem Ruf die grüne Flur. Wieder und wieder kehrt sie zum Stall zurück, ihr Herz von Sehnsucht durchbohrt nach dem Kalb.« (2:352ff.) Mit dieser Passage behauptet Lukrez nicht nur, dass eine Kuh ihr Kalb zu erkennen vermag: Zugleich (und zum wiederholten Mal) hält er hier auch fest, wie zerstörerisch, ja mörderisch Religion ist, was an dieser Stelle aus der Perspektive des geopferten Tieres gezeigt wird. Lukrez setzt den Opferkult in seiner ganzen Grausamkeit und Zwecklosigkeit gegen etwas zutiefst Natürliches: nicht nur gegen die Fähigkeit einer Mutter, ihre Nachkommen zu erkennen, sondern auch gegen die Liebe, die hinter diesem Erkennen steht. Tiere sind für Lukrez keine Maschinen aus toter Materie – sind nicht einfach, wie wir sagen würden, auf Brutpflege programmiert –, sondern auch zu Gefüh-

len fähig. Darum kann, wie Lukrez beobachtet, kein Mitglied einer Art ohne Weiteres ein anderes ersetzen, so als seien individuelle Geschöpfe austauschbar.

12 »Wem fährt nicht ein entsetzlicher Schreck in die Glieder, wenn plötzlich furchtbarer Blitzschlag die vertrocknete Erde erschüttert, während der grollende Donner den weiten Himmel durchrollt?« (5:1218ff.)

13 In einem eleganten kleinen Essay – *Schiffbruch mit Zuschauer* – hat Hans Blumenberg gezeigt, wie im jahrhundertelangen Nachdenken und Kommentieren dieser Passage der Zuschauer seine privilegierte Position eingebüßt hat: Wir sitzen selbst im Schiff.

14 Vgl. A. Norman Jeffares, *W. B. Yeats: Man and Poet*, S. 267, zit. nach David Hopkins, »The English Voices of Lucretius from Lucy Hutchinson to John Mason Good«, in: *The Cambridge Companion to Lucretius*, S. 266. Hier noch Drydens Übersetzung der Passage:

> »When Love its utmost vigor does imploy,
> Ev'n then, 'tis but a restless wandring joy:
> Nor knows the Lover, in that wild excess,
> With hands or eyes, what first he would possess:
> But strains at all; and fast'ning where he strains,
> Too closely presses with his frantic pains;
> With biting kisses hurts the twining fair,
> Which shows his joys imperfect, unsincere.«
> (1:414)

In modernen Ohren klingt »unsincere« (unaufrichtig) an dieser Stelle befremdlich, doch ist dieses Wort ein Latinismus: Im Lateinischen bedeutet *sincerus* »rein«, und Lukrez schreibt, dass die stürmische Gewaltsamkeit daraus resultiert, dass die Lust des Liebenden nicht rein ist: *quia non est pura voluptas* (4:1081).

15 »So wie einem Dürstenden im Traum oft das ersehnte Getränk versagt wird, das ihm die Glut in den Gliedern löschen könnte, und er statt des Wassers nur Bilder des Nass' erhascht und, wie er sich auch müht, inmitten des tosenden Stroms dennoch durstig bleibt, so narrt Venus die Liebenden auch in der Liebe mit Bildern: Und sie können sich nicht sattsehen, selbst an den Körpern nicht, und mit den Händen vermögen sie nichts zu erhaschen und zu halten von den samtenen Gliedern, die sie mit unsicher streifenden Griffen ertasten.« (4: 1097ff.)

16 Hier die Stelle in Smiths damit verglichen biederer Prosa:

> »At last, with limbs interlocked, they enjoy the flower of youth: the body has a presentiment of ecstasy, and Venus is on the point of sowing the woman's fields; they greedily press body to body and intermingle the salivas of their mouths, drawing deep breaths and crushing lips with teeth. But it is all in vain, since they cannot take away anything from their lover's body or wholly penetrate it and merge into it. At times they do indeed seem to be striving and struggling to do this: so eagerly do they remain fettered in the bonds of Venus, while their limbs are slackened and liquefied by the force of ecstasy.«

»Zuletzt mit verschlungenen Gliedern kosten sie die Blüte des Lebens: im ersten Gefühl kommender Wonne, wenn Venus bereit ist, das weibliche Feld zu besamen, dann pressen sie gierig Körper an Körper, und mischen den Speichel ihrer Münder, atmen tief, pressen Zähne auf Lippen. Doch umsonst, denn sie können dem geliebten Körper nichts entreißen, nicht völlig eindringen in ihn und mit ihm verschmelzen. Dabei scheinen genau das sie zu wollen, sie versuchen auch, es zu tun: begierig hängen sie aneinander in den Banden der Venus, während ihre Glieder von der Gewalt der Lust gelöst zerschmelzen.«

17 Smiths Prosaversion der Eröffnungsverse lautet:

»Mother of Aeneas' people, delight of human beings and the gods, Venus, power of life, it is you who beneath the sky's sliding stars inspirit the ship-bearing sea, inspirit the productive land. To you every kind of living creature owes its conception and first glimpse of the sun's light. You goddess, at your coming hush the winds and scatter the clouds, for you the creative earth thrusts up fragrant flowers, for you the smooth stretches of the ocean smile, and the sky, tranquil now, is flooded with effulgent light.

Once the door to spring is flung open and Favonius' fertilizing breeze, released from imprisonment, is active, first, goddess, the birds of the air, pierced to the heart with your powerful shafts, signal your entry. Next wild creatures and cattle bound over rich pastures and swim rushing rivers: so surely are they all captivated by your charm and eagerly follow your lead. Then you inject seductive love into the heart of every creature that lives in the seas and mountains and river torrents and bird-haunted thickets and verdant plains, implanting in it the passionate urge to reproduce its kind.«

»Mutter der Äneaden, Wonne der Menschen und Götter, holde Venus, Macht des Lebens, du bist es, die unter den gleitenden Zeichen des Himmels das schiffetragende Meer, das saatentragende Land belebt. Dir verdankt alles Belebte Empfängnis und den ersten Blick auf der Sonne Licht. Wenn du nahest, Göttin, fliehen die Winde, die Wolken des Himmels, dir schickt duftende Blumen die schaffende Erde, dir lacht hell die Fläche des Meeres; und der Himmel, ruhig nun, ist von glänzendem Licht durchflossen.

Kaum nämlich ist die Pforte des Frühlings aufgesprungen und es wirkt, plötzlich befreit, die Brise des Zephyr, da, Göttin, künden die Vögel dich an, ins Herz getroffen von deinen mächtigen Pfeilen. Dann toben das Wild und das Vieh über üppige Weiden, schwimmen durch wilde Ströme: Von deinem Zauber gefangen, begierig folgen sie alle dir willig, wohin du sie führst. Dann senkst du verführerische Liebe ins Herz aller Kreaturen, die leben in den Meeren und Bergen und fließenden Strömen und in der Vögel belebtem Dickicht, auf grünenden Fluren; den leidenschaftlichen Trieb senkst du in sie, ihre Art zu vermehren.«

KAPITEL NEUN

DIE RÜCKKEHR

1 Brief an Francesco Barbaro, zit. nach Gordan, *Two Renaissance Book Hunters*, Anhang, Brief VIII, S. 213.

2 Die Geschichte des Lukrez-Textes hat Generationen von Gelehrten beschäftigt; der Text war Gegenstand auch der wohl berühmtesten aller philologischen Rekonstruktionen, der des großen deutschen Klassizisten Karl Lachmann (1793–1851; seine kommentierte Lukrez-Ausgabe erschien in zwei Bänden 1850 in Berlin). Die verlorene, für Poggio angefertigte Kopie wird unter Gelehrten als *Poggianus* bezeichnet. D. J. Butterfield, Universität Cambridge, hat mir sehr geholfen, in die komplexen textgeschichtlichen Einzelheiten einzusteigen; ich schulde ihm großen Dank.

3 Gordan, *Two Renaissance Book Hunters*, S. 38, 46.

4 Ebd., S. 46.

5 Ebd., S. 48.

6 Ebd., S. 74.

7 Ebd., S. 65.

8 Ebd., S. 89.

9 Ebd., S. 92.

10 Ebd., S. 110.

11 Ebd., S. 154.

12 Ebd., S. 160.

13 Die Kopien, die Niccoli von einer beträchtlichen Zahl antiker Texte anfertigte, blieben erhalten und befinden sich in der Sammlung San Marco, der er seine Bibliothek vermacht hatte. Darunter befinden sich, neben dem Lukrez, Werke von Plautus, Cicero, Valerius Flaccus, Celsus, Aulus Gellius, Tertullian, Plutarch und Chrysostomos. Andere, darunter die Kopie des Asconius Pedianus, die Poggio erwähnt hat, sind verloren. Vgl. B. L. Ullman und Philip A. Stadter, *The Public Library of Renaissance Florence. Niccolò Niccoli, Cosimo de' Medici and the Library of San Marco*, S. 88.

14 Gordan, *Two Renaissance Book Hunters*, S. 147, 166f.

15 Wie Lauro Martines schreibt, waren Macht und Geld im 13. Jahrhundert vom alten Feudaladel auf die Klasse der Kaufleute übergegangen, auf Familien wie die Albizzi, Medici, Rucellai und Strozzi. Der Vater der Braut gehörte nicht zu den ganz Reichen, war aber doch recht wohlhabend. »Im Jahr 1427 gehörten Vaggias Vater Gino nach eigenen Angaben ein großes Haus mit Werkstatt, zwei Hütten, vier Höfe, diverse Parzellen Land und einiges Vieh. Zum übrigen Besitz zählten ein ausstehender Kredit über 858 Florin und eine Regierungsanleihe über 118 Florin. Insgesamt belief sich sein Bruttokapital auf 2424 Florin. Die Schulden auf seinen Besitz summierten sich auf 500 Florin, Abzüge für Miete und Unterhalt reduzierten Ginos steuerbares Kapital auf 336 Florin. Insofern lässt sich Poggios Verbindung mit Vaggia (aus seiner Perspektive) nicht wirklich damit erklären, dass er sie mit dem Ziel einer Einheirat in eine begüterte Familie geschlossen hätte. Dennoch brachte sie ihm eine Mitgift von 600 Florin, deren Wert dem entsprach, was Familien mittlerer politischer Stellung oder alteinge-

sessene (etwas heruntergekommene) Familien, deren größter sozialer Vorzug in ihrem ›Blut‹ bestand, ihren Töchtern mitgaben.« Lauro Martines, *The Social World of the Florentine Humanists*, S. 211f.

16 William Shepherd, *Life of Poggio Bracciolini*, S. 394.

17 Zit. nach Charles Trinkaus, *In Our Image and Likeness: Humanity and Divinity in Italian Humanist Thought*, Bd. 1, S. 268.

KAPITEL 10

WENDUNGEN

1 Zit. nach Alison Brown, *The Return of Lucretius to Renaissance Florence*, S. 49. Vgl. Girolamo Savonarola, *Prediche sopra Amos e Zacaria*, no. 3 (19. Februar 1496), hg. von Paolo Ghiglieri (Rom 1971), 1:79ff. Vgl. auch Peter Godman, *From Poliziano to Machiavelli: Florentine Humanism in the High Renaissance*, S. 140, und Jill Kraye, »The Revival of Hellenistic Philosophies«, in: James Hankins (Hg.), *The Cambridge Companion to Renaissance Philosophy*, insbes. S. 102ff.

2 Zu Machiavellis Lukrez-Kopie vgl. Brown, *Return of Lucretius*, S. 68–87, und Anhang, S. 113–122.

3 Vgl. James Hankins, »Ficino's Theology and the Critique of Lucretius« – der Aufsatz erscheint in den *Proceedings* der Konferenz zur Platonischen Theologie in Antike, Mittelalter und Renaissance, die in der Villa I. Tati und im Istituto Nazionale di Studi sul Rinascimento abgehalten wurde: Florenz, 26.–27. April 2007.

4 Zu diesem Streit vgl. Salvatore I. Camporeale, »Poggio Bracciolini contro Lorenzo Valla. Le ›Orationes in L. Vallam‹«, in: *Poggio Bracciolini, 1380–1980*, Florenz 1982, S. 137–161. Zur Frage der Orthodoxie bei Valla (und auch bei Ficino) vgl. Christopher S. Celenza, *The Lost Italian Renaissance: Humanists, Historians, and Latin's Legacy*, S. 80–114.

5 »Nunc sane video, cur in quodam tuo opusculo, in quo Epicureorum causam quantam datur tutaris, vinum tantopere laudasti … Bacchum compotatoresque adeo profuse laudans, ut epicureolum quendam ebrietatis assertorem te esse profitearis … Quid contra virginitatem insurgis, quod numquam fecit Epicurus? Tu prostitutas et prostibula laudas, quod ne gentiles quidem unquam fecerunt. Non verbis oris tui sacrilegi labes, sed igne est expurganda, quem spero te non evasurum.« Zit. nach Don Cameron Allen, »The Rehabilitation of Epicurus and His Theory of Pleasure in the Early Renaissance«, in: *Studies in Philology* 41 (1944), S. 1–15.

6 Valla zitiert zwar Lukrez, doch nur Passagen, die er bei Laktanz und in anderen christlichen Quellen hatte finden können.

7 Tatsächlich ist dieser Sprecher keine erfundene Figur, sondern der zeitgenössische Dichter Maffeo Vegio, und auch er macht klar, dass er kein wirklicher Epikureer sei, sondern nur bereit, die Rolle des Verteidigers der Lust zu spielen, um stoische Argumente zu widerlegen, die die Tugend zum höchsten Wert erklärten, was seiner Meinung nach eine viel größere Bedrohung der christlichen Orthodoxie darstelle.

8 Lorenzo Valla, *De vero falsoque bono*, Greenblatt zitiert nach der Übersetzung von A. Kent Hieatt und Maristella Lorch (New York 1977), nutzt aber dennoch den bekannteren Kurztitel. – A.d.Ü.: Wir folgen der lateinisch/deutschen, kommentierten Ausgabe: Lorenzo Valla, *De voluptate sive de vero bono/Von der Lust oder vom wahren Guten*, hg. und übers. von Peter Michael Schenkel.
Der Text Vallas nutzt, zusätzlich zur dialogischen Widerlegung, noch ganz andere Strategien, um den Autor vom Vorwurf des Epikureismus freizuhalten. Valla hat gute Gründe, Poggios entsprechenden Vorwurf scharf zurückzuweisen. Die epikureischen Argumente, die das zweite und, über weite Strecken, auch das erste Buch des Dialogs *De voluptate* ausmachen, sind sorgfältig eingerahmt von den wahren christlichen Lehren, von denen der Erzähler wie die anderen Gesprächsteilnehmer schließlich einmütig sagen, sie hätten den Sieg davongetragen.

9 Valla, *De voluptate*, S. 241.

10 Ebd., S. 241.

11 Ebd., S. 343.

12 Vgl. Greenblatt, »Invisible Bullets: Renaissance Authority and Its Subversion«, in: *Glyph* 8 (1981), S. 40–61.

13 Vgl. Michele Marullo, *Inni Naturali*; zu Giordano Brunos Verhältnis zum Epikureismus vgl. Hans Blumenberg, *Die Legitimitat der Neuzeit.*

14 »L'anima e sol … in un pan bianco caldo un pinocchiato«, nach: Brown, *Return of Lucretius*, S. 11.

15 Erasmus, »Der Epikureer«, in: *Colloquia Familiaria – Vertraute Gespräche*, S. 357ff. Zu Erasmus' Kritik an Marullo vgl. S. S. Allen, *Opus Epistolarum des. Erasmi Roterodami*, 12 Bde., (Oxford, 1906–1958), 2:187; 5:519. Englisch in: *Collected Works of Erasmus* (Toronto 1974f.), 3:225; 10:344. Zeitgenossen von Erasmus: *A Biographical Register of the Renaissance and Reformation*, hg. von S. G. Bietenholz und Thomas B. Deutscher (Toronto 2003), 2:398f.

16 Morus, *Utopia*, übers. und komm. von Ignaz Emanuel Wessely, München 1896.

17 Nach More, *Utopia*, hg. von George M. Logan und Robert M. Adams (Cambridge 2002), S. 68. Vgl. dazu die deutsche Ausgabe, übers. von Gerhard Ritter (Stuttgart 2003), Anm. II.32.

18 Morus spielt, mit der ihm eigenen Brillanz, in *Utopia* ein sehr selbstbewusstes Spiel mit den komplexen Faktoren, die zum Verschwinden oder Überleben antiker Bücher geführt haben, Zufälle eingeschlossen: »Sie [die Utopier] besitzen von meiner Hand die meisten Werke Platos, mehrere von Aristoteles, dann Theophrast über die Pflanzen, aber an vielen Stellen unvollständig, was ich sehr bedauere. (Denn als ich beschlossen hatte, meine vierte Seereise anzutreten, packte ich an Stelle der Waren ein ziemlich großes Bücherbündel in das Schiff, da ich viel eher entschlossen war, gar nicht mehr, als nach kurzer Zeit zurückzukehren.) Ich hatte während der Fahrt auf das Buch nicht weiter geachtet, da gerieth eine Meerkatze darüber, die mutwillig und spielerisch einige Seiten herausgerissen und zersetzt hatte.« (»Von den Reisen der Utopier«, S. 114)

19 Dies Verbot zielt auf die Abwendung von Religionskriegen und blutigen Auseinandersetzungen über Glaubensdogmen: »Aber mit Gewalt und Drohungen erzwingen, daß das, was du für wahr hältst, auch alle Andern wahr bedünken solle, das hielt er [der Gesetzgeber Utopias] für unverschämt und abgeschmackt. Wenn nun höchstens eine Religion die wahre ist und die andern nichtig und eitel sind, so hat er doch unschwer vorausgesehen (wenn die Sache nur mit Vernunft und Mäßigung behandelt wird), daß die innere Kraft der Wahrheit sich glänzend Bahn brechen werde. Wenn aber mit den Waffen in der Hand und im Aufruhr gestritten wird, so würde, da die schlechtesten Menschen die hartnäckigsten sind, die beste und heiligste Religion, wie die Saat unter Dörnern und Sträuchern, unter einem Wust abergläubischer Wahnvorstellungen erstickt werden. So hat er diese ganze Frage offen gelassen und einem Jeden es völlig freigestellt, was er glauben wolle und was nicht. Nur das Eine hat er hoch und theuer verboten, daß jemand so tief unter die Würde der menschlichen Natur sinke, daß er des Glaubens sei, die Seele sterbe zugleich mit dem Leibe, oder die Welt werde nur so von ungefähr, ohne höhere Vorsehung, im Getriebe erhalten.« (»Von den Religionen«, S. 145f.)

20 Während ich dies schreibe, sitzt in den Vereinigten Staaten einer von neun Afroamerikanern zwischen zwanzig- und fünfunddreißig im Gefängnis; zugleich herrschen in den Vereinigten Staaten die größten Einkommensunterschiede seit dem letzten Jahrhundert.

21 Greenblatt zitiert »the fine translation« der *Spaccio de la bestia trionfante* von Ingrid D. Rowland in: *Giordano Bruno: Philosopher/Heretic*. A.d.Ü.: Wir folgen Ludwig Kulenbecks Übersetzung von *Die Vertreibung der triumphierenden Bestie* (in Band 2, *Gesammelte Werke*), I.3, S. 90f.

22 Nach Walter L. Wakefield, »Some Unorthodox Popular Ideas of the Thirteenth Century«, in: *Medievalia et Humanistica*, S. 28.

23 Nach John Edwards, »Religious Faith and Doubt in Late Medieval Spain: Soria circa 1450–1500«, in: *Past and Present* 120 (1988), S. 8.

24 Giordano Bruno, *Aschermittwochsmahl*, Erster Dialog, S. 93.

25 Jacopo Corbinelli, der florentinische Sekretär an Königinmutter Caterina de' Medici, zit. nach Rowland, *Giordano Bruno*, S. 193.

26 Bruno, *Aschermittwochsmahl*, Erster Dialog, S. 89.

27 *Zwiegespräche vom unendlichen All und den Welten*, 5. Dialog; vgl. dazu *De rerum natura*, 2:1067ff.

28 Zu Thomas Harriot vgl. J. W. Shirley (Hg.), *Thomas Harriot: Renaissance Scientist*; ders. *Thomas Harriot: A Biography*; J. Jacquot, »Thomas Harriot's Reputation for Impiety«, in: *Notes and Records of the Royal Society* 9 (1951/52), S. 164–187.

29 Bruno, *Aschermittwochsmahl*, Erster Dialog, S. 92.

30 Giordano Bruno, *De immenso et innumerabilibus*, liber I–VI, 1591. Deutsch: *Das Unermessliche und Unzählbare*, Peißenberg 2002.

KAPITEL ELF

NACHWEHEN

1 Eine berühmte Ausnahme ist die inquisitorische Befragung von Paolo Veronese wegen seines *Abendmahls* von 1573, dessen intensive Materialität – das pulsierende Leben der bewegten Randszenen, die Narren, das Essen auf dem Tisch, Hunde, die sich kratzen und nach Resten schnappen, und so weiter – zum Vorwurf der Pietätlosigkeit, sogar der Ketzerei führte. Veronese vermied unangenehme Konsequenzen, indem er dem Werk einen neuen Titel gab: *Gastmahl im Hause des Levi.*

2 Jonson schrieb seinen Namen auf das Titelblatt und versah, obwohl das Buch so klein ist – nur 11 mal 6 Zentimeter –, die Seitenränder mit vielen Markierungen und Notizen: Spuren einer intensiven und begeisterten Lektüre. Insbesondere scheint es ihm die Passage des zweiten Buchs angetan zu haben, in der Lukrez bestreitet, dass sich die Götter auf irgendeine Weise für Tun und Treiben der Menschen interessieren. Am Fuß der Seite kritzelte er die Übersetzung zweier Zeilen:

»Far above grief & dangers, those blest powers,
Rich in their active goods, need none of ours.«

Vgl. Lukrez 2:649f:

»Nam privata dolore omni, privata periclis,
ipsa suis pollens opibus, nil indiga nostri.«

Lucy Hutchinson (1620–1681) übersetzt diese Zeilen wie folgt:

»The devine nature doth it selfe possesse
Eternally in peacefull quiettnesse,
Nor is concernd in mortall mens affairs,
Wholly exempt from dangers, griefes, and cares,
Rich in it selfe, of us no want it hath.«

Bei Diels heißt die Stelle:

»Weit entfernt und geschieden von unseren Leiden und Sorgen
Frei von jeglichen Schmerzen und allen Gefahren,
Selbst gestützt auf die eigene Macht, nie unserer bedürfend,
Wird es [das Wesen der Götter] durch unser Verdienst nicht gelockt noch vom Zorne bezwungen.«

3 Michel de Montaigne, *Essais*, nach dieser Ausgabe auch alle folgenden Zitate.

4 Greenblatt setzt in seinen Text Drydens Übersetzung; meine deutsche Prosafassung folgt dieser (A.d.Ü.):

»He who rules the savage things
Himself; the eternal wound of love drains all his powers
Wide-mouthed, with greedy eyes thy person he devours,
Head back, his very soul upon thy lips suspended:
Take him in thy embrace, goddess, let him be blended
With thy holy body as he lies; let sweet words pour
Out of thy mouth.«

5 M. A. Screech, *Montaigne's Annotated Copy of Lucretius: A Transcription and Study of*

the Manuscript, Notes, and Pen-Marks, S. 11: »Ut sunt diuersi atomorum motus non incredibile est sic conuenisse olim atomos aut conuenturas ut alius nascatur montanus.« Greenblatt hat Screechs Übersetzung geändert, bei dem es heißt: »Since the movements of the atoms are so varied, it is not unbelievable that the atoms once came together, or will together again in the future, so that another Montaigne be born.«

6 Trevor Dadson, »Las bibliotecas de la nobleza: Dos inventarios y un librero, ano de 1625«, in: Aurora Egido und Jose Enrique Laplana (Hg.), *Mecenazgo y humanidades en tiempos de lasta-nosa. Homenaje a la memoria de Domingo Yndurdin* (Saragossa 2008), S. 270. Professor Dadsons Forschungen in Inventaren spanischer Bibliotheken verdanke ich auch alle anderen Hinweise auf Lukrez im Spanien nach dem Tridentinischen Konzil.

7 Pietro Redondi, *Galileo der Ketzer*, »Dokumente«: »Exercitatio de formis substantialibus et de qualitatibus physicis«, S. 346

8 A.d.Ü.: Die Substanz des Brotes, so das Argument, wird ersetzt durch die des göttlichen Leibes; und Gottes Allmacht erweist und offenbart sich darin, dass die substanzlos gewordenen Broteigenschaften weiter Bestand haben können. (Schon der frühmittelalterliche Berengar von Tours hatte erkannt – und dem widersprochen –, dass demnach für Gott andere Gesetze gelten müssen als für die menschliche Logik; in diesem Sinn ketzerisch ist auch die Lukrez'sche Behauptung der Einheit der Natur und ihrer Gesetze.) Wenn Galilei wie Lukrez behauptet hat, Körper könnten ihre Form wandeln, bestünden dann aber noch immer aus dem gleichen Stoff, gerät er in scharfen Gegensatz zur tridentinischen Auffassung der Eucharistie als Transsubstantiation, denn bei dieser bleibt die Form bestehen, während der Stoff sich wandelt.

9 Zit. nach Redondi, *Galileo der Ketzer*, S. 136.

10 Ebd., S. 262.

11 Ebd., Dokumente, S. 336ff. – Redondis zentrales Argument – dass mit dem öffentlichen Vorwurf des Heliozentrismus verdeckt werden sollte, dass es seinen Gegnern tatsächlich um Galileos Atomismus gegangen sei – wurde von vielen Wissenschaftshistorikern kritisiert. Doch gibt es keinen Grund zu der Annahme, dass es der Kirche nur um die eine oder die andere Frage gegangen sei und nicht um beide.

12 Ebd., S. 337.

13 Ich stütze mich auf Ada Palmers Übersetzung, deren unveröffentlichtem Aufsatz »Reading Atomism in the Renaissance« ich einiges verdanke. Die Distanzierung im Wortlaut: »At Lucretius animorum immortalitatem oppugnat, deorum providentiam negat, religiones omneis tollit, summum bonum in voluptate ponit. Sed haec Epicuri, quem sequitur Lucretius, non Lucretii culpa est. Poema quidem ipsum propter sententias a religione nostra alienas, nihilominus poema est. tantumne? Immo vero poema venustum, poema praeclarum, poema omnibus ingenii luminibus distinctum, insignitum, atque illustratum. Hasce autem Epi-curi rationes insanas, ac furiosas, ut & illas absurdas de atomorum con-cursione fortuita, de mundis innumerabilibus, & ceteras, neque difficile nobis est refutare, neque vero necesse est: quippe cum ab ipsa veritatis voce vel tacentibus omnibus facillime refellantur.« (Paris 1563) f. 53.

14 In Druck gelangte Hutchinsons Übersetzung erst im 20. Jahrhundert: Hugh de Quehen (Hg.), *Lucy Hutchinson's Translation of Lucretius: »De rerum natura«*; Widmungsbrief auf S. 139. Diese Ausgabe entstand nach der Handschrift, die zunächst in Lord Angeleseys Bibliothek überlebte, dann von seinen Erben Mitte des 19. Jahrhunderts an die British Library verkauft wurde.

15 Im Gegenteil, mit einem Rückblick auf John Evelyn bemerkt Hutchinson, dass ein »männlicher Geist«, der dem Publikum nur ein Buch des schwierigen Gedichts vorlegte, »es wohl angemessen fand, sein Haupt mit einer Lorbeerkrone zu drucken«.

16 Lucy Hutchinson, a.a.O., S. 24f.

17 Ebd.

18 Ebd., S. 23.

19 Ebd., S. 26.

20 Ebd.

21 Ebd., S. 24.

22 Francis Bacon, *Neues Organon/Novum Organum*, II:2.

23 Philosophisch am beeindruckendsten dargestellt hat das der französische Priester, Astronom und Mathematiker Pierre Gassendi (1592–1655).

24 Isaac Newton, *Optik* ..., S. 141f.

25 An William Short, 31. Oktober 1819: »Meiner Meinung nach enthalten die originalen (nicht die ihm unterstellten) Lehren des Epikur alles Vernünftige in der Moralphilosophie, das Griechenland und Rom uns hinterlassen haben.« Zit. nach Charles A. Miller, *Jefferson and Nature: An Interpretation*, S. 24. Vgl. auch Adams' Notiz vom 3. November 1807, »Dinner with President Jefferson«: in: *Memoirs of John Quincy Adams, Comprising Portions of His Diary from to 1848*: »Mr. Jefferson sagte, die epikureische Philosophie komme seiner Meinung nach unter allen antiken Systemen der Philosophie der Wahrheit am nächsten. Er wünschte, dass das Werk von Gassendi, das sich damit befasse, übersetzt worden wäre. Es sei die einzige genaue Darstellung, die davon existiere. Ich erwähnte Lukrez. Er sagte, das sei nur ein Teil, nur die Naturphilosophie. Die Moralphilosophie finde man nur bei Gassendi.«

26 Zit. nach Miller, *Jefferson and Nature*, S. 24.

LITERATURVERZEICHNIS

QUELLEN

Aktuelle englische, von Stephen Greenblatt angeführte Lukrez-Editionen

On the Nature of Things, übers. von Martin Ferguson Smith, London 1969; rev.: Indianapolis 2001.

On the Nature of Things, übers. von W. H. D. Rouse, rev. von Martin F. Smith, Cambridge, MA, 1924, rev. 1975.

De Rerum Natura, hg. von Cyril Bailey, 3 Bde., Oxford 1963.

The Nature of Things, übers. von Frank O. Copley, New York 1977.

On the Nature of Things, übers. von Anthony M. Esolen, Baltimore 1995.

On the Nature of the Universe, übers. von Ronald Melville, Oxford 1997.

The Nature of Things, übers. von A. E. Stallings, London 2007.

De Rerum Natura, übers. von David R. Slavitt, Berkeley 2008.

Aktuelle deutsche, für die Übersetzung herangezogene Lukrez-Editionen

De rerum natura. Welt aus Atomen, lat./dt., übers., hg. und mit einem Nachwort von Karl Büchner, Stuttgart 1986.

Über die Natur der Dinge. lat./dt. (= Schriften und Quellen der Alten Welt 32), hg. und übers. von Josef Martin, Berlin 1972.

Von der Natur, hg. und übers. von Hermann Diels, Einführung und Erläuterungen von Ernst Günther Schmidt, Vorwort Albert Einstein, München 1993.

Von der Natur der Dinge, übers. von Karl Ludwig von Knebel, Frankfurt 1960.

Weitere Quellen

Adams, John Quincy, *»Dinner with President Jefferson«. Memoirs of John Quincy Adams, Comprising Portions of his Diary from 1793 to 1848*, hg. von Charles Francis Adams, Philadelphia 1874–1877, S. 60–61.

Alberti, Leon Battista, *Vom Hauswesen*, übers. von Walter Kraus, München 1986.

[Atomisten] *Griechische Atomisten: Texte u. Kommentare zum materialistischen Denken der Antike*, übers. von Fritz Jürs, Reimar Müller und Ernst Günter Schmidt. Leipzig 1973.

–, *Vorsokratiker. Griechisch-Deutsch*, Band 3: *Anaxagoras, Melissos, Diogenes und die Atomisten*, hg. und übers. von Laura Gemelli, Düsseldorf 2010.

Bacon, Francis, *Neues Organon/Novum Organum*, lat.-dt., hg. von Wolfgang Krohn, Hamburg 1990.

[Hl. Benedikt], *Die Benediktusregel*, Website des Klosters Melk <www.stiftmelk.at>.

Bernard von Cluny, »De Notitia Signorum«, in: L'abbé Marquard Herrgott (Hg.), *Vetus Disciplina Monastica, Seu Collectio Auctorum Ordinis S Benedicti*, Paris 1726, S. 169–173.

Benoît de Port-Valais, Saint, *Colophons de manuscrits occidentaux des origines au XVIe siècle/ Benedictins du Bouveret*, Fribourg 1965.

[Bracciolini, Poggio,] *Die Facezien des Florentiners Poggio*, nach der Übers. von Hanns Floerke, Leipzig 2004.

–, »Epistolae – Liber Primus«, in: *Opera Omnia*, hg. Von Thomas de Tonelli, Turin 1964.

–, *Two Renaissance Book Hunters: The Letters of Poggius Bracciolini to Nicolaus de Nicolis*, hg. von Phyllis W. Gordan, New York 1974.

–, *Lettere*, hg. von Helene Harth, Florenz 1984.

–, *Un vieux doit-il se marier?*, übers. von Veronique Bruez, Paris 1998.

–, *La vera nobilità*, Rom 1999.

–, Lateinische Texte auch in Ernst Walser, *Poggius Florentinus* (s.d.).

Bruni, Aretino Leonardo, *Humanistisch-philosophische Schriften*, hg. von Hans Baron (mit Werkverzeichnis), Leipzig 1928.

Bruno, Giordano, *Spaccio de la bestia trionfante*, in: *Dialoghi italiani*, hg. von Giovanni Gentile, Florenz 1958, S. 633ff. dt: *Die Vertreibung der triumphierenden Bestie*, übers. von Ludwig Kulenbeck (= *Gesammelte Werke*, Bd. 2), Leipzig 1904.

Cassian, Johannes, *Von den Einrichtungen der Klöster (De institutis coenobiorum et de octo principalium vitiorum remediis)*, in: *Bibliothek der Kirchenväter*, Internetressource <www.unifr.ch/bkv/kapitel3296-1.htm>.

Cicero, *An Bruder Quintus*, lat.-dt., hg. und übers. von Helmut Kasten, München 1976.

–, *De natura deorum/Über das Wesen der Götter*, übers. und hg. von Ursula Blank-Sangmeister, Stuttgart 2011.

–, *De officiis/Vom pflichtgemäßen Handeln*, übers. und hg. von Heinz Gunermann, Stuttgart 2007.

–, *In Pisonem/Gegen Piso*, in: *Sämtliche Reden*, Ausgabe in sechs Bänden, hg. und übers. von Manfred Fuhrmann, Düsseldorf, Zürich 2000, Bd. VI.

–, *M. Tulli Ciceronis epistularum ad familiares libri XVI*. lat.-dt. = *Marcus Tullius Cicero an seine Freunde*, hg. von Helmut Kasten, München 1976.

–, *Tusculanae disputationes/Gespräche im Tusculum*, übers. und hg. von Ernst Alfred Kirfel, Stuttgart 2008.

[Diogenes,] *The Epicurean Inscription [of Diogenes of Oinoanda]*, hg. und übers. von Martin Ferguson Smith, Neapel 1992.

Diogenes Laertius, *Leben und Lehren der Philosophen*, hg. und übers. von Fritz Jürß, Stuttgart 2010.

Dryden, John, *Sylvae: or, the Second Part of Poetical Miscellanies*, London 1685.

Epikur, *Briefe, Sprüche, Werkfragmente* (griech.-dt.), hg. und übers. von Hans-Wolfgang Krautz, Stuttgart 2000.

–, *Von der Überwindung der Furcht: Katechismus, Lehrbriefe, Spruchsammlung, Fragmente*, übers. von Olof Gigon, München 1983.

Erasmus von Rotterdam, *Colloquia Familiaria – Vertraute Gespräche* = Bd. 6 der *Ausgewählten Schriften*, hg. von Werner Welzig, Darmstadt 1967.

[Ficino, Marsilio], *Marsilio Ficino. Traktate zur Platonischen Philosophie*, hg. von Elisabeth Blum, Paul Richard Blum und Thomas Leinkauf, Berlin 1993.

[Gregor I.], *Des heiligen Papstes und Kirchenlehrers Gregor des Grossen vier Bücher Dialoge*, übers. von Joseph Funk, München 1933.

–, *The Letters of Gregory the Great*, übers. von John R. C. Martin, Toronto 2004.

Die Griechische Anthologie, 3 Bde., hg. und übers. von Dietrich Ebener, Berlin 1981.

Hieronymus, *Die Chronik des Hieronymus*, in: *Eusebius Werke*, 7. Band, hg. und bearb. von Rudolf Helm im Auftrag der Akademie der Wissenschaften der DDR, Berlin 1956.

Hieronymus, *Selected Letters of St Jerome*, übers. von F. A. Wright, London 1933. Auswahl in: *Bibliothek der Kirchenväter* <www.unifr.ch/bkv/awerk.htm#HieronymusQ>.

–, *Writings*, New York 1984.

–, *The Letters of St Jerome*, übers. von Charles Christopher Mierolo, Westminster, MD, 1963.

Hobbes, Thomas, *Leviathan oder Stoff, Form und Gewalt eines kirchlichen und bürgerlichen Staates*, Teil I u. II, übers. von Walter Euchner, Berlin 2011.

–, *Naturrecht und allgemeines Staatsrecht in den Anfangsgründen* [= *The Elements of Law*], Darmstadt 1990.

[Hutchinson, Lucy], *Lucy Hutchinson's Translation of Lucretius: De rerum natura*, hg. von Hugh de Quehen, Ann Arbor 1996.

[Isidor von Sevilla], *Die Enzyklopädie des Isidor von Sevilla*, übers. von Lenelotte Müller, Wiesbaden 2008.

Jefferson, Thomas, *Papers*, Princeton 1950.

Johannes, Bischof von Nikiu, *The Chronicle*, übers. von R. H. Charles, London 1916.

Johannes von Salisbury, *Entheticus, Maior and Minor*, hg. von Jan van Laarhoven, Leiden 1987.

Jonson, Ben, *The Alchemist*, hg. von Alvin B. Kernan, 2 Bde., New Haven 1974.

Laktanz, *Vom Zorne Gottes*, in: *Bibliothek der Kirchenväter* <www.unifr.ch/bkv/awerk.htm#Laktanz>.

[Leonardo da Vinci], *Das Da-Vinci-Universum. Die Notizbücher des Leonardo*, hg. von Emma Dickens, bearb. von Annegret Scholz, übers. von Theodor Lücke und Brigitte Lindecke, Berlin 2006.

–, *The Literary Works of Leonardo*, hg. von Jean Paul Richter, Berkeley 1977.

Lukan, *De bello civili/Der Bürgerkrieg*, übers. und hg. von Georg Luck, Stuttgart 2009.

Marcellinus, Ammianus, *Römische Geschichte* (lat.-dt.), übers. von Wolfgang Seyfarth, 4 Bde., Berlin 1968–1971

[Marlowe, Christopher], *Christopher Marlowe: The Complete Poems and Translations*, hg. von Stephen Orgel Harmondsworth, UK, und Baltimore 1971.

Marullo, Michele, *Inni Naturali*, übers. von Doratella Coppini, Florenz 1995.

Montaigne, Michel de. *Essais,* erste moderne Gesamtübersetzung von Hans Stilett, Frankfurt/Main 1998.

Newton, Isaac, *Optik oder Abhandlung über Spiegelungen, Brechungen, Beugungen und Farben des Lichts*, übers. und hg. von William Abendroth, Braunschweig 1983.

–, *Correspondence of Isaac Newton*, hg. von H. W. Turnbull et al., 7 Bde., Cambridge 1959–1984.

Origenes, *Contra Celsum/Gegen Celsus*, in: *Bibliothek der Kirchenväter* <www.unifr.ch/bkv/kapitel136.htm>.

Ovid, *Amores/Liebesgedichte*, hg. von Michael von Albrecht, Stuttgart 1997.

–, *Epistulae ex ponto/Briefe aus der Verbannung*, übers. von Wilhelm Willige, München 1990.

Pachomius, *Klosterregeln. Gebote, Gebote und Weisungen, Gebote und Entscheidungen, Gebote und Gesetze*, hg. von Heinrich Bracht, SJ, St. Ottilien 2010.

Palladas, *Poems*, übers. von Tony Harrison, London 1975.

Peter von Mladonovice, *John Hus at the Council of Constance*, übers. von Matthew Spinka, New York 1965.

Petrarca, Francesco, Familiaria, Bücher über Vertraulichkeiten, hg. von Berthe Widmer, 2 Bde., Berlin 2005 u. 2009.

–, Dichtungen, Briefe, Schriften, hg. von Hanns W. Eppelsheimer, Frankfurt/Main 1956.

Philodemus, *Acts of Love: Ancient Greek Poetry from Aphrodite's Garden*, übers. von George Economou, New York 2006.

–, *Mémoire epicurée*, Neapel 1997.

–, *On Choices and Avoidances*, übers. von Giovanni Indelli und Voula Tsouna-McKirahan, Neapel 1995.

–, *On Rhetoric: Books 1 and 2*, übers. von Clive Chandler, New York 2006.

–, *The Epigrams of Philodemos*, hg. und übers. von David Sider, New York 1997.

Plinius der Ältere, *Naturalis historia/Naturgeschichte*, 2 Bde., Wiesbaden 2007.

Plinius der Jüngere, *Sämtliche Briefe*, lat.-dt., übers. und hg. von Heribert Philips und Marion Giebel, Stuttgart 1998.

Poggio s. Bracciolini, Poggio

Quintilian, Marcus Fabius, *Institutio oratoria/Ausbildung des Redners, 12 Bücher*, hg. und übers. von Helmut Rahn, Darmstadt 2011.

Richental, Ulrich von, *Chronik des Konstanzer Konzils 1414–1418*, Konstanz 1984.

Seneca, *Ad Lucilium Epistulae Morales*, Bd. 1 hg. von Gerhard Fink, Bd. 2 hg. von Rainer Nickel, Düsseldorf 2007 u. 2009.

Sokrates Scholastikos, *Ecclesiastical History*, London 1844.

[Tertullian], *The Writings of Quintus Sept. Flor. Tertullianus*, 3 Bde., Edinburgh 1869–1870.

–, *Concerning the Resurrection of the Flesh*, London 1922.

–, *Ante-Nicene Father*, hg. von A. Roberts und J. Donaldson, Bd. 4, Grand Rapids, MI, 1951.

–, *Tertullian's Treatise on the Incarnation*, London 1956.

–, *Disciplinary, Moral and Ascetical Works*, übers. von Rudolph Arbesmann, Sister Emily, Joseph Daly und Edwin A. Quain, New York 1959.

–, *Treatises on Penance*, übers. von William P. Le Saint, Westminster, MD, 1959.

–, *Tertulliano Contro gli Eretici*, Rom 2002.

– Deutsche Texte unter <www.tertullian.org/articles/kempten_bkv/index.htm> und <www.unifr.ch/bkv/awerk.htm#Tertullian>.

Valla, Lorenzo, *De vero falsoque bono*, hg. und übers. von Maristella de Panizza Lorch, Bari 1970.

–, *De voluptate sive de vero bono/Von der Lust oder vom wahren Guten*, hg. und übers. von Peter Michael Schenkel, München 2004.

–, *On Pleasure*, übers. von A. Kent Hieatt und Maristella Lorch, New York 1977, S. 48 bis 325.

Vasari, Giorgio, *Lebensbeschreibungen der berühmtesten Maler, Bildhauer und Architekten*, hg. von Allessandro Nova, Sabine Feser, Matteo Burioni und Katja Lemelsen, 31 (von 44) Bde., Berlin 2004ff.

Vergilius Maro, Publius, *Georgica*, hg. und übers. von Otto Schönberger, Stuttgart 1994.

Vespasiano da Bisticci, *Große Männer und Frauen der Renaissance. Achtunddreißig biographische Porträts*, übers. und hg. von Bernd Roeck u.a., München 1995.

AUSGEWÄHLTE LITERATUR

Agamben, Giorgio, *Potentialities: Collected Essays in Philosophy*, hg. von Daniel Heller-Roazen, Stanford 2000.

Albury, W. R., »Halley's Ode on the Principia of Newton and the Epicurean Revival in England«, in: *Journal of the History of Ideas* 39 (1978), S. 24–43.

Allen, Don Cameron, »The Rehabilitation of Epicurus and His Theory of Pleasure in the Early Renaissance«, in: *Studies in Philology* 41 (1944), S. 1–15.

Anon, »The Land of Cokaygne«, in: Angela M Lucas (Hg.), *Anglo-Irish Poems of the Middle Ages: The Kildare Poems*, Dublin 1995.

Aquilecchia, Giovanni, *»In facie prudentis relucet sapientia: appunti sulla letteratura metoposcopica tra cinque e seicento«, Giovan Battista della Porta nell'Europa del suo tempo*, Neapel 1990, S. 199–228.

Auerbach Erich, *Literatursprache und Publikum in der lateinischen Spätantike und im Mittelalter*, Bern 1958.

Avrin, Leila, *Scribes, Script and Books: The Book Arts from Antiquity to the Renaissance*, Chicago und London 1991.

Bacci, P. Cenni, *Biografici e religiosità di Poggio Bracciolini*, Florenz 1963.

Bailey, Cyril, *The Greek Atomists and Epicurus: A Study*, Oxford 1928.

Baldini, Umberto Primavera: *The Restoration of Botticelli's Masterpiece*, übers. von Mary Fitton, New York 1986.

Barba, Eugenio, »A Chosen Diaspora in the Guts of the Monster«, in: *Tulane Drama Review* 46 (2002), S. 147–153.

Barbour, Reid, *English Epicures and Stoics: Ancient Legacies in Early Stuart Culture*, Amherst, MA, 1998.

Baron, Hans, *Bürgersinn und Humanismus im Florenz der Renaissance*, übers. von Gabriele Körner-Wirrer, Berlin 1992.

Bartsch, Shadi, und Thomas Bartscherer (Hg.), *Erotikon: Essays on Eros, Ancient and Modern*, Chicago 2005.

Beddie, James Stuart, *Libraries in the Twelfth Century: Their Catalogues and Contents*, Cambridge, MA, 1929.

–, »The Ancient Classics in the Medieval Libraries«, in: *Speculum* 5 (1930), S. 1–20.

Beer, Sir Gavin de, *Charles Darwin: Evolution by Natural Selection*, New York 1964.

Bernhard, Marianne, *Stifts- und Klosterbibliotheken*, München 1983.

Berry, Jessica, »The Pyrrhonian Revival in Montaigne and Nietzsche«, in: *Journal of the History of Ideas* 65 (2005), S. 497–514.

Bertelli, Sergio, »Noterelle machiavelliane«, in: *Rivista storica italiana* 73 (1961), S. 544 bis 557.

Billanovich, Guido, »Veterum vestigia vatum: nei carmi dei preumanisti padovani«, in: Giuseppe Billanovich et al. (Hg.), *Italia medioevale e umanistica*, Padu 1958.

Biow, Douglas. *Doctors, Ambassadors, Secretaries: Humanism and Professions in Renaissance Italy*, Chicago 2002.

Bischoff, Bernhard, *Manuscripts and Libraries in the Age of Charlemagne*, übers. von Michael M. Gorman, Cambridge 1994.

Black, Robert, »The Renaissance and Humanism: Definitions and Origins«, in: Jonathan Woolfson (Hg.), *Palgrave Advances in Renaissance Historiography Houndmills*, Basingstoke, UK, und New York 2005, S. 97–117.

Blades, William, *The Enemies of Books*, London 1896.

Blumenberg, Hans, *Die Legitimität der Neuzeit*, Frankfurt/Main 1996 (erw. Neuausgabe).

–, *Schiffbruch mit Zuschauer*, Frankfurt/Main 1979.

Boitani, Piero, und Anna Torti (Hg.), *Intellectuals and Writers in Fourteenth-Century Europe*, The J. A. W. Bennett Memorial Lectures, Perugia 1984, Tübingen 1986.

Bolgar, R. R. (Hg.), *Classical Influences on European Culture, a.d. 1500–1700*, Cambridge 1976.

Bollack, Mayotte. *Le jardin romain: épicurisme et poèsie à Rome*, hg. von Annick Monet, Villeneuve d'Asq 2003.

Bowman, Alan K., und Greg Woolf (Hg.), *Literacy and Power in the Ancient World*, Cambridge 1994.

Boyd, Clarence Eugene, *Public Libraries and Literary Culture in Ancient Rome*, Chicago 1915.

Brady, Thomas, Heiko A. Oberman und James D. Tracy (Hg.), *Handbook of European History 1400–1600: Late Middle Ages, Renaissance and Reformation*, Leiden 1995.

Brant, Frithiof, *Thomas Hobbes' Mechanical Conception of Nature*, übers. von Vaughan Maxwell und Anne I. Fansboll, Kopenhagen 1928.

Bredekamp, Horst, *Botticelli: Primavera. Florenz als Garten der Venus*, Frankfurt/Main 1988.

–, »Gazing Hands and Blind Spots: Galileo as Draftsman«, in: Jürgen Renn (Hg.), *Galileo in Context*, Cambridge 2001, S. 153–192.

Bredvold, Louis, »Dryden, Hobbes, and the Royal Society«, in: *Modern Philology* 25 (1928), S. 417–438.

Brody, Selma B., »Physics in Middlemarch: Gas Molecules and Ethereal Atoms«, in: *Modern Philology* 85 (1987), S. 42–53.

Brown, Alison, »Lucretius and the Epicureans in the Social and Political Context of Renaissance Florence«, in: *I. Tatti Studies: Essays in the Renaissance* 9 (2001), S. 11–62.

–, *The Return of Lucretius to Renaissance Florence*, Cambridge, MA, 2010.

Brown, Peter, *Macht und Rhetorik in der Spätantike. Der Weg zu einem »christlichen Imperium«*, München 1995.

–, *The Rise of Western Christendom: Triumph and Diversity, a.d. 200–1000*, Oxford 1996.

Bruckner, Gene A., *Renaissance Florence*, Berkeley 1969, 1983.

Bull, Malcolm, *The Mirror of the Gods*, Oxford 2005.

Bullough, D. A., *Carolingian Renewal: Sources and Heritage*, Manchester und New York 1991.

Burke, Peter, »The Spread of Italian Humanism«, in: Anthony Goodman und Angus Mackay (Hg.), *The Impact of Humanism on Western Europe*, London 1990, S. 1–22.

Calvi, Gerolamo I., *Manoscritti di Leonardo da Vinci dal punto di vista cronologico, storico e biografico*, Bologna 1925.

Cambridge Companion to Lucretius, s. Gillespie (Hg.).

Cambridge Companion to Renaissance Humanism, s. Kraye (Hg.)

Campbell, Gordon, »Zoogony and Evolution in Plato's Timaeus, the Presocratics, Lucretius, and Darwin«, in: M. R. Wright (Hg.), *Reason and Necessity: Essays on Plato's Timaeus*, London 2000.

–, *Lucretius on Creation and Evolution: A Commentary on De Rerum Natura, Book Five, Lines 772–1104*, Oxford 2003.

Campbell, Keith, »Materialism«, in: Paul Edwards (Hg.), *The Encyclopedia of Philosophy*, New York 1967, S. 179–188.

Campbell, Stephen J., »Giorgione's Tempest, Studiolo Culture, and the Renaissance Lucretius«, in: *Renaissance Quarterly* 56 (2003), S. 299–332

–, *The Cabinet of Eros: Renaissance Mythological Painting and the Studiolo of Isabella d'Este*, New Haven 2004.

Camporeale, Salvatore I., »Poggio Bracciolini versus Lorenzo Valla: The Orationes in Laurentium Vallam«, in: Marino und Schlitt (Hg.), *Perspectives on Early Modern and Modern Intellectual History: Essays in Honor of Nancy S Struever*, S. 27–48.

Canfora, Luciano, *Die verschwundene Bibliothek*, übers. von Andreas und Hugo Beyer, Berlin 1990.

–, *Vita di Lucrezio*, Palermo 1993.

Casini, Paolo, »Newton: The Classical Scholia«, in: *History of Science* 22 (1984), S. 1–58.

Casson, Lionel, *Bibliotheken in der Antike*, übers. von Angelika Beck, Düsseldorf 2002.

Castelli, Patrizia (Hg.), *Un Toscano del '400: Poggio Bracciolini 1380–1459*, Terranuova Bracciolini 1980.

Castiglioni, Arturo, »Gerolamo Fracastoro e la dottrina del contagium vivum«, in: *Gesnerus* 8 (1951), S. 52–65.

Celenza, Christopher, *Renaissance Humanism and the Papal Curia: Lapo da Castiglionchio the Younger's De curiae commodes*, Ann Arbor 1999.

–, »Lorenzo Valla and the Traditions and Transmissions of Philosophy«, in: *Journal of the History of Ideas* 66 (2005), S. 483–506.

–, *The Lost Italian Renaissance: Humanists, Historians, and Latin's Legacy*, Baltimore 2006.

Chamberlin, E. R., *The World of the Italian Renaissance*, London 1982.

Chambers, D. S., »Spas in the Italian Renaissance«, in: Mario A. Di Cesare (Hg.), *Reconsidering the Renaissance: Papers from the Twentyfirst Annual Conference*, Binghamton, NY, 1992, S. 3–27.

Chang, Kenneth, »In Explaining Life's Complexity, Darwinists and Doubters Clash«, in: *The New York Times*, 2. August 2005.

Chavannes-Mazel, Claudine A., und M. Smith (Hg.), *Medieval Manuscripts of the Latin Classics: Production and Use, Proceedings of the Seminar in the History of the Book to 1500*, Los Altos Hills, CA, 1996.

Cheney, Liana, *Quattrocento Neoplatonism and Medici Humanism in Botticelli's Mythological Paintings*, Lanham, MD, und London 1985.

Chiffoleau, Jacques, *La comptabilité de l'au-delà: les hommes, la mort et la religion dans la region d'Avignon a la fin du Moyen Âge (vers 1320–vers 1480)*, Rom 1980.

Christie-Murray, David, *A History of Heresy*, London 1976.

Clanchy, M. T., *From Memory to Written Record: England 1066–1307*, Cambridge, MA, 1979.

Clark, A. C., »The Literary Discoveries of Poggio«, in: *Classical Review* 13 (1899), S. 19–30.

Clark, Ronald William, *Charles Darwin. Biographie eines Mannes und einer Idee*, Frankfurt/Main 1985.

Clay, Diskin, *Lucretius and Epicurus*, Ithaca, NY, 1983.

Cohen, Bernard, »Quantum in se Est: Newton's Concept of Inertia in Relation to Descartes and Lucretius«, in: *Notes and Records of the Royal Society of London* 19 (1964), S. 131–155.

Cohen, Elizabeth S., und Thomas V. Cohen, *Daily Life in Renaissance Italy*, Westport, CT, 2001.

Cohn, Samuel, Jr., und Steven A. Epstein (Hg.), *Portraits of Medieval and Renaissance Living: Essays in Memory of David Herlihy*, Ann Arbor 1996.

Connell, William J., »Gasparo and the Ladies: Coming of Age in Castiglione's Book of the Courtier«, in: *Quaderni d'Italianistica* 23 (2002), S. 5–23.

– (Hg.), *Society and Individual in Renaissance Florence*, Berkeley und London 2002.

–, und Andrea Zorzi (Hg.),*Florentine Tuscany: Structures and Practices of Power*, Cambridge 2000.

Contreni, John J., *Carolingian Learning, Masters and Manuscripts*, Aldershot, UK, 1992.

Cranz, F. Edward, »The Studia Humanitatis and Litterae in Cicero and Leonardo Bruni«, in: Marino und Schlitt (Hg.), *Perspectives on Early Modern and Modern Intellectual History: Essays in Honor of Nancy S. Struever*, S. 3–26.

Crick, Julia, und Alexandra Walsham (Hg.), *The Uses of Script and Print 1300–1700*, Cambridge 2004.

Cropper, Elizabeth, »Ancients and Moderns: Alessandro Tassoni, Francesco Scannelli, and the Experience of Modern Art«, in: Marino and Schlitt (Hg.), *Perspectives on Early Modern and Modern Intellectual History: Essays in Honor of Nancy S Struever*, S. 303–324.

Dampier, Sir William, *A History of Science and Its Relations with Philosophy and Religion*, Cambridge 1932.

Darwin, Erasmus, *The Letters of Erasmus Darwin*, hg. von Desmond King-Hele, Cambridge 1981.

Daston, Lorraine, und Fernando Vidal (Hg.), *The Moral Authority of Nature*, Chicago 2004.

De Lacy, Phillip, »Distant Views: The Imagery of Lucretius«, in: *The Classical Journal* 60 (1964), S. 49–55.

De Quehen, H, »Lucretius and Swift's Tale of a Tub«, in: *University of Toronto Quarterly* 63 (1993), S. 287–307.

Dean, Cornelia, »Science of the Soul? ›I Think, Therefore I Am‹ Is Losing Force«, in: *The New York Times*, 26. Juni 2007, S. D8.

Deimling, Barbara, »The High Ideal of Love«, in: *Sandro Botticelli: 1444/45–1510*, Köln, S. 38–55.

Deleuze, Gilles, *Logik des Sinns*, Frankfurt/Main 1989.

Delumeau, Jean, *Sin and Fear: The Emergence of a Western Guilt Culture 13th–18th Centuries*, übers. von Eric Nicholson, New York 1990.

Dempsey, Charles, »Mercurius Ver: The Sources of Botticelli's Primavera«, in: *Journal of the Warburg and Courtauld Institutes*, 31 (1968), S. 251–723.

–, »Botticelli's Three Graces«, in: *Journal of the Warburg and Courtauld Institutes* 34 (1971), S. 326–330.

–, *The Portrayal of Love: Botticelli's Primavera and Humanist Culture at the Time of Lorenzo the Magnificent*, Princeton 1992.

Depreux, Philippe, »Büchersuche und Büchertausch im Zeitalter der Karolingischen Renaissance am Beispiel des Briefwechsels des Lupus von Ferrieres«, in: *Archiv für Kulturgeschichte* 76 (1994), S. 267–284.

Diano, Carlo Forma (Hg.), *Evento: principi per una interpretazione del mondo greco*, Venedig 1993.

Didi-Huberman, Georges, »The Matter-Image: Dust, Garbage, Dirt, and Sculpture in the Sixteenth Century«, in: *Common Knowledge* 6 (1997), S. 79–96.

Dionigi, Ivano, *Lucrezio: Le parole e le cose*, Bologna 1988.

–, »Lucrezio«, in: *Orazio: Enciclopedia Oraziana*, Rom 1996–98, S. 15–22.

Diringer, David, *The Book Before Printing: Ancient, Medieval and Oriental*, New York 1982.

Dottori, Riccardo (Hg.), »The Dialogue: Yearbook of Philosophical Hermeneutics«, in: *The Legitimacy of Truth: Proceedings of the III Meeting*, Rom 2001.

Drogin, Marc, *Biblioclasm: The Mythical Origins, Magic Powers, and Perishability of the Written Word*, Savage, MD, 1989.

Dunant, Sarah, *Das Zeichen der Venus*, übers. von Angelika Beck, Bergisch-Gladbach 2004.

Duncan, Stewart, »Hobbes's Materialism in the Early 1640s«, in: *British Journal for the History of Philosophy* 13 (2005), S. 437–448.

Dunn, Marilyn, *The Emergence of Monasticism: From the Desert Fathers to the Early Middle Ages*, Oxford 2000.

Dupont, Florence, *Daily Life in Ancient Rome*, übers. von Christopher Woodall, Oxford und Cambridge, MA, 1993.

Dyson, Julia T., »Dido the Epicurean«, in: *Classical Antiquity* 15 (1996), S. 203–221.

Dzielska, Maria, *Hypatia of Alexandria*, übers. von F. Lyra, Cambridge, MA, 1995.

Edwards, John, »Religious Faith and Doubt in Late Medieval Spain: Soria circa 1450–1500«, in: *Past and Present* 120 (1988), S. 3–25.

Englert, Walter G., *Epicurus on the Swerve and Voluntary Action*, Atlanta, GA, 1987.

Fara, Patricia, *Newton: The Making of a Genius*, New York 2002.

–, und David Money, »Isaac Newton and Augustan Anglo-Latin Poetry«, in: *Studies in History and Philosophy of Science* 35 (2004), S. 549–571.

Ferguson, Wallace K., *The Renaissance in Historical Thought: Five Centuries of Interpretation*, Cambridge, MA, 1948.

Ferrari, Mirella, »In Papia Conveniant ad Dungalum«, in: *Italia medioevale e umanistica* 15 (1972), S. 1–52.

Ferruolo, Arnolfo B, »Botticelli's Mythologies, Ficino's De Amore, Poliziano's Stanze per la Giostra: Their Circle of Love«, in: *The Art Bulletin [College Art Association of America]* 37 (1955), S. 17–25.

Finch, Chauncey E., »Machiavelli's Copy of Lucretius«, in: *The Classical Journal* 56 (1960), S. 29–32.

Findlen, Paula, »Possessing the Past: The Material World of the Italian Renaissance«, in: *American Historical Review* 103 (1998), S. 83–114.

Fleischmann, Wolfgang Bernard, »The Debt of the Enlightenment to Lucretius«, in: *Studies on Voltaire and the Eighteenth Century* 29 (1963), S. 631–643.

–, *Lucretius and English Literature 1680–1740*, Paris 1964.

Flores, Enrico, *Le scoperte di Poggio e il testo di Lucrezio*, Neapel 1980.

Floridi, Luciano, *Sextus Empiricus: The Transmission and Recovery of Pyrrhonism*, New York 2002.

Fraisse, Simone, *L'influence de Lucrèce en France au seizième siècle*, Paris 1962.

Frede, Michael, und Gisela Striker (Hg.), *Rationality in Greek Thought*, Oxford 1996.

Fubini, Riccardo, »Varietà: Un'orazione di Poggio Bracciolini sui vizi del clero scritta al tempo del concilio di Costanza«, in: *Giornale storico della letteratura italiana* 142 (1965), S. 24–33.

–, *L'umanesimo italiano e i suoi storici*, Mailand 2001.

–, *Humanism and Secularization: From Petrarch to Valla*, übers. von Martha King, Durham, NC, und London 2003.

Fusil, C. A., »Lucrèce et les philosophes du XVIIIe siècle«, in: *Revue d'histoire litteraire de la France* 35 (1928).

–, »Lucrèce et les littérateurs, poètes et artistes du XVIIIe siècle«, in: *Revue d'histoire litteraire de la France* 37 (1930).

Gabotto, Ferdinando, »L'Epicureismo di Marsilio Ficino«, in: *Rivista di filosofia scientifica* 10 (1891), S. 428–442.

Gale, Monica, *Virgil on the Nature of Things: The Georgics, Lucretius, and the Didactic Tradition*, Cambridge 2000.

Gallagher, Mary, »Dryden's Translation of Lucretius«, in: *Huntington Library Quarterly* 7 (1968), S. 19–29.

Gallo, Italo, *Studi di papirologia ercolanese*, Neapel 2002.

Garin, Eugenio, *Ritratti di umanisti*, Florenz 1967.

–, *La cultura filosofica del rinascimento italiano: ricerche e documenti*, Florenz 1979.

Garrard, Mary D., »Leonardo da Vinci: Female Portraits, Female Nature«, in: Norma Broude und Mary Garrard (Hg.), *The Expanding Discourse: Feminism and Art History*, New York 1992, S. 59–85.

Garzelli, Annarosa, *Miniatura fiorentina del rinascimento 1440–1525*, Florenz, Giunta Regionale Toscana 1985.

Gibbon, Edward, *The History of the Decline and Fall of the Roman Empire*, 6 Bücher, New York 1910.

Gigante, Marcello, »Ambrogio Traversari interprete di Diogene Laerzio«, in: Gian Carlo Garfagnini (Hg.), *Ambrogio Traversari nel VI centenario della nascità*, Florenz 1988, S. 367–459.

–, *Philodemus in Italy: The Books from Herculaneum*, übers. von Dirk Obbink, Ann Arbor 1995.

Gildenhard, Ingo, »Confronting the Beast – From Virgil's Cacus to the Dragons of Cornelis van Haarlem«, in: *Proceedings of the Virgil Society* 25 (2004), S. 27–48.

Gillespie, Stuart, und Philip Hardie (Hg.), *The Cambridge Companion to Lucretius*, Cambridge 2007.

Gillett, E. H., *The Life and Times of John Huss*, 2 Bde., Boston 1863.

Giuliani, Luca, *Ein Geschenk für den Kaiser. Das Geheimnis des großen Kameo*, München 2010.

Gleason, Maud, *Making Men: Sophists and Self-Presentation in Ancient Rome*, Princeton 1995.

Godman, Peter, *From Poliziano to Machiavelli: Florentine Humanism in the High Renaissance*, Princeton 1998.

Goldberg, Jonathan, *The Seeds of Things: Theorizing Sexuality and Materiality in Renaissance Representations*, New York 2009

Goldsmith, M. M., *Hobbes' Science of Politics*, New York 1966.

Golner, Johannes, *Bayerische Klosterbibliotheken*, Freilassing 1983.

Gombrich, Ernst H., »Botticelli's Mythologies: A Study in the Neoplatonic Symbolism of His Circle«, in: *Journal of the Warburg and Courtauld Institutes* 8 (1945), S. 7–60.

Gordan, Phyllis Walter Goodhart (Hg. u. Übers.), *Two Renaissance Book Hunters: The Letters of Poggius Bracciolini to Nicolaus de Nicolis*, New York 1974.

Gordon, Dane R., und David B. Suits (Hg.), *Epicurus: His Continuing Influence and Contemporary Relevance*, Rochester, NY, 2003.

Gordon, Pamela, »Phaeacian Dido: Lost Pleasures of an Epicurean Intertext«, in: *Classical Antiquity* 17 (1998), S. 188–211.

Grafton, Anthony, *Fälscher und Kritiker. Der Betrug in der Wissenschaft*, übers. von Ebba D. Drolshagen, Berlin 1991.

–, *Commerce with the Classics: Ancient Books and Renaissance Readers*, Ann Arbor 1997.

–, und Ann Blair (Hg.), *The Transmission of Culture in Early Modern Europe*, Philadelphia 1990.

–, und Lisa Jardine, *From Humanism to the Humanities: Education and the Liberal Arts in Fifteenth- and Sixteenth-Century Europe*, Cambridge, MA, 1986.

Grant, Edward, »Bernhard Pabst: Atomtheorien des Lateinischen Mittelalters«, in: *Isis* 87 (1996), S. 345–346.

Greenblatt, Stephen, *Schmutzige Riten: Betrachtungen zwischen Weltbildern*, übers. von Jeremy Gaines und Klaus Binder, Berlin 1991.

Greenburg, Sidney Thomas, *The Infinite in Giordano Bruno*, New York 1978.

Greene, Thomas M., »Ceremonial Closure in Shakespeare's Plays«, in: Marino und Schlitt (Hg.), *Perspectives on Early Modern and Modern Intellectual History: Essays in Honor of Nancy S Struever*, Rochester, NY, 2000, S. 208–219.

Greetham, David C., *Textual Scholarship: An Introductio*n, New York 1994.

–, *Textual Transgressions: Essays Toward the Construction of a Bibliography*, New York und London 1998.

Gregory, Joshua, *A Short History of Atomism: From Democritus to Bohr*, London 1931.

Grieco, Allen J., Michael Rocke und Fiorella Gioffredi Superbi (Hg.), *The Italian Renaissance in the Twentieth Century*, Florenz 1999.

Gruen, Erich S., *The Hellenistic World and the Coming of Rome*, Berkeley 1984.

Haas, Christopher, *Alexandria in Late Antiquity: Topography and Social Conflict*, Baltimore 1997.

Hadot, Pierre, *What Is Ancient Philosophy?*, übers. von Michael Chase, Cambridge, MA, 2002.

Hadzsits, George D., *Lucretius and His Influence*, New York 1935.

Haines-Eitzen, Kim, *Guardians of Letters: Literacy, Power, And The Transmitters of Early Christian Literature*, Oxford 2000.

Hale, John R. (Hg.), *A Concise Encyclopaedia of the Italian Renaissance*, London 1981.

–, *The Civilization of Europe in the Renaissance*, London 1993.

Hall, Rupert Isaac, *Newton, Adventurer in Thought*, Oxford 1992.

Hamman, A.-G., *L'épopée du livre: la transmission des textes anciens, du scribe a l'imprimérie*, Paris 1985.

Hankins, James, *Plato in the Italian Renaissance*, Leiden 1990.
–, »Renaissance Philosophy Between God and the Devil«, in: Grieco et al. (Hg.), *Italian Renaissance in the Twentieth Century*, S. 269–293.
–, »Renaissance Humanism and Historiography Today«, in: Jonathan Woolfson (Hg.), *Palgrave Advances in Renaissance Historiography*, New York 2005, S. 73–96.
–, »Religion and the Modernity of Renaissance Humanism«, in: Angelo Mazzocco (Hg.), *Interpretations of Renaissance Humanism*, Leiden 2006, S. 137–154.
–, und Ada Palmer, *The Recovery of Ancient Philosophy in the Renaissance: A Brief Guide*, Florenz 2008.
Hardie, Philip R., »Lucretius and the Aeneid«, in: *Virgil's Aeneid: Cosmos and Imperium*, New York 1986, S. 157–240.
–, *Ovid's Poetics of Illusion*, Cambridge 2002.
–, *Lucretian Receptions: History, The Sublime, Knowledge*, Cambridge 2009.
Harris, Jonathan Gil, »Atomic Shakespeare«, in: *Shakespeare Studies* 30 (2002), S. 47–51.
Harris, William V., *Restraining Rage: The Ideology of Anger Control in Classical Antiquity*, Cambridge, MA, 2001.
Harrison, Charles T., *Bacon, Hobbes, Boyle, and the Ancient Atomists*, Cambridge, MA 1933
–, »The Ancient Atomists and English Literature of the Seventeenth Century«, in: *Harvard Studies in Classical Philology* 45 (1934), S. 1–79.
Harrison, Edward, »Newton and the Infinite Universe«, in: *Physics Today* 39 (1986), S. 24 bis 32.
Hay, Denys, *The Italian Renaissance in Its Historical Background*, Cambridge 1962.
Heller, Agnes, *Der Mensch der Renaissance*, übers. von Hans-Henning Paetzke, Frankfurt/Main 1988.
Herbert, Gary B., *The Unity of Scientific and Moral Wisdom*, Vancouver 1989.
Hine, William, »Inertia and Scientific Law in Sixteenth-Century Commentaries on Lucretius«, in: *Renaissance Quarterly* 48 (1995), S. 728–741.
Hirsch, David A. Hedrich, »Donne's Atomies and Anatomies: Deconstructed Bodies and the Resurrection of Atomic Theory«, in: *Studies in English Literature 1500–1900*, 31 (1991), S. 69–94.
Holzherr, George, *The Rule of Benedict: A Guide to Christian Living, with commentary by George Holzherr*, Dublin 1994.
Horne, Herbert Alessandro, *Filipepi, Commonly Called Sandro Botticelli, Painter of Florenz*, Princeton 1980.
Hubbard, Elbert, *Journeys to Homes of Eminent Artists*, East Aurora, NY, 1901.
Humanism and Liberty: Writings on Freedom from Fifteenth-Century Florence, hg. und übers. von Renee Neu, Watkins Columbia, SC, 1978.
Hutcheon, Pat Duffy, *The Road to Reason: Landmarks in the Evolution of Humanist Thought*, Ottawa 2001.
Hyde, William de Witt, *From Epicurus to Christ: A Study in the Principles of Personality*, New York 1908.
Impey, Chris, »Reacting to the Size and the Shape of the Universe«, in: *Mercury* 30 (2001).

Jacquot, J., »Thomas Harriot's Reputation for Impiety«, in: *Notes and Records of the Royal Society* 9 (1951/52), S. 164–187.

Johnson, Elmer D., *History of Libraries in the Western World,* Metuchen, NJ, 1970.

Johnson, W. R., *Lucretius and the Modern World*, London 2000.

Jones, Howard, *The Epicurean Tradition*, London 1989.

Jordan, Constance, *Pulci's Morgante: Poetry and History in Fifteenth-Century Florence*, Washington, DC, 1986.

Joy, Lynn S., »Epicureanism in Renaissance Moral and Natural Philosophy«, in: *Journal of the History of Ideas* 53 (1992), S. 573–583.

Kaczynski, Bernice M., *Greek in the Carolingian Age: The St Gall Manuscripts*, Cambridge, MA, 1988.

Kargon, Robert Hugh, *Atomism in England from Hariot to Newton*, Oxford 1966.

Kaster, Robert, A., *Guardians of Language: The Grammarian and Society in Late Antiquity*, Berkeley 1988.

Kemp, Martin, *Leonardo da Vinci, the Marvelous Works of Nature and Man*, Cambridge, MA, 1981.

–, *Leonardo*, übers. von Nikolaus G. Schneider, München 2008.

Kenney, E. J., *Lucretius*, Oxford 1977.

Kidwell, Carol, *Marullus: Soldier Poet of the Renaissance*, London 1989.

Kitts, Eustace J., *In the Days of the Councils: A Sketch of the Life and Times of Baldassare Cossa*, London 1908.

–, *Pope John the Twenty-Third and Master John Hus of Bohemia*, London 1910.

Kivisto, Sari, *Creating Anti-Eloquence: Epistolae Obscurorum Virorum and the Humanist Polemics on Style*, Helsinki 2002.

Kohl, Benjamin G., *Renaissance Humanism 1300–1550: A Bibliography of Materials in English*, New York und London 1985.

Kors, Alan Charles, »Theology and Atheism in Early Modern France«, in: Grafton und Blair (Hg.), *Transmission of Culture in Early Modern Europe*, S. 238–275.

Koyré, Alexandre, *Von der geschlossenen Welt zum unendlichen Universum*, übers. von Rolf Dornbacher, Frankfurt/Main 1969.

Krautheimer, Richard, *Rom. Schicksal einer Stadt 312–1308*, München 1987.

Kraye, Jill (Hg.), *The Cambridge Companion to Renaissance Humanism*, Cambridge 1996.

Kristeller, Paul Oskar, *Humanismus und Renaissance*, Bd. 1: *Die antiken und die mitttelalterlichen Quellen*, München 1980.

–, *Renaissance Concepts of Man and Other Essays*, New York 1972.

–, *Renaissance Thought and the Arts: Collected Essays*, Princeton 1965, 1980.

–, »The Impact of Early Italian Humanism on Thought and Learning«, in: Bernard S. Levy (Hg.), *Developments in the Early Renaissance*, Albany 1972, S. 120–157.

–, und Philip P. Wiener (Hg.), *Renaissance Essays*, New York 1968.

Lachs, John, »The Difference God Makes«, in: *Midwest Studies in Philosophy* 28 (2004), S. 183–194.

Lange, Friedrich Albert, *Geschichte des Materialismus und Kritik seiner Bedeutung in der Gegenwart*, 2 Bde., Walthorp 2003.

Largier, Niklaus, *Lob der Peitsche. Eine Kulturgeschichte der Erregung*, München 2001.

Leff, Gordon, Heresy, *Philosophy and Religion in the Medieval West*, Aldershot, UK, und Burlington, VT, 2002.

Le Goff, Jacques, *Phantasie und Realität des Mittelalters*, übers. von Rita Höner, Stuttgart 1990.

Leto, Pomponio, Lucrezio, hg. von Giuseppe Solaro, Palermo 1993.

Lezra, Jacques, *Unspeakable Subjects: The Genealogy of the Event in Early Modern Europe*, Stanford 1997.

Lightbrown, R. W., *Botticelli: Life and Work*, New York 1989.

Loftier, Dr. Klemens, *Deutsche Klosterbibliotheken*, Köln 1918.

Long, A. A., *Hellenistic Philosophy: Stoics, Epicureans, Sceptics*, 2. Aufl., Berkeley 1987.

–, und D. N. Sedley, *The Hellenistic Philosophers*, 2 Bde., Cambridge 1987.

Longo, Susanna Gambino, *Lucrèce et Epicure à la Renaissance italienne*, Paris 2004.

Lund, Vonne, Raymond Anthony und Helena Rocklinsberg, »The Ethical Contract as a Tool in Organic Animal Husbandry«, in: *Journal of Agricultural and Environmental Ethics* 17 (2004), S. 23–49.

Luper-Foy, Steven, »Annihilation«, in: *Philosophical Quarterly* 37 (1987), S. 233–252

MacLeod, Roy (Hg.), *The Library of Alexandria: Centre of Learning in the Ancient World*, London 2004.

MacPhail, Eric, »Montaigne's New Epicureanism«, in: *Montaigne Studies* 12 (2000), S. 91 bis 103.

Madigan, Arthur, »Commentary on Politis«, in: *Boston Area Colloquium in Ancient Philosophy* 18 (2002).

Maiorino, Giancarlo, *Leonardo da Vinci: The Daedalian Mythmaker* University Park, PA, 1992.

Marino, Joseph, und Melinda W. Schlitt (Hg.), *Perspectives on Early Modern and Modern Intellectual History: Essays in Honor of Nancy S Struever*, Rochester, NY, 2000.

Markus, R. A., *The End of Ancient Christianity*, Cambridge und New York 1990.

Marsh, David, *The Quattrocento Dialogue*, Cambridge, MA, und London 1980.

Martin, Alain, und Oliver Primavesi, *L'Empédocle de Strasbourg*, Berlin und New York 1999.

Martin, John Jeffries, *Myths of Renaissance Individualism*, Houndmills, Basingstoke, UK, 2004.

Martindale, Charles, *Latin Poetry and the Judgement of Taste*, Oxford 2005.

Martines, Lauro, *The Social World of the Florentine Humanists 1390–1460*, Princeton 1963.

–, *Scourge and Fire: Savonarola and Renaissance Florence*, London 2006.

Mayo, Thomas Franklin, *Epicurus in England (1650–1725)*, Dallas 1934.

McDowell, Gary, und Sharon Noble (Hg.), *Reason and Republicanism: Thomas Jefferson's Legacy of Liberty*, Lanham, MD, 1997.

McGuire, J. E., und P. M. Rattansi, »Newton and the Pipes of Pan«, in: *Notes and Records of the Royal Society of London* 21 (1966), S. 108–143

McKitterick, Rosamond, »Manuscripts and Scriptoria in the Reign of Charles the Bald, 840–877«, in: *Giovanni Scoto nel suo tempo,* Spoleto 1989, S. 201–237.

–, »Le rôle culturel des monastères dans les royaumes carolingiens du VIIIe au Xe siècle«, in: *Revue Benedictine* 103 (1993), S. 117–130.

–, *Books, Scribes and Learning in the Frankish Kingdoms, 6th–9th Centuries*, Aldershot, UK, 1994.

– (Hg.), *Carolingian Culture: Emulation and Innovation*, Cambridge 1994.

McKnight, Stephen A., *The Modern Age and the Recovery of Ancient Wisdom: A Reconsideration of Historical Consciousness 1450–1650*, Columbia, MO, 1991.

Merryweather, F. Somner, *Bibliomania in the Middle Ages*, London 1933.

Michel, Paul-Henri, *The Cosmology of Giordano Bruno*, übers. von R. E. W. Maddison, Paris; Ithaca, NY, 1973.

Miller, Charles A., *Jefferson and Nature: An Interpretation*, Baltimore 1988.

Moffitt, John F., »The Evidentia of Curling Waters and Whirling Winds: Leonardo's Ekphraseis of the Latin Weathermen«, in: *Leonardo Studies* 4 (1991), S. 11–33.

Molho, Anthony et al., »Genealogy and Marriage Alliance: Memories of Power in Late Medieval Florence«, in: Cohn und Epstein (Hg.), *Portraits of Medieval and Renaissance Living*, S. 39–70.

Momigliano, Arnaldo, *Alien Wisdom: The Limits of Hellenization*, Cambridge 1975.

Monfasani, John, *George of Trebizond: A Biography and a Study of His Rhetoric and Logic*, Leiden 1976.

Morel, Jean, »Recherches sur les sources du Discours sur l'inégalité«, in: *Annales* 5 (1909), S. 163–164.

Müller, Conradus, »De Codicum Lucretii Italicorum Origine«, in: *Museum Helveticum: Revue suisse pour l'étude de l'antiquité classique* 30 (1973), S. 166–178.

Mundy, John Hine, und Kennerly M. Woody (Hg.), *The Council of Constance: The Unification of the Church*, New York und London 1961.

Murphy, Caroline P., *The Pope's Daughter*, London 2004.

Murray, Alexander, »Piety and Impiety in Thirteenth-Century Italy«, in: C. J. Cuming und Derek Baker (Hg.), *Popular Belief and Practice, Studies in Church History*, London 1972, S. 83–106.

–, »Confession as a Historical Source in the Thirteenth Century«, in: R. H. C. Davis und J. M. Wallace-Hadrill (Hg.), *The Writing of History in the Middle Ages: Essays Presented to Richard William Southern*, Oxford 1981, S. 275–322.

–, »The Epicureans«, in: Piero Boitani und Anna Torti (Hg.), *Intellectuals and Writers in Fourteenth-Century Europe*, Tübingen 1986, S. 138–163.

Nelson, Eric, *The Greek Tradition in Republican Thought*, Cambridge 2004.

Neugebauer, O., *The Exact Sciences in Antiquity*, Princeton 1952.

Nicholls, Mark, »Percy, Henry«, in: *Oxford Dictionary of National Biography* <www.oxforddnb.com>.

Nichols, James, *Epicurean Political Philosophy: The De Rerum Natura of Lucretius*, Ithaca, NY, 1976.

Nussbaum, Martha, *The Therapy of Desire: Theory and Practice in Hellenistic Ethics*, Princeton 2009, S. 140–191.

Oberman, Heiko, *The Dawn of the Reformation,* Grand Rapids, MI, 1986.

– (Hg.), *Studies in Medieval and Reformation Thought*, Bd. 74, Leiden 2000.

Olsen, B. Munk *L'étude des auteurs classiques latins aux XIe et XIIe siècles*, Paris 1985.

O'Malley, John W., Thomas M. Izbicki und Gerald Christianson (Hg.), *Humanity and Divinity in Renaissance and Reformation: Essays in Honor of Charles Trinkaus*, Leiden 1993.

Ordine, Nuccio, *Bruno and the Philosophy of the Ass*, übers. von Henryk Baraanski und Arielle Saiber, New Haven, CT, 1996.

Origo, Iris, *»Im Namen Gottes und des Geschäfts«. Lebensbild eines toskanischen Kaufmanns der Frührenaissance Francesco di Marco Datini 1335–1410*, übers. von Uta-Elisabeth Trott, München 1985.

Osborn, Henry Fairfield, *From the Greeks to Darwin: The Development of the Evolution Idea Through Twenty-Four Centuries*, New York 1929.

Osler, Margaret (Hg.), *Atoms, Pneuma, and Tranquility: Epicurean and Stoic Themes in European Thought*, Cambridge 1991.

Osler, Sir William, »Illustrations of the Book-Worm«, in: *Bodleian Quarterly Record* 1 (1917), S. 355–357.

Otte, James K, »Bernhard Pabst, Atomtheorien des Lateinischen Mittelalters«, in: *Speculum* 71 (1996), S. 747–749.

Pabst, Bernhard, *Atomtheorien des Lateinischen Mittelalters*, Darmstadt 1994.

Panofsky, Erwin, *Die Renaissancen der europäischen Kunst*, übers. von Horst Günther, Frankfurt/Main 1996.

Parkes, M. B., *Scribes, Scripts and Readers: Studies in the Communication, Presentation and Dissemination of Medieval Texts*, London 1991.

Parsons, Edward Alexander, *The Alexandrian Library, Glory of the Hellenic World: Its Rise, Antiquities, and Destructions*, New York 1952.

Partner, Peter, *Renaissance Rome 1500–1559: A Portrait of a Society*, Berkeley 1976.

–, *The Pope's Men: The Papal Civil Service in the Renaissance*, Oxford 1990.

Paterson, Antoinette Mann, *The Infinite Worlds of Giordano Bruno*, Springfield, IL, 1970.

Patschovsky, Alexander, *Quellen zur Böhmischen Inquisition im 14. Jahrhundert*, Weimar 1979.

Petrucci, Armando, *Writers and Readers in Medieval Italy: Studies in the History of Written Culture*, übers. von Charles M. Kadding New Haven und London 1995.

Pfeiffer, Rudolf, *Geschichte der klassischen Philologie. Von den Anfängen bis zum Ende des Hellenismus*, übers. von Marlene Arnold, München 1978.

Philippe, J., »Lucrèce dans la théologie chrétienne du IIIe au XIIIe siècle et spécialement dans les écoles carolingiennes«, in: *Revue de l'histoire des religions* 33 (1896) S. 125–162.

Poggio Bracciolini 1380–1980: Nel VI centenario della nascità, Florenz 1982.

Politis, Vasilis, »Aristotle on Aporia and Searching in Metaphysics«, in: *Boston Area Colloquium in Ancient Philosophy* 18 (2002), S. 145–174.

Primavesi, Oliver, »Empedocles: Physical and Mythical Divinity«, in: Patricia Curd und Daniel W. Graham (Hg.), *The Oxford Handbook of Presocratic Philosophy*, New York 2008, S. 250–283.

Prosperi, Adriano, *Tribunali della coscienza: inquisitori, confessori, missionari*, Turin 1996.

Putnam, George, *Books and Their Makers During the Middle Ages*, 2 Bde., (1896–1898), New York 1962.

Puyo, Jean, *Jan Hus: un drame au cœur de l'église*, Paris 1998.

Redondi, Pietro, *Galileo, der Ketzer*, übers. von Friedrich Hausmann, München 1991.

Redshaw, Adrienne M., »Voltaire and Lucretius«, in: *Studies on Voltaire and the Eighteenth Century* 189 (1980), S. 19–43

Reti, Ladislao, *The Library of Leonardo da Vinci*, Los Angeles 1972.

Reynolds, L. D., *Texts and Transmission: A Survey of the Latin Classics*, Oxford 1983.

–, und N. G. Wilson, *Scribes and Scholars: A Guide to the Transmission of Greek and Latin Literature*, London 1968.

Reynolds, Susan, »Social Mentalities and the Case of Medieval Scepticism«, in: *Transactions of the Royal Historical Society* 1 (1990), S. 21–41.

Rich, Susanna, »De Undarum Natura: Lucretius and Woolf in The Waves«, in: *Journal of Modern Literature* 23 (2000), S. 249–257.

Richard, Carl, *The Founders and the Classics: Greece, Rome, and the American Enlightenment*, Cambridge, MA, 1994.

Riche, Pierre, *Education and Culture in the Barbarian West Sixth Through Eighth Centuries*, übers. von John J. Cotren Columbia, SC, 1976.

Roche, J. J., »Thomas Harriot«, in: *Oxford Dictionary of National Biography* (2004), S. 6.

Rochot, Bernard, *Les travaux de Gassendi: sur Epicure et sur l'atomisme 1619–1658*, Paris 1944.

Rosenbaum, Stephen, »How to Be Dead and Not Care«, in: *American Philosophical Quarterly* 23 (1986).

–, »Epicurus and Annihilation«, in: *Philosophical Quarterly* 39 (1989), S. 81–90.

–, »The Symmetry Argument: Lucretius Against the Fear of Death«, in: *Philosophy and Phenomenological Research* 50 (1989), S. 353–373.

–, »Epicurus on Pleasure and the Complete Life«, in: *The Monist*, 73 (1990), S. 21–39.

Rösler, Wolfgang, »Hermann Diels und Albert Einstein: Die Lukrez-Ausgabe von 1923/24«, in: *Hermann Diels (1848–1922) et la science de l'antiquité*, Genf 1998.

Rowland, Ingrid D., *Giordano Bruno: Philosopher/Heretic*, New York 2008.

Ruggiero, Guido (Hg.), *A Companion to the Worlds of the Renaissance*, Oxford 2002.

Ryan, Lawrence V., »Review of On Pleasure by Lorenzo Valla«, in: *Renaissance Quarterly* 34 (198i), S. 91–93.

Sabbadini, Remigio, *Le scoperte dei codici latini e greci ne' secoli XIV e XV*, Florenz 1905.

Saiber, Arielle, und Stefano Ugo Baldassarri (Hg.), *Images of Quattrocento Florence: Selected Writings in Literature, History, and Art*, New Haven 2000.

Santayana, George, *Three Philosophical Poets: Lucretius, Dante, and Goethe*, Cambridge, MA, 1947.

Schmidt, Albert-Marie, *La poésie scientifique en France au seizieme siècle*, Paris 1939.

Schofield, Malcolm, und Gisela Striker (Hg.), *The Norms of Nature: Studies in Hellenistic Ethics*, Paris 1986.

Schottenloher, Karl, *Books and the Western World: A Cultural History*, Übers. William D. Boyd und Irmgard H. Wolfe, Jefferson, NC, 1989.

Screech, M. A., *Montaigne's Annotated Copy of Lucretius: A Transcription and Study of the Manuscript, Notes, and Pen-Marks*, Genf 1998.

Sedley, David, *Lucretius and the Transformation of Greek Wisdom*, Cambridge 1998.

Segal, C., *Lucretius on Death and Anxiety: Poetry and Philosophy in De Rerum Natura*, Princeton 1990.

Seznec, Jean, *Das Fortleben der antiken Götter. Die mythologische Tradition im Humanismus und in der Kunst der Renaissance*, München 1990.

Shepherd, W., *Life of Poggio Bracciolini*, Liverpool 1837.

Shirley, J. W., *Thomas Harriot: A Biography*, Oxford 1983.

– (Hg.), *Thomas Harriot: Renaissance Scientist*, Oxford 1974.

Sider, David, *The Library of the Villa dei Papiri at Herculaneum*, Los Angeles 2005.

Sider, Robert D. (Hg.), *Christian and Pagan in the Roman Empire: The Witness of Tertullian*, Washington, D.C., 2001.

Sikes, E. E., *Lucretius, Poet and Philosopher*, New York 1936.

Simonetta, Marcello, *Rinascimento segreto: Il mondo del segretario da Petrarca a Machiavelli*, Mailand 2004.

Simons, Patricia, »Women in Frames: The Gaze, the Eye, the Profile in Renaissance Portraiture«, in: *History Workshop Journal* 25 (1988), S. 4–30.

Singer, Dorothea, *Giordano Bruno: His Life and Thought*, New York 1950.

Smahel, Frantisek (Hg.), *Häresie und vorzeitige Reformation im Spätmittelalter*, München 1998.

Smith, Christine, und Joseph F. O'Connor, »What Do Athens and Jerusalem Have to Do with Rome? Giannozzo Manetti on the Library of Nicholas V«, in: Marino und Schlitt (Hg.), *Perspectives on Early Modern and Modern Intellectual History: Essays in Honor of Nancy S Struever*, S. 88–115.

Smith, John Holland, *The Great Schism 1378*, London 1970.

Smith, Julia M. H., *Europe After Rome: A New Cultural History, 500–1000*, Oxford 2005.

Smuts, R. Malcolm (Hg.), *The Stuart Court and Europe: Essays in Politics and Political Culture*, Cambridge 1996.

Snow-Smith, Joanne, *The Primavera of Sandro Botticelli: A Neoplatonic Interpretation*, NewYork 1993.

Snyder, Jane Mcintosh, »Lucretius and the Status of Women«, in: *The Classical Bulletin* 53 (1976), S. 17–19.

–, *Puns and Poetry in Lucretius' De Rerum Natura*, Amsterdam 1980.

Snyder, Jon R., *Writing the Scene of Speaking: Theories of Dialogue in the Late Italian Renaissance*, Stanford 1989.

Spencer, T. J. B., »Lucretius and the Scientific Poem in English«, in: D. R. Dudley (Hg.), *Lucretius*, London 1965, S. 131–164.

Spinka, Matthew, *John Hus and the Czech Reform*, Hamden, CT, 1966.

–, *John Hus: A Biography*, Princeton 1968.

Stevenson, J. (Hg.), *A New Eusebius: Documents Illustrating the History of the Church to ad 331*, London 1987.

Stinger, Charles L., *Humanism and the Church Fathers: Ambrogio Traversari (1386–1439) and Christian Antiquity in the Italian Renaissance*, Albany 1977.

–, *The Renaissance in Rome*, Bloomington 1998.

Stites, Raymond, »Sources of Inspiration in the Science and Art of Leonardo da Vinci«, in: *American Scientist* 56 (1968), S. 222–243.

Strauss, Leo, *Naturrecht und Geschichte*, übers. von Horst Boog, Frankfurt/Main 1989.

Struever, Nancy S., »Historical Priorities«, in: *Journal of the History of Ideas* 66 (2005), S. 16.

Stump, Phillip H., *The Reforms of the Council of Constance (1414–1418)*, Leiden 1994.

Surtz, Edward L., »Epicurus in Utopia«, in: *ELH: A Journal of English Literary History* 16 (1949), S. 89–103.

–, *The Praise of Pleasure: Philosophy, Education, and Communism in More's Utopia*, Cambridge, MA, 1957.

Symonds, John Addington, *The Renaissance in Italy*, 7 Bde., London 1875–1886; Reprint: New York 1971.

–, *The Revival of Learning*, New York 1908; Reprint 1960.

Tafuri, Manfredo, *Interpreting the Renaissance: Princes, Cities, Architects*, übers. von Daniel Sherer, New Haven 2006.

Teodoro, Francesco di, und Luciano Barbi, »Leonardo da Vinci: Del riparo a' terremoti«, in: *Physis: Rivista internazionale di storia della scienza* 25 (1983), S. 5–39.

Thompson, James Westfall, *The Medieval Library*, Chicago 1939.

–, *Ancient Libraries*, Berkeley 1940.

Tielsch, Elfriede Walesca, »The Secret Influence of the Ancient Atomistic Ideas and the Reaction of the Modern Scientist under Ideological Pressure«, in: *History of European Ideas* 2 (1981), S. 339–348.

Trinkaus, Charles, *»In Our Image and Likeness«. Humanity and Divinity in Italian Humanist Thought*, 2 Bde., Chicago 1970.

–, *The Scope of Renaissance Humanism*, Ann Arbor 1983.

–, »Machiavelli and the Humanist Anthropological Tradition«, in: Marino und Schlitt (Hg.), *Perspectives on Early Modern and Modern Intellectual History: Essays in Honor of Nancy S Struever*, S. 66–87.

Tuma, Kathryn A., »Cezanne and Lucretius at the Red Rock«, in: *Representations* 78 (2002), S. 56–85.

Turberville, S., *Medieval Heresy and the Inquisition*, London und Hamden, CT, 1964.

Turner, Frank M., »Lucretius Among the Victorians«, in: *Victorian Studies* 16 (1973), S. 329–348.

Turner, Paul, »Shelley and Lucretius«, in: *Review of English Studies* 10 (1959), S. 269–282.

Tyndall, John, »The Belfast Address«, in: *Fragments of Science: A Series of Detached Essays, Addresses and Reviews*, New York 1880, S. 472–523.
Ullman, Berthold L., *Studies in the Italian Renaissance*, Rom 1955.
–, *The Origin and Development of Humanistic Script*, Rom 1960.
–, und Philip A. Stadter, *The Public Library of Renaissance Florence: Niccolò Niccoli, Cosimo de' Medici, and the Library of San Marco*, Padua 1972.
Vail, Amy (Hg.), »Albert Einstein's Introduction to Diels' Translation of Lucretius«, in: *The Classical World* 82 (1989), S. 435–436.
Wade, Nicholas, »Humans Have Spread Globally, and Evolved Locally«, in: *The New York Times*, 26. Juni 2007, S. D3.
Wakefield, Walter L., »Some Unorthodox Popular Ideas of the Thirteenth Century«, in: *Medievalia et Humanistica* 4 (1973), S. 25–35.
Walser, Ernst, *Poggius Florentinus: Leben und Werke,* Hildesheim 1974.
Warburg, Aby, *Sandro Botticellis Geburt der Venus und Frühling: Eine Untersuchung über die Vorstellungen von der Antike in der italienischen Frührenaissance*, Hamburg und Leipzig 1893. Nachdruck in: ders., *Werke in einem Band*, hg. von Martin Treml et al., Berlin 2010.
–, *Die Erneuerung der heidnischen Antike. Kulturwissenschaftliche Beiträge zur Geschichte der europäischen Renaissance*, Reprint der von Gertrud Bing und Fritz Rougemont edierten Ausgabe [Leipzig, Berlin 1932], neu ediert von Horst Bredekamp und Michael Diers, 2 Bde., Berlin 1998.
Weiss, Harry B., und Ralph H. Carruthers, *Insect Enemies of Books*, New York 1937.
Weiss, Roberto, *Medieval and Humanist Greek*, Padua 1977.
Wenley, R. M., *The Spread of Italian Humanism*, London 1964.
–, *The Renaissance Discovery of Classical Antiquity*, Oxford 1969.
West, David, *The Imagery and Poetry of Lucretius*, Norman 1969.
Westfall, Richard, »The Foundations of Newton's Philosophy of Nature«, in: *British Journal for the History of Science* 1 (1962), S. 171–182.
White, Michael, *Leonardo, the First Scientist*, New York 2000.
Whyte, Lancelot, *Essay on Atomism: From Democritus to 1960*, Middletown, CT, 1961.
Wilford, John Noble, »The Human Family Tree Has Become a Bush with Many Branches«, in: *The New York Times*, 26. Juni 2007, S. D3.
Wilson, Catherine, *Epicureanism at the Origins of Modernity*, Oxford 2008.
Wind, Edgar, *Heidnische Mysterien in der Renaissance*, übers. von Christa Münstermann et al., Frankfurt/Main 1988.
Witt, Ronald G., »The Humanist Movement«, in: Thomas A. Brady, Jr., Heiko A. Oberman und James D. Tracy (Hg.), *Handbook of European History 1400–1600: Late Middle Ages, Renaissance and Reformation*, Leiden und New York 1995, S. 93–125.
–, *»In the Footsteps of the Ancients:. The Origins of Humanism from Lovato to Bruni, Studies in Medieval and Reformation Thought*, hg. von Heiko A. Oberman, Bd. 74, Leiden 2000.
Woolf, Greg, und Alan K Bowman (Hg.), *Literacy and Power in the Ancient World*, Cambridge 1994.

Yarbrough, Jean, *American Virtues: Thomas Jefferson on the Character of a Free People*, Lawrence 1998.

Yashiro, Yukio, *Sandro Botticelli and the Florentine Renaissance*, Boston 1929.

Yates, Frances A., *Giordano Bruno and the Hermetic Tradition*, Chicago 1964.

Yatromanolakis, Dimitrios, und Panagiotis Roilos, *Towards a Ritual Poetics*, Athens 2003.

Yoon, Carol Kaesuk, »From a Few Genes, Life's Myriad Shapes«, in: *The New York Times*, 26. Juni 2007, S. D1, D4–D5.

Zimmer, Carl, »Fast-Reproducing Microbes Provide a Window on Natural Selection«, in: *The New York Times*, 26. Juni 2007, S. D6–D7.

Zorzi, Andrea, und William J. Connell (Hg.), *Lo stato territoriale fiorentino (secoli XIV–XV): ricerche, linguaggi, confronti. Atti del seminario internazionale di studi (San Miniato, 7./8. Juni 1996)*, Pisa 2002.

Zwijnenberg, Robert, *The Writings and Drawings of Leonardo da Vinci: Order and Chaos in Early Modern Thought*, übers. von Caroline A. van Eck, New York 1999.

REGISTER

BILDNACHWEIS

Abb. 1 Biblioteca Medicea Laurenziana, Florenz, Ms. Strozzi 50, 1 recto. Mit freundlicher Genehmigung des Ministerio per i Beni e le Attività Culturali, alle Rechte vorbehalten.

Abb. 2 Biblioteca Medicea Laurenziana, Florenz, Ms. Laur.Plut.48.22, 121 recto Mit freundlicher Genehmigung des Ministerio per i Beni e le Attività Culturali, alle Rechte vorbehalten.

Abb. 3 Alinari / Art Resource, New York.

Abb. 4 Erich Lessing / Art Resource, New York.

Abb. 5 Museo Archeologico Nazionale di Napoli / Soprintendenza Speciale per i Beni Archeologici di Napoli e Pompei

Abb. 6 Rosengartenmuseum Konstanz

Abb. 7 The Bridgeman Art Library

Abb. 8 Biblioteca Apostolica Vaticana, Ms. Lat.224, 2 recto

Abb. 9 Biblioteca Medicea Laurenziana, Florenz, Ms. Laur.Plut.35.30, 164 verso. Mit freundlicher Genehmigung des Ministerio per i Beni e le Attività Culturali, alle Rechte vorbehalten.

Abb. 10 Erich Lessing / Art Resource, New York.

Abb. 11 Mit freundlicher Genehmigung der Syndics of Cambridge University Library

Abb. 12 Isaac Vita Kohn